当代文化现象与文学热点

吴秀明 主编

北京大学出版社
PEKING UNIVERSITY PRESS

图书在版编目(CIP)数据

当代文化现象与文学热点/吴秀明主编. —北京：北京大学出版社，2018.1
（博雅文学论丛）

ISBN 978－7－301－28960－0

Ⅰ.①当… Ⅱ.①吴… Ⅲ.①文化研究—中国—现代②中国文学—当代文学—文学研究 Ⅳ.①G12②I206.7

中国版本图书馆 CIP 数据核字（2017）第 298426 号

书　　　名	当代文化现象与文学热点 DANGDAI WENHUA XIANXIANG YU WENXUE REDIAN
著作责任者	吴秀明　主编
责 任 编 辑	张雅秋　延城城
标 准 书 号	ISBN 978－7－301－28960－0
出 版 发 行	北京大学出版社
地　　　址	北京市海淀区成府路 205 号　100871
网　　　址	http：//www.pup.cn　新浪微博：@北京大学出版社
电 子 信 箱	pkuwsz@126.com
电　　　话	邮购部 62752015　发行部 62750672　编辑部 62756467
印 刷 者	三河市北燕印装有限公司
经 销 者	新华书店
	965 毫米 × 1300 毫米　16 开本　24.75 印张　356 千字 2018 年 1 月第 1 版　2019 年 12 月第 2 次印刷
定　　　价	66.00 元

未经许可，不得以任何方式复制或抄袭本书之部分或全部内容。
版权所有，侵权必究
举报电话：010－62752024　　电子信箱：fd@pup.pku.edu.cn
图书如有印装质量问题，请与出版部联系，电话：010－62756370

目 录

前　言 ………………………………………………………………… 1

上　编

第一章　文化生态与现实语境 …………………………………… 3
　　第一节　文学转型的历时演进及阶段性特征 ………………… 3
　　第二节　"经济中心"时代的文学定位及应对策略 …………… 8
　　第三节　一元与多样并存的总体格局 ………………………… 12
第二章　"断裂"现象与新生代作家的突围 …………………… 16
　　第一节　世纪末文坛的"断裂"事件 ………………………… 16
　　第二节　"断裂"的喧哗现象引发的思考 …………………… 18
　　第三节　"断裂"作家的文学表演 …………………………… 25
　　第四节　由"断裂"引发的思考 ……………………………… 43
第三章　重排大师与雅俗文学的重构 …………………………… 48
　　第一节　大师时代的结束与文学对大师的渴望 ……………… 48
　　第二节　作为个案的茅盾与金庸 ……………………………… 54
　　第三节　雅俗文学的流变与重构 ……………………………… 66
第四章　新概念作文与"80后"写作 …………………………… 74
　　第一节　从"应试作文"到"三新写作" …………………… 74
　　第二节　大众传播与"80后"作者的出场 …………………… 80
　　第三节　"80后"写作的主要特点 …………………………… 86
　　第四节　《十少年作家批判书》及其他 ……………………… 97
第五章　《百家讲坛》与"国学热"的反思 …………………… 102
　　第一节　《百家讲坛》与学术大众化 ………………………… 102
　　第二节　"国学热"的反思与《百家讲坛》的问题 ………… 107

第六章　《沙家浜》与"红色经典"改编 …… 115
第一节　从沪剧《芦荡火种》到京剧《沙家浜》 …… 115
第二节　阶级语境与消费主义对改编的不同影响 …… 117

第七章　莫言小说创作与诺贝尔文学奖 …… 123
第一节　莫言小说创作与诺奖的"理想性"原则 …… 123
第二节　"高密东北乡"的"生命狂欢"变奏 …… 126
第三节　狂欢落幕之后的遐想 …… 140
附　录　《灵山》与诺贝尔奖情结 …… 147

第八章　《上海宝贝》与"另类"文学 …… 163
第一节　"70后"出场与"另类"文学的生成 …… 163
第二节　《上海宝贝》及其相关的"另类"情爱小说 …… 167
第三节　"边际写作"与都市女性的灰色生活 …… 176

第九章　网络文学的现状与问题 …… 185
第一节　网络文学的生成与发展 …… 185
第二节　"亲我主义"及其他 …… 191
第三节　值得关注的几个问题 …… 205

第十章　新移民文学的境遇与发展 …… 219
第一节　与大陆当代文学的内在关联 …… 219
第二节　精神延续与主体自觉 …… 225
第三节　"第三空间"及其蕴生的独特文学世界 …… 231
第四节　艺术实践的追求和探索 …… 250
第五节　发展表象背后的隐忧 …… 260

下　编

第十一章　"金王之争"与金庸、王朔的俗文学写作 …… 267
第一节　王朔为何"挑战"金庸 …… 267
第二节　"金王之争"的深层文化内涵 …… 274

第十二章　"二余之争"与对文化散文的评价 …… 279
第一节　"二余之争"及其对当代文坛的意义 …… 279
第二节　文化散文兴起的历史渊源和现实动因 …… 285

第三节　文化散文的"话语转向"及其当下面临的尴尬 …… 289

第十三章　"韩白之争"与文坛的"潜规则" ……………… 294
　　第一节　"韩白之争"争什么 ……………………………… 294
　　第二节　关于文坛、"圈子"和"潜规则" ………………… 299
　　第三节　体制内与体制外写作 …………………………… 302

第十四章　《国画》与官场小说 …………………………… 306
　　第一节　官场小说与官场文化 …………………………… 306
　　第二节　浮华背后的隐喻与知识分子的岗位意识 ……… 311
　　第三节　官场小说现状及其面临的困境 ………………… 316

第十五章　《狼图腾》与生态文学 ………………………… 320
　　第一节　文学反思之路与生态文学的兴起 ……………… 320
　　第二节　《狼图腾》的主体形象与理性探询 ……………… 323
　　第三节　生态文学的学科定位与诗意表达 ……………… 326

第十六章　"毛泽东文化热" ………………………………… 332
　　第一节　纪实文学历时发展与"毛泽东文化热"的特征 … 332
　　第二节　历史局限与三个向度的拓展 …………………… 337

第十七章　"大话"文学潮 …………………………………… 342
　　第一节　"大话"文学的兴起及其文体溯源 ……………… 342
　　第二节　"大话"文学的叙事策略 ………………………… 347
　　第三节　"大话"文学的超验写作 ………………………… 351

第十八章　底层文学写作 …………………………………… 356
　　第一节　底层与底层文学 ………………………………… 356
　　第二节　底层之痛与底层之乐 …………………………… 362
　　第三节　历史局限及需要拓展的两个向度 ……………… 379

后　记 ………………………………………………………… 385

前　言

　　文学是文化中最具个性,也是最为迷人的组成部分。一方面,文学离不开文化,事事处处受到文化的深刻规约和影响,几乎文化中所有的问题和方面——如近一二十年来的新保守主义、新激进主义、儒道佛、现代主义、后现代主义、政治文化、商业文化、经济文化、地域文化等,均无所不在地浸渗到文学的骨髓深处,甚至在选材、主题、范式、叙述、趣味、格调乃至语言等,都或隐或显地受到文化的强有力的调控;或者说,文学都身不由己地被纳入特定的"文化场"中,在一定程度上成了某种文化的代表,不可避免地具有自己的文化身份和文化立场。另一方面,文学在深受文化规约影响的同时,又用它那特有感性灵动而又充满主观情感的形象方式,重新创造、塑造了文化,使之呈现出比原生文化更复杂、更丰富、也更富意味的风貌。不妨可以这样说吧,文学是既基于文化又超越文化甚至是反文化的,特别是精英知识分子创作的先锋文学、实验文学,就更是如此。

　　从这个意义上,用文化批评的方式解读文学是有局限的。它常常有意无意地将文学简单化、平面化了,尤其是文学内在深处最微妙的、令人颤抖的那部分,文化批评往往力不胜逮,显得无能和无奈。本书有关文学的解读,将努力避免这样的缺憾,不将文学问题的文化解读与真正的文化问题简单等同起来,而是要注意它们彼此之间的"同质异构"的关系。

　　当然,我们这里所说的文学不是通常教科书意义上的文学,即被经典化了的文学(所谓的经典文学),而是指正在行进之中的、并且以"热点"形式呈现在我们面前的文学。此所谓的"热点",有二层意思:一是引人瞩目,成为社会与人们关注的焦点。它也许是人为炒作或带有人为炒作的成分,是政治、经济、文化等非文学因素在起作用;但无论如何,它触动了时代社会敏感的神经,激发了人们对它的浓烈兴趣,一时产生了"轰动"效应,被"热卖""热播""热议"。二是它只是文学中的一个有限的"点",而不是一个广阔的"面"。它可能是一个现象、一个事件,也可能是一种倾向、甚至是一个文本;但其被"轰动",主要限于其现象与事件本身,并不能说明文学整体已经成"热"。有些文学"热点"之所以成"热",有其必然性和普遍的意义,它是整体文学的一种折光反映,反映了文学文化发展的一种走向和趋势;有些则不然,不具有这样的意义。所有这些,我们要视其实际情况作出客观的评价和分析,切忌简单化、一刀切。

文学的构成和发展是十分丰富复杂的。它既需要"面"上强有力的整体全局的推进,又不排拒"点"上的繁花似锦,闪烁诱人光彩;它既需具有恒久价值的文学经典,也不拒纳虽非经典但却具有社会文化"标本"意义的作品。上述"热点"中的不少文学,大体属于后者。有的甚至带有非文学、非审美的特征,它也无意于经典性的追求。然而,这一切不能成为我们漠视它的理由。因为无论如何,它呈现了丰富复杂的文学原生态,为我们提供了未经文学史厘清的"毛坯"或"准毛坯"的东西。它是连接文学与文化、文学史与文学批评的一个中介,反映了当前文学日趋泛化和多元的新特点。

文学研究是一个系统,各种不同的研究都有自己的功能价值。如果说文学经典和文学史的研究主要是确立文学的基本规范和核心价值,那么上述这些文学"热点"的研究则是对这些规范和价值的丰富、补充和扩容。它或许有些变化不居,带有很大的不确定性;但因发生在我们身边,与我们的现实生存密切相关,所以自有一种特别的亲切感和贴近感。它让我们具体而微地体味到文学现象较之文学史概括的,要丰富得多也复杂得多。如果我们以所谓的经典性、学术性为由,对此予以简单排拒、呵责,那么不仅是不明智的,而且也是一种失职。它只会造成对文学研究的自戕,说明我们的研究在相当程度上已失去观照和把据现实的能力。这是需要警惕的。

本书在这方面试作探索。全书分上、下两编共十八章。具体的做法是选择当前富有代表性的十余个文学或文化热点问题,如"断裂"事件、重排大师、新概念作文、"国学热"与于丹现象、《沙家浜》与"红色经典"改编、莫言与诺贝尔文学奖、《上海宝贝》与"另类文学"、网络文学的现状与问题、新移民文学的境遇与发展、"金王之争""二余之争""韩白之争"、《国画》与官场小说、《狼图腾》与生态文学、"毛泽东文化热"、"大话"文学潮、底层文学写作等进行分析。试图通过这些个例或个案解读,以点带面,对当下及近些年中国文坛出现新的文学思潮和动态、趋向进行概括。让读者了解当下中国文学在发展过程中既变化多端又活泼无序的真实状态,在此基础上培养他们独立思考的精神和分析、把握问题的能力,并以积极主动的姿态参加当下文学和文化的建设。

20世纪90年代以降,中国当代文学从"政治中心"向"经济中心"转换之后,受文化市场、西方后现代以及随后而至的民族主义、国学热等多种因素的影响,文学也似乎变得日趋多元和多变,各种相悖而又相谐的文学奇妙地共时并存,构成了极具"中国特色"的一种文学景观。传统教科书由于自身体制的限制,不能很好也很快地对此作出反映。我们编写本书,其意是想用比较灵活的方式对此聊作弥补。我们希望读者将它与文学史结合起来,如此,它才能充分发挥自己的优势和特长,对当前中国文学和文化作出更加切近真实的解读。

本书原名《当前文化现象与文学热点》,为突出相关问题意识的持久性,现更名为《当代文化现象与文学热点》。

上 编

第一章 文化生态与现实语境

在进入文化现象与文学热点问题探讨之前,有必要对其存在背景作一番介绍。这里所说的存在背景,重点是20世纪90年代以来的这近二十年,当然多少也涉及80年代中后期。道理很简单,因为进入80年代中后期特别是90年代以后,当代文学在多种因素的作用下,日益明显地呈现出转型的特点,其"整体的边缘化与局部的热点化"的趋向似乎更为显见。转型不仅成为近二十年中国文坛的文化生态,而且也成为催生和制造文学热点的宏观背景。

第一节 文学转型的历时演进及阶段性特征

转型源自西方发展社会学和现代化理论,它是社会学家对生物学中的"生物演化论"的借鉴转用;而"生物演化论"在生物学中,则是特指一物种变为另一物种。我们这里所谓的转型,主要是强调历史过程的转化和质变。它一般是指从政治中心向经济中心、从农业文明向工业文明、从传统文化向现代文化的转化和质变。借用不少西方学者的话来讲,主要指的是"Post-",即历史发展过程中的一个"伟大过渡"。而按哲学语言讲,则可叫作历史发展过程的渐进性中断,是实践本体(即人)自觉推进历史的一种创造性活动和按照发展逻辑对原有平衡进行质向突破的一种理性转换,所以它与"转折"有所不同。

当然,这样界说主要着眼于转型的社会学内涵,具有它特定的语境。事实上,不同语境有不同的转型观。比如后现代的转型,是指局部、断裂、偶然及其非连续性的历史,也即被主流历史遗弃的大量历史信息。因为在他们看来,那种从过去通向未来的连续性的感觉已经崩溃,历史只剩下了碎片,我们只能进行拼贴;而这种拼贴,则是偶然、随机的,它没有什么规律可言。后现代将历史与现实完全割断的观点,自然难以为我们所认同,但它对更客观、更全面地考察我们目前置身的这场伟大变革至少在认识论上是有启迪意义的。它提醒我们要高度重视非主流历史,注意偶然性历史。

文学是人学,它的中心是写人,因此我们谈转型不能离开人。那么从人学或人论层面上讲,20世纪八九十年代以来的文学转型到底有什么样的表现呢?我们认为无论从思想观念还是就具体创作来看,催产深刻转型的最根本标志就是:人的解放及其现代性。显然,这不是从政治的角度看待八九十年代的文学,而是着重从中国文学的现代性进程来考察,将八九十年代文学看成中国文学现代性进程中的一个特定时段。从政治的角度研究近二十年来文学当然也可以,如反封建、反官僚、反现代迷信、反西方文化殖民等,这无疑属于文学现代性的重要内容。但文学现代性本身比这要宽广得多,丰富得多,它实际上包括了从文学语言、艺术形式、表现手法到作品思想内容、审美情趣等不同于传统文学的全面深刻的变化,涉及的范围是很广的。这样的理解不仅有助于对转型时期文学思潮进行多视角、全方位的考察,更重要的是它突出了世纪之交的八九十年代这段文学在现代性进程中的特殊意义。

然而同样是转型,近二十年文学也因时因境不同可分为两个不同的阶段:1985年以前的属于转型的发轫期,1985年以后的则可称之为转型的加速期。在转型期的发轫阶段,文学主要是继承五四传统,高度重视人的解放,为人与文的现代性做好艰难的观念转换和舆论准备。刘心武的《班主任》、鲁彦周的《天云山传奇》、王蒙的《蝴蝶》、戴厚英的《人啊,人》、蒋子龙的《乔厂长上任记》、张洁的《沉重的翅膀》等"伤痕文学""反思文学""改革文学",呼应着时代潮流在这方面作了探索;并由此及彼,开始接触到了人性、人道以及异化问题。与之相应的,理论批评领域围绕朦胧诗,有谢冕、孙绍振、徐敬亚等发出三次"崛起"的声音。在此期间,虽有反复甚至受到过严厉的批判,但这种探索和讨论是有意义的。它不仅反映了文学日趋现代性的趋势,而且在推进人与文的解放及其现代性方面也发挥了积极的作用。正因这样,所以才有了"文学的现实主义精神和多样创作方法"的概念提法,有了对《创业史》等"建国以来农村题材小说再认识"的讨论,有了关于新时期文学中的人道主义、艺术典型、批评标准、性格组合等问题的讨论。

而80年代中期特别是90年代以降,情况发生了变化。市场经济的确立,商品因素的介入,在给文学带来新的内涵的同时也驱动着其转型步履的加快。在这里,我们有必要强调一下1985年。因为从转型这个角度看,"1985年,是中国当代文学的又一个转折年头,是新时期文学的一个全新的起点"①。"这是奇迹迭出的一年","是民族主体精神和生命力度在艺术领域的又一次喷涌勃发"。② 文学中产生的许多新质和出现的许多新变,包括延续到今天仍富有生命活力的精神指向,有不少就滥觞于此。理论上,这一年产生广泛深刻影响的,除了提出以"三论"(即系统论、控制论和信息论)为基础的新方法论外,还有文学的主体与本体问题、现实主义与现代主义问题、文学与文化问题、观念创新问题、20世纪文学问题,等等,可谓盛况空前。创作上,这一年也生机勃发,取得了令人瞩目的成就。其中最突出的是涌现了至今仍影响深远的"寻根文学"和"先锋文学"。代表作如王安忆的《小鲍庄》、韩少功的《爸爸爸》、刘索拉的《你别无选择》、陈村的《少男少女,一共七个》等。在这些作品中,彼此借鉴的文化资源尽管不同,艺术趣味也大相径庭,但都明显地受到了西方现代主义价值观、艺术观的影响。也正是从这时开始,不少作家特别是先锋作家都开始将目光冷峻地投向对人的本质力量的叩问:他们不再把人视为单纯的理想、理性的精神载体,而是更多看到其原始的、非理性的一面。如《你别无选择》《少男少女,一共七个》中的大学生和高中生,他们酗酒、逃课、胡闹、怪叫、歇斯底里,很大程度上就是针对传统的理性原则的。这既反映了作家对人的自我局限性的清醒认识,同时也流露出一种世纪末的感伤颓废的情绪。这就致使文学中人的解放及其现代性的命题,及此逐渐游离脱节于思想解放运动,不期而然地与中国古代传统特别是与西方现代文化出现某种深层对接的趋向。

如果说80年代中后期文学转型的加速主要是来自西方现代派的

---

① 赵俊贤主编:《中国当代文学发展综史》,文化艺术出版社1994年版,第737页。
② 宋耀良:《十年文学主潮》,上海文艺出版社1988年版,第246页。

驱动,那么到了90年代促成其转型迅速发展的则无疑就是市场经济的"魔力"了。经济对人的解放及其现代性的重要决定性作用众所周知而无须赘述。这里要指出的是,这种重要决定性作用在打破大一统的"政治决定论"、强化作家主体独立性的同时,往往也有可能使他们异化为物的工具。但是从历史和发展的观点来看,它毕竟是一个进步,是人类走向现代性包括文学走向现代性的一个必然环节。因为文学一俟置身于市场经济,就不能不受到市场经济价值观念的影响,而市场经济价值观念最根本的就是优胜劣汰。因此,这有利于文学竞争和艺术民主化。同时,正是由于优胜劣汰,它也为读者提供了丰富多样的选择机会和可能,使之不再成为过去计划经济生产模式中被耳提面命的消极被动接受者。这在总体上无疑是与人的解放及其现代性命题相契合的。

不过尽管如此,我们认为谈论市场经济下文学的辉煌仍言过其实,即使仅仅是谈论严肃文学或纯文学的辉煌也同样为时尚早。文学不同于经济,精神迥异于物质,更何况我们当前的文学在市场经济的实利原则驱使诱导下出现了明显的精神式微,物化的倾向相当严重。所以这就给人的解放及其现代性提出了新的挑战,它提醒我们,文学要保持自己独立不倚的人文品格,不能放弃自己的理性阵地和对未来的终极关怀。是的,对当代中国作家来说,生逢这样一个"经济中心"的时代是一种幸运,面对这样的时代,我们的作家责无旁贷地负有用文学推进经济建设和物质文明发展的历史使命。但是无论如何,当代中国在建设市场经济的同时,也要进行一种超越物质和实利的追求之上的精神构建,这是一个包括普通人在内的全民族成员所达成的共识。正是基于这样的原因,我们一方面对当前文学思潮中存在的重物质轻精神的现象心存忧虑,另一方面又为近些年来文坛上出现的人文精神、现实主义精神讨论感到由衷的慰藉。

而从前者出发,我们不无遗憾地看到,进入90年代以后,当代文学的确明显地呈现出了日趋"边缘化"的发展态势:纯文学大面积滑坡;80年代曾经辉煌红火的创作队伍日趋萎缩;知名文学期刊或停刊或大幅度改换办刊方向;阅读对象流失;文学空间越来越小。与此同时,与文化市场流行趋势相一致的大众通俗文学,在纯文学遭遇尴尬的情况下却一跃而成为当下最重要的文化生产方式。这些杂志、书籍、影视作品以娱乐性为第一要旨,涵盖经济、法政、生活、休闲等多个方面,在文化市场占据了大半壁江山,成为人们文化消费的主渠道和精神主餐。尤其在中国加入WTO之后,涉及此项的经济、法政类书籍未卖先红,预定的数量往往当以万计。引领时尚潮流的生活休闲类读物,虽然价格昂贵,却仍拥有庞大的都市中青年消费群。特别在沿海发达地区,《新周刊》《格调》《品位》《时尚》《瑞丽》等新兴时尚类刊物俨然成为必备的客厅读物。此外,电子文化尤其是电视、电影乃至网络元素(如flash作品),也借助于传媒的普及,不仅与以文字符号为载体的文学争夺读者,而且正如日中天,安享着前所未有的中心地位。全国数亿台电视机每年容纳数以万计的电视剧(集),其速度、信息量以及丰富的感官刺激极大地改变了人们的娱乐方式。更多人愿意把业余时间花在视觉化的消费活动上,而不愿在辛苦的工作后,再劳心费神地通过阅读来完成从形象呈示到意义领悟的过程。这就导致屏幕上历史剧热、琼瑶片热、戏说热、偶像剧热、贺岁片热等你方唱罢我登场,连带着产生了剧本文学热、明星自传热。所有这些,的确使人感到"忧虑"。

需要指出,就在纯文学中心地位无可挽回地失去、生存境遇日益艰危的今日,文学界大多反而冷静下来:人们有"忧虑",但却不像先前那样惊慌失措。近些年来,不少学者还著文肯定它的必然性、重要性。人们开始对全球化、经济化、信息化下文学的生存境遇进行理性的分析。2001年年底,在上海大学召开的"全球化时代的中国现代文学研究"国际研讨会上,有专家认为新的时代环境不仅不会带来文学的毁灭,相反能使文学的传播、学理的研究突破封闭、垄断的格局,扫除非学术的人为阴影,树立真正客观的科学态度,也能将当代中国文学纳入更加开放的"全球一体化"轨道,缩短我国文化艺术与世界先进文化的时空差距。这些观点的提出,标志着作家在转型时期对自我身份开始有了清醒的认识,可视为是文学在整体观念思维上的一次结构性的调整。未来文学的发展及其转型,也许就在这不断调整的动态的过程之中。

第二节 "经济中心"时代的文学定位及应对策略

其实严格地讲,在文学由"政治中心"走向"经济中心"那天起,不少作家或学人就从全球化范畴来观照生成于中外古今纵横交叉坐标体系上的当代中国文学,对此进行定位,并采取应对策略进行调整。这种调整尽管是初步的,存在着不少"夹生"的现象,但它毕竟有相当的成效。它不仅使文学由原来的单一僵硬走向现在的多元活跃,而且也为今天及将来文学的更大调整打下了基础,创造了条件。因此,在粗略地探讨了文学经历转型的不同阶段之后,有必要对此作专门的分析。

那么在"经济中心"时代,文学为适应时代和社会发展的需要,它作了哪些调整,取得了怎样的成效呢?归纳一下,主要表现在以下几方面:

(一)进行了文学与经济的跨学科交融,逐步改变文学与经济的二元对立及其恐惧心态,对经济逐渐给予了理性的认同。报纸杂志上经常刊登文学与经济关系的文章,探讨经济全球化语境中文学面临的机遇与挑战。作家普遍增强了商品意识,部分文人下海,成为新儒商。一方面,文人从商改变了原有经济的结构,提升了经济的文化内涵;另一方面,反过来,文学(文人)也因得到经济的支持而改变了以往简单狭窄的单维政治视角,并因有文化的介入作为中间环节而生成了一种新的"经济—文化—文学"形态。尽管也有人站在"抵抗"立场排拒经济,坚守"纯粹"其实不无封闭的创作观,把文学向经济开放看成"投降",但这只是少数。大多数读者对此还是给予认同,并普遍增强了文学入"市"——文化市场的观念。特别可贵的是,作家也一改过去抑"经"扬"文"的思想,不仅按审美规律而且也按商品原则进行创作,追求艺术的民主化、大众化,将雅俗共赏、经济效益与社会效益的统一作为理想的创作目标。像过去那样只讲政治效用不讲市场效应的做法,已逐渐淡化。

(二)进行了中西跨文化交流。文学已从过去长时期的封闭隔绝中走出,更注意在全球化大交流、大冲撞、大融合中缩短彼此之间的时间差和空间差。迄今为止,我国已翻译出版了大量外来文学名著和理论。从尼采、卡夫卡、弗洛伊德、柏格森到海德格尔、詹姆逊、福柯、博尔赫斯,从后启蒙、后先锋、后结构主义(即解构主义)到后乌托邦、后人道、后古典主义,各种各样的流派应有尽有,传播速度之快,令人咂舌。西方那里的"新"主义刚刚出来,我们这里很快就流传开来。规模之大,模仿借鉴和研究的积极性之高,均是前所未有的。中西作家和学者有了更多机会直接对话,共叙一个话题。每年召开的各种研讨会,其范围从中央到地方、从政府机关到高等院校及科研院所,不可胜数。诸如精神分析学、存在主义、后现代主义、新历史主义、女权主义等名词,对作家而言不仅耳熟能详,而且都有大量相应的文本尝试。尤其在年轻一代作家那里,更是比比皆是。早些时候,比较具有代表性的有马原、余华、苏童、北村等十几位。他们不仅真正认识而且相当深刻地理解西方现代、后现代主义,并身体力行地贯彻于自己的文本实践之中。之后,就连原来惯用现实主义手法写作的王安忆、史铁生、朱苏进等,也常常有意在其作品中尝试、借用西方各种流派的创作手法和策略。更为典型的,是90年代以来活跃于文坛的"新生代"作家,如韩东、朱文、李锐、邱华栋、阿来等新人。我们在惊异于他们对各种创作理念纯熟运用的同时,也不难发现这些作家对前卫又深奥的理论情有独钟的原因:一方面,在新的社会文化形态下,地球任何一端的人都可以在第一时间自由选择自己认同的创作手法;另一方面,消费文化的迅速蔓延和权威话语的严重失语,使新一代的文学青年只有在先锋文化中才能找到适合表达自我的理论依托。由此可见,在新的环境下,中国文学走向世界的自觉性加强了。置身世界文学主潮,并成为其中不可或缺的组成部分,已成为新一代作家急切的创作愿望。

(三)与上述两个调整相适应,作家自身的知识结构也进行了调整和充实。80年代中期"新方法论"讨论和文化热的出现,对作家单一的人文知识有了革命性的冲击。90年代电脑的普及,以及纳米技术、克隆技术、生态学等的出现,更是将作家置身于一个无比宏阔又瞬息万变的崭新空间中:电脑网络等高科技的应用,使文学一改文字符号单元单维的创作渠道局限而变得立体生动起来;借助于网络和信息的高速传播,产生了新的文体形态,文学真正得以大众化,令创造主体和接受主体得到最大发挥,人人当作家的梦想成真。来自新事物的挑战和神秘魅力,让作家认识到自身知识结构调整的迫切,甚至产生深刻的危机感。另一方面,学界开始高度重视传统文化资源的开发,进行古今打通、中西融合。特别是90年代,随着现当代文学学科向明清及传统文化转移和"国学热"的兴起,加强古代文学修养,改善原有民族文化素养不足的状况,已成为文坛的共识。不少作家进入到对深层次文学史的成因关系、过程的清理和阐释工作中去。他们自觉梳理中国现代文学源头的文化语境、生产过程及其与古代文化传统的联系,并从民族精神、地域文化、传统审美意识乃至文体方面汲取营养,将其纳入知识体系之中,作为现代性的重要资源。

(四)最重要的是,经过这些年的发展调整,文学界形成了一批颇具实力的中青年作家群体。与老年作家相比,他们固然有自身的局限,但由于成长在观念开放的新时代,知识体系和结构比较新颖,故往往有不俗的艺术成就,创作的起点相对也较高。只要能克服浮躁和较为强烈的名利意识,调整好心态和做好创作准备,会大有作为。这使人想起20世纪初沐浴欧风美雨又饱浸国学传统而成长起来的一代大家。西方的异质文化开阔了他们的眼界,丰富了他们的心灵,使他们确立了一种更加开放开阔、多元立体的文学价值观,传统文化的积淀和潜移默化亦成为其创作的源流。虽然具体的社会形态和细节有所不同,但两代人面对外来信息的大量涌入,同样都经历着传统与现代的磨合,同样都肩负着将一个现代化的中国引领向新世纪的责任,以全球化为参照,以民族化为底蕴,表现人与社会、人与自然、人与人、人与自我的多重关系,书写当下生存境遇中个人存在与整体历史沟通的意义。从新一代作家富有创造性的作品中我们看到:不管环境如何改变,只要人类还需要精神情感,文学就永远不会消亡,有它应有的一席之地。而上述一系列的调整变化,正是文学主动向新的生活靠近的明证。

当然,不必讳言,全球经济和信息一体化也给文学也带来了负面效应。在这之中,西方国家凭借经济和科技的发达向包括中国在内的第三世界大肆推销他们的文化,从而造成了事实上的不平等的文化交流,也许有必要引起注意。以中国电影为例,据零点公司近年在北京、上海、广州、厦门、重庆五大城市调查,钟情于国产影片的观众仅占调查人数的9.45%,而偏好欧美、港台"大片"的观众,占到了90.55%。这些"大片"通过高科技手段获得的视听奇观,强烈地冲击着观众的日常经验,无论是在艺术效果还是在市场效益的竞争中,都具有得天独厚的明显优势。随之而来的是,大片中充斥着的异质意识形态和行为模式,乃至个体欲望宣泄、表达的方式,潜移默化地影响到中国的庞大观众群。当然,就中国文学自身来说,经济信息一体化带来的最突出的负面效应,主要还是文学的物化、商品化、模式化,从而造成其整体水准的下滑和下降。不少学者结合当下文坛的实际,对此做过分析,此处就不再重复了。这里只是想指出:我们不能由此及彼地对经济持非理性的否定态度,用道德的愤怒来代替对历史的评定,将文学中的所有问题都归咎于经济。这种情况,在人文精神讨论中曾程度不同地出现。这种观点比较突出的代表是张承志、张炜。他们认为在物质主义追求下精神普遍堕落,由体制造成的经济、利益矛盾构成了丧失精神品质的俗界和反人道的恶魔世界,因此高喊"寻找失落的精神家园",相信"穷人是美丽的人",并认定苦难世界中的人性更加质朴、纯洁、健康,最苦难最贫困的地方有着最真诚、最执著的理想主义追求,如果缺乏这些品质,那就要被开除出这个高尚纯洁世界之外,甚至成为敌人。这就太片面了,不足为信。

其实经济与文学并不像我们所想象的那样决然对立,它们还有互为激励、相互促进的另一面。且不说经济实力可为作家的人格独立提供基本的物质保障,同时它也为文学对人性的深度揭示提供了很好的描写契机。巴尔扎克正是因此,才写出金钱对人性的异化,而成为大师的。可惜的是,我们的作家未能有效把握住市场经济条件下的人性嬗变及其矛盾痛苦,作好人性被经济、金钱异化这篇文章,不少认知观念尚停留在一般的对经济表示道德愤怒的层面上。这就未免太滞后,需要引起重视了。

第三节 一元与多样并存的总体格局

尽管转型时期的文坛纷纭复杂，充满了许多悖论性的东西，但就大的方面而言，不妨用"一元与多样并存的总体格局"这样的说法加以概括。

这里所说的"一元"，是指代表我国现阶段社会主义正统价值取向，并在意识形态上具有"中心"地位的一类文学——不妨可称之为主流意识形态文学或曰主旋律文学。它的具体功能和作用，突出表现在以下两点：一是确立文化规范，进行正面引导；二是捍卫社会主义意识形态的权威性、严肃性和纯洁性，使之在众声喧哗的多声部大合唱中保持领唱的地位。它的具体内涵，就是1994年江泽民在全国宣传思想工作会议上概括的"四个提倡"，即："大力提倡一切有利于发扬爱国主义、集体主义、社会主义的思想和精神，大力倡导一切有利于改革开放和现代化建设的思想和精神，大力倡导一切有利于民族团结、社会进步、人民幸福的思想和精神，大力倡导一切用诚实劳动争取美好生活的思想和精神"；并通过文联、作协等官方或准官方的组织机构（中国作协和省作协的行政级别为省部级、厅局级）、文学刊物、文学批评（包括主管部门领导人的非个人化、非纯文学的讲话）以及文学评奖、课题立项等带有导向作用的保障系统付诸实施。

从文化资源来看，主流意识形态文学主要来自以下几个方面：首先是苏联革命文学，以高尔基为代表，强调文学教育人、鼓舞人的作用，突出文学在社会生活和社会斗争中的"实践"意义，以此来实现文学自身的价值和进行组织的调整。其次是延安"红色经典"，如赵树理、丁玲、周立波等人的作品，它们以高昂的革命乐观主义和浪漫主义为基调，以社会革命的行动主体工农兵为价值实现对象，用明朗饱满的情绪和通俗易懂的形式，诗性地表达文学的政治功利目标，给广大民众以形上的"精神食粮"。再次是对历史和现实生活中层出不穷的伟人、英雄的及时捕捉和形象化转换，如《周恩来》《孔繁森》《张鸣岐》《离开雷锋的日子》等影视作品就属于这种情况，这也是主流意识形态文学对社会隐性期待的集体记忆的一种新的开发,一种富有意味的把握。

上述诸种,前两种是历史的传统,后一种主要是现实的新质。它们彼此汇总起来,就成了当前主流意识形态文学创作的主要模式和参照标本。显然,这样的文化资源虽不能说贫乏,但却带有浓厚的文学—政治一体化的色彩,在"以政治为中心"向"以经济为中心"转换的过程中,它的弊病和不适就突现出来了。因此,如何按照艺术规律和市场规律处理好文学与政治的关系,就成了主流意识形态文学不可回避的难点之所在。主流意识形态文学目前之所以处于不尽人意的沮丧境地,较之精英文学、大众文学等其他形态文学要来得更加艰难严峻,都可从这里找到解释。

七八十年代之交,那时刚从"文革"的阴霾中走出不久,文学形态也比较单一,所以主流意识形态不仅在文坛处于绝对的强势,而且还在"思想解放"的旗帜下与广大作家组成了广泛的统一战线。后来随着大规模的拨乱反正运动的结束,统一战线内部的矛盾开始凸现,于是就戏剧性地出现了主流意识形态文学与其他文学既分化又互渗、紧张与缓和交替发展的特殊景观。1981年的"反资产阶级自由化"和1986年的"清污",就充分证实了这一点。曾几何时,一度引起文坛紧张,惊动了政府最高决策人物(如邓小平、胡耀邦)出面来干预、调节。90年代市场经济的提出,使得经济取代政治成为社会生活的中心,这将以政治宣谕为职能的主流意识形态文学置于不利的地位。为了恪守其职,也是为了自身的生存发展的需要,主流意识形态文学在对大众文学采取既吸纳又批判、规范的手段的同时,明确提出了"弘扬主旋律,提倡多样化"的文化对策,这在一定程度上改善了自身所处的窘境。

但这也仅仅是"一定程度",不能作过分夸饰的评价。究其原因,除了其自身的局限以及在文学与政治、思想与艺术关系方面存在的问题之外,还与其他形态文学所作的"多样化"的探索密切相关。如精英文学,它的基于相对独立知识分子立场的异质性和前卫性的探索,即对既成权力叙事和主流话语表现出某种叛逆性,对已有文体规范和表达模式表现出破坏和变异性,对当代文学的变革的确发挥了重大的推动作用。我们很难设想,如果没有先是刘索拉、陈村,后是马原、格非、余华、苏童、孙甘露、北村等一批极度张扬个性自我和调侃"意义世界"的作家,没有80年代中期的刘索拉、高行健、莫言和90年代的余华、苏童、格非等充满叛逆和变异的作家的大胆探索,文坛将会是怎样一种状况?同样道理,如果没有武侠小说、言情文学、警探文学、社会文学、类型文学(早期往往是先从港台或海外引进,嗣后是自办刊物,在渐成气候的基础上再推出自己的作家作品)这一带有现代文化工业性质,高度重视接受者的娱乐、消遣、宣泄等精神需求的大众消费文学的应运而生,并在我国文坛的迅速蔓延,那么文学与受众之间的关系又将是怎样一种状况?文学的一元与多样是一种客观存在,在中国语境中更有其深刻的必然性。从积极的意义上讲,它有利于文学的竞争,使文坛在"一"与"多"之间形成一种张力,呈现丰富活跃的态势。

在过去文学与政治高度一体化的时代,自然不会有这样一种一元与多样的矛盾关系。那时文学是一元的也是单纯的,它稍微游离于主流中心意识形态,就会被斥为异端。这实际上是以一概多,以一当多。只有在从政治一体化藩篱中解放出来的今天,在既歧异又互补的各种不同文学主张和观念的支撑下,文学才能从多方面展示自己,实现多种可能性,从而创造出丰富多样的文学景观。正是从这个意义上,我们认为无论怎样高度评价"多样化"都不过分,这是文学由传统向现代转型的一个重要的前提条件,也是构成本书所说的"文学热点"的潜在基础。

当然,文学的多样化建立在作家个性的基础之上。没有艺术个性的林立和作家永不停顿的探索,也就不可能形成整体文坛多样活跃的态势。正是从这点出发,我们对近二十年来文学中出现的多样化现象喜忧参半。喜,是因为多样的探索毕竟是文学蓬蓬勃勃、富有生机活力的表现,它可以因此强烈地刺激作家相互间的对比意识和竞争欲望,而使文学呈现一种散射的动态,各种观点争奇斗艳,各类佳作翻新出异,各路新人层出不穷,大大加快了文学的新变。忧,是因为过于求新求变,就必然使文学的发展既活跃又仓促匆忙,这样往往就使作品缺乏典型性,不同的发展阶段缺乏自足性,艺术观念和手法缺乏相应的稳定性。似乎过程便是一切,模仿和重复太多,旋生旋灭,真正留下的东西太少。从作家角度来看,过于多变,无意培植了他们"恐落后"的异常心理,使其容易心态浮躁,产生跟着感觉、时尚走的思维观念,难以安下心来进行创作,更谈不上艺术上的精益求精。

　　杨义先生在1986年就曾敏锐地指出此种多样探索"给作家造成极不稳定的文学声誉和艺术命运,在高频率的跃进和大幅度升沉中,作家往往不易自知和难于把握自我,他可能在今天创作出高质量的作品,明天就发生令人忧虑的倾斜。创新的喜悦、蜕变的痛苦和探索的迷误形成三股螺旋式的力量,不时在他心灵深处形成一根难以解开的麻花"①。这种情况自90年代以来尤为强烈,特别是一批以"新"或"后"命名的文学,使得这种情况更加突出。这样就使得文坛速生丰产,耸动视听的影响要大于实践的成果,明显缺乏大手笔或大家风度,缺乏气势恢宏的精品杰作。可见"多样性"还有一个层次和境界的问题。如果仅仅停留于一般的颂扬所谓的"众声喧哗""多元并存",那是不够的;要紧的是,要根据社会和文学发展的实际,合目的合逻辑地将它与"高远的旨趣"(黑格尔语)的追求结合起来。因为我们所讲的文学多样,并非以"多"为鹄的,而是为了营造更好的精神创作的自由和宽容的公众空间,寻求文学变革的动力和可能,达到一种新的"历史重构"。不然,多样的文学就很容易在整体上滑向平庸肤浅的炫奇斗巧,多则多,但质量平平,缺乏应有的深度。这是值得我们警惕的。

(吴秀明)

---

①　杨义:《当今小说的风度与发展前景——与当代小说家一次冒昧的对话》,《文学评论》1986年第5期。

第二章 "断裂"现象与新生代作家的突围

第一节 世纪末文坛的"断裂"事件

1998年10月,《北京文学》全文刊登了朱文的《断裂:一份问卷和五十六份答卷》、韩东的《备忘:有关"断裂"行为的问题回答》,引发了"断裂事件",在平静慵懒的1998年中国文坛引起了一阵不小的骚动。

这次"断裂"来自由朱文制作的一份名为《断裂:一份问卷》的调查。按朱文的说法,从5月12日寄出第一批问卷始,累计共发出问卷73份,到7月13日为止共回收问卷55份。发出的问卷上没有注明该调查的截止日期,问卷发出后也没打过一个电话去催。以自愿参加为主,也许所激起的各种反应,参加、不参加以及犹豫不决都是这次行为的一部分。从5月1日萌发发动这个行为的想法,到7月29日完成最后的文本,历时整90天。"这次行动和接受问卷调查的均是60年代以后出生的青年作家",包括韩东、吴晨骏、鲁羊、楚尘、林白、葛红兵、顾前、荆歌、张新颖、郜元宝等;问卷被设计成"一个作家向另一个作家提问"的方式,共设计了13个问题,问题如下:

一,你认为中国当代作家中有谁对你产生过或者正在产生着不可忽略的影响?那些活跃于50年代、60年代、70年代、80年代文坛的作家中,是否有谁给予你的写作以一种根本的指引?

二,你认为中国当代文学批评对你的写作有无重大意义?当代文学评论家是否有权利或足够的才智对你的写作进行指导?

三,大专院校里的现当代文学研究对你产生任何影响吗?你认为相对于真正的写作现状,这样的研究是否成立?

四,你是否重视汉学家对自己作品的评价,他们的观点重要吗?

五,你觉得陈寅恪、顾准、海子、王小波等人是我们应该崇拜的新偶像吗?他们的书对你的写作有无影响?

六,你读过海德格尔、罗兰·巴特、福科、法兰克福学派……的书吗?你认为这些思想权威或理论对你的写作有无影响?它们对进行中的中国文学是必要的吗?

七,你是否以鲁迅作为自己写作的楷模?你认为作为思想权威的鲁迅对当代中国文学有无指导意义?

八,你是否把基督教、伊斯兰教、佛教等宗教教义作为最高原则对你的写作进行规范?

九,你认为中国作家协会这样的组织和机构对你的写作有切实的帮助吗?你对它作何评价?

十,你对《读书》《收获》杂志所代表的趣味和标榜的立场如何评价?

十一,对于《小说月报》《小说选刊》等文学选刊,你认为它们能够真实地体现中国目前文学的状况和进程吗?

十二,对于茅盾文学奖、鲁迅文学奖,你是否承认它们的权威性?

十三,你是否认为穿一身绿衣服的人就像一只青菜虫子?

这些问题大都异常尖锐,是"针对现存文学秩序的各个方面以及有关象征符号"①的,极具引导性与倾向性,而大多数答卷者的答案也是否定的。如 69% 的作家认为,在中国当代作家中没有人对他产生过或正在产生着不可忽略的影响;100% 的作家认为那些活跃于 50 至 80 年代文坛的作家中没有人给予他(她)的写作以一种根本指引;98.2% 的作家认为,中国当代文学批评对其写作没有重大意义;100% 的作家认为,当代文学评论家没有权利和足够的才智对作家的写作进行指导;94.6% 的作家认为,大专院校里的现当代文学研究对他没有产生任何影响,而 92.8% 的作家认为相对于真正的写作现状,这样的研究不能成立;81% 的作家认为汉学家的观点不重要,也不重视;100% 的作家认

---

① 朱文:《断裂:一份问卷和五十六份答卷》,《北京文学》1998 年第 10 期。

为不应该把陈寅恪等当作新偶像,反对造神运动,而91%的作家认为他们的书对写作没有影响;91%的作家认为海德格尔等思想或理论权威对写作无影响;92.8%的作家认为这些思想权威或理论权威对中国文学没有必要;98.2%的作家不以鲁迅为自己的写作楷模;91%的作家认为鲁迅对当代中国文学无指导意义;100%的作家认为不应该把基督教、伊斯兰教等宗教教义作为最高原则对写作进行规范;92.8%的作家没有得到过作协的帮助;96.4%的作家对作协持完全否定态度;56%的作家对《读书》持否定、批评态度;52%的作家对《收获》持否定、批评态度;91%的作家对《小说月报》《小说选刊》持完全否定态度;94.6%的作家不承认茅盾文学奖、鲁迅文学奖的权威性……从以上的数据统计中,我们能看出这一群作家大致相同的基本立场。

从以朱文的名义设计并公布的洋洋五万余字的"断裂问卷",到韩东的《备忘:有关"断裂"行为的问题回答》,以至"断裂"丛书的出版(它们虽然都曾在公开的报刊、出版社正式发表或出版),其后出现的反应十分耐人寻味:有人感到震撼,感到冲击,有人为之高兴,另一些人怒气冲冲,似乎与"断裂"者们不共戴天,当然也有人以缄默来回应这份有相当分量的问卷。"断裂"问卷成为轰动一时的文坛热点,甚至直至今天还发生着或显或隐的影响。

第二节 "断裂"的喧哗现象引发的思考

"断裂"究竟是什么?是"当代知识分子的一个独立的宣言",还是"炒作",是为了"改朝换代",或者是搞"路线斗争",乃至"弑父"行为?"断裂"行为的策划者与参与者们是将其作为一个玩笑,还是当作一桩攸关文学良知的、严肃的文学使命?所有这些,迄今自然尚未有定论,但它无疑留给了我们不少连绵的思索。

"断裂"问卷调查作为一次活动已过去,然而作为一次文化事件却远远未结束。曾几何时,各式人等,对之破口大骂者有之,揶揄挖苦者有之,义愤填膺者有之,漠然处之者有之,点头称赞者亦有之。它构成了当代中国一个不小的文化事件,引起了文学圈内外人士的热切关注,

第二章 "断裂"现象与新生代作家的突围

原本寂寞安静的评论家们纷纷"投笔从戎"。一时间文坛热闹非凡,并由此及彼,引发了一场甚至延续至今的大讨论。纵观文坛上的"各家之言",其论争的焦点主要集中在以下三个方面:

1. 权力的声讨

在"断裂"事件后,有些评论家纷纷责问韩东、朱文他们是否想掌控话语霸权,取代六七十年代甚至更早的作家们,认为他们大张旗鼓的行动是不甘寂寞,想争夺主流话语权。无论对于个人还是组织而言,掌握话语权都是地位或身份的一种象征,其重要性是不言而喻的。但真正要建立一种话语权尤其是要掌控话语权,必不可少地需要言说者有一种权威性,其言说内容须有可信性。无疑,这与韩东、朱文他们在当前文坛的处境不太相符。80年代的文学体制在当时仍有合理的延伸,一些作家纷纷占据了自己的位置,这使韩东、朱文他们倍感压迫和排挤。正如皮尔·布尔迪厄在论及异端性话语与正统权威的关系时所说的那样:"通过公开宣称同通常秩序的决裂,异端性话语不仅必须生产出一种新的常识,并且还要把它同一个完整的群体从前所具有的某些不可言传只可意会的,或遭到压抑的实践和体验事例在一起,通过公开的表达和集体的承认,赋予这种常识以合法性。"①

关注当时的文坛,传统话语牢牢占据着主导地位,但同时新的创作群体逐渐强大和崛起,已成一定的规模和气候。于是,就不可避免地出现新旧两种力量的拉锯战,出现了抢夺话语权的现象。但是,传统的权威已牢不可破,作为新的一代,韩东、朱文他们想要同传统竞争,只能采取非常规的手段。正如陈晓明所言:"他们是文学史上孤零零的群落,他们的符号价值无从界定,也无人界定,他们成为自己制作的符号系统的界定者。这使他们必然要以异端的形式出现,他们以非法闯入者的身份来获取新的合法性。""这就像当年法国巴黎的一群波希米亚式的艺术家,以他们的特殊的异类姿态与上流社会作对,鼓吹他们的为艺术而艺术观念,从而迅速建立他们的象征资本。再或者如同美国'垮掉

---

① 陈晓明:《异类的尖叫——断裂与新的符号秩序》,《大家》第1999年第5期。

的一代'所扮演的归来的放浪者的角色。"①在当时尚属暧昧的文坛,韩东、朱文他们以如此高调的行为来张扬他们的一种态度,无论是否以抢夺话语权为真正目的,至少对传统话语的权威和主导地位产生了一定的撼动和威胁。

而关于所谓的"权利论"或"利益论",韩东如此反驳:"他们老是追问我们的动机,而他们所理解的人去做事情的时候,唯一的动机就是利益。所以他们这样解释我们也不奇怪。但是我们说我们是为了文学怎么怎么,当然别人也不会相信,但是其实这件事的结果就证明了一点。这件事的结果,就是我们进一步把自己孤立起来了。我们想做的其实不是获得权利,我们想做的只是放弃权利。因为权利对于文学的干扰就是十分可怕的。"针对种种质疑,韩东还掷地有声地表明了这次"断裂"行动的目的:"首先,行为要解决的不是一个利益问题,而是有关理想的问题。从利益的角度设想,我们的行为的确是荒谬的。"②韩东他们主动声明对主流话语权力不感兴趣且永远不想问津。他们之所以牺牲安静地在桌前写作的时间来做这样一件热闹的事情,是为了明确某种分野,是为了让人们知道在同一个时空下有不同的写作,这样的区分首先是源于一种自我需要。

正如"一山不容二虎",文学的新老更替是必然的事情,其中的一种注定要被排斥、封锁,乃至被刻意地遗忘。当然,话语权也不只一元,但真正要建立最根本的是要以实力奠定自己的地位,对于韩东、朱文他们也是如此,真正的创作实力才是他们取得话语主动权、实现自我需要的最有力武器。

2. 体制的反抗

有的评论家认为韩东、朱文他们借问卷调查活动是想反对现有的文学秩序,从而建立自己的秩序,似乎他们在做的就是一件"改朝换代"的大事。这一质疑直指当前的文化体制问题。

可以说,在90年代的文坛上,作为现代文学象征的鲁迅仍占据着

---

① 陈晓明:《异类的尖叫——断裂与新的符号秩序》,《大家》第1999年第5期。
② 韩东:《备忘:有关"断裂"行为的问题回答》,《北京文学》1998第10期。

第二章 "断裂"现象与新生代作家的突围

文坛上的经典地位,传统的体制内的创作仍试图努力维持着现存的文学秩序。大多数年长的作家都已在自己的领域当家做主,颇有势力范围瓜分完毕的味道。这种状态显然使韩东、朱文他们不甘心,也使他们更加发觉体制内的平庸和腐朽,因此他们为自己设定了反叛体制的姿态,以对体制的对抗和反抗作为呈现自己存在的方式,对当下现有的文学秩序和平庸的写作予以激烈的抨击。当被问及"你认为中国当代作家中有谁对你产生过或者正在产生着不可忽略的影响?"韩东决然地回答:"当代汉语作家中没有一个人曾对我的写作产生过不可忽略的影响。五十、六十、七十、八十年代登上文坛的作家没有一个人与我的写作有继承关系。他们的书我完全不看。"[1]这种姿态无疑使评论家们有了责难和非议的口实。

于是,争论的焦点之一不可避免地集中在了当前的文化体制问题上,一如朱文在问卷说明部分指出的:"我的问题是针对性的,针对现存文学秩序的各个方面以及有关象征符号。"[2]"我们的目的即是在同一时间里划分不同的空间。并非是要以一种写作取代另一种写作——由于对人世间恶的理解,我们从来不抱这样的奢望。我们想明确的不过是在现有的文学秩序之外,有另一种性质完全不同的写作的存在。这种写作不以迎合秩序、适应并在秩序中谋求发展为目的,它永远是一种理想主义的坚韧的写作。"这两种写作的不同可以从它们与现有文学秩序的关系中得出,"一种写作是适应性的,在与秩序的交流中改变着自身,最后以自身的力量加强身处的秩序,当然,秩序也给了它所需求的肯定","另一种,也是我们所表明的写作,则对现有的文学秩序和写作环境抱有天然的不信任和警惕的态度,它认为真实、艺术和创造是最为紧迫的事,远远大于个人的功利和永垂不朽"。[3] 用韩东的话说就是:一种是平庸有毒的写作,一种则是有理想热忱有自身必要性的真正的写作。

---

[1] 朱文:《断裂:一份问卷和五十六份答卷》,《北京文学》1998年第10期。
[2] 同上。
[3] 韩东:《备忘:有关"断裂"行为的问题回答》,《北京文学》1998年第10期。

显然,这也涉及了当前文学的主流与边缘化问题。那种"平庸有毒的写作"占据着当时文坛的主流地位,而韩东、朱文他们所认为的"有理想热忱有自身必要性的真正的写作"却被置于边缘的角落。边缘可以说是非主流的一个特征,是文学作品中自觉或不自觉地体现出来的一种与主流的疏远或背离。边缘话语在整个文学场中处于微弱的地位,但往往这种边缘却让文学真正地回到了本身,回到文学的真正使命。文学真正的生命是什么?这永远是个解不开的问题。一直以来,文学肩负着不可承受之重任,文以载道的使命把文学作为一种工具,把文学逼向了越来越狭隘的死胡同。新时期以来,文学的主体性似乎重新获得了,但秩序仍以一些有形无形的利益驱使和诱惑着可怜的作家,作家们则以向秩序的屈服争取着自己的利益,"有很多人是在自我麻醉的状态中逐渐出卖自己的灵魂的"①。

在主流与边缘的强烈对峙中,韩东、朱文他们勇敢地站出来,用极端的方式对现行的文学体制进行革命性的挑战和颠覆:"腐朽的文学秩序自然能在我们这一代(同一时间)中找到它的传人(像以往那样),这一点毋庸置疑。但我们绝不是这一秩序的传人子孙,我们所继承的乃是革命、创造和艺术的传统。和我们的写作实践有比照关系的是早期的'今天''他们'的民间立场、真实的王小波、不为人知的胡宽、于小韦、不幸的食指,以及天才的马原,而绝不是王蒙、刘心武、贾平凹、韩少功、张炜、莫言、王朔、刘震云、余华、舒婷以及所谓的伤痕文学、寻根文学和先锋文学。"在这一对峙中,韩东、朱文他们果断地作出了坚决清晰的划分:"我们必须从现有的文学秩序之上断裂开。问卷中的第一个问题涉及到建国以来先后出现的几代作家,但我们的否定并不仅仅是针对他们的。只有他们作为现有文学秩序一环时才引起了我们的重视,在此意义上我们反对他们。我们的行为针对现有文学秩序的各个方面及其象征性符号,即便是同龄的作家中我们也要坚持这种划分,甚至,在同一时间内的划分意义更为重大。"②韩东、朱文他们对文学的这

---

① 韩东:《备忘:有关"断裂"行为的问题回答》,《北京文学》1998 年第 10 期。
② 同上。

种坚强捍卫,使他们成了文坛上的众矢之的。

作为文学体制的一种象征性存在,作协这一机构也成了此次调查中矛头的集中指向地。"你认为中国作家协会这样的组织和机构对你的写作有切实的帮助吗?你对它作何评价?"朱文认为中国作协是一具在办公桌前还在开会、做笔记的腐尸。而身为中国作协会员的韩东的说法相对而言就显得较为内敛,"各级作家协会是地道的权力机构,它代表政府管理作家。当然它只是管理形式之一种——较为隐晦和礼貌的一种"①。针对身为作家协会会员这一较为敏感的事实,当然也曾有人对韩东、朱文他们否认中国作家协会这一组织和机构的帮助,提出了质疑。韩东如此澄清:"我要说的是:我不会为了表明自己的清白而退出作家协会。也许有一天我会宣布退出作协,那也不是因为个人形象的需要,而是要借此举在某些原则问题上表态。名义上是否是作协会员对我从来不重要,并不影响我对它(作协)作出自己的评价。"②从这方面来说,韩东、朱文他们其实并未被排挤在外,他们还是一定程度上旧有体制的得益者。

韩东他们对于现存文学体制的挑战,以及对"另一种写作"的提倡,使他站在了现存文学体制的对立面。但正如韩东所说的:"我们的行为在于重申文学的理想目标,重申真实、创造、自由和艺术在文学实践中的绝对地位,它的重要性远远大于秩序本身的存在和个人的利益功名,甚至也远远大于一部具体作品在历史中的显赫地位。无论是旧有的秩序或是新建立的秩序,一旦它为了维护自身而压抑和扭曲文学的理想就是我们所反对的。"③也许对于韩东、朱文他们而言,革命或论争只是实践他们的文学理想的一种特殊途径。

3. 经典的颠覆

也曾有人质疑,韩东、朱文他们如此高调的行动,是对传统的文学经典的一种颠覆和否定。

---

① 朱文:《断裂:一份问卷和五十六份答卷》,《北京文学》1998 年第 10 期。
② 韩东:《备忘:有关"断裂"行为的问题回答》,《北京文学》1998 年第 10 期。
③ 同上。

20世纪70年代以来,后现代主义的解构大潮席卷全球,理论界开始用怀疑的眼光看待传统文化,对文学经典的讨论成为理论界的中心话语之一。文学经典问题直到今天依然是人们争论不休的一个热点话题。"经典"这个词,无论在东方还是在西方,在使用上最初一直都很慎重。一般而言,文学经典是指那种能经得住时间考验并能在价值与美学上呈现出一定的普适性的文学文本,可否经得住时间的检验与历史的涤荡,是检验文本能否称得上经典的标尺。

　　一个具体的经典文本,总是或隐或显或深或浅地打上了作者所处时代的烙印。经典常常饱含着一个时代的特殊的心理和情绪,成为时代的脉搏和回声。黄乔生在《论鲁迅的经典性》中指出:"一个作家的经典性表现之一就是,他是一个时代的代言人和集大成者。这个时代的显著特点都能在他的作品中找到。"[1]在中国,经典的演变也经历了历史的更替。对于五四以前的文学经典,我们可以称之为传统经典,而对于五四以后以鲁郭茅巴老曹为代表的经典是现代经典,韩东、朱文他们这一代,与现代经典是共时性的存在。由于政治意识形态的渗透和影响,长期以来对经典的接受一直处在一种"共名"的审美文化氛围中,主流意识形态理念使我们对经典的解读成了对政治观念的演绎,由此,所谓的经典文学越来越受到后代人的怀疑。葛红兵就曾为20世纪中国文学写了一份"悼词","20世纪中国文学给我们留下了一份什么样的遗产?在这个叫20世纪的时间段里,我们能找到一个无懈可击的作家吗?能找到一种伟岸的人格吗?谁能让我们从内心感到钦佩?谁能成为我们精神上的导师?"葛红兵毫不犹豫地给了一个否定的答案:"问题是今天中国的作家,在自由来临,他们终于可以讲真话,做正经事的时候,他们依然没有醒悟,他们更世故了,在商品经济的大潮中,他们比谁都下海得快,比谁都更计较金钱上的得失。作家穷了:前几年他们叫得特别响。是他们真的比工人、农民更穷吗?不是的,他们只是比那些发了横财的暴发户穷一点儿而已,可是他们会叫唤。"[2]这种否定

---

[1] 黄乔生:《论鲁迅的经典性》,《鲁迅研究月刊》2004年第12期。
[2] 葛红兵:《为二十世纪中国文学写一份悼词》,《芙蓉》1996年第6期。

经典的姿态显然与"断裂"作家们不谋而合。

在20世纪中国文学的进程中,鲁迅是一个无法回避的对象,作为现代文学象征的鲁迅无疑占据着文坛上的经典地位,甚至被人们当成了一种意念、一种典范。但是随着"80后"或"新生代"作家的纷纷崛起,以往被"神化"的鲁迅遭到了怀疑、否定和颠覆。韩东就认为"鲁迅是一块老石头。他的权威在思想文艺界是顶级的,不证自明的。即使是对耶和华人们也能说三道四,但对鲁迅却不能够,因此他的反动性也不证自明,对于今天的写作而言鲁迅也确无教育意义"。朱文更简单直白地说"让鲁迅到一边歇一歇吧"①。这种对经典文化的颠覆与当时后现代主义思潮等的涌进和兴起有着直接关系。90年代以来,文学打破了中心与边缘的二元对立,"重排文学大师""重写文学史"等一系列文化事件的展开冲击了那些似乎已成定论的文学史,文学出现了多种可能性。这也使人们逐渐失去了对经典的信仰和膜拜。在这样的语境中,传统文学经典遭受了前所未有的冲击和挑战,昔日给人类以精神支撑和心灵皈依的经典开始瓦解。如同尼采所说,上帝死了,这是一个诸神狂欢的时代。时代为文学经典唱起了挽歌。

在这种"失衡"的文学困境中,加之对当下现实的不满,"断裂"作家们开始以极端的姿态摆脱传统的巨大阴影,传统的文学观念和价值被不断地解构和颠覆。所谓的"欲望写作""身体叙事"之类的文学应运而生,经典所代表的文化模式和历史记忆被另一种话语体系重新阐释,曾经非常严肃的事情被以调侃模仿和游戏化的方式消解了。在这样一个消费主义语境中,韩东、朱文他们等"断裂"作家们的"宣言"或自身的文学创作实践是对经典的颠覆也好,是再创造也罢,传统经典文化的被解构都已是不争的事实。

第三节 "断裂"作家的文学表演

"断裂"事件成为新生代作家较为典型的文学运动,而作为其中个

---

① 朱文:《断裂:一份问卷和五十六份答卷》,《北京文学》1998年第10期。

性化的代表——韩东、朱文他们等的创作,则是新生代作家文学主张的有力实践,充分显现了他们这一群体独特的文学理念与精神。

"断裂"可以说是一次文学表演,但任何姿态的表演都必须有厚实的作品作为支撑才能使文学成为文学。"断裂"事件结束了,但也为当前文学的发展铺设了一条漫长而又充满着危机和困顿的道路。与谁"断裂"? 有没有真正"断裂"? 什么是"断裂"的? 什么不是"断裂"的? 这都是值得我们深思的问题。只有把"断裂"的论争诉诸文学创作实践,才能充分体现其价值及意义。因此,我们将立足于具体文本,以韩东、朱文他们这两位比较有代表性的"断裂"作家为例,通过对他们在"断裂"之前及之后的文学创作,对"断裂"作家们在"断裂"口号之下"断"与"不断"复杂交织的文学创作进行深度解读,并与所谓的经典写作置于一个比较的视野中,以考察他们在理论和创作实践上的对应,从而揭示"断裂"作家群体独特的精神与艺术原则。此外,韩东、朱文他们同为诗人兼小说家,在"断裂"作家或"新生代"作家这一群体范围内,作为小说家的韩东和朱文几乎淹没了他们的诗人身份,这可能是不公正的,但本章还是需要立足于其作为小说家的身份,以他们的小说创作为解读与比较的对象。

作为"断裂"作家的代表,韩东、朱文他们以"自由作家"的身份自居,具有鲜明和自觉的"体制外"生存和写作意识。一方面,90年代这一"个体化"的时代氛围为韩东、朱文他们提供了自由的思想、生存和写作空间,传统的经典叙事出现了"危机";另一方面,在90年代的文坛中,统摄80年代的文化逻辑和秩序依然存在。准确而言,这是一种新旧杂陈的层积格局,新观念漂浮于旧观念之上,并与之随影相伴,纠缠在一起。因此,在仍不乏等级制的文坛中,韩东、朱文他们感受着一种被压制和排挤的危险。这种状态使他们只能以边缘身份自居,反抗现存的体制结构以作为自己存在的方式。韩东在小说《扎根》获得华语文学传媒大奖2003年度小说家奖的获奖演说中曾说:"多年来我一直处于穷困之中,这'穷困'既有气氛上的压抑,体制的排斥和人为的疏离、隔绝,也有并非比喻的生活上的贫困。"而在有关"断裂"行为的问题回答中,韩东也详尽地阐明了他们的动机:"我们的目的即是在同一时间里划分不同的空间。并非是要以一种写作取代另一种写作——由于对人世间恶的理解,我们从来不抱这样的奢望,我们想明确的不过是在现有的文学秩序之外,有另一种性质完全不同的写作的存在。这种写作不以迎合秩序、适应并在秩序中谋求发展为目的,它永远是一种理想主义的坚韧的写作。"①在环境和体制的双重作用下,韩东、朱文他们坚定地选择了体制外的生存和写作状态,关注个体体验,关注文学在为民代言的"载道"样式之外可以呈现的新的可能。

情绪化的争论或抗衡是没有意义的,只会带来流于表层的误读,唯有通过对"断裂"作家的具体文本的深度阐释,才能洞察纷繁复杂的创作表象,作出较为公允客观的评价。"断裂"作家们大量的文本呈现(包括出了两辑的《断裂丛书》),足以留给我们充裕的时间去认识和检验他们。他们的创作实践是对自我的"断裂"主张的印证,也充分呈现了"另一种写作"的可能。

一、"体制外"的个人书写

以韩东、朱文他们等为代表的作家高举"断裂"的旗帜,自觉地实践着鲜明的"体制外"生存意识。在这里,"体制外"作为一个文学符号,它的意义并不是封闭的,它可以是文学作品中的主题思想、创作风格、技巧、内容等方面自觉或不自觉地体现出来的一种与主流意识形态的疏远或背离,另一方面也可以指涉对现行文学秩序的反抗或"忤逆"。这本身就代表着一种坚定的个人化选择,在主流话语之外自觉的努力,表现出自身的一种力量。他们找到了自己的文学,挖掘着超越自由的个体自觉意识,也为我们提供了一种特具个性化的叙事方式。

韩东的小说创作素材大多来自于他的生活经历,是属于他自己的"个体世界"的经验表达。他曾经说过:"我很同意小说写作有赖于作家的生活。我的小说材料是有我的生活根据的。出生到八岁我在南京度过,八岁到十七岁随父母下放,在生产队、大队、公社、县城都待过。读大学、工作以来又在不同的几个城市生活过。但是,如果仅仅这样去

---

① 韩东:《备忘:有关"断裂"行为的问题回答》,《北京文学》1998年第10期。

看待生活与写作的关系我觉得没有意义。关键在于对生活的理解。甚至就是对生活这个词的理解。"①韩东执著地关注当下,关注自身的"小世界",而他自己无论是以创作者的身份还是作为作品中人物形象的映射都自由地驰骋于他的创作中。作为一个"现有秩序外"的作家,韩东追求的不是深度,不是高度。他曾经这样说过:"我的小说面向单纯敏感的人,面向愿意倾听真实的人,愿意体会独特与神奇的人,是为关心灵魂和人的卑微处境的人写的。那些将自己包裹得严实而冠冕堂皇或傲慢自得的人不能也不必去读我的小说。"②这种固执而又不无傲慢的态度,使韩东在其创作中更执意追求自我精神世界的深沉与自由。

  对于个体如此,对于带有强烈政治意味的历史叙事,韩东也不愿意从民族、国家的高度去表现一种波澜壮阔的悲壮或崇高,他更关注的是历史中的个体的生存状态或方式,以进行日常化的人性描写及展示。他的长篇处女作《扎根》就是这方面的一个典型。这篇小说主要叙述老陶一家因为政治运动被下放到三余后的生活及其后发生的种种故事。虽然与原先的城里生活截然不同,但是老陶一家努力地生活着,老陶发挥自己的学识协助大队搞生产创收,他的妻子苏群自学成医,做起了当地的赤脚医生,父亲陶文江零零碎碎地给邻居一些小恩小惠,儿子小陶则求学并努力学习一些农村生活技能,母亲陶冯氏操持家务……如此"努力"地生活,其最终落脚点都是为了能在三余这个农村"扎根",为了能更好地生存。可以说,老陶的一生都在深入生活,做在三余打万年桩"扎根"到底的准备,尽管老陶自己也是迫于无奈,但其面对"扎根"的心态是相当矛盾复杂的。他们在三余的生活基本上是平静的,实际上也并未遭到政治运动的强烈冲击。在整个故事的叙述中,南京——三余大队——洪泽县城食品公司——南京,一次循环的经历,就是老陶一家的生活环境的变迁。而在这变迁中,扎根、下放、三结合、五一六、富农、知青、学习班、赤脚医生、可以教育好的子女……韩东把在今天早已消失的这些陌生的词串连在一起,用干净、节制、纯粹的语

---

① 林舟:《清醒的文学梦——韩东访谈录》,《花城》1995 年第 6 期。
② 同上。

言,不动声色的冷峻的叙述,将它们背后的历史打捞出来。也许韩东的这篇小说最值得肯定的正是运用这种个体化的方式对老陶以及所有的"扎根"者的生活进行了入木三分的艺术观照。当被问及写作初衷和缘由时,韩东坦率地说:"写《扎根》是对我自己少年经验的一种兴奋,一种愿望。我8岁即随父母下放苏北农村,直到17岁上大学离开,这是我的一段个人经历,一段真实的生活,我就是想写这段下放生活,而不想突出什么。"①

仅就《扎根》所表现的生活现象而言,也许并无什么独特之处,诸如老陶般知识分子的下放农村,以及如赵宁生、夏小洁这样一些知青的插队生活,在"文革"结束后的中国小说中并不少见,类似"文革"题材的小说也层出不穷。就我们一般所见,"'文革'题材的小说有两个比较突出的倾向,一种写到'文革'全是罪恶,满纸批判控诉;一种就是把'文革'历史与'文革'生活全部荒诞化、妖魔化、嬉戏化",但韩东却能以一个客观冷静的旁观者的态度看待、批判"文革"历史与"文革"生活,"我感觉到了现在写'文革'题材的小说,很多是被符号化了,要么写'文革'如火如荼的斗争,很理想化、狂欢化,要么写'文革'全是苦难,一点欢乐没有。其实我觉得'文革'既不是红卫兵式的狂欢和兴奋过度,也不是压抑到一点快乐没有;当然,说'文革'比现在好那也未必,而把苦难淡忘了那更是最大的谎言。"②韩东选择了"文革"这样一个历史时代来作为叙事场景,是想借小说还原历史,还是批判历史,抑或是诉说历史、旁观历史呢?他给了我们答案:"'文革'只是一段特殊的人生经验,我希望客观地写出我的少年经验,《扎根》就是以此为材料写的,但我目的不是写'文革','文革'只是一个叙事背景、故事背景。我认为小说的根本是叙事,叙述一个故事或事件,有人说我的语言冷静理性客观,是冷抒情,好像流水账,我觉得有道理。我追求一种与世界的'距离感',这是我观察世界的方式。"③

---

① 李润霞:《〈扎根〉:向自己靠近,力图写得真实——韩东访谈》,《中文自学指导》2003年第5期。
② 同上。
③ 同上。

韩东没有借"文革"这个社会变迁中的"灾难"一环,作一些故作深沉的"文化反思",没有激烈悲壮的控诉揭露,也没有赋予其沉重压抑的历史意义或文化意义。他只是一如往常地冷静地叙述了在"文革"那个年代的一些人的生存状态,使我们获取了在"文革"题材作品的阅读中的全新感受。韩东对"文革"这段特殊历史的回顾,几乎没有正面触及作为一个轰轰烈烈的时代政治环境意义上的"文革",只是在人物的塑造中有一些偶尔的闪现,更多的是把它作为叙述的一种时代背景,丰富而又平实的农村生活反而被渲染成了小说的主色调。我们可以把这篇小说读作老陶家人的生活变迁、知青赵宁生等人的人生变故与老陶家的众动物们的生命经历等,个体的这些变故和经历没有政治或历史的深刻含义,而只是展现人生中所该应对的种种选择。韩东的这种对历史的独特思考方法,"既非梁晓生等人的'青春无悔'的'类'的复写(《今夜有暴风雨》);亦非王蒙等作家对宏大历史悲剧的'复杂'关系的反思深掘(《布礼》),更不是王小波把历史复写为一段个人化性爱经历(《黄金时代》《革命时期之爱情》)"①。韩东自觉地把这段难忘的历史还原为个体化的思考和表现,为我们提供了进入历史的另一种可能。在《扎根》里有这样一段话:"在老陶的所有笔记中,没有丝毫的个人感受,既无情绪宣泄,也无冷静的思考。总之,没有一点一滴的'主观'色彩。老陶一家在三余的生活竟也没有一点踪迹。因此,翻看这些笔记,对我目前写作的这本《扎根》是没有什么帮助的。但也有一个好处,就是我可以在老陶家空缺的地方任意驰骋。如果老陶在他的笔记本中记录了个人的信息和他一家的生活,我写《扎根》就纯属多余。老陶从没打算以那些材料写出一本鸿篇巨制。"②从这段简单的描写之中我们可以发现作为作家的韩东的个人话语姿态,他以个人的体验和想象来取代集体的意识形态,写作成了作者个人的自我倾诉与精神表现,成为其个人性的精神行为。

　　个人化是韩东小说的重要特征,对于"断裂"作家的另一位代表朱

---

① 樊华:《论"断裂"运动和韩东的小说创作》,苏州大学硕士学位论文。
② 韩东:《扎根》,人民文学出版社2003年版,第242页。

文而言也是如此,放弃"代言人"的社会角色,回归到了个体自身的叙事状态。朱文的小说中常常有对个人生存的介入和表现,在他的《食指》《我爱美元》等小说中常常有诗人、作家这样一些和真实生活中的身份极其相似的人出现作为小说的叙述主体,叙述者和作者的角色混淆在一起,他对生存的体悟也通过这些个人化的写作姿态表现出来,让我们洞见了他小说中的丰富世界和价值,也许这正是朱文以及韩东他们的深度和意义所在。

二、日常生活的言说

陈思和曾经说过:"对于90年代的年轻作家来说,其小说创作一个重要的特点就是摆脱了对参与庙堂权力的兴趣——包括对主流意识形态的批判和嘲讽,在他们作品反映的精神世界里,甚至避免了深层次的象征的努力,直接紧贴着生活本身,来展示眼下这个表面上歌舞升平的社会的日常生活真相。"①的确,与主流文化相对应,在韩东和朱文等作家的作品中,并不以描写大众人生、揭露社会现实为己任,他们没有主流作家严肃的创作使命感,也不去追求"文以载道"的社会效果;它提供给我们生活的真实,告知我们的是一种日常生活的可能和感受,其视角基本指向个人的内心世界。他们并未选取那些典型环境中的典型场面,也并不注重对现实世界的纷纭变化的分析,有的只是作为普通人的生活本真的"原始呈现",是远离意识形态斗争的自我世俗人生与故事,是日常生活真情实感的原生态记叙,处处体现了其作为一个日常生活中的个体的独特思想,也带给我们一种自然、别样的审美体验。

韩东曾指出:"小说不仅在于它是故事,关键在于它是讲故事。当人们把听故事与讲故事分开,并关注于讲故事的时候,小说作为一种艺术就诞生了。"由此,我们想到了日常所说的"叙事"。叙事学中的"叙事"是一个非常复杂的概念,按罗钢的话说,"它是指具备了两个必不可少的要素——故事和故事叙述者——的叙事文学作品"②。故事和

---

① 陈思和、王光东、宋明炜:《朱文:低姿态的精神飞翔》,《文艺争鸣》2000年第2期。
② 罗钢:《叙事学导论》,云南人民出版社1994年版,第158页。

故事叙述者成为文本要突出强调的部分,从这一写作立场出发,韩东的许多小说都没有构造栩栩如生的故事情节,也没有刻画形象鲜明的人物,而只是在平常的叙述中,在平淡冷静的语调下展示平庸的城市和同样平庸的日常生活。韩东的《扎根》"就是以一种朴素的方式写出一个特殊时期人们的日常生活"①。在这里,"文革"年代中的局部民间生活场景得以自然展现。

从传统的叙事结构来说,传统小说往往用开端、发展、高潮、结局这种起承转合的模式来展开对故事的阐述。尤其对于新时期的许多"文革"小说而言,往往有一种对新生活的隐喻,通过小说前部分主人公历尽艰难的描写,来揭示其结局总是守得云开见月明,小说的各个环节之间层层紧扣,步步紧逼,暗藏着一种丰富的叙事张力。但韩东的《扎根》却打破了这种传统的叙事模式,"全书没有贯穿始终的故事,只有若干较小规模的故事的连缀,这种连缀完全靠着叙述者'我'根据记忆进行随机的中断和延续,缩略和补充,完全没有情节的条理性和整体性"②。小说中,"下放""园子""陶陶""小学""动物""农具厂""赵宁生""洁癖""五一六""富农""扎根""作家"等几个本身也许并无必然联系的小故事随机整合而成了一篇完整的小说,叙述者的记忆片段成为小说展开的主要动力。这也正与小说中所要讲述的老陶他们的生活节奏及现状相适应。老陶在三余下放的生活基本上是平静的,没有过多的波澜,实际上也并未遭到政治运动的强烈冲击。在《园子》一章中,作者用极平静的语调描写了老陶一家在三余的"小康"生活:"老陶家房子的地基垒得很高,房屋高大,是村上矮小的草房无法比拟的。它旁边的那栋牛屋,在新屋巍峨身影的压迫下似乎陷入地下,更加的破败了。植树、种菜,加上饲养家禽,老陶家的园子不禁郁郁葱葱,鸡飞狗跳,一派繁荣景象。"③而且就生活水准而言,"吃在老陶家完全不是一

---

① 李润霞:《〈扎根〉:向自己靠近,力图写得真实——韩东访谈》,《中文自学指导》2003年第5期。
② 傅艳霞:《讲一个无根的故事——评韩东的〈扎根〉》,《文艺与争鸣》2004年第2期。
③ 韩东:《扎根》,人民文学出版社2003年版,第42、43页。

第二章 "断裂"现象与新生代作家的突围

个问题。他们甚至比在南京时吃得更好了,更新鲜,品种也更丰富了"①。在"农具厂"一章中,苏群被抽调到公社宣传队进驻汪集农具厂,这本是十分严肃的政治活动,但韩东却一转叙事轨道,把叙事视角更多地集中在了小陶身上,把这次运动作为"可以结识像张厂长、崔书记这样的实权人物"②的重要机会,让小陶一起去锻炼锻炼。在这里,韩东完全消解了"文革"叙事的紧张和严肃性,而凸显了"文革"这一特殊年代较为真实的民间日常生活。通过这种随机简单的叙述结构,这种平静和稳定的日常生活呈现出了本来的面目,取得了"从生活中来,到生活中去"的美学效果,带给我们一种全新的阅读体验。

在对日常生活的叙事中,朱文的小说创作与韩东存在着某种相似性。朱文的小说中也没有宏大的历史主题,没有对责任、理想、信念等时代命题的生动书写,也没有所谓启蒙之类的写作姿态,从这个意义上而言,作为作家的朱文更显纯粹。在朱文的小说中少有形象鲜明的人物,充斥于其中的多是挣扎于平庸的世俗生活中的一些卑微的类似于"小丁"一样的小人物,他们无所谓名字,无所谓生活的追求,他们是生活的失败者、流浪汉。这是朱文小说中独特的符号,"这些人物是我所信赖的一些人物,比如我写了许多小丁,小丁这个人物我觉得和我这个人如影随形。所以不应该说我为什么对这样的人物感兴趣,而是因为这种人物跟我有关系。其他类型的人物可能更能唤起某种共鸣,或者更能引起大部分人的侧目,但我觉得不亲切,跟我没什么关系"③。"小丁"们让朱文感觉真实,感觉平常,这也许就是朱文所感觉到的日常生活体验吧!

朱文的小说仿佛上演着一出出日常生活的闹剧,正如陈晓明所言:"他的小说可以和当代生活糟粕同歌共舞却始终生气勃勃。没有人像他这样对一种歪歪扭扭的生活充满了激情,充满了不懈的观察力。""他能抓住当代毫无诗意的日常性生活随意进行敲打,任何一个无聊

---

① 韩东:《扎根》,人民文学出版社 2003 年版,第 41 页。
② 同上书,第 130 页。
③ 张钧:《小说的立场——新生代作家访谈录》,广西师范大学出版社 2001 年版,第 6 页。

的生活侧面,总是被左右端详,弄得颠三倒四,莫名其妙,直到妙趣横生。"①在他的小说中,形形色色的人,发生着形形色色的故事。一个普通的傍晚,在楼下小烟酒店里进进出出的各色人物发生的杂乱的生活小插曲(《傍晚光线下的一百二十个人物》);一辆中巴汽车上,司机、售票员与顾客之间围绕是否多收"五毛钱"展开的无休止的较量(《五毛钱的旅程》);小丁买一只纽扣的历程(《小羊皮纽扣》)以及丁龙根一家的大便情况(《丁龙根的右手》);等等。这些都是普通人的日常生活的体验,"《到大厂到底有多远》这篇小说与我的真实生活有着某种关系,那时我在大厂生活和工作,有时候进城去看朋友或者干别的,不断地要在城市和大厂之间来来去去,这样一种切身的体验、这样一种情绪使我写出了这篇小说"②。当下的生活都实实在在地出现在朱文的小说中。朱文曾经说过:"写作不是我必须面对的首要问题,不是我本身。我必须首先诚实地去面对的永远是我的生活……我只是想提醒自己,把个人欲望控制在一个积极的范围内,保持住内清晰度。平庸的生活不会毁掉一个真正的作家,我要警惕的是我自己。"③在"黑色幽默"式的叙述中,朱文将平庸的生活的可能性和丰富性加以最大程度的挖掘。

将韩东、朱文他们的小说以及90年代新生代小说进行一个总体层面的观照,我们可以发现这些小说多是"一半在生活中,一半在小说中",小说是生活,生活也是小说。朱文曾说真实的写作将和你的生活混为一体,直到相互交织、相互感应,最后不分彼此。这种带有"自叙传"倾向的写作方式颠覆了传统的叙事立场,文学更加注重对生活及当下的表达,关注对小说家个人生活经验的挖掘,这也将为我们建构一种全新的审美维度。

三、性爱的母题

性爱描写是韩东和朱文小说的主要母题之一,也是我们理解和进

---

① 陈晓明:《异类的尖叫——断裂与新的符号秩序》,《大家》1999年第5期。
② 张钧:《小说的立场——新生代作家访谈录》,广西师范大学出版社2001年版,第14页。
③ 朱文:《片断》,《作家》1995年第2期。

第二章 "断裂"现象与新生代作家的突围

入他们精神世界的主要通道。性爱的大胆呈露,这既成为韩东和朱文作品的重要特色,也是他们在文坛遭受众多谴责和争议的一个关捩之处。以性这一人的自然天性为工具来作小说叙事的基本态度和出发点,从接受美学上而言,这对人们传统的阅读观念和习惯是带有极大的挑战性的,尤其是多年以来文学作品对无性之爱的推崇,使那种"纯洁的爱"成为文学中崇高道德和精神的典范。韩东、朱文他们等"断裂"作家们如此公然地描写性,对长期以来形成的传统经典的小说观念或价值观念是极大的触犯和对抗。从这一方面而言,"断裂"一代所倡导的"断裂"意义也许正体现于此。

90年代以来,随着新生代作家的纷纷登场,"身体"已成为这个时代这些作家作品中呈现的主要话题,其重要性和复杂性日益显露出来。对于中国的传统文化而言,"身体"往往是一个讳莫如深的词语,在宋明理学的"存天理,灭人欲"等经典语录里更是登峰造极。这种漠视个体身体存在的所谓道德,其实正如谢有顺在《身体修辞学》中指出的,"是一种便于管理的社会意识形态,它的特征是抽空所有具有个性的身体细节,使每一个人都活在抽象的思想和精神里……"80年代以来改革开放后的新文学中,伤痕、反思、改革、寻根等一系列文学都在对所谓"文革"的控诉及人的"根"的追寻中,人的真正价值及意义无法得到体认。因此,在中国一贯以来的所谓主流文化场景中,"身体"或是真正意义上的人不是成为政治道德的附庸,就是陷于虚无的文化苦旅之中。90年代以来,由于时代语境及个体文化的凸显,文学回到了生活,回到了人自身,对人的身体欲望的观照成为人的精神和价值诉求,对原生态生活的触摸及个体真实的生命体验的表达成为文学表达的基点,这场精神革命极大地消解和颠覆了中国传统的伦理型文化的主导地位。

新生代小说家多是以人的身体欲望作为小说叙述的基点,在欲望的张扬和叙述中展现现代社会生活中人的生活状态与价值观念。参与"断裂"问卷调查的刁斗就曾经指出:"人是欲望的集合体,其中情欲是根本,我喜欢探究情欲,使它在我的小说中成为一种整合的力量……我不讳言,情欲在我的小说里是一块基石,就像它在我的生命里也是一块基石一样。"这在韩东、朱文他们这两位"断裂"作家的作品中也有着淋漓尽致的表现。

韩东对爱情或性交这一母题的反复书写在其中篇小说《障碍》《交叉跑动》《我的柏拉图》以及长篇小说《我和你》中有相当力度的表现。但我们可以发现,爱情在韩东的情爱叙事中只不过是一个空虚的代码,是平庸甚至可笑的。他们更在乎的是片刻的肉欲交换,而不是浪漫爱情的炽烈。在小说《障碍》中,作者得出一个结论:爱情与性欲多半是此消彼长的,而不是成正比例关系。在长篇小说《我和你》中,韩东如是说:"通常的爱情小说是要把读者'旋'进去的,读了之后你不免想大谈一场恋爱,哪怕它的结局是悲惨的,那也值得。《我和你》告诉你的是不值,描述的不是种种过瘾陶醉,而是可笑滑稽无意义。它不是'爱,直到受伤'的豪言壮语,而是'爱,一无所获,自取其辱'的'警世恒言'。"①在这里,我们感受不到爱情的温存和轻松,撕掉了爱情这层温情脉脉的面纱,性开始无所顾忌地登场了。当然,韩东并不是以玩味、挑逗的态度来写性爱或发泄内心的性苦闷,也不是纯粹意义上的性欲的渲染或性行为的展览,而是以非常严肃、冷静、克制的态度来正视人的这一合理欲求的。如在《障碍》中,韩东以较多笔墨直接写性,但这种放纵的性让人感觉只是一种本能,性不是表达爱的语言,爱反而成了性的附属品。《我和你》讲述了作家徐晨和苗苗从相识、相恋到相厌、相离的一段爱情经历,"我"一直因为没有能满足苗苗的性要求而耿耿于怀,但在"我"与苗苗的性描写中,韩东没有任何渲染夸大,性是如此的平常真实,在他的笔下更多的是一种心理过程的曲折描写。性造成了人的恐惧、焦虑,造成了人内心的迷乱和挣扎。如《交叉跑动》对李红兵与毛洁的性爱过程的叙述。李红兵想告别过去荒淫无度的生活追求真正的爱情,而毛洁投入到李红兵的怀抱则是试图遗忘因意外事件而失去的爱情,肉欲狂欢将他们彼此这种错位的心理连接到一起。他们沉浸于其中希望达到各自的目的,但是这种再也没有纯洁的爱的狂欢无疑只是一种自欺的方式,"她不会像怀念朱原那样痛苦地怀念他,

---

① 韩东:《就〈我和你〉回答广州〈信息时报〉董彦的13个问题》。

第二章 "断裂"现象与新生代作家的突围

那个位置已被他永远地占据了"①,于是在彻底的沉沦前李红兵选择了离开。韩东对性爱的描写并没有如一些新写实作家的作品一样流于凡俗,也有别于那些热衷于描述肉体的欢悦、标榜"身体写作"的女作家们。从这方面而言,韩东在性爱的描写上更加偏于保守和理性,含有对个体生命存在的勘探意识。韩东自己曾经谈到过:"在今天,性几乎完全成了一种心理过程,脱离心理层次去谈论性是没有什么实质内容的。"②作家个体生命经验的介入,使韩东的性爱叙事中"爱与性的分离甚至对抗是小说叙述基本的发生机制,它所促成的通常情形是,性启动了故事的叙述,爱却撒手而去,永久地缺席,成为遥远的背景。这几乎构成了韩东'性爱'故事叙述的一个中心动机"③。

韩东对性的描写如此冷静、节制、内敛,而在这种似乎是不动声色的描写中,我们可以处处感受到一种怀疑和嘲讽。如《交叉跑动》中,李红兵在酒后慷慨陈词,斥责朱原:"人就是这么下贱。如果你能做到不在乎对方,情况就会倒过来,他就会很在乎你,使你觉得自己很有吸引力。不在乎的一方总是很牛逼的,占尽上风和主动,即便分手了也能做到心安理得,最多有一点点内疚和遗憾而已。"④性作为人的一种独特的生命体验和合理欲求本无可厚非,但事实上,性远远超越了这一合理欲求,击碎了人的完整性,淹没了人的主体性,将作为主体的人置于一个背叛自己的境地,正如尼古拉·别尔嘉耶夫所言:"性在人的现实生活中已经被客体化和外化,已分裂了人的整体生存。性,经由强大的无意识的推进,把人抛向客体化世界,把人置于外在的而非内在的决定论和必然性的统治之下,使人不能不远离自己的本性,不能不转换成客体。性的全部秘密就在这里,性成了一项强加给人的客体性……"⑤由驾驭作为个体存在的人的性,以及那如昙花一现般出现的爱,韩东抛开

---

① 韩东:《我的柏拉图——韩东小说集》,陕西师范大学出版社2000年版,第112页。
② 林舟:《清醒的文学梦——韩东访谈录》,《花城》1995年第6期。
③ 林舟:《在绝望中期待——论韩东小说的性爱叙事》,《当代作家评论》2000年第6期。
④ 韩东:《我的柏拉图——韩东小说集》,陕西师范大学出版社2000年版,第110页。
⑤ 〔俄〕尼古拉·别尔嘉耶夫:《人的奴役与自由——人格主义哲学的体认》,徐黎明译,贵州人民出版社1994年版,第205页。

了人的处境中诸如道德、宗教、历史、文化等种种因素,而深刻挖掘了作为主体的现代人的冲突和挣扎,"正因为如此,韩东的性爱小说并非如有的论者所说的是'欲望化叙事',而是一种对自我的精神审察"。

同样是写性,另一位"断裂"者朱文可谓与韩东志同道合。朱文是带着强烈的反叛欲望走上文坛的。在朱文的小说中,性变成了赤裸裸的现实,他把笔触延伸到了当代世俗生活的任何禁区,对人类生存中当下的鄙俗生活作无情的展示,所及之处无不是"泛性化"的渲染,他"不再遮遮掩掩,挥舞着性的丈八蛇矛,并不是把我们引向色情的幽闭之地,而是把我们的生活驱赶到光天化日之下,接受这个毫不留情的家伙的检验"①。正如朱文在他的代表作《我爱美元》中直言的,一个作家应该给人带来一些积极向上的东西,理想、追求、民主、自由等等,这些玩意儿"我的性里都有"!②

朱文讲述了一个又一个荒诞又不失真实、平淡又不失沉重的故事,尤其是在那部饱受争议的作品《我爱美元》中。小说的标题就是如此赤裸裸的醒目,正是朱文一贯以来的风格。小说主要描写"我"和父亲在寻找弟弟的过程中,带父亲去找各式各样的女人,甚至劝自己的情妇与父亲睡觉。"我"和父亲谈论性和女人,试图帮助父亲解决一下性问题,当然最后无功而返。在这篇小说中,中国传统中非常严肃的父与子关系都被朱文通过性这回事完全地击碎了。在伦理道德上,一贯以来高高在上代表权威和权力的父亲形象被朱文无情地颠覆了,站在我们面前的是"我"和父亲两个有欲望的平等的男人,而抛弃了所谓的尊卑、长幼关系。朱文如此有个性的叙事不禁让我们目瞪口呆,当然也遭到了现行道德维护者的误读和谩骂。

在朱文的小说中,无所不在的性是其叙述的原动力,是小说展开的重要支点。朱文把性作为日常生活中的主要内容,他剔除了附加于它上面的心理或社会意义、神秘或复杂性,而把其作为人的一种本能赤裸裸地展示在光天化日之下。而在这种性的呈现中,我们似乎很难发现

---

① 陈晓明:《异类的尖叫——断裂与新的符号秩序》,《大家》1999 年第 5 期。
② 朱文:《我爱美元》,作家出版社 1995 年版,第 404 页。

爱的影子,即正如一些学者指出的"无爱之性"。在小说《弟弟的演奏》中,朱文淋漓尽致地描写了一群处于青春期的大学生的故事:性成为他们生活的轴心,他们有着稀奇古怪的绰号,强奸犯、色情狂、倒霉蛋等成为他们象征性的所指。他们唯一的共性是对女人有着异乎寻常的兴趣,一切行为的目的无非是想要寻找自己的性伙伴。在朱文的笔下,一代中国青年是如此的丑陋不堪,一无是处,让人不忍卒想。

朱文的这种写作姿态有人称之为"本质写作",剥离了禁欲化传统和权威话语的长期遮蔽,朱文无所顾忌地谈论着这一切,解构着这一切。朱文的小说就是这样无孔不入,消解了理想与信念,真诚地展现出人性中许多深在的因素。韩东在为朱文小说集《弯腰吃草》所作的序言里就写道:"朱文的方式就是要不断地回到自己,他从不间断地考察和追问自己的写作动机和文学热情是否真实和纯粹。与其说是完善自身的需要,不如说是把自己当做了一条通道、一座桥梁,流淌于天上地下的'精神之流'将从此经过,伤及自身。这样的写作显然是献身性的。但不因其献身的意义而变得悲壮,同时他也是坚实而痛快的。"

韩东、朱文他们等小说家对于身体、欲望的泛滥描写从某种意义上说也是现代与传统的两种价值观念的对抗和冲突,传统文学中神圣的爱情在韩东和朱文的作品中轰然塌陷。他们的作品以性爱为基点,但并不是一些富有煽情和挑逗意味的"准色情"作品,通过捕捉一种欲望与生活之间的无形张力,有力地凸显了生命存在的意义。也许,他们的这种独具个性的叙述方式为一些充当道德把关人和审判员的所谓"高雅之士"提供了非难与诟病的口实,甚至煞有介事地大做道德文章,但是我们从个体化写作、从文学的立场来看待这种性爱叙事,不再屈从于传统道德的话语机制,就会发现其不失为一种新鲜和独特,也是我们面对现实、呈现生活的一种方式。

四、边缘的"游走者"

韩东、朱文他们以"断裂者"的姿态醒目地站在了文坛的前沿,成为90年代文坛上的议论焦点。但我们也可以清晰地看到,作为新的崛起的一代代表,他们缺乏深厚的精神资源,缺乏深刻的现实生活依托。

这使他们不能完全逃离现时文化的挤压,不可能凝聚成反抗的强大力量。这也与他们的人生经历有着密切的关系,处于社会转型期的他们面临着传统价值观念的调整和颠覆,美好的理想、现实的生活,一切都变得无法确定,这种无所适从感使他们无奈、沮丧、痛苦,使他们对于现实的一切都打上了怀疑的烙印。他们本能地反对主流文化,反对现有的文学秩序和文学规范,它们企图逃离现实文化的重负。他们以一个游离于文学主流的"边缘人"的姿态出现在生活中,并融于创作之中,表现出了一种自觉的边缘意识。他们以其独特的方式去认识和把握自身的精神与创作世界,有自己对时代、社会及日常生活的深切体验。在品咂实实在在的日常生活之中,他们成为时代和社会边缘的"游走者"。

王干曾把韩东、朱文、鲁羊、张旻等人称为"游走的一代",因为他们的小说中经常出现"游走者"的形象,像韩东的《西安故事》、鲁羊的《一九九三年的后半夜》、朱文的《食指》都不约而同地描写了一群丧失家园的精神流浪汉的流浪过程,刻画了许多四处游荡的边缘性个人形象。他们大多数是灰色、卑微的,在现实生活中无所依托,四处碰壁,倍感虚无、绝望,似乎都患上了一种时代不适症,最终都怀着无可名状的毁灭感走上"游走"之路。在他们艰辛的生存状态中,韩东和朱文等作家们凸显了这些边缘的"游走者"的真实形象。"游走"事实上已成了"断裂"的真正表现方式,而对"游走者"形象的独特塑造也奠定了他们在当代文学史上不可或缺的地位。

韩东曾对自己的小说创作有过这样一个简单的概括:"迄今为止,我写了十二个中篇。具体地说,我写了几个无聊的城市青年、两个委琐的男人和一个无辜的女人——一个丧失名誉与前途的人、一个婚姻的失败者和一个精神胜利的单身汉。可见我的人物皆是穷途末路者,身份卑微,精神痛苦。"关于这一点青年评论家郜元宝在谈到江苏一些作家的创作时曾特别指出:"像苏童、朱文、韩东等,可以看出他们好像有一个共同点,好像有一种一脉相承的东西,就是他们都很善于发现人性中的那种卑微的东西,那种小聪明、小智慧、小龌龊乃至小无耻,总之是很庸俗的东西。"这也许正是缘于对自身的文化身份及境遇的清醒认识和深刻体验。韩东的笔下总是出入着一群"游走者",他们与社会处于游离状态,成天闲逛,游戏生活,如《三人行》中,东平、刘松、小夏三位诗人在夫子庙拥挤的人群中,拿玩具枪四处轰击,他们无所事事,毫无目的地游逛、闲聊;他们如同没有思想、没有追求、没有深度的"闲人",被湮没于拥挤的人群之中;他们并不是去寻找什么,只能把游走作为证明自己的一种方式。在他们如同表演的生活中,韩东真实地再现了现实生活的人在对真实处境无可名状的厌倦之中,背负着沉重的思想包袱,一次次无意义的"游走"。这是思想的游走,这是灵魂的游走,韩东借助小说中的个体将生活的本真呈现在我们面前,对现实中普通人的生存现状以及人与人之间的关系进行透视和剥离。

在韩东的小说中,这样的"游走者"往往由作家、诗人、自由职业者以及弃文经商的文化人来承担,他们有一定的文化,有一定的精神追求,一定程度上也游离于社会秩序之外。当然,他们也不是如王朔笔下那些玩世不恭的"痞子式"英雄。他们虽看似玩世不恭,但是有一定的勇气去抛弃旧的文化因素,拒绝陈腐,他们是真正的充满独立自由觉醒个性的现代个体。通过他们,我们才能真正洞见韩东小说的丰富世界,洞察韩东小说的真正意义,这种丰富的价值和意义也让韩东在当代文学史上占有着独特的位置。

同样,在朱文笔下也出入着这么一群人。当大多数作家热衷于直接书写当下最富有生气和吸引力的生活时,朱文却把目光投向了一群庸碌平常的日常生活中的小人物,从《傍晚光线下的一百二十个人物》《五毛钱的旅程》《到大厂到底有多远》等小说中我们可以看到朱文想把庸常的日常生活展现在光天化日之下的努力。《傍晚光线下的一百二十个人物》把小说舞台定点在一个没有名字的小烟酒店,作者就像一架全息的摄影机把傍晚这段时间在这个舞台上进进出出的众多人物的动作、说话记录下来:小丁给烟酒店起了个"傍晚"的名字,店主李忠德与魏长顺闲聊,有两个人来约老板娘搓麻将,一群东北小伙到小店喝雪碧,李忠德为狗的事与仇老头争吵,店主的女儿小娟带回两个小混混吃饭……小说分为七个场景,构成七个不同的小故事,上演了一场场生活中的小插曲,组成了一个并不特殊的傍晚。这些人物没有特定身份,没有特定的安排,他们只是一群最平凡的存在,而日子就在他们平凡细碎的生活中日复一日地流动,也许同样的事同样的人又会在另一个傍晚重现。

那是最真实的生存状态。在朱文的小说中,生活着一群无着无落的模糊人物,他们的身份多不确定,小丁、陈青、王晴等名字是他们出没于朱文作品时的人物代码。对于他们而言,名字或个人都是没有意义的,他们寄生于现代生活中,感受着生存的危机和压力,在尴尬的生存状态中,他们想有所超脱,想独自面对,但却又没有真实的力量。长篇小说《什么是垃圾什么是爱》的主人公依然是在朱文的许多小说中反复出现的"小丁";《我爱美元》中的"我"是一个游戏生活、玩乐生活的作家;《吃了一只苍蝇》中的"我"无所信、无所求,浑浑噩噩,作为官运亨通的大学同学的陪衬物而存在。《弯腰吃草》《戴耳塞的亚加》《可以开始了吗》等小说也都如此。这也是朱文的一种独特的表达方式,"在现实生活中,我情感上与这种人更亲近些,我与他们相处得很好。这大概是我笔下出现这种人的原因,我也没有去深究过他们带着什么样的色彩。我觉得人被流放到这颗星球上,卑微应该是自然的品质,是命运注定的"①。的确,在朱文的小说中,处处游荡着平微的边缘人形象,小丁如此,小丁之外的其他代码或人物也是如此。他们一方面采取玩世不恭的态度,一方面在环境的压迫下又倍感失落、无奈和苦闷。

边缘的"游走者"作为一个特殊的现象出现在韩东和朱文等"断裂"作家的作品中,他们从某种意义上有点像郁达夫笔下的"零余人"形象,同样的苦闷、迷茫、彷徨,无所作为的颓废感和无所措手的失落感如影随形。但他们又是不同的,他们缺少"零余人"对社会人生的热情渴望和悲悯,只能寄托于性爱、欲望之中,以此自慰;他们也不同于19世纪俄罗斯小说中"多余人"的形象,无能为力且无所作为。"游走者"是韩东对当代人物画廊的独特贡献,对于朱文而言也是如此。在韩东的《交叉跑动》《三人行》等作品中,在朱文的《去赵国的邯郸》《我爱美元》《什么是垃圾什么是爱》等作品中,处处可见他们的身影。韩东和

---

① 林舟:《在期待之中期待——朱文访谈录》,《花城》1996年第4期。

朱文富于创造性地将自己的创作聚焦于这些边缘人物身上,在对这些边缘的"游走者"的生存状态的叙述中体现出强烈的认同感,发出了这些人的声音。其实那正是以往未被作家所注意的大众真实的生活状态,恰好被韩东和朱文他们如实地发掘出来。他们消解了人们加诸生活上的沉重意义负荷,还归其自在状态,也许正是因为他们善于从复杂甚至失衡的东西里面挖掘出美的因素,寻找另一种和谐的布局,文学才向日常生活进一步展开了新的意义空间。

"现代哲学和人类学认为,无论人的一生或人类全部生活,都处在漂泊的云游般的探索过程中——无始无终地寻求归宿又不知归宿在哪里。"①这类漂泊的"游走者"的典型形象其实也正是韩东和朱文他们有别他人的另一种价值和深度。他们永远在途中,永远在体制外,小丁们如此,韩东和朱文也是如此。

第四节　由"断裂"引发的思考

"断裂"问卷调查事件虽已落幕,但这次事件本身也暴露出诸多问题,值得我们深思。

其一,"断裂"问卷设计不够科学、合理。朱文共设计了 13 个问题,单独从这些问题而言,"你认为中国当代作家中有谁对你产生过或者正在产生着不可忽略的影响?那些活跃于 50 年代、60 年代、70 年代、80 年代文坛的作家中,是否有谁给予你的写作以一种根本的指引?""你认为中国当代文学批评对你的写作有无重大意义?当代文学评论家是否有权利或足够的才智对你的写作进行指导?"等诸如此类,回答者几乎只能用"是"或"否"来作答,问题带有一种强烈的预设性和指引性,并没有给予参与回答者太多的思考和发挥的余地,因此所答之词缺乏真实和科学性。朱文曾经在工作手记中说:"我的想法是,愿意

---

①　刘俐俐:《隐秘的历史河流——当前文学创作与批评中的历史观问题考察》,天津人民出版社 2002 年版,第 100 页。

参加就参加,不愿意参加绝不勉强。"①但我们从问题的设置看,似乎有一种众口调和、拉帮结伙的嫌疑,而且从参与回答的对象来看,他们仿佛都是在为自己一伙摇旗呐喊壮声势,有点故作姿态的意味。

其二,"断裂"及"断裂者"的盲目性。朱文曾在问卷说明中指出:"我的问题是针对性的,针对现存文学秩序的各个方面以及有关象征符号。"②由此看,他们的"断裂"的目标是现存的文学秩序,希望能够与之分野,不断革命和创新。那么,现存的文学秩序究竟是什么呢?显然这是一个动态的难以定义的概念,涵盖之丰富,很难明确界定。从某种意义上来说,他们自身从事的工作及身份,就是现存文学秩序构成中的一部分,纠缠于如此错综复杂的交叉关系中,他们又如何反抗或"断裂"呢?韩东曾说:"实际上这一行为要划分的是一空间概念,即在同一时间内存在着两种水火不容的写作。"③这里"空间"也是一个非常模糊的概念,韩东、朱文他们所存在的空间究竟如何,没有明确的划定。因此,"断裂"作家们在与谁"断裂"、如何"断裂"等一系列问题上都带有一定的盲目性和混乱性。

其三,"断裂"的话语及态度过于偏激,缺乏一种深刻和理性。关于探究"断裂"行为的目的,韩东的话掷地有声:"我们的行为在于重申文学的理想目标。重申真实、创造、自由和艺术在文学实践中的绝对地位,它的重要性远远大于秩序本身的存在和个人的利益功名。"④韩东等一再强调他们的行为并非要重建秩序,而在于重申文学的理想目标。在文学几乎成为社会政治工具的这样一个时代,韩东他们想让文学回到自身,追求文学的真正内质,无疑是具有很大进步意义的。但是他们在实现这一理想目标的过程中,带有颇强烈的否定性和进攻性。李小山觉得那些活跃于50至80年代文坛的作家"长得又矮又小,躲在政治家的石榴裙下,显得智商很低";谈到大专院校里的现当代文学研究,刘立杆语出惊人:"饭店里的苍蝇觉得自己比茅厕里的苍蝇优越,实际

---

① 朱文:《断裂:一份问卷和五十六份答卷》,《北京文学》1998年第10期。
② 同上。
③ 韩东:《备忘:有关"断裂"行为的问题回答》,《北京文学》1998年第10期。
④ 同上。

上还是苍蝇。大专院校里的现当代文学研究对我的影响,就像只苍蝇对我的影响一样";朱文评价"中国作协是一具在办公桌前还在开会、做笔记的腐尸","《读书》是政府特辟的一小块供知识分子集中手淫的地方。《收获》的平庸是典型的、一望而知的"。谈到茅盾文学奖、鲁迅文学奖,吴晨骏直言"这两个奖是装潢比较考究的粪池"。相对而言,对于一向以来作为思想权威的鲁迅,这些"断裂"作家们虽无意奉其为思想权威或写作楷模,但给予了相对较为谨慎、收敛的评价,这次问卷的发起者朱文就给了这么模棱两可的一句:"让鲁迅到一边歇一歇吧。"总之,如此充满强烈"火药味"的话语,把当前的文学体制、秩序、权威、理性、阵地等因素都划入一个全盘否定的圈内,固然有一时的发泄式的痛快淋漓劲儿,但是,"这种痛快淋漓却也同时毫无掩饰地暴露出一种文化上的贫瘠和苍白来。他们的不可一世的进攻勇气,竟原来是由一种逼仄的文化和精神视野给培植和骄纵出来的"①。

如此高调的姿态被有些评论家们指责为过于激烈,自视太高。对此,韩东认为:"我们的确是'偏激'的,但这并不能说明我们失之偏颇,有欠公正和准确,是缺乏理性和盲目的。偏激并非是任性而为的结果,它是行为的一部分。我们的目的在于明确某种分野,使之更加清晰和突出,我们反对抹平和混淆视听,反对圆滑的世故态度。""'偏激'并不是'矫枉过正',仅仅是为了明确分野,直指人心。作为一种语言它是尖锐有力的,能起到振聋发聩的作用。当然,它还恰当地表达了我们的愤怒、直率和年轻的情感态度。在这样一个令人窒息的平庸的文化环境里,真不知道除了'偏激'我们还可能采取怎样的姿态。"②韩东他们把偏激的态度直接归因于当代平庸的文化环境,勇气和胆识固然可嘉,但这种反叛里充满了强烈的情绪化冲动,缺乏面对文学和文化的深刻与理性。

其四,"断裂"群体的"自我保护"问题。对于韩东、朱文他们而言,

---

① 李万武:《论文学个人主义文化情绪——〈断裂:一份问卷和五十六份答卷〉读后》,《文艺理论与批评》1999年第6期。

② 韩东:《备忘:有关"断裂"行为的问题回答》,《北京文学》1998年第10期。

个体是最重要的存在,许多公共性存在的组织、团体似乎都是毫无意义的形式上的包装,大专院校里的研究、作协都是如此。在这种个人性精神文化选择的前提下,一些伦理道德、理性良知、责任义务、法规守则等就统统成为没有必要理睬的东西了,留下的只有作为自我的这些个体。在谈到中国当代作家中对他们的写作产生影响或指引的人时,朱文被提到两次,韩东、朱朱各一次,这些新生代作家们被提到了如此具有影响力的位置。暂且不论其真实性如何,却给人一种"地方保护"式的狂欢的感觉。"这基本是一场'家庭卡拉OK'——自家人给自家人鼓励喝彩。这没有办法,他们的阅读热点就是他们自己。这就是他们的文学、文化视野。他们把最大的热情都留给自己了。"①这被称为一种典型的"文化虚无主义",也许这就是韩东、朱文他们这群青年人的独特姿态选择吧!

当然,对于作家而言,他们这种"自我保护"最需要以文本为证,文本才是最真实的、最有力的武器。继问卷之后,1999年3月,韩东主编了"断裂丛书"的第一辑(收楚尘的《有限的交往》、吴晨骏的《明朝书生》、顾前的《萎靡不振》、贺奕的《伪生活》、金海曙的《深度焦虑》、海力洪的《药片的精神》),随之,2000年10月,楚尘又主编了"断裂丛书"第二辑(韩东的《我的柏拉图》、朱文的《人民到底需不需要桑拿》、张旻的《爱情与堕落》、鲁羊的《在北京奔跑》)。当然,对于作品到底如何没有统一的评判标准,也是众口难调,但总给人一种雷声大雨点小的感觉。

韩东、朱文他们发起的"断裂"问卷调查事件,究竟是情绪化的产物还是一种市场炒作抑或是其他什么原因,还有待进一步探讨与检验。虽从某种意义上而言带有一些游戏、过激的心理,有尚需斟酌和考量之处,但他们能够勇敢地向现有文学秩序举起挑战的大旗,在当前的文学和批评界引起不小的"骚动"与"警觉",其价值和意义也不容抹杀。

"断裂"作为一种现象,其在20世纪中国文学历史上留下了一串

---

① 李万武:《论文学个人主义文化情绪——〈断裂:一份问卷和五十六份答卷〉读后》,《文艺理论与批评》1999年第6期。

大大小小的印痕和标记。"断裂"作为事件已经结束了,但是所提出的问题直到今天还以隐性、显性或变体的方式继续着、存在着。"断裂"事件看起来是一次文化事件,仔细审思,背后却有其必然性。"断裂"之后的文化现象与文学思潮呈现出多元、复杂的断裂与不断裂交织的现象,折射出世纪之交以及新世纪的知识分子复杂的精神文化状态。"断裂"可以说是一次文学表演,但任何姿态的表演都必须有厚实的作品作为支撑才能使文学成为文学。以"断裂"为标志,文学涌现了新的走向和态势,包括"断裂"一代的文学实践成果以及"断裂"之后出现的一些新生代的作品,也是韩东、朱文他们的"断裂"壮举之后的一次文学成果呈现。

(王　芳)

第三章　重排大师与雅俗文学的重构

第一节　大师时代结束与文学对大师的渴望

《现代汉语词典》中对"大师"的解释是"在学问或艺术上有很深的造诣,为大家所尊崇的人"。从这个解释上可以看出,成为大师要具备两个条件:一是主观上要有造诣,二是客观上被人尊崇。

大师往往意味着经典,而经典通常是后人"追认"的,所以大师仿佛也总是过去时、历时态的,它意味着后人对前代文人的一种评价。从这个意义上讲,大师的存在就不仅仅是一种个体的存在,而更是具有社会意义的存在。人们对大师的追怀和推崇往往是一种象征性的精神行为,它试图通过对大师的界定和缅怀来对比、抵抗当下文学、文化的世俗化、肤浅化。在这一过程中,大师所创造和代表的思想与价值得到了充分的认同及阐扬,成为人类文明史和文学史的基石与巅峰。但另一方面,伴随着大师的不断被神化、圣化,他们又不自觉地对当下的文学、文化构成了遮蔽和否定,当代人在重复言说大师并确立大师至高无上的话语权的同时也逐渐丧失了自我的话语权。因而大师一方面以历时的形式成为当代无所不在且不可逾越的高峰,另一方面又以现时的形式在当代严重缺席。

我们当然相信时间的力量,相信时间会涤荡干净历史的尘垢,淘洗出被掩盖被遮蔽的真相,但我们同时也应警醒地认识到,时间也会销蚀掉文学的现场感和鲜活性,甚至曲解文学的意义。对大师的解读也同样如此。历史的追认会让我们看清一个人本源性的价值和贡献,但我们也不能因此而放弃当代人自我的评价。因为后人对我们身处的时代"考古"式的阐释绝不会比我们亲历的"经验"更可靠,后人对我们身处的时代的文学、文化的理解也绝不会比我们亲历者更准确。一个被后世认定为大师的人,在他所身处的时代一定也有着卓尔不群的表现。也许有人会举高尔基、索尔仁尼琴、沈从文、张爱玲的例子,但我们也不要疏忘,他们的文学价值在他们生活的时代就已经被认可了,只不过是在一个特定的历史时段被曲解或遮蔽罢了。① 这个例子也从反面说明大师的评定固然与意识形态有关,但归根结底还是取决于作品固有的思想性和艺术性,大师之所以能跨越时空与不同时代的读者进行对话就在于他们思想的开放性和永恒的艺术价值。

既然对大师的评定有一个相对的标准,那么大师的位置一旦确定后就再也不能改变了吗?恐怕不是。首先,每个时代甚至每个个体对何为文学的理解都可能会有差异,这就使得评定大师的标准变得暧昧起来。其次,一个时代的文学、文化不可能完全摆脱意识形态的影响,有时意识形态的遮蔽可能会掩盖文学的真相,这就需要我们去筛选、淘洗。也正是因此,当下才会出现惹人关注的"重排大师"现象。

众所周知,在过去相当长的一段时间内,从20世纪50年代王瑶的《中国新文学史稿》到80年代唐弢主编的《中国现代文学史》,中国现代文学研究者在叙述和评定现代文学时,都毫无例外地将鲁迅、郭沫若、茅盾、巴金、老舍、曹禺尊为大师级的作家。这种情况一直延续了几十年,似乎成为业内的一个潜规则。直到1994年,北京师范大学王一川教授主编的《二十世纪中国文学大师文库》中,才第一次对此提出了强有力的挑战。他的这套文库的"小说卷",在排列20世纪文学大师的座次时,不但打破了固有顺序,而且在大师名单的遴选上也作出了重大调整:所列的20世纪文学大师由原有的鲁、郭、茅、巴、老、曹,调整为鲁迅、沈从文、巴金、金庸、老舍、郁达夫、王蒙、张爱玲、贾平凹这九位。在这里,金庸取代了茅盾赫然排名第四,并进入了大师的行列。上述"排名事件"立即在文坛上掀起轩然大波,支持赞赏者有之,反对批评之声亦盛。撇开"重排大师"的功过是非不论,这一事件的出现至少反映出以下几方面问题。

首先是文学思维的开放。青年学者们已经从过去的思维定式中解

---

① 参见吴义勤:《当代人能否命名"经典"》,《长江文艺》2003年第10期。

放出来,开始用自己的眼光去看待问题、提出问题,力争摆脱政治意识形态的窠臼而以新的"审美标准"去重新衡量20世纪中国文学。不论其衡量的结果是否令人信服,至少这种大胆的举动就说明了他们追求艺术和真理的勇气,说明他们正在以一种全新的视角和方式来审视中国文学。其次是对文学大师的重新排名反映了中国文化格局的变迁,金庸的出现说明从过去严肃文学的一统天下到现在大众文化的初露峥嵘,中国雅俗文化的重构已是不争的事实。再次是文学大师名单的重新洗牌也从反面证明了当今大师时代的结束和对文学大师的渴望与呼唤。现代文学只有短短的30年,但其作家却占据了大师席位的三分之二;当代文学至今已发展了60年,却只有3位作家跻身前10位,并且还饱受争议,由此可见当代文坛中大师的缺失以及人们对当代文学大师的渴盼。

事实上,不论我们是否认同王一川排定的大师座次,都不得不承认他审视中国文学的视角和方式自有其独到之处。首先,文学大师的界定不仅是一个历史化的过程,更是一个当代化的过程,我们应该理直气壮地呼唤和确立当代自己的大师。"文学的经典化时时刻刻都在进行着,它需要当代人的积极参与和实践"①,一部作品的经典化离不开它的当代认可、当代评价。而在这个过程中必然会有作家以他不朽的作品在文学史上留下灿烂的一页,从而成长为新一代的大师。我们没有必要厚古薄今,也许时下对某些作家的认可和评价有些过誉,但是如果没有这种认可和评价,人们可能就无法挣脱尊古的窠臼,从陈规俗套中脱颖而出。其次,中国文学是一个整体,不仅应在时间上对现代和当代一视同仁,在地域上也应该打破大陆与港台的界限。正是在这个意义上,我们或许可以不认同王一川对金庸大师级的评价,却无法否认他的这种思维理路。也就是说,金庸的地位不仅仅在于他是一个香港作家、一个通俗文学作家,而更在于他是一个中国作家、一个文学家。王一川以这种形式表明了他的"大中华文学观"。

其实,或许我们还可以在王一川的基础上再进一步,将界定20世

---

① 吴义勤:《当代人能否命名"经典"》,《长江文艺》2003年第10期。

纪中国大师的维度从"文学"扩展到"文化",将时间范围向前拓展到晚清,将空间范围涵盖到海外华文文学。我们应该注意到近年来一批原来不曾为人注意的身影正逐渐走进人们的视线:辜鸿铭,他对国学的贡献和他传奇的身世一样正在为人所津津乐道;王国维,其学术造诣"好像一座崔嵬的楼阁,在几千年的旧学城垒上,灿然放出了一段异样的光辉"(郭沫若语);陈寅恪,90年代以来对他的重提一方面代表了国学的复苏,另一方面又表征着学界对于国学的高期望值……人们在谈论他们的时候无一例外地会用到"大师"这个词,这实际上意味着人们的文学和文化观念在走向开放、兼容,评价标准的艺术原则和精神原则也在走向多元;而这种调整正是值得我们审思之处。

严格地讲,"重排大师"这个命题涵盖了两层意思:一是何为"重排"?二是为什么要"重排"?所谓"重排",这表明以前它曾经排过,现在不满前人的定论要重新进行排定。而"重排"的原因可能有很多,也很复杂,如文学的、时代的、意识形态的因素等都会使人们看待文学的眼光发生变化。哪些人重新跻身大师之列,哪些人又被从大师行列中剔除,都不可避免地受到这些因素的影响和制约。从某种意义上说,"重排大师"实际上就意味着对20世纪文学史的一种重写,而重写20世纪文学史恰恰也构成了当下一个被持续关注的热点。按照有些文学史家的说法:"文学史研究本来是不可能互相'复写'的,因为每个研究者对具体作品的感受都不同。只要真正是从自己的阅读体验出发,那就不管你是否自觉到,你必然只能够'重写'文学史"①;"由于阅读时的主观差异,我们对作品的每一次评价实际上都是'重新评价':从这个意义上讲,其实是不存在'重新'评价作品的问题的,因为你本来就不可能不'重新评价'"②。但翻看一下1949年以后的二百多部中国现代文学史,我们会发现如此多的文学史著作仅仅只是几个通行版本的复写,对重要作家作品、文学思潮流派的评价惊人地相似,根本不存在"不同感受"。而且这些文学史叙述通常沿用苏联模式:"以革命现实

---

① 陈思和、王晓明:《主持人的话》,《上海文论》1988年第4期。
② 同上。

主义和社会主义现实主义为美学标准,将左翼文学与五六十年代的社会主义文学树立为一种红色经典系列,与'五四'新文学运动和五四新文化运动连接成一个统一的叙事,而'旧文学'与新文学中的自由主义文学则作为其中的异质成分被剔除在文学经典之外。"①文学和文学史丧失了自我的主体性而沦为政治的工具。正是在这种情势下,"重写文学史"应运而生。

"重写文学史"作为一个明确的口号,是1988年《上海文论》作为一个专栏正式提出的。专栏从1988年第4期到1989年第6期,推出了一批重新评价中国现当代文学史上作家作品和文学思潮现象的文章,引起了人们对"重写文学史"的关注和热烈探讨,一时间形成了争鸣之势。虽然"重写文学史"的正式提出和形成潮流是在1988年,但王晓明明确地把1985年在北京万寿寺召开的中国现代文学创新座谈会以及陈平原、钱理群、黄子平在会上提出的关于"二十世纪中国文学"的设想作为"重写文学史"的序幕。"重写文学史"在20世纪文学史上留下了浓墨重彩的一笔。它的提出并非偶然,而是有着深刻的政治背景和学术背景。《上海文论》的编辑毛时安在"重写文学史"专栏结束时说:"'重写文学史'专栏的筹划和出台,并不是出于编辑部的心血来潮,更不是某个人灵感和机智的产物。它出台的基本背景是十一届三中全会以来党的拨乱反正、改革开放的一系列方针政策。"②

这种政治上的思想解放、拨乱反正给学术界带来了宽松的气氛、活跃的思想,一大批过去被粗暴定性的作家作品被重新审视,许多原来不被提及的文学思潮、流派也得到了重新评价,这就为"重写文学史"提供了丰富的可能性。如果要追溯"重写文学史"的学术渊源,那么夏志清的《中国现代小说史》可以说构成了其最重要的推动力。夏志清以对沈从文、张爱玲、钱锺书的重新发现和推崇,展现了与原来大陆通行的文学史不同的文学和史学面貌。这给大陆文学史的写作带来了启

---

① 邵薇:《文学史的书写与流动的文学经典——20世纪80年代"重写文学史"问题的若干思考》,《学习与探索》2006年第1期。
② 毛时安:《不断深化对文学史的认识》,《上海文论》1989年第6期。

第三章　重排大师与雅俗文学的重构

迪,由此学人们开始了对中国现代文学史空白的挖掘和填补,20 世纪中国文学开始显示出政治意识形态之外的另一种面貌。这些政治的和文学的前提构成了陈思和、王晓明等对文学史进行反思和重评的前提:"我们反思的对象是长期以来支配我们文学史研究的一种流行观点,即那种仅仅以庸俗社会学和狭隘的而非广义的政治标准来衡量一切文学现象,并以此来代替或排斥艺术审美评价的史论观。这种史论观正是在 50 年代后期的极左的政治和学术氛围里逐步登峰造极,最后走向自己反面的。"①而"重写文学史"对作家作品的重新评价"并不仅仅是只给它们一个与以前不同的判断,在某种意义上,更重要的还在于以一种与以前不同的态度去评价它们"。这种"不同的态度"指的就是"改变简单粗暴、好下断语而缺乏分析的论证态度"②,而以文学审美的标准探讨文学史研究多元化的可能性,从而刺激当代文学的发展。

"重写文学史"这个专栏延续了一年半的时间,并引发了文坛旷日持久的关注。但在当时并没有推出一部"重写"的文学史著作,只是刊发了一系列重新评价中国现当代作家作品的文章。但是我们从中已经不难看出"重写"的策划者对进入文学史的作家作品的审美原则和评价标准。专栏从重评"赵树理方向"和柳青的《创业史》开始,着重分析了他们创作中的局限,力求改变以政治标准来衡量作家作品艺术性的传统,重新建立审美的评判标准。这实际上也是一次对文学史经典和文学大师的重新认定,以审美和艺术的名义,过去以反帝反封建为主线的中国新文学史中的经典作品首当其冲地成为"重写"的对象。这一次"重写"实际上要完成的是一种对 20 世纪主流文化的颠覆,对统领意识形态的革命文化的颠覆,因此革命历史题材的局限、左翼文学的失误、社会剖析小说的反思就成为关注的焦点。但这种重新评价作家作品的标准是否真的是"纯文学的"和"审美的"呢? 由于"重写文学史"是以反拨政治标准为突破口,因此到 1990 年受到政治上的批判,讨论转入低潮。但 90 年代以后又重新掀起了对文学史包括"重写文学史"

---

① 陈思和、王晓明:《主持人的话》,《上海文论》1989 年第 5 期。
② 同上。

的反思。经过一段时期的深入探讨和反思,人们发现 80 年代对文学史的"重写"遵循的并非当初所标榜的艺术原则和审美准则。

李扬和洪子诚在《当代文学史写作及相关问题的通信》中指出:"80 年代以来建立的'文学史'秩序,在凸现'纯文学'的时候,必然要排斥'非文学'的文学。通过这种学术秩序,'文革文学'乃至'十七年文学'实际上被逐渐排除在'文学'之外。……我们实在很难说这是一种'多元'的文学史。"①这段论述可以让我们清楚地认识到"重写文学史"在"审美"的旗帜下使用的仍是政治的评价标准,即以文学和政治的距离来衡量作品的艺术价值:"'自由主义作家'由于'远离政治'而得到高度的评价,左翼作家因为政治而被取消了'艺术价值'。'自由主义文学'逐渐凸显成为了文学史的'中心'和'主流',而左翼文学则不断受到贬低和排斥,并且大有被放逐于现代文学史之外之势。"②这种反思让人们清醒地认识到重新评价文学和文学史不仅仅牵涉到艺术原则问题,更重要的还有精神原则问题。在这个过程中,是真的遵循了"艺术至上"原则还是依然摆脱不了意识形态的窠臼?是在全新的文学性层面上对作家作品的重新衡量还是仅仅是政治标准的改头换面?

第二节 作为个案的茅盾与金庸

虽然"重写文学史"打开了人们的思路,沈从文、张爱玲、钱锺书等原来被排斥在文学史之外的非左翼作家也进入了文学史的视线,但 1994 年王一川主编的《二十世纪中国文学大师文库》还是让人大跌眼镜。其实大家陌生的并不是对大师"座次"的重排,伴随着时代审美风尚与接受潮流的变化,人们对作家作品的评价也会发生相应的变化。而且通过对作品的不断体验,接受者在重新破译和阐释作品的内涵,从

---

① 李扬:《当代文学史写作及其相关问题的通信》,《文学评论》2002 年第 3 期。
② 旷新年:《"重写文学史"的终结与中国现代文学研究转型》,《南方文坛》2003 年第 1 期。

中获取的审美体验和感悟也在不断地调整,因而对作品所作出的价值判断也会更改。就像大家后来都接受了"重写文学史"这个命题一样,重排大师"座次"也应该理所应当。人们惊异的只是王一川重排出来的这些大师彻底颠覆了以往对大师的认定。

  这套丛书的封面上醒目地印着这样几行文字:"重重迷雾遮挡了文学的真实面目,在世纪的尽头,我们以纯文学的标准重新审视百年风云,洞穿历史真相,力排众议重论大师,再定座次,为21世纪中国文学提供一个纯洁的榜样。"丛书语不惊人死不休,散文卷将梁实秋的地位大大提高,坐了仅次于鲁迅的第二把交椅;诗歌卷将穆旦位列第一,北岛排名第二。但这些"惊人之举"似乎并没有引起人们太多的关注,风头都被小说卷的"离经叛道"抢去了。其中最大的争议就在于让茅盾出局而将金庸名列第四。

  在丛书的总序里,编者指出他们在评定大师时遵循的标准是"作品的审美价值及文学影响,即一部作品向读者提供了什么样的审美体验、享受和升华"①。具体说来一个大师级文本的确认至少应该具备四种品质:"语言上的独特创作""文体上的卓越建树""表现上的杰出成就""形而上意味的独特建构"。而且编者也一再强调《二十世纪中国文学大师文库》是"以文本排定作家座次",并在解释茅盾之所以在"小说卷"出局时说:"茅盾在文学理论、批评、创作和领导等几乎各方面都影响巨大,如果总体上排'文学大师',他是鲜有匹敌的,第二位置应当之无愧,但我们这里只是从'小说大师'这一方面着眼。作为小说家,茅盾诚然贡献出《虹》等佳作,但总的说往往主题先行,理念大于形象,小说味不够,从而按我们的大师标准,与同类型小说家相比,难以树立'小说大师'形象。"②虽然编者给出了解释,但茅盾的出局还是让人颇感意外。毕竟茅盾除在文艺理论批评、翻译等方面对新文化的建设和传播有着不可磨灭的贡献外,在文学创作方面,茅盾1928年初登文坛就以描写大革命洪流的大手笔《蚀》三部曲引起了广泛的注意,此后更

---

① 王一川主编:《二十世纪中国文学大师文库·小说卷》,海南出版社1994年版,第3页。
② 同上。

是以《虹》《子夜》等开创了"社会剖析小说"的创作模式,并为此后很多作家作品所沿袭、模仿,在文学史上有着深远的影响。那么我们应该怎样来理解茅盾在文学史上的崇高地位和王一川让其出局"大师"之间的龃龉呢?

首先,有必要考察一下茅盾的创作历程。不妨从茅盾的处女作《蚀》三部曲说起。该书描写了一些小资产阶级知识分子在大革命洪流中的幻灭、动摇和奋起追求的曲折经历,其中暗含了作者在大革命失败后的彷徨苦闷心情。茅盾于1928年登上文坛,这期间文艺圈内的重大事件之一是关于"革命文学"的论争,在此背景下《蚀》三部曲对小资产阶级游移和幻灭心理以及对革命悲观失望的描写自然受到了创造社、太阳社左翼批评家的指责。比如钱杏邨就鲜明地指出,"他的创作虽然说是产生在新兴文学要求它的存在权的年头,而取着革命的时代的背景,然而,他的意识不是新兴阶级的意识,他所代表的大都是下沉的革命的小布尔乔亚对革命的幻灭与动摇,他完全是一个小布尔乔亚作家"[①]。并且一再强调"作者的意识不是无产阶级的","创作的立场不是无产阶级的"等。还有文学史家批评该作:"从其主要思想倾向来说,缺点和错误是十分明显的。当大革命失败后,党正领导全国人民走上恢复革命斗争的道路,而大多数小资产阶级知识分子正在彷徨苦闷的境地里探求中国和自身的真正出路的时候。《蚀》不能带给他们以积极有益的影响,这道理也是十分明显的。"[②]这些批评和指责似乎跟此后我们所熟悉的文学史上的茅盾有些出入,文学史上对茅盾的评价一般是说其创作追求政治倾向的明晰性、反映生活的整体性,并且其在文学观念上也注重文学的倾向性,主张"文学社会化",以历史代言人的姿态进入创作,具有明显的政治功利性。这种结论与他初期的创作遭到左翼作家对其"思想倾向错误"的批评简直是天壤之别,因而我们有必要了解在《蚀》之后茅盾的创作到底出现了怎样的变化。

[①] 钱杏邨:《茅盾与现实》,《茅盾研究资料》(中),中国社会科学出版社1983年版,第101页。

[②] 刘绶松:《论茅盾的〈蚀〉和〈虹〉》,《茅盾研究资料》(中),第163页。

第三章　重排大师与雅俗文学的重构

茅盾的《蚀》三部曲一出版就激起了创造社、太阳社激进左派的批评。作为回应,茅盾在1928年写下《从牯岭到东京》一文,"他指出他的小说人物在爱情方面的得意与落魄,无不反映了革命各个复杂层面。而他认为一个作家,他有责任如实反映此一现实。他特别提出三点革命文学不可或缺的特色。首先,革命文学必须坚持其美学守则,不该沦落为宣传文字;其二,革命文学描写的应该是主要读者群——即小资产阶级——所关心的课题,因为革命文学的目的本来就是要启发这些读者,诱使他们放弃旧习,改信马克思主义;其三,革命文学必须避免运用那些来自'西方公式主义、新写实主义、标语口号文学'等具有宣传色彩的修辞"[1]。虽然此文一出,茅盾即刻遭到钱杏邨、伏志年等人的激烈批判,但也有学者指出:"其实,茅盾写'三部曲'的时候,思想已显著左倾,左派攻击他,无非是一种'统战'的运用,然后再用他的作品去'统战'读者。中共果然成功了,读了他的《子夜》便清楚地见出茅盾思想的'推进'。诚如郑学稼先生所说:《子夜》是一部政治小说,使既定路线小说化的小说。它用'子夜'暗示:黑暗将成过去,太阳即将出来,它胜过一万张中共的传单和标语。因为这部高超的'标语口号'化的小说,为当日的中共说所欲说的,写所欲写的,骂所欲骂的!……《子夜》不但是一部'政治小说'而且是一部为共党宣传,为共党统战,最标准,最有力的'政治小说'。"[2]王德威在分析茅盾的创作时也指出,"钱杏邨和茅盾的你来我往,尽管表面上看声势眩人,其实都指向同一问题,即小说作为革命工具时,所显露的模棱两可的本质。……茅盾的立场与他的敌手不过是五十步与百步之别"[3]。随着革命和文学形势的发展变化,郭沫若所提倡的革命作家"不要乱吹你们的破喇叭,当一个留声机吧"的文艺机制既成为革命的号角也反映了群众的呼声;于是"或许是基于这种认识,鲁迅、茅盾等人决定调低他们革命文学的高调,与主旋律唱和。1930年3月2日,中国左翼作家联盟成立时,鲁

---

[1]　王德威:《现代中国小说十讲》,复旦大学出版社2003年版,第62页。
[2]　李牧:《关于茅盾的〈子夜〉》,《茅盾研究资料》(中),第283、286页。
[3]　王德威:《现代中国小说十讲》,第65页。

迅、茅盾和他们的敌手都参加了左联,一统在联合阵线的大纛之下"①。而正因为"茅盾写《子夜》时,已经有了比较系统的科学的文艺理论的指导。他强调文艺必须是'社会现象的正确而有为的反映',所谓'有为',就是要'指示未来的途径',成为一把'创造生活'的'斧头'"②,所以在《蚀》中"带有根本性质的缺点","完全得到改正却是从《子夜》开始,在《子夜》这个新的长篇小说里,代替三部曲中那种不健康的悲观情绪出现的,是一种明朗的革命的乐观精神"③。于是我们熟悉的文学史上的茅盾的姿态就出现了。

其二,我们应该重新把握茅盾小说创作的特点。虽然不少读者都指出茅盾小说存在着理念过重而失之凝滞的缺点,但批评界对茅盾所开创的"社会剖析小说"的评价一直以来还是比较高的,认为他"创造了现代小说与现代社会同步共进的全景化史诗性品格"④。一直到20世纪80年代末、90年代初,随着"文学现代化"观念的提出和"重写文学史"风潮的兴起,文学研究领域的批评标准和研究指导思想从政治层面向美学层面转移,茅盾及其所代表的"现实主义"文学受到了前所未有的冲击。不少学者都对茅盾的文学创作成就和价值提出了批评与质疑:"他们以锐利的笔锋对茅盾的创作个性、审美特性和心理图式进行深入开掘,着重于探讨茅盾审美价值观中是否存在文学与政治、审美与功利、情感与理智的对立与失衡,程度如何,怎样看待和评估的问题。在众生喧哗中,茅盾奠定了半个多世纪的经典地位受到了极大质疑。"⑤这些研究者指出了茅盾创作中所存在的主题先行、理念对艺术个性的束缚等缺点。其实这种批评的声音,自《子夜》问世以来就一直存在,因而也不足以颠覆茅盾在文学史上的崇高地位。真正令人有耳目一新之感的是陈思和对《子夜》的解读。他一反将茅盾归为"现实主

---

① 王德威:《现代中国小说十讲》,第69页。
② 乐黛云:《〈蚀〉和〈子夜〉的比较分析》,《茅盾研究资料(中)》,第193页。
③ 王积贤等:《茅盾的〈子夜〉》,《茅盾研究资料》(中),第229页。
④ 朱德发主编:《中国现代文学史实用教程》,齐鲁书社1999年版,第259页。
⑤ 温儒敏、赵祖谟主编:《中国现当代文学专题研究》,北京大学出版社2002年版,第47页。

义"创作代表的常规,认为"茅盾的小说在细节描写方面接受过自然主义的影响,但在创作的总体倾向上却是浪漫主义的"①。他从《子夜》初版本内封的题签下反复衬写的英文"The Twilight: A Romance of China in 1930"(夕阳:1930年中国的浪漫史)讲起,详细分析了《子夜》中的环境描写、人物塑造、主人公吴荪甫的人格魅力等,敏锐地指出《子夜》中两个主要的元素就是"浪漫和颓废",最主要的艺术风格恰恰是以往被阉割和遮蔽掉的"颓废倾向"。他还进一步阐述了海派文学的另一个传统即左翼立场,而"《子夜》真正有价值的地方恰恰是茅盾用他特有的一种理想、浪漫和颓废,来描述了上海当时的环境和文化特征,成为了一部左翼海派文学的代表作"②。如此看来,李欧梵在他的《上海摩登——一种新都市文化在中国1930—1945》中开篇为什么从茅盾的《子夜》讲起就不难理解了,李欧梵指出:"事实上,在小说的前两章,茅盾就大肆铺叙了长驱直入的现代性所带来的物质象征:汽车(三辆1930式的雪铁笼)、电灯和电扇、无线电收音机、洋房、沙发、枪(一支勃朗宁)、雪茄、香水、高跟鞋、美容厅、回力球馆……这些舒适的现代设施和商品并不是一个作家的想象,相反它们是茅盾试图在他的小说里描绘和理解的新世界。简言之,它们象征着中国的现代性进程……"③这一点与陈思和的解读不谋而合:"1930年代的中国左翼文学本身就表现了对现代性的质疑,这只能在海派文化的空间里生存……在《子夜》里,我们就可以看到,茅盾对于上海的描述呈现了两个特点,就是'现代性质疑'和'繁荣与糜烂同体性'。"④

陈思和等人的解读提示我们,茅盾的创作虽然多是先有政治理念的指导,再用阶级分析的方法塑造人物、描述生活,甚至茅盾自己在解释《子夜》是怎样写成时也说这部小说是为了回答中国当时的社会性质问题,但艺术家的气质却往往使其在创作中冲破概念的东西,而"不可遏止地要把自己的内心冲动和欲望都表达出来,而这种表达恰恰构

---

① 陈思和:《中国现当代文学名篇十五讲》,北京大学出版社2003年版,第323页。
② 同上书,第340页。
③ 李欧梵:《上海摩登》,北京大学出版社2001年版,第5页。
④ 陈思和:《中国现当代文学名篇十五讲》,第338页。

成了小说的一个主要部分"①。所以茅盾的创作表面上看起来是对社会政治主题的描绘,实际上却是在政治的幌子下写小资;表面上看起来似乎是对小资的批判,实际上却情不自禁地流露出对他们的欣赏和羡慕。带着这种理解再去看早期学者对茅盾的评论,我们就会恍然大悟了。虽然钱杏邨等人是站在无产阶级的政治立场上对茅盾的《蚀》《野蔷薇》等提出批判的,但他们却一针见血地指出了茅盾创作中最大的特点(也是后来被遮蔽和扭曲得最严重的地方),就是他最擅长描写的是小资产阶级的生活尤其是两性的恋爱心理,而"对于革命只把握得幻灭和动摇"②。这一点也鲜明地体现在他对吴荪甫这个"20 世纪机械工业时代的英雄骑士和'王子'"的塑造以及对林佩瑶、范博文等一群带有颓废色彩的小资的精准描绘上。茅盾早期的长篇论文《从牯岭到东京》曾指责"无产阶级文艺"是"不能摆脱'标语口号文学'的拘囿",并勇敢地提出此后作品应是"小资产阶级的作品",这无疑也是作者本身小资情调的表现。虽然这种观点此后遭到左翼批评家的严厉批判且茅盾后来也转变了自己的文艺思想观念,转而用无产阶级的文艺理论来指导自己的创作,但其本身的小资产阶级的气质和潜意识中对小资产阶级的理解及同情仍使他的创作不可避免地存在着主题理念和实际描写的分歧与背离。这才是茅盾小说创作最大的特色(或者从另一个角度说是弊病)所在。

  从这个层面再来看王一川对茅盾"大师"地位的否定,就不会感到完全不可思议。如果说考虑到茅盾创作中既有着用既定的政治思想、马克思主义的阶级方法来描述生活、分析生活的浓重的匠气,又存在着主题内容的分歧与背离的弊病,那么说他称不上"小说大师"似乎也在情理之中;但如果对茅盾小说的内容进行仔细分析,我们又不得不承认他有着非常高的吸取生活细节的能力和逼真地描写场景的技巧,对人物性格的刻画也非常成功——善于将人物的阶级性与人物自身的特殊性格融汇起来,使人物摆脱了概念化符号化而具有立体感,因而他又是

---

① 陈思和:《中国现当代文学名篇十五讲》,第 340 页。
② 钱杏邨:《茅盾与现实》,《茅盾研究资料》(中),第 119 页。

一个有着优秀艺术才华的作家。这就使得对茅盾的评价必须突破单一层面,既看到他的创作有着理念化概念化的思维模式,又要公正地评价他在细节描写上所表现出来的巨大才华。

但王一川"重排大师"之所以引起巨大的争议,并不仅仅是因为让茅盾出局,因为无论是茅盾的出局也好,沈从文跻身第二也好,还是王蒙、贾平凹跻身九强也好,评论者大都是一笔带过,而焦点全都集中在金庸的"晋级"上。相比于茅盾的出局,大家争论更多的是金庸作为一个通俗小说作家能否进入大师的行列?俗文学是否也能登大雅之堂?在王一川等人看来,金庸的现代新武侠小说的出现"本身就标志着中国武侠小说在文化境界上的崭新拓展,并在总体上上升到一个前所未有的高度,也推动了现代中国小说类型的丰富和发展"[①]。其反对者则认为金庸的武侠小说只是一种文化快餐,它"对我们这个社会高层次精神建设不具备多少力量"[②]。1999年11月1日,王朔更在《中国青年报》上发表了《我看金庸》一文,炮轰金庸的武侠小说是"四大俗"之一,"从语言到立意基本没脱旧白话小说的俗套"。金庸不久回应了《答〈文汇报〉记者问——不虞之誉和求全之毁》,一时间围绕金庸作品和王朔对它的评论的争论更加热烈。有人认为王朔虽然言语刻薄但批评得不无道理,也有人觉得王朔根本不懂武侠,对金庸小说局部肯定全体否定的结论明显缺乏公正,认为金庸的武侠从语言文字到内在结构到文化意蕴都达到了罕见的高度,应予以高度评价。在人们还在就金庸是否有资格入选大师,金庸与王朔孰高孰低而争论不休的时候,更让人惊讶的是原来被认为不登大雅之堂、让许多家长避之唯恐不及的武侠小说竟然入选了中学教材。先是人民教育出版社2004年出版的《语文读本》第四册(全日制普通高级中学[必修]),将金庸的《天龙八部》和王度庐的《卧虎藏龙》节选入册;而后是2007年北京9区县的高中9月份使用的新课本中,金庸的《雪山飞狐》等出现在语文泛读篇目中,与此同时,鲁迅的《阿Q正传》《记念刘和珍君》等被剔除。一时间又是热

---

① 王一川主编:《二十世纪中国文学大师文库·小说卷》,第6页。
② 葛红兵、邓一光、刘川鄂:《金庸:被拔高的"大师"》,《南方论坛》1999年第5期。

议四起。

　　说实在话,"重排大师"引起的争议似在意料之中。本来,王一川编选的这套《二十世纪中国文学大师文库》只是一部文学作品的选本,而不是一部文学史著作。它虽然反映了编者的文学观念和文学评判标准,但仍不具备完整充分的学理性,说白了只是"一个人的排行榜",它更多体现了批评家的一种主体性。早在"重写文学史"时期,倡导者就提出过批评的主体性问题,要求在文学批评中渗入批评家的主体性,在审美层面上对文学作品进行阐发,以便发挥各自的学术个性。当然文学史的写作有其特殊性,发挥批评主体性还要兼顾到历史评价的客观性。王富仁就曾说过,"一个人乃至一个时代的欣赏趣味都往往是狭窄的……但文学历史的叙述又必须要求很大的宽容性,它不允许历史家仅仅以个人爱好叙述历史"①。因此如果是进行文学史写作,那就必然要在树立鲜明的批评个性的同时体现出史家的冷静和客观。但这种冷静和客观对作品选读性质的著作而言,就不尽其然甚至不一定非要如此。所以王一川在《二十世纪中国文学大师文库》中,按照自己的阅读体会、文学经验来评定他心目中的文学大师本是无可厚非的。每个人的阅读经验、接受心理都会有所区别,因而对同一个作家、同一部作品的评价也会不同;即使像《红楼梦》,虽被奉为经典但也并不是人人都喜欢。同样,有人肯定茅盾是现代文学的大师,但也有人认为他的文学成就没有那么高,而金庸的武侠小说有人认为不值一提,但有人却觉得里面内蕴了很高的文化价值。这是仁者见仁、智者见智,有不同的看法原本很正常。从这个角度理解,王一川让金庸位居大师的第四把交椅实在是件再普通不过的事情,它只不过体现了编者的阅读体验、阅读趣味而已。然而此事却引起了文坛的轩然大波,这就不仅涉及批评的主体性问题,更深层次的问题是王一川等在丛书的编选过程中所表现出的文学观念与文坛原有的文学观念产生了龃龉。

　　我们且不争论"金庸能否入选教材""金庸能否代替鲁迅",单从已经发生的事实——金庸先入选大师,其小说又入选教材——来看,金庸

---

① 王富仁:《关于"重写文学史"的几点感想》,《上海文论》1989 年第 6 期。

第三章　重排大师与雅俗文学的重构

及其武侠小说所代表的通俗文学的地位在近年来得到大幅度的提升已是不争的事实。而围绕此所展开的论争归根结底是不同文学观念(雅俗文学观)的碰撞。虽然"重排大师"的历史可以追溯到"重写文学史"的论争,但八九十年代之交的"重写文学史"本质上只是雅文化的重塑,虽然它要改变的是政治思想高于文学艺术的评判标准,但它所重塑的文学史仍然是知识分子精英文化的产物。比如陈思和的《中国当代文学史教程》,虽然是以民间的价值立场来观照当代文学,但他是站在知识分子的启蒙立场上去发现民间文化形态的意义,并将其纳入启蒙思想系统中的。因而即便他书写了民间作为文学的精神资源对知识分子精神生成的当代性意义,他的这部文学史却依然是不折不扣的雅文学史。王一川对大师的重排,有对"重写文学史"的继承——20世纪文学可以而且也应该重新评价,也有对"重写文学史"的超越——主要是文学观念的变革,从"单翅"的文学史——在"纯""俗"两大文学子系中雅文学、纯文学的一枝独秀——到将俗文学纳入到文学的大门内,展现了一种全面观照雅俗文学的文学整体观。虽然早有论者指出中国现当代文学史存在着雅俗文学不平衡的现象——从清末民初的鸳鸯蝴蝶派,到20世纪20年代的"张恨水热",到40年代的"张爱玲热",再到80年代的"琼瑶热""金庸热",通俗文学一直拥有着最广大的读者群,但在正统的文学史叙述中却难见对通俗文学客观公正的关注和评价,也有学者开始致力于在文学史写作中将雅俗文学融汇一炉,但也基本上是以阐释雅文化的发展流变为主,只将通俗文学或作为整篇的末章或作为整章的末节捎带提及,并未从根本上改变对雅俗文学关注失衡的现象。在此情形下,王一川将金庸晋为"大师"倒也不失为一种从文本出发来提升通俗文学地位的有效途径,它引起了人们对通俗文学的应有重视和关注。所以"金庸事件"反映出的不仅仅是武侠小说的价值问题,更涉及对整个通俗文学的评价问题。

中国文学传统中一直注重"雅""俗"之辨,通俗文学经常被理解为庸俗甚至是低俗的文学。事实上,通俗文学最大的特点在于它的娱乐性,这也是文学的功能之一。但在五四新文学以革命的名义被确立为文学的正统之后,文学更多地被当作"匕首""投枪",成为政治宣谕、思想教化的利器；其娱乐性受到批判和压制，故以娱乐性为特点的通俗文学在正统文学史中也受到排挤。这也与现代之前通俗文学自身的品格有关系。五四新文学出现之前，通俗文学虽然占据了从读者到作家的大部分资源，但无论是社会、言情小说还是武侠、侦探小说，整体格调都不高，基本上只注重文学的趣味性和商品性，以消闲、娱乐为主要功能，忽视对文学性的建设，出现了大量品味低俗的作品，其中也包括武侠小说。武侠小说有着源远流长的历史，但从清代石玉昆的《三侠五义》到现代的"北派五大家"（宫白羽、王度庐、李寿民、郑证因、朱贞木），其作品的层次都局限于形而下的打斗和侠义，文化品位不高。直到金庸才在武侠小说中将俗文化和雅文化结合起来，"他以'五四'运动以来形成的人的解放及其现代性的时代精神为基点，充分吸纳传统和民间的丰富养分，用精英文化的人文精神对武侠小说精神内涵的三个基本支撑点即侠客崇拜、技击崇拜以及由此而生的侠客情感理想模式崇拜作了全面的、富有创意的诠解，并对其中非现代的陈旧落后的文化思想进行了革命性的改造"，把武侠的精神提升到了人性普遍意义的高度。①这可以从以下几方面来理解：

首先，金庸的小说是以中国传统文化为根基的。儒、墨、释、道、法的多元存在和融合成就了金庸小说中丰实厚重的文化气息。《射雕英雄传》中的郭靖形象兼容儒墨两家精神，《鹿鼎记》中康熙形象的塑造体现了儒法思想的融合，《笑傲江湖》中令狐冲的不拘俗礼、逍遥自在则深得道家文化精义。"为国为民，侠之大者"的"仁"和"义"是始终贯穿于金庸小说中的道德价值标准，他将旧小说中无原则的江湖义气提升到了民族正义的高度，从而使他笔下的人物形象摆脱了江湖仇杀的偏执，一变而为内蕴着深明大义、舍生取义杀身成仁的深沉豪迈，其令读者信服也就在情理之中。

其次，金庸的小说并不仅仅是对传统文化的一味歌咏，他对传统文化有着自己的独到思考和见解，并力求以现代精神去烛照传统文

---

① 吴秀明、陈择刚：《文学现代性进程与金庸小说的精神构建——兼谈武侠小说的"后金庸"问题》，《杭州大学学报》1997年第4期。

化,在小说的娱乐性中传达出深刻的思想性。他既赞赏郭靖、令狐冲等人身上的忠孝大义,又通过黄蓉、杨过等嘲讽了儒家男女授受不亲、重纲常礼教轻人性价值的陈腐思想。而且虽然金庸小说皆以古代为背景,但他却善于以古喻今、以古鉴今,在古人故事中寄寓自己的现实感受,表达对世事的独立思考和真知灼见。比如在《天龙八部》《鹿鼎记》中对儒家文化中狭隘的民族主义的思索和批判以及讲求人格平等的人文精神,都体现了著者的现代意识,表达了他对中国历史的独立思考。

再次,除了精深的文化底蕴,金庸小说还富有深刻的悲剧意识和玄妙的哲学意蕴。比如《天龙八部》中的乔峰,他越是挣扎反抗,命运的绳索就将他捆绑得越紧,这是命运悲剧;慕容复对皇帝梦的痴迷则是性格悲剧;《连城诀》写的是人性的悲剧;《笑傲江湖》则通过令狐冲这个人物反映了人生的悲剧。

另外,作者还通过对这些悲剧人物的刻画展示了关于人生的颖悟、关于生命的感触、关于世界的思考,使他的小说散发着一种哲理美。至于说精彩迭出的描写、丰赡华美的语言、扣人心弦的悬念、奇幻超拔的想象在金庸小说中更是随处可见,给读者带来极大的阅读快感。

当然金庸的小说并非完美无瑕,比如王朔指出、也为金庸自己所接受的——情节巧合太多、结构松散、有些描写或发展落入俗套、人物性格前后太过统一缺乏变化或发展等缺点,被很多人所诟病的男权中心主义的体现,没有打破传统伦理道德观念中女性处于依附地位的沉窠等毛病;还有一些则可能是囿于武侠小说文体本身所难以避免的对固有文化和旧的传统的过多美化和迷恋等。

尽管我们可以指摘金庸小说中的种种不足,但其近二十年来的畅销和火爆却是不争的事实。这种现象产生的原因,除了其小说本身的哲理内涵之深、文化价值之大、艺术魅力之强等深刻内因,大陆整个文化环境的变化也是不可忽视的外在因素。

按照西方人类学家的区分,文化分为大传统和小传统。大传统是上层社会知识分子的精英文化,代表着国家意识形态;小传统则是民间流行的通俗文化,拥有来自民间的伦理道德信仰和审美文化观念。以精英文学为代表的五四新文学无疑是文化的大传统,而武侠小说所在的通俗文学则是小传统。新时期以前,由于社会环境、人为引导等主客观因素,文学的小传统一直处于边缘状态,但是近年来,城市经济的发展、市民阶层的壮大为通俗文学的勃兴提供了基础和平台。关于20世纪90年代以来,大众文化是否已经成为文学的主流,学者尚有不同的看法,但金庸逐渐得到人们的关注无疑是"大众趣味在文学史上开始得到反映并上升为主流的一个表现"①。而从通俗文化的发展来看,港台文化对大陆的影响不可小觑,甚至可以说,八九十年代以来,港台对大陆的辐射直接影响了新时期大陆通俗文学的生成和走向。金庸作为一个香港作家,在大陆被读者接受并获得很高的地位,更是充满了象征意味。"现在从体制上说是大陆收复了香港,但从文化上说金庸在大陆的出现意味着相反的方向,商业型文化向体制型文化渗透,一种跟传统结合得更紧密(如金庸小说中的诗词),同时又跟商业结合得更紧密的休闲性审美文化开始由香港岛北上中原,并为大陆文化接受。"②其中金庸所显示出来的优势在于,他立足于小传统、俗文化,因而争得了最广大的市民阶层读者,同时他又能从大传统、雅文化中汲取文化资源,"巧妙地顺应了商业时代多层面读者的接受心理,并借助影视传媒强大的影响,从而取得惊人的接受效果。另一方面,又挟'雅俗共赏'之余势,开始向大传统、雅文化强有力地渗透,并得到了相当程度的认可。就本世纪末大小文化传统交融的趋势来看,金庸现象实在具有某种典范的意义"③。换句话说,这种"典范的意义"就是金庸文学史地位的提升最鲜明地体现了近年来文学、文化观念中雅俗文化重构的趋势和成果。

第三节　雅俗文学的流变与重构

20世纪中国文学大师的重新洗牌,固然缘于文学评价标准的变

---

① 葛红兵、邓一光、刘川鄂:《金庸:被拔高的"大师"》,《南方论坛》1999年第5期。
② 同上。
③ 陈洪、孙勇进:《世纪回首:关于金庸作品经典化及其他》,《南开学报》1999年第6期。

第三章 重排大师与雅俗文学的重构

化,但其更深层次则是反映了中国文化格局的变迁。

考察中国文学的发展历程,我们可以发现文学一直不绝如缕地潜存着由俗入雅的流变。一部中国文学史,无论是诗歌、散文还是小说、戏剧,都有一个由俗入雅的变化过程,即中国文学是从民间艺术走向文人艺术的。《诗经》中很多作品都是民歌、民谣,经过文人的搜集、整理、改编,升格为雅文学,进而被后世视为中国文学的源流。由俗入雅的升格同样表现在乐府词曲、话本小说的发展流变过程中。虽然俗文学一直为雅文学的发展提供养料,是雅文学的"不登大雅之堂之母",可一旦雅文学以正统自居时,就表现出了对俗文学的蔑视,称其为"下里巴人"的东西。就连在文学史中的待遇也很不同,一部分本身为俗文学的作品因其经典性的成就被雅化升格为雅文学进入文学史,比如《西游记》《水浒传》等;一部分虽则俗文学的定性没有改,但其成就太过突出无法忽略而被纳入文学史,比如《聊斋志异》。但其他很多在俗文学领域有突出贡献,其成就并不在进入文学史的雅文学作家之下的作家,在文学史中就被略而不论了。

虽然雅文学对俗文学的歧视由来已久,但这种局面似乎到了20世纪以后更加变本加厉。就目前通行的中国现代文学史来说,这种文学史似乎更确切地应称之为中国现代雅文学史或纯文学史。因为在这些文学史中,主要论述的只是纯文学的发展流变,通俗文学要么被避而不谈,要么仅仅作为点缀追加在章节最末,其应有的地位并未得到阐释和说明。事实上,通俗文学对20世纪中国现代文学的发展功不可没。五四文学革命掀起的"白话文运动"和取得的文学实绩,以及鲁迅《狂人日记》"第一篇用现代体式创作的白话短篇小说"的殊誉,很容易让人产生现代白话文写作是从《新青年》开始的误解。而实际上,通俗文学大家包天笑于1917年创办的《小说画报》才是中国第一本"全用白话体"的文学期刊,并力主"小说以白话为正宗",就连"短篇小说"这个名称也首先出自当时为新文学激进派所嗤之以鼻的鸳鸯蝴蝶派。从这个角度看,假如没有五四文学运动,中国文学也会朝着白话文的方向发展,只是可能不会产生五四那种反映人物深层心理的新的思维模式罢了。① 这正是问题的关键所在。从文化思潮动态来看,宋元之后直到 20 世纪初,通俗文学一直是文学的主流,并以其自新的能力随着社会的变化而逐渐变异调整,而五四新文学作为一种充满激进色彩的新生力量仅是在北大、在《新青年》杂志发出的反抗的声音,一度根本未曾得到文坛的重视。陈思和教授就曾将这两股文学力量分别称之为 20 世纪初中国文学的"常态"和"先锋"。那么五四这种"先锋文学"又怎么演变成了后来的文学主流呢?

或许我们首先需要区分一下雅俗文学的概念和评判雅俗文学的标准。按照通俗文学研究专家范伯群先生的研究,以"通俗"起家的文学大树在脑力劳动和体力劳动有所分工之后,分成了雅文学和俗文学两个枝权。俗文学经过发展流变,至今形成了四大子系:通俗文学、民间文学、曲艺文学和现代化音像传媒中属于大众通俗文艺的部分。② 我们在此所讨论的俗文学则主要指其中的通俗文学子系,其在历史上一直以长篇章回体小说为特色,发展到现代则有了长、中、短篇等不同体制,但其基本特征仍然未变:语言上要求平易晓畅,审美情趣上要符合普通市民读者的需求,价值体系上要遵守传统道德规范,形式上继承传统小说体制,功能上侧重娱乐性、趣味性。雅文学则与此相对,不以大众的理解和接受能力为基准,而注重精神追求,是作家个人性的对人类精神层面的深入探索,艺术上追求创新性。事实上,这种概念只是一个相对的界说,雅俗文学之间很难有精确的界限,至于说如何对雅俗文学进行区分,古今则有不同的标准。"中国古代雅俗文学以作者身份为区分标准,中国现代雅俗文学则以文化标准加以辨别。"③在古代,凡是文人创作的文学即可归入雅文学一类,市井之声则是俗文学。这个标准到了现代失去了意义,比如包天笑、张恨水等虽为文人,但其作品却被归为俗文学,赵树理这个"文摊作家"的作品却被视为雅文学。因而

---

① 陈思和:《先锋与常态:现代文学史的两种基本形态》,《文艺争鸣》2007 年第 3 期。
② 范伯群:《俗文学的内涵及雅俗文学之分界》,《江苏大学学报》2002 年第 2 期。
③ 汤哲声:《20 世纪中国文学的雅俗之辨与雅俗合流》,《学术月刊》2006 年第 3 期。

第三章　重排大师与雅俗文学的重构

在评判 20 世纪文学时，我们形成了一种新的文化的准则。为什么会有这种变化呢？这种文化准则又是什么呢？对于 20 世纪以前的传统文化来说，它本身有一种自新的能力，能随着社会的变化调整自己的发展走向。比如古代文学由诗歌的兴盛到小说的繁荣，就深刻反映了社会生活的变迁。但到 19 世纪末 20 世纪初，随着帝国主义的出现、东西方文化的碰撞、民族的危亡等，传统文化在外力的刺激下丧失了自新的本能；与西方先进文化相对照，不可避免地流露出衰败的颓态。而此时在东西方文化的撞击下产生的包含强烈的革命性内容的五四新文学运动，则因强调与传统的断裂性，输入大量西方的文化、欧化的思想，成为社会的先进性力量。它将西方现代化的道路认定为中国现代化的理想模式，并希望中国社会可以按照它的理想形态发展演变。这种理想本身或许有着全盘西化的偏颇，但至少它使一部分知识分子站到了时代变化的前沿，提出了一批社会急需解决的问题，并且预示着社会发展的未来。随着五四新文化运动提倡的革命思想逐渐在社会变革中获得成功，五四所开创的新文学传统也逐渐由一家之言变成了社会的正统思想，由偏激的"先锋文学"演变成了"主流文学"。

这不仅仅是雅俗文学的轮流坐庄，这种文学姿态的变化也深远地影响到了文学的评价标准。五四新文学的发展受外国文学的影响颇深，其文学传统的确立与外国文学模式和体系有着密不可分的联系。因而从五四之后，我们在讨论新文学时采用的都是外国文学史的分类概念，如文学体裁或者文学思潮等，将新文学分为现实主义、浪漫主义、现代主义等，这些主义就成了一种新的文学评价标准，并用这些标准去衡量其他时代的文学。前至晚清，后至整个 20 世纪文学，凡是符合五四新文学思想的都得到尊崇和抬高，如诗界革命、小说界革命等，与五四新文学特征无关的文学则都被看作无意义的，从而被忽视，如通俗文学。但如果我们按照古代小说的分类来研究通俗文学，就会发现其门类非常齐全，社会、言情、武侠、侦探应有尽有，涵盖了生活的各个领域。如前所说，这些通俗小说发展到近代，自身已经蕴涵许多现代性的因素和可能。王德威甚至指出狭邪、公案、谴责、科幻等晚清小说"已预告了 20 世纪中国'正宗'现代文学的四个方向：对欲望、正义、价值、知识范畴的批判性思考,以及对如何叙述欲望、正义、价值、知识的形式性琢磨"①。但这些现代性因素却随着五四文学的发生、发展而被压抑了。实际上,如果我们将新旧文学的分界暂时悬置,不以五四的文学标准来衡量文学的发展,就会发现,这些"被压抑的现代性"并没有消失,它仍以自己的方式延续着"常态"的发展。比如五四之后的鸳鸯蝴蝶派、新感觉派以及张爱玲、沈从文的小说等。甚至到建国后,在意识形态的严密控制之下,这些文学因子也在曲折地表达自己,比如《林海雪原》《铁道游击队》等战争小说中所蕴涵的武侠因素,样板戏中所内含的"民间隐形结构",无不彰显着通俗文学的存在。

这样一种视角也有助于我们认清20世纪中国文学的一种发展流向,即与古代文学由俗入雅的过程不同,它的发展趋向是雅俗文学逐渐合流并进而带来了雅俗文学的重构。

20世纪初新文学产生之后,通过向西方的学习,展现出诸多不同于传统文学的特点,尤其是许多传统文学没有的优点。比如对社会生活的深入剖析、心理描写的引入、叙事方式的多变、叙事技巧的多样等。这些优点一经引入就引起了通俗文学作家的注意,并且注意向新文学学习和借鉴,开始了俗文学向雅文学的趋向。比如由传统小说的写事为中心向新文学的写人为中心转变,由传统小说的情节模式向新小说的情调模式靠拢,由向壁虚构到注重观察等。其典型可以张恨水为例。张恨水20世纪20年代创作的长篇小说《春明外史》在情节中就融入了很多情感性,开始注意表现人物的内在思想过程,不再以情节为中心而是以人物情绪为中心。这相对于传统小说来说,是一个巨大的进步。他30年代创作的《啼笑因缘》更是把社会压迫和人的命运引入了通俗文学的创作,显示了通俗文学向雅文学的靠拢。与此同时,雅文学也有向俗文学的借鉴。新小说作家虽然批评通俗文学过于注重情节,但在创作实践中,他们也不同程度地表现出对情节模式的青睐。如鲁迅,虽然王富仁认为"中国反封建思想革命的需要和鲁迅对中国社会意识形

---

① 王德威:《想像中国的方法——历史・小说・叙事》,三联书店1998年版,第16页。

态状况的关注,导致了鲁迅小说的故事情节的弱化"①,但从其创作整体来考察,情节模式还是比较明显的。如《阿Q正传》《祝福》《药》以及《故事新编》等都有着较完整的情节结构。再如老舍的创作中,一直含有比较强的世俗性,有着鲜明的市民文化气息。及至三四十年代,雅文学中融进通俗文学因素的情形愈加明显,如在无名氏、张爱玲等人的创作中,雅俗文学的界限已经相当模糊了。他们往往善于在一个通俗的故事中融入新颖而深刻的主题,在对世俗的表现和体察中表达自己对精神与人性的深入探求。在40年代全民抗战的大背景下,雅俗文学也不再互相排斥,更多地是在同一阵营的认可基础上客观分析彼此的优劣,表现出相互借鉴融合的意向。建国之后由于意识形态的控制,雅俗文学的发展均受到很大阻碍,知识分子写作逐渐转为地下状态,通俗文学的创作更是销声匿迹。然而在许多"红色经典"中我们却可以发现民间性的文学因子,有人将其称为"民间隐形结构"——如《沙家浜》中"一女三男"的模式,《红灯记》中"魔道斗法"的结构等。② 这也从一个侧面说明了通俗文化具备的强大的生命力。

如果将视野扩大,我们会发现在大陆中断的文学传统在港台文学中得到了继续发展,比如琼瑶、金庸等人的文学创作。特别是金庸,以自身的新文学根柢对通俗文学进行了全新的观照,并大幅度地提升了通俗文学的品味。北京大学的严家炎教授就曾明确指出:"金庸小说实际上是以精英文化去改造通俗文学所获得的成功"③,"如果'五四'文学革命使小说由受人轻视的'闲书'而登上文学的殿堂,那么金庸的艺术实践又使近代武侠小说第一次进入文学的宫殿"④。他们文学创作的成功显示了雅俗文学合流这一不可逆转的发展趋向。

这种合流在20世纪80年代大陆文学复苏之后得到了进一步的确

---

① 王富仁:《中国反封建思想革命的一面镜子——〈呐喊〉〈彷徨〉综论》,北京师范大学出版社1986年版,第381页。
② 参见陈思和:《民间的沉浮:从抗战到"文革"文学史的一个解释》,《陈思和自选集》,广西师范大学出版社1997年版,第200—225页。
③ 海宁市金庸学术研究会主办《金庸研究》创刊号,第16页。
④ 同上书,第11页。

认。较为明显地有 80 年代中期俗文化的雅化过程。比如"寻根文学"就是一部分知识分子以精英文化的视角烛照中国传统文化,试图重建现代中国的文化灵魂,其中展现了大量的民俗民情和传统的审美情趣,但这些世俗性的成分却因为被淡化了其社会性、强调其文化性而走向了雅化。80 年代后期,新写实小说的突起再一次张扬起市民大众文化的视角,其重故事、重趣味、重世俗的特点在新时期打破了雅文学历来普度众生的高贵姿态,初步显示了商业文明支撑下的大众文化的崛起。① 20 世纪 90 年代以市民文化为基础的文学主潮更是呈现出雅俗文化的调和。凌力的"百年辉煌"系列、二月河的"落霞"系列、唐浩明的《曾国藩》等一系列的长篇历史小说采用大文化或大人文视角,在对传统文化的协调和融合中凸现人性的价值。王朔的"痞子文学"以市民阶层为依托,传达出浓厚的世俗生活气息。王安忆的《长恨歌》、贾平凹的《废都》、莫言的《檀香刑》、陈忠实的《白鹿原》等小说也莫不是在承认中国传统文化的基础上构建人生传奇。此外还有大量新兴的官场小说,也都是在中国特有的文化环境和人文氛围中展开对人性的挖掘与批判。在这些作品中,作家们都注意兼顾雅俗两方面的要求,既有文学性的追求、艺术性的开拓,注重作品的精神内涵和思想容量,又有通俗性的故事、传奇性的人物,追求作品的可读性。通俗的阅读趣味和严肃的文学理念相结合,显示了近年来文学创作的双重价值追求。

  这些创作实绩表明,在商业化、全球化日益加剧的当代社会,雅文学已开始有意识地向通俗文学倾斜。通俗文化的价值一再得到阐扬,通俗文学的内涵也得到了扩大;过去对雅文学和俗文学的界定已经很难适用于今天的文学现状,雅俗文化的重构已成为不争的事实。在市场经济的刺激下,更是出现了"身体写作"等商业气息浓厚的文学现象,代表了新一代作家在市场机制下对文学创作的重新定位。文学的功能不仅仅是对大众进行启蒙,其娱乐功能也开始受到重视。重新掀起的张爱玲热、金庸热以及对许多通俗小说家在文学史中位置的重新估定和对通俗文学在现当代文学中地位的重新厘定,都说明旧有的雅

---

① 参见吴秀亮:《徘徊于雅俗之间:由小说到文化》,《南京社会科学》2006 年第 12 期。

俗文学评价体系开始失去效力。雅的不一定代表文学成就就高,同样俗的也不说明品位就一定低下。从这一点上来认识王一川的"重排大师",我们或许可以这样说:茅盾的"出局"显示了当前文化趣味对雅文学创作中过于凝重的政治理念的摒弃,而金庸的"入选"则意味着对俗文学价值的新的认可。20世纪中国文学大师的重新洗牌正是雅俗文化重构的集中体现。

  文化和文学的发展现状更是表明雅俗的交融和互动是当前中国文学的发展趋向。因此近年来,文坛从创作实践到理论构建都开始重新厘定雅俗文化的价值。雅俗文化的重构对中国文学格局的调整具有非凡的意义。首先,它将改变中国文学的研究视角,将过去只注重雅文学的"半部"文学史补充全面,以雅俗文学两条线索将中国文学的发展整合为一个有机的整体。其次,对通俗文学的重视将有助于弥补五四以来雅文学评价体系的僵化和不足,雅俗融合将使中国传统文化与五四以来的新文化在交融互审中获得一体性,将那些不适合中国国情的东西排除,而形成一种全新的既尊重传统的伦理道德规范又尊重人性价值要求的文学形态。并且通俗文学的生产机制、传播机制和接受机制对雅文学的发展也有一定的现实意义。而如何发扬雅俗文化各自的优势,弥补各自的劣势,使雅俗文学的要素更好地融合为一体,将是重铸中国文学精神、再创中华民族文学辉煌的关键。因而对这一重大命题的研究虽已取得了一些令人瞩目的成果,但还需要进一步的深化和探索。

(董　雪)

第四章 新概念作文与"80后"写作

第一节 从"应试作文"到"三新写作"

2000年,作家出版社出版了韩寒的长篇小说《三重门》,树起了青春叛逆的旗帜。此时的韩寒年仅18岁,是第一届新概念作文大赛的一等奖得主。2002年5月,17岁的春树发表《北京娃娃》,这部自称"半自传体"的小说被誉为"中国第一部残酷青春小说",并因书中描写的少女生活的放荡和另类而引起了不小的争议。2003年初,郭敬明的《幻城》横空出世,一路畅销,很快成为图书销售排行榜冠军,一时间竟洛阳纸贵。同时期,文学期刊《芙蓉》也于一月份正式推出《我们,80年代出生》专栏,春树、蒋方舟、李傻傻等先后登上这一著名文学杂志。也是在这年春天,生于1982年的文学青年恭小兵在天涯社区发表《总结:关于80后》,引起网民普遍关注。7月11日,天涯社区开辟文学专版《生于八十》,正式为80年代出生的写作者正名。至此,"80后"写作这一概念逐步取代"青春写作""少年写作"等别名,作为一个市场和文学品牌破茧而出,并被媒体广泛采用。

到了2004年,一大批"80后"作者如雨后春笋般突现聚集,意气风发地向文坛铺天盖地驶来。同时,各大报纸杂志网站对"80后"作者的关注和评介也声势浩大,蔚为壮观。有媒体评论说:2004年的中国文坛属于"80后"作家。2004年2月2日,写作了《北京娃娃》的北京少女作家春树登上美国《时代》周刊亚洲版的封面,成为第一个登陆美国《时代》周刊封面的中国作家。同时,这期杂志把春树与另一位上世纪80年代出生的写手韩寒称作中国"80后"的代表。2004年3月9日《南方都市报》作了题为《80后文学:未成年,还是被遮蔽?》的报道,首次明确提出"80后"作者"偶像派"与"实力派"的划分,并分别列出两

第四章　新概念作文与"80后"写作

派的名单：韩寒、春树、郭敬明、张悦然、孙睿等人属于"偶像派"；而李傻傻、胡坚、小饭、张佳玮、蒋峰等则被归为"实力派"。2004年5月，由80年代著名先锋作家马原选编的《重金属——80后实力派五虎将精品集》由东方出版社出版，马原作序，大力推出"五虎将"李傻傻、张佳玮、胡坚、小饭、蒋峰的作品，进一步明确了"实力派"和"偶像派"的分野。2004年，何睿、刘一寒主编的《青春已近，年华远走——80后五才女文选》由中国文联出版社出版，五才女为张悦然、颜歌、顾湘、白雪、画上眉儿。2004年7月8日，上海作协召开"80年代后青年文学创作研讨会"。会上，蒋峰、小饭、陶磊及众多"80后"作者首次集体向评论界和文坛表示与韩寒、郭敬明等先期走红的"80后"划清界限，并表达自己对"80后"这一概念的反对。2004年7月19日，《我们，我们——80后的盛宴》(上下册)在北京图书大厦举行了首发式。该书收录了75人总计90万字的文章，几乎囊括了所有比较活跃的"80后"写手，它的正式出版被文学评论家白烨称为是"80后作家登上文坛的宣言"。也在7月，《文学报》和《上海文学》开辟校园小说评论专栏，表明学界已开始重视对校园小说的研究。2004年8月到10月间，《花城》《小说界》《上海文学》《青年文学》等知名文学期刊集中刊登"80后"作家作品。2004年11月，由中国戏剧出版社出版的《十少年作家批判书》对韩寒、郭敬明、张悦然、李傻傻、春树、小饭等10位"80后"作者进行了集体的炮轰。书中22篇批评性文章的作者也都是"80后"作家的同龄人。2004年11月22日，由中国社会科学院主办、北京语言大学文学院承办了"走近80后"学术研讨会。这是学术界第一次正式直面并回应"80后"写作现象。

可以说，一大批"80后"作者把2004年的文坛搅得沸沸扬扬，热闹非凡。而看看2005年青春图书市场的热火朝天就知道，在这里，"80后"作者依然是星光璀璨万众瞩目的焦点：春风文艺出版社推出了以郭敬明为主编的《岛》系列丛书和他的长篇《1995—2005夏至未至》；作家出版社分别于1月和8月推出了"玉女作家"张悦然的长篇《水仙已乘鲤鱼去》和"残酷青春小说"掌门人春树的新作《2条命》；湖南文艺出版社在年初一次性推出了4个系列18种青春读物；接力社与《萌芽》杂志社签约出版了《萌芽书系》;重庆出版社出版了四卷本的"青春系列"丛书;等等。当然,不可否认的是,在媒体大肆炒作和出版社一哄而上争抢市场利润的情势下,多多少少造成了青春文学的虚假繁荣和泡沫现象,但仍然可以肯定的是,自新世纪伊始,"80后"作者在图书市场上一路凯歌,成绩非凡。

要说"80后"文学,有关"80后"的命名似乎是一个绕不开的话题。所谓"80后",简单地说,就是指一批出生于80年代、正在尝试写作的文学爱好者,他们代表着中国当代文学最年轻的力量。有人认为,"80后"本身只强调年代和年龄的因素,作者的个体存在、个性特征以及作品的独特性,常常因为这种大而化之的概括而被遮蔽、被剪裁。王晓渔在《2004:"80后作家"的三重门》一文中用"命名暴力"作小标题,进行了条分缕析的论述:"在文学史上用时间命名作家或作品并不少见,但那个时间往往具有象征性意义,比如'十七年文学'特指1949到1966年具有高度相似性的文学状况。而'80后'作家沿袭'70后'作家而来,这种鹦鹉学舌式的命名恰恰暗示着当下文学极度缺乏想象力。更重要的是,它的背后还隐藏着一种命名暴力。从表面上看,'80后'似乎指整个80年代,其实它只指向80年代前期。2004年,在网上有一份所谓'80后'作家名单,搜罗了近百位写作者,但1985年之后出生者屈指可数。'70后'作家在2000年前后集体浮出水面,当时他们的年龄在20到30岁之间,正是初现光芒的时候;而'80后'作家目前仅仅在14到24岁之间,本应处在黑暗的学徒期,现在却陷入两难境遇:要么提前歌唱,要么被遗忘。如果说'70后'作家遮蔽了70年代末出生的写作者,'80后'作家的命名暴力既'谋杀'了那些出生于80年代前期的不愿意提前登场的写作者,也'谋杀'了几乎所有出生于80年代中后期的写作者。这种命名暴力不仅遮蔽了那些沉默的写作者,也忽视了'80后'作家的内部差异。比如胡坚和张悦然完全属于两种文学风格,又怎么能被归纳到同一个文学命名的旗帜下? ……如果要进行更为深入的分析,势必要打破'80后'作家这一整体性概念。"①

---

① 王晓渔:《2004:"80后作家"的三重门》,2004年12月29日《中华读书报》。

第四章　新概念作文与"80后"写作

可以说，这一分析还是较实事求是、全面而到位的，它揭示了代际划分容易造成时间神话的风险性，形成人为的对立、断裂及遮蔽。同时，"80后"的命名还几乎受到了所有"80后"作者的非议。刚开始围绕谁来承担这一命名的问题，"实力派"与"偶像派"针锋相对，如小饭直指韩寒、郭敬明等人写的东西称不上文学，只是一些廉价的消费品；这些被偶像化的写手，遮蔽了"80后"写作中富有创造力的部分，混淆了"80后"写作的真相。后来两派对峙愈演愈烈，李傻傻进而坚决主张废掉"80后"概念。

可见，"80后"这一命名从产生起便经受了来自四面八方的各种各样的攻击、质疑、谩骂和批判。一方面它显得似乎漏洞百出，一无是处；另一方面它又左右逢源，大红大紫，频频出现在各种媒体之上。关于"80后"这一命名的各种论争让人不由想起当年"60年代作家群""70年代人"的命名出现时所遭受到的同样的非议和斥责："同属70年代出生的作家当然容易找到一些相近的特征，但这绝不意味着对这些作家每一个人个别性的忽略。指称的便利将以放弃严谨周密为代价。"①"'70年代人'不等于媒体上经常出现的一群名字，更不等于这一年代内出生的女作家，更加不等于某某、某某，不要以偏概全。""对'70年代人'的粗暴指认也遮蔽了写作的多种多样的可能性，它把其中一种包装成了煽惑人心的'时尚'，某种类似于'时代精神'的东西。"②"80后"的命名方式显然与"70年代人"的命名一脉相承，而批评家对"70年代人"这一命名所作的阐释、澄清和补充，反而使"80后"的称谓一出现便负载了承袭下来的对代际命名方式不合理之处的清醒认识而具有了更多显示其合理性一面的可能性。我们倒觉得，起码到现在为止，这是一个简洁而又较恰当的称谓，符合商业社会简单快捷的原则，并承担起了应有的概括和传播的功能（2004年末，在《新周刊》联合国内数十家媒体举行的一年一度的"中国年度新锐词"评选中，"80后"赫然位居候选名单之首）。它并不是要抹杀和遮蔽"80后"作者个体的卓

---

① 李敬泽、施战军、宗仁发：《关于"七十年代人"的对话》，《南方文坛》1998年第6期。
② 李敬泽、施战军、宗仁发：《被遮蔽的"七十年代人"》，《南方文坛》2004年第4期。

尔不群之处，它旨在强调出生在这一年代的人有着更为相似的生活环境、经验内容、体验方式、知识谱系等，这些方方面面、点点滴滴都渗透进了他们的精神和思维当中，或多或少或直接或间接地影响着他们的创作和作品面貌，这一命名的意义至少可以让"80后"作为一种文学现象载入史册。因此，在没有更好的选择的情况下，我们在这里对"80后"这一名称也姑妄用之。

据统计，"80后"现在在写作领域里崭露头角的，约有百十人，经常从事写作的大约有千余人。他们有一个专门的网站"苹果树中文原创网"，签约作者近两万人，已形成一个庞大的写作群体。新书总是能登上图书销售排行榜的是他们，创造图书销售量奇迹的是他们（郭敬明的销量已经超过300万册，韩寒的也累计在200万册以上），在整个图书市场的占有率上与中国现当代作家作品平分秋色、不相上下的还是他们。然而，相较于媒体前的万众瞩目、光灿耀眼，相较于图书市场上的轰轰烈烈、一路凯歌，学术界的反应似乎显得过于平静和淡漠。热心关注"80后"青年作者的评论家白烨先生曾说：他们已进入市场，但未进入文坛。而批评家吴俊在《"80后"的挑战，或批评的迟暮》中则认为："充其量，对于'80后'的文学批评，现在还只在描述阶段"，"文学批评不只是有点滞后，简直已有迟暮和腐朽之态了"。①

我们认为，学术界对"80后"的平静和淡漠既不是批评迟暮和腐朽的表现，当然也不是所谓批评家们主观情绪化的不屑一顾。确切地说，他们大多是持有一种比较冷静的观望态度，"有声的文字固然是一种批评，一种在场，但一言不发、沉默，也并不是缺席，它同样是一种在场，一种发言，只不过它代表和传达的是另一种立场，另一种判断"②。显而易见，"80后"写作大多脱胎于青春文学，成长过程中的喜怒哀乐，炫目的青春带给他们的叛逆和疼痛、凄美和感动，构成了他们对生命的最直接而真切的体悟和感受。这些刻骨铭心的生命体验，自然而然成为他们触手可及的写作资源。从这一点来讲，"80后"作品映照出青春文

---

① 吴俊：《"80后"的挑战，或批评的迟暮》，《南方文坛》2004年第5期。
② 吴义勤：《在怀疑与诘难中前行》，《山东文学》2003年第6期。

第四章 新概念作文与"80后"写作

学的身影既合情合理又无可厚非;但青春文学有它自身明显的缺点和不足:"作品自身有一个非常大的弊病:艺术上的稚嫩、拙劣,这并不是小聪明的比喻、优美华丽的词藻所能够弥补的。其中最突出的问题是题材选择面太狭窄,大部分作品都是校园题材,尽管让同龄的读者感到亲切贴心,但是在这题材中太多故事情节的相似和重复已经使校园题材变成了一种陈旧的模式,最终会消磨读者的阅读兴趣。其次是作品中反映的生活体验太过肤浅,即使其中的某部作品能够催人泪下,也无法引起太多的回味,更谈不上对人生以及更多形而上的问题的深刻反思,因此作品可能具有的超越性价值也就大打折扣。以上两点同时又反映出作者的阅历浅薄,知识积累不丰厚,这很自然地影响到作者对社会人生的思考和观察能力。第三是写作技巧的平庸。韩寒、郭敬明的作品,虽然在具体词句上确有过人之处,但通观全书往往就会发现,作品的语言仍然缺乏提炼和整饬,它们的组合不能默契地成为一个自然的整体。他们在小说结构的驾驭上,也存在诸多纰漏,往往整篇小说的节奏不谐调,格调也不整一。《幻城》就是一个例子。"①也就是说,这些作品缺乏独到价值的主体性,"批评对象是有其显而易见的主体性的,这种主体性就是指它应具有批评价值"。"批评家只能去'批评'那些他感兴趣的他认为有价值的文本,他并没有'批评'整个文坛所有文本的'责任'。"②但同时我们也要意识到,以作品题材内容为主要标识归纳而形成的"青春文学"的命名,并不能作为衡量一部带有青春色彩的作品的审美价值和艺术价值高下的直接标准。比如苏童笔下的"香椿树街系列"作品,写的就是有关青春的生命体验,包括青春的迷茫和荒诞,青春的血腥和残酷,等等,地地道道的青春题材,但由于其独特而丰盈的意蕴以及对人性的深刻观照,它们早已成为批评家笔下津津乐道的阐释对象。可见,青春题材依然能够指向形而上的探索和哲学体悟。如果说"80后"作者作品尚不具有重要鲜明的主体性,批评家为避免无话可说或无话找话的尴尬而刻意保持缄默是入情入理的话,那么对整

---

① 曹莹:《"80后"写作与新世纪文学》,《文艺争鸣》2005年第2期。
② 吴义勤:《在怀疑与诘难中前行》,《山东文学》2003年第6期。

个"80后"文学现象的视而不见则是批评家们说不过去的严重失责。所以,我们就需要从一个新的视角,即一个更宽泛、涵盖面更大的文化批评的视角来全面透视和阐述"80后"创作的特色。

第二节 大众传播与"80后"作者的出场

"真正的历史对象根本不是一个客体,而是自身和他者的统一,是一种关系。在这关系中同时存在着历史的真实和历史理解的真实。一种正当的释义学必须在理解本身中显示历史的有效性。"① "80后"作者的创作和成名之路,他们对世界的独特的感觉和表达方式,都与这种"关系"即他们的成长背景具有密切的关系。

"我父母就生了我一个孩子,我们生下来,就是太阳,热热闹闹。"② 上世纪70年代末期,我国开始实行计划生育政策,一种较为彻底的独生子女环境产生,独一代随之诞生。这一代大部分城市孩子(包括一些富裕地区的农村孩子)都成为家庭的中心,备受关怀与溺爱,在"养尊处优"和"有求必应"的环境中长大成人。"80后"一代出生于中国社会从传统向现代转型之始的80年代,成长于国家全面建立市场经济体系的90年代,成熟于我国加入WTO的21世纪。他们成长的时代是世界向全球化、信息化大步迈进的时代,是中国经济和科技发展最为迅速的时代,是社会思想观念最为开放、价值观念急遽变化的时代。在这一过程中,与人们的日常生活密切相关的大众传播事业得到了突飞猛进的发展,因为发达的大众传播系统是一个国家实现现代化的必要条件。

"现代大众传播是指职业化的传播机构利用机械化、电子化的手段向不特定多数人传送信息的行为或过程。"③ 媒介是传播学的核心概

---

① 〔德〕伽达默尔:《真理与方法》,转引自汪晖:《探索复杂性》,《反抗绝望》原版导论,河北教育出版社2000年版。
② 周洁茹:《飞》,《花城》1998年第3期。
③ 陈霖:《文学空间的裂变与转型——大众传播与20世纪90年代中国大陆文学》,安徽大学出版社2004年版,第1页。

第四章　新概念作文与"80后"写作

念之一,同时也是文学重要的构成要素。大众媒介是面向大量群众传送信息的各种现代传播形式的总称,一般包括报纸、杂志、书籍、电影、电视、广播和网络等。20世纪90年代以来,在高科技的支持下,媒介系统快速发展,同时随着经济活动的市场化程度、政治生活的民主化程度、社会空间的城市化程度和国民教育的普及化程度的提高,我国逐渐进入了大众传播的时代。大众传媒不仅作为文化产品交换的承载和中介空间,而且其本身也作为一种商品生产和交换的资源存在,它在市场竞争和产业化运营中的拓展促成了文化市场的形成。文化市场使整个社会的文化生活形态和文化精神构成都产生了巨大而深刻的变革,其突出的影响就是大众文化的崛起。

大众文化作为一种历史文化形态,最早产生于西方社会,兴盛于20世纪30年代后的欧美发达国家。大众文化主要是指与当代大工业生产密切相关,并且以工业方式大批量生产、复制消费性文化商品的文化形式。它"以大众传播媒介为手段、以都市化为社会条件、以商业化为运行方式、以世俗化为价值尺度"①。大众文化随着改革开放走进了中国人的生活之中,并在90年代成为引人注目的文化现象。大众文化的重要影响是,一方面使文化的生产方式和存在方式发生了根本性变化;大众文化是与两大全球性历史潮流——市场化和信息化——相联系并由之产生的,市场化在改变社会的同时也创造了新的文化消费观念,大众传媒颠覆了印刷时代以文学为最高位的艺术等级原则,创造了新型的企业式的艺术生产模式,使文化生活化、娱乐化、消费化了,而大众文化所固有的快乐原则和交换逻辑也在有力地改变着文化的样态和运作方式;另一方面的重要影响则是使人的存在方式和生活方式也发生了根本性的变化,高效、快速的工作节奏使人们在闲暇之时更乐意享受轻松、愉悦的休闲,也更乐意通过物质的消费去体验时尚、享受生活。总之,这两方面共同标志着一种新的文化模式——由文化工业塑造和支撑起来的消费型文化和消费主义取向。

---

① 陈霖:《文学空间的裂变与转型——大众传播与20世纪90年代中国大陆文学》,安徽大学出版社2004年版,第18页。

所谓文化消费主义,主要是指文化创造的商业追求压倒甚至取代了精神追求,文化产品的娱乐功能压倒乃至排斥了审美价值和精神文化价值。商品权力话语消解了高雅文化的壁垒而与通俗文化合谋,轻而易举地通过大众传媒侵入当代文化的神经,将日常生活作为市场需求和大众文化模式设定为当下社会文化的普遍原则。于是,消费成了文化,消费文化成了文化消费。"随着经济、政治和文化活动三大领域不同级次的分离,当代中国的文化发展正进入宾克莱所说的'相对主义的时代',即文化的多元发展的时代。在各种文化形态的'杂语'中,'主导文化所张扬的崇高和精英文化的秩序失去了往昔震撼人心的力量,一种日常意识形态获得了市民社会、市民阶层的支持,现世主义观念、消费意识成了世俗社会的价值标准'。"① 当然我们也要看到,消费文化以消费为直接目标,但最后结果并不等于就只有消费价值。所以我们对于消费文化不能泛泛地全盘否定,而应当充分注意到其中的复杂性。

讲大众传播与"80 后"的关系,还不能不涉及网络,这是他们写作和发表的自由之地。网络传播始于 1994 年国际互联网进入中国内地,目前我国互联网事业正在持续快速地发展。中国互联网络信息中心(CNNIC)在北京发布的"第十四次中国互联网络发展状况统计报告"显示,截至 2004 年 6 月 30 日,我国上网用户总数为 8700 万,比上年同期增长 27.9%,上网计算机达到 3630 万台;CN(中国境内域名)下注册的域名数、网站数分别达到 38 万和 62.7 万。中国互联网用户年龄统计表显示,30 岁以下的网民占总数的 70%,24 岁以下更是占到网民总数的 53%。也就是说,上世纪 80 年代出生的网民占网民总数的一半以上。

网络既是一种科技也是一种媒体。它使 20 世纪的传统媒介及其传播形式都受到严峻挑战。从单向到互动,从传递到反馈,它逐渐地改变旧有传播的特质,过去由精英掌控的传播权力开始向公众转移,传播

---

① 傅守祥:《世俗化的文化:中国大众文化发展的消费性取向》,《理论与创作》2005 年第 3 期。

第四章 新概念作文与"80后"写作

者与受众泾渭分明的状况已逐渐模糊。同时,过去媒介独有的信息选择守门人,也因为网络使用者的加入,已不再具有绝对的发布信息与否的生杀大权。互联网的影响正逐步渗透到人们生产、生活、工作、学习的各个角落。网络对文学的影响是深刻的,网络文学作为数字化时代颇具影响力的一种文化现象,已经无以选择地被裹挟进现代消费文化大潮。写作成为一种随心所欲的形式,成为日常生活的一部分,它的语言也不需要服从于某种既定的规范,写作者还可以充分地自我虚拟化,甚至建立一种新的自我认同、自我定位。"80后"一代独生子女孤独的生存境遇使他们尤其渴望交流与倾诉,而网络文学所允诺的某种程度的平等和自由以及这种虚拟化的空间都为他们提供了一个畅所欲言的理想之处。在网络上,"80后"有自己的网站和论坛,比如"苹果树中文原创网""80后论坛""新公民论坛",这些网站和论坛不仅迅速汇聚了大量"80后"写作者,还吸引了数量更为广泛的"80后"文学读者,他们与网络不遗余力地亲密接触,在其中书写,在其中游戏,也努力在其中成名。

江冰在《论80后文学的文化背景》①中论述了网络对"80后"文学产生的正负两方面的影响。积极的推动表现在两个方面:一是"零进入门槛",二是"交互式共享"。前者包括零编辑、零技术、零体制、零成本、零形式五个含义,它使任何想进入文学领域的人无须按照传统的程序,便可达到发表作品的目的,文学传播发生了从大教堂式到集市模式的根本转变;后者使传播从一对多发展为多对多的方式,快速的即刻阅读、反馈、创作,在一群人中闪电般地进行着。这两方面都为"80后"文学提供了自由表达的空间,文体的边界、道德的规范、观念的限制也随之松动。无论是韩寒、春树、郭敬明,还是李傻傻、蒋峰,无不是先在网上受到热捧,暴得大名,获得各种桂冠,之后顺利地转向纸介媒体,逐步进入主流传媒和市场。而网络对"80后"文学造成的不良影响,就是文学中一些属于内核的东西也在被稀释、忽略乃至抛弃,文学作品在高速写作的同时也出现了"一次性消费"的"失重"。

---

① 江冰:《论80后文学的文化背景》,《文艺评论》2005年第1期。

"80后"一代成长在全球化、信息化的时代,网络改变了他们的观念、思维和表达方式,也给他们搭建了一个空前开放而广阔的文学平台。但需要指出的是,网络一方面促使"80后"作者成为各大媒体关注的对象,另一方面也阻碍了他们进入文坛。网络上发表文章的随心所欲导致了创作的随意性、休闲性和娱乐性程度的提高,创作经常是不费吹灰之力的模仿加拼贴,它不再被当作一件严肃认真的事情来对待。因而,文坛和批评界就更加没有认真对待这些作品的必要。同时,网络上的作品数量庞大,良莠不齐,鱼龙混杂,这也在一定程度上增加了文坛筛选和鉴别的难度。文坛毕竟有自己的门槛,自己的标准,自己的审查机制,它不可能毫无原则地照单全收,而文坛的坚守立场也正是它区别于其他媒体圈子的独特价值之所在。

　　当然,大众传播只为"80后"写作奠定了基础,作为一次带有集体性质的突围,他们的成名还与上海《萌芽》举办的"新概念作文"大赛密切有关。正是这场文学大赛,为他们的出场提供了良好的契机。90年代中期,由于文学期刊由原来的财政拨款逐步变为"独立核算,自负盈亏"的经济实体,创刊于1956年的《萌芽》文学杂志遇到了前所未有的困境,一年的发行量只有1万多份。为了摆脱困境,经过一番精心策划,从1998年12月开始,《萌芽》启动了"新概念作文"大奖赛。这个赛事除了提倡"新思维、新表达、真体验","挑战中国应试教育"外,还"绕开了传统意义上的普通语文教育机构,也就是中学以及相关的教育主管部门,直接和大学联合,甚至直接或者间接地帮助这些大学的中文系进行了招生工作"。[①] 于是,发轫之时便吸引了众多的关注。后来,"新概念"得奖选手韩寒一炮打响,一夜成名后,"新概念"随之声名大震。到2005年,大赛已成功举办了8届,据报《萌芽》的销售量从原来的1万份飙升至50万份,而《新概念作品选》作为新型的"作文指南"也已销售了几百万册。

　　"新概念"作文大赛为相当一部分"80后"作者提供了一个崭露头角的契机,并成为他们被迅速推向市场的跳台。这一切毋庸置疑。然

---

① 张柠:《青春小说及其市场背景》,《南方文坛》2004年第6期。

第四章　新概念作文与"80后"写作

而,这个比赛虽有发掘具有潜力的文学人才的作用,但因与高考升学挂钩,所以从一开始功利色彩便也相当浓重。很快,"这样的一个比赛机制如同工厂里的生产流水线,把全国大批的少年写手汇聚到一起,将他们的作品纳入作为比赛评委的批评家和作家的视野,使其中的千里马得到被伯乐赏识的机会;同时通过《萌芽》杂志和网站,优秀的少年写手有机会在尽可能大的范围内获得共鸣从而得到鼓励;再加上利益驱动下的出版商在其中推波助澜,制造文学之星的这座无形的大机器已经越来越舒展筋骨了。不可否认,它的运作的确促成了某种'繁荣盛况',然而也使它的'产品'在出炉的时候就包含了大量的非文学的杂质:扑面而来的金钱名誉,太多对文学作品本身夸大其词的赞美,对作者居心叵测的追捧……以至于作者们对于自己和自己的作品存在的理由都感到暧昧起来"①。大赛不自觉地走上了偏离文学的正常轨道,成为媒体和出版商追逐利润而不遗余力地进行造星运动的对象。

目前,《萌芽》杂志社正在有步骤地把《萌芽》做成一个系统的文化产业。杂志社建立了自己的网站,目前注册用户超过42万,已经具有很大的商业价值。他们利用自身的资源优势承办了萌芽实验中学,现在已具一定规模。2002年与浙江文艺出版社合作推出《萌芽青春丛书》,2003年推出了《萌芽小说族》。2004年初,《萌芽》又成立了萌芽图书报刊发行有限公司,主要负责图书策划和编辑工作,同时谋求与出版社合作。2005年与接力出版社合作推出"萌芽书系"。从"新概念作文"到"萌芽书系",《萌芽》在逐步形成一条完整的文化产业链。产业化的商品化、组织化、社会化特征使一些文学品种正在借鉴工业生产中的流水线制作与销售方式,比赛——得奖——出书——成名,《萌芽》已成功地建立起来一套从培养作者、发现作者、发表作品到经营作品、推广作者、互动交流的一整套运作体系。从活动的策划到酿成文学的出版传播,大众媒体不断制造新闻,在促进文学生产的同时,也给作者们带来了新的文化资本和经济效益。

---

① 曹莹:《"80后"写作与新世纪文学》,《文艺争鸣》2005年第2期。

第三节 "80后"写作的主要特点

"80后"作者创作的特点,不妨用明星化、高产化、时尚化来概括。

一、明星化

这是一个明星辈出的时代,这也是一个群星璀璨的时代。最先披上明星外衣的是那些穿着锦衣华服在明亮闪烁的镁光灯下摆着优雅动人的姿势的歌星、影星们,他们身后那一批批狂热坚贞的追星族们,使这些星们的身价动辄几百万甚至上千万。而后,"明星"的美誉开始向社会各个领域渗透,体育健儿们成为体育明星,除了参加各种赛事为国争光,闲暇之余还会利用自己的知名度和号召力为厂家代言什么白酒、果冻、可口可乐等;文人学者也会成为学者明星,除了做学问搞研究辛苦著书,他们也时不时做客这个节目、那个访谈,搞个签名售书,占个报纸头条。

明星的出现源于现代传媒的操纵与运作,是现代技术理性和商业主义结合的产儿。在这个大众传媒日益发达、新闻资讯极度膨胀的社会,每天成千上万的信息、新闻绝对少不了明星们的加盟和助阵。社会日趋富裕和稳定,人们的观念便愈会开放民主和宽容,越来越多的人也就愈有机会成为明星。如今盛行的各种各样的"海选",便是为更多多才多艺的平民百姓提供着实现明星梦想的机会和舞台。在这样的时代大环境下,我们的作家,我们的"80后"作者被包装成明星,在群星闪耀的舞台上占有一席之地,当然也是顺理成章的。

人人都有成为明星的可能,但并非人人都能成为明星。尤其是对于从事文学——一份曾经沐浴着崇高神圣的光环的象牙塔里的职业——的作家们来说,他们可能会成为流芳千古的文坛巨匠,但很少会被人们轻率地称作"文学明星"。也许此时他们的意义决非热闹喧哗的"明星"一词所能涵盖的。比如巴金,就不会被人们视为"明星",人们会觉得只有怀着由衷的钦佩和敬重尊他为文坛上的一颗恒星,才不至于辱没了这位世纪老人的巨大成就和贡献。当代的先锋作家们不会成为明星,因为他们的孤独执著,因为他们的先锋开拓,因为那些作品的晦涩难懂,使他们必然曲高和寡、知音难寻。而浪漫主义者诸如张炜、张承志们也不会成为明星,因为他们的理想太遥远、太高贵,太不食人间烟火,那个闪耀着光辉的"金牧场",那份"融入野地"的痴狂,对于整天为柴米油盐而奔波的大众来说太过严肃认真,也太过虚幻渺茫。被视为明星作家的应该是这些人:比如卫慧、棉棉、九丹们,她们以作品的大胆、前卫、惊世骇俗,一出场便注定是将文坛炒得沸沸扬扬的明星,那些独特、另类的生活方式,那些吸毒、堕落的残酷青春,那种"色语叙事"的细腻直白,极大地满足了人们天性中的某些好奇心和窥私欲。"80后"作者也幸运地拥有了被打造成明星的前所未有的社会优势。"明星是文化消费的焦点,也是文化经济增值的支点","随着中国进入全面市场经济之后……文学生产也开始成为打造明星的平台,这源于中国文学当下的生产机制的特殊性。尽管由于意识形态的原因,图书出版权仍掌管在国家手中,但市场经济的全面放开催生了具有中国特色的'书商',书商为了有效地、快速地将文学转换为增值的元素,大胆启用了打造明星的生产方式"。① 当然,自古以来,文坛上就不乏明星似的引人注目的文人才子。"80后"明星作者的不同之处在于,更多地依赖某种有效的传播机制被批量生产出来。"书商们从有潜力的年轻人中发现明星坯子,从培育到包装一直到推向市场,形成所谓的一条龙服务式的市场运作模式,韩寒就是这种文学生产的头一批少年作家之一。"②

  2000年,作家出版社出版了18岁的韩寒的第一部长篇小说《三重门》,一个充满青春气息的文学明星自此粉墨登场。后来的韩寒依然是英俊帅气,《就这么漂来漂去》中,更有其多幅英姿飒爽的赛车手形象的照片。前几年是针锋相对的"韩白之争",不久其与女友在北京买房又成为网上一大新闻,韩寒的明星人气指数一直是居高不下。《南方都市报》曾将"80后"作者划分为"偶像派"与"实力派","偶像派显

---

① 贺绍俊:《大众文化影响下的当代文学现象》,《文艺研究》2005年第3期。
② 同上。

然是通过明星化的方式获得成功的,他们必须将明星的派头做足。比如另一位偶像派少年作家郭敬明的造型,就足以吸引崇拜者的眼球:"一头染成黄色的长发,削得长短不一,半遮半掩地挡住了眼睛,不仔细看,很难注意到那双眼睛竟然是蓝色的(是隐形眼镜的功劳);额头上横系着一条淡蓝色的细带,长长地垂到肩上,见郭敬明的第一眼,感觉他像极了漫画里的人物"[①]。曾与宣传《1995—2005 夏至未至》一同配发的作者大幅海报,背景是美丽的蓝天碧树,郭敬明身着一袭干净纯洁的白衣,其形象和阵势丝毫不逊色于那些为自己的专辑或新片造势的歌影红星。还有张悦然的图文集《是你来检阅我的忧伤了吗》,也是配有多幅类似明星照的华美照片,并分别取名为"沉和"和"嚣艳",作者化着恰到好处的彩妆,穿着鲜艳时尚的衣服,摆着各种精心设计的造型。当年的"上海宝贝"卫慧也只不过是把自己的身影放在了书的封面上,而"80 后"作者则有创意地将作品集和写真集合为一体。当然这些照片没有卫慧的大胆、暴露,都很循规蹈矩、落落大方。其实这也很容易理解,"青春玉女"走的毕竟是与"上海宝贝"截然不同的明星路线。而在商业与纯文学之间摇摆的"实力派"也被媒体不遗余力地打造为另一种明星——"文化英雄"的明星,所谓的坚守纯文学立场的明星,这些成员也从未拒绝或批判过媒体对他们明星式的炒作和捧吹。其实,单从"偶像派""实力派""金童玉女""人气排行榜"这些名词的运用上,就足以让人们轻而易举地嗅到港台娱乐圈明星炒作的气息。

　　精明的出版商选择"80 后"作者进行明星化的打造确实是独具慧眼,这一推广宣传策略取得了巨大的成功,并已收到了利润丰厚的回报。可以说,"80 后"作者自身有着适于被明星化的得天独厚的优势:首先,在年龄和性格气质上,"80 后"作家正当青春年少、风华正茂之时,时代及价值取向、文化选择的多元性使"80 后"一代在精神气质上具有更多的锋芒毕露、个性张扬、率性天真的特点,这些都为商家造星成功奠定了良好的基础。其次,"80 后"作家大多处在求学或刚刚踏入社会的阶段,没有经历过太多的坎坷和沧桑,青春感悟是他们人生经验

---

① 贺绍俊:《大众文化影响下的当代文学现象》,《文艺研究》2005 年第 3 期。

的最重要组成部分,作品题材涉及的多是青春的情感萌动、青春的迷茫困惑、青春的彷徨痛苦,文本风格也多具有偏执和叛逆的色彩,这些都在一定程度上满足了一部分青少年的"阅读期待",同时也使聪明的媒体和出版商很容易找到炒作的卖点。再次,追逐明星是人的神性崇拜在现代社会的反映,"偶像崇拜"则是青年亚文化的一个显著特征。通过阅读,青少年和"80后"作者之间产生共鸣和交流,通过体会作品中孤独和忧伤的倾诉、玩世不恭和离经叛道的宣泄,这些青少年读者也在某种程度上获得了心理上的投射、疏导和安慰。在青少年已成为文化消费的主导力量的情境下,打造"80后"新一代自己的明星作家,正好投合了少年青春期"偶像崇拜"的心理。于是,各个文化集团为了他们的商业利益,充分利用大众传媒进行运作、包装、策划,不断有计划地制作并推出明星作为文化偶像。而一旦成为明星,也就意味着无数的鲜花、荣誉和财富,在市场经济语境下,文学生产的效益原则突显出来,随着不断的亮相和在读者中名望的上升,其自身的身价和转换成商业利润的资本也随之增加,文学生产的明星化自然成为一种以迅捷的方式获取最大利润的有效途径。所以,除了媒体和出版社的包装,作者自己对"明星路线"的认可也是重要因素,"在大众媒体时代,市场价值取代了文本自身的价值,而决定一个文本市场价值的是作家的形象和言说提供的快感。循此逻辑,由于任何作品的价值必须通过消费才能够实现,所以作家要成功就必须推销其作品,这种成功很大程度上由与媒体的接近程度和通过利用媒体所获得的文化资本的数量所决定。他们最关心的是如何在媒体上扩大自己的影响力,其目的就是社会关系的扩大再生产,而不是文化价值的再生产"①。既然是共谋关系,大众媒体就没有理由不以极大的热情着力以造星的路子开掘"80后"作者的市场潜力,将其知名度转化为市场号召力。

"明星化"的策略一方面促进了文学消费的成功实现,刺激了作品的生产和新的消费,使明星作者和出版商财源滚滚;另一方面,明星化

---

① 〔法〕德布雷:《教师,作家,名流》,转引自周宪《崎岖的思路》,湖北教育出版社2000年版,第89页。

对这些文学功底尚未打牢的"80后"作者也有着不可忽视的消极影响。"从文学自身来看,明星化向文学的不断侵蚀反映出文学精神内涵的日渐稀薄。当文学的意义变得越来越不重要时,作家的形象就成为被开发的资源。""明星崇拜浸透了文化产业的商品性和物质性,作家一旦被当做明星包装起来,就成为被抽空了内容的纯粹物化形象,在市场上具有最大的交换价值,最有影响的明星实际上是最完美的商品。"① 已经成名的"80后"作者们的荣耀和财富引起了无数青少年的羡慕与崇拜,他们当然也渴望自己通过出书而一举成名,于是出现了那个让人匪夷所思的"蔡小飞事件",一位喜欢写作而又急欲出名的高中生自编自导自演了一出可笑的闹剧,闹剧当然终究会被戳穿,然而闹剧背后那种为出名而绞尽脑汁,甚而有点不择手段的做法和价值追求,不是的确该让人们好好反省一下吗?

二、高产化

这是一个媒体无孔不入、操控一切的时代,这也是一个大众传播制造了无数奇迹的时代,而作家的高产化不过是又一个让人惊叹的奇迹而已。1998年上半年,海男出了《坦言》《带着面孔的人》《我们都是泥做的》《蝴蝶是怎样变成标本的》四部长篇小说;潘军在2000年一年间就出版了19本书。"德国文艺批评家霍尔斯特·吕特尔斯曾认为:以高科技手段支持的文化形态是一种'反审美或后审美文化',一种'视觉和听觉文化',一种消费文化;它消解崇高、消解意义、消解精神,摧毁传统文化(特别是严肃文学和高雅艺术)的审美规范,使文化从一种教化工具和审美形式,逐渐过渡为一种大众娱乐方式和消遣方式,使文化产品日益蜕变为'消费品',从而将一切文化行为和文化经验统统推入商品的洪流。"② 成为商品的文学作品就会像流水线上的产品一样被源源不断地制造出来。"毫无疑问,全面走向市场的中国当代社会必

---

① 贺绍俊:《大众文化影响下的当代文学现象》,《文艺研究》2005年第3期。
② 傅守祥:《世俗化的文化:中国大众文化发展的消费性取向》,《理论与创作》2005年第3期。

将急遽改变我国传统文学的生态环境和价值取向。质言之,文学作品的商品属性将得到前所未有的正视、重视乃至一段时间内过分的夸大与强调,大部分文学生产力将逐渐从政治辐射下走出而卷入经济轨道运作,其意识形态色彩会日渐淡化而商业气息将愈加浓厚。这不是谁喜欢不喜欢、情愿不情愿的事,这是时代的潮流。"①

可以说,"80后"一代是与生俱来便与市场经济和消费意识形态情投意合的一代。他们的成长与整个中国社会的现代化进程相伴随,从小就有机会享受现代物质文明的丰硕成果。消费对他们来说已不仅是生存需求,同时也是一种生活方式和精神需求。追求时尚、享受生活对他们来说是很自然的,他们从不讳言对财富的向往,尤其当整个社会的价值取向越来越把经济财富作为一种衡量标准时,过着富裕优雅的上层生活的"成功人士"就成为他们的人生榜样。同时,这代人从小便生活在考试和竞争的氛围中,"有没有用"是他们判断知识的标准,"能否找到好工作"是他们选择专业的初衷,在这代人身上,实用主义和功利主义正逐渐取代着理想主义。竞争是一种习惯,市场意识已成为他们的自觉意识。所以,"80后"作者一开始就不认为文学和市场是对立的,因为一方面他们实现了自我价值,一方面也获得了物质财富,使他们有可能过上他们向往已久的"成功人士"的生活。既然在大众消费主义文化的推动下,文学的商品属性得到了极大程度的体认,既然作品已成为巨大的利润符号,那么要想实现利润的最大化,就必须保证生产高效化。"80后"作者大多做到了这一点,比如张悦然自 2003 年 6 月出版《葵花走失在 1890》,到 2005 年 1 月出版《水仙已乘鲤鱼去》,一年半的时间里,共出版了 5 本书(还有《是你来检阅我的忧伤了吗》《红鞋》《十爱》),总计 85 万多字,还不包括几篇在期刊发表的作品。另外,苏德曾宣称自己的长篇小说《钢轨上的爱情》从构思到初稿完成,仅用了十天时间。而郭敬明坦言说他已不敢对外界公布自己的创作速度,因为速度之快简直有点匪夷所思,大多数人肯定不敢相信。这是最

---

① 朱向前:《1993:卷入市场以后的文学流变——从"王朔现象"说开去》,《当代文学研究资料与信息》1993 年第 2 期。

典型的三例高速创作,而其他"80后"作家也都不甘示弱,竭尽全力,马不停蹄。相信,"80后"作者创作的高产化、高效化足以让许多中老年作家惊叹不已、自叹弗如。他们那一年几万字的写作速度无疑显得有点磨磨蹭蹭,踏步不前。如果说"80后"的前辈作家们的高产化创作还只是个别现象的话,高产化则是"80后"作者们的普遍追求,这从"80后"的网络文学创作及图书市场上他们的新书的频频亮相就可见一斑。

对于高产化的写作,"80后"作者们一方面是自觉的追求,另一方面也是一种无奈的屈从。市场调节下的文学写作使内在的写作观念和写作姿态由传统的"文学化"向"市场化"转轨,精神产品的生产者的特殊地位和特殊身份也已不复存在,他们也不过是整个社会的生产——消费大系统中的一员。"80后"作者自身的市场意识,使他们一开始就能以开放的姿态拥抱"写作本身的市场化",他们很少会再把文学性、艺术性看作至高无上的价值准则,也很少抱着一种居高临下的优越感,对他们来说,写作只是一件普通的事情(决不是作为严肃的人生理想),抒发自我,宣泄情感甚至"稀释寂寞"也许更为重要,他们不求字字珠玑,但求付诸文字。而无奈的屈从是因为,在消费主义时代,文学的审美性会逐渐成为消费性的附庸,所有的作品都是一次性消费品,作为消费文化的文学创作是注定要被迅速遗忘的。消费文化的商业操作模式是"注意力经济",为了克服被遗忘的焦虑,为了不被淹没,只有不断推出新作,不断寻求"公开表达",才能吸引读者的注意,否则被读者遗忘就意味着被市场遗忘,被利益遗忘。当然,前辈作家们也同样面临着这种被遗忘的焦虑,但他们已拥有权威机构或文学批评所颁发的会随时转化为"市场资本"的"象征资本",而新一代的"80后"作者要想短期内占领市场,吸引尽可能多的读者,就必须不断制造市场热点。因而,在这个迅速地更新换代的空间里,"80后"作者们也就不得不只争朝夕地追逐着。

"高产本身并非坏事情,问题的关键是质量。海明威曾经谈到有许多办法可以把作家毁掉,而'第一是经济,他们挣钱……这就写坏

第四章　新概念作文与"80后"写作

了。不是有意写坏,是因为写得太快。'"①海明威先生的话虽不一定是放之四海而皆准的真理,但确实能给那些高产化的作家一些警醒和提示。文学创作毕竟是一项对创造性要求很高的活动,要想在创作道路上不断进步和提高,既需要深入探察和体悟人性的丰富与人的生存之境的多样,又需要长期的思考和反复的推敲。能够做到保质又保量的高效创作固然好,但事实上两全其美却很难做到,如果一味追求高产化,则很难避免写作中的自我重复、模仿和拼凑的弊病,长此以往,作品质量必将江河日下,作者也终有江郎才尽的那一天。

三、时尚化

作家莫言在为张悦然的《樱桃之远》所作的序中评价说:"在故事的框架上,可以看到西方艺术电影、港台言情小说、世界经典童话等的影响。在小说形象和场景上,可以看到日本动漫的清峻脱俗,简约纯粹;可以看到西方油画浓烈的色彩与雅静的光晕;时尚服饰的新潮的朴素与自由的品位;芭蕾舞优雅的造型和哥特式建筑惊悚的矗立。在小说语言上,她有流行歌曲的贴近和煽情,诗歌的意境和简洁,电影经典对白悠长的意蕴和广阔的心灵空间。"莫言确实有着非同一般的敏锐和洞察,他精确而详尽地指出了成长在这个喧嚣而嘈杂的时代中的"80后"作者所吸收的独特、纷繁而驳杂的写作资源,这里包含了艺术电影、言情小说、经典童话、日本动漫、时尚服饰等各种各样的时尚符号。

时尚"主要是特指受市场经济建设和物质生产领域的商品化影响而形成的一种大众生活和大众文化的商业化风气,这种商业化风气进而影响到文学领域,使文学这种精神生产活动也出现了一种类似的商业化倾向"②。前面提到的"80后"作者在广告宣传和营销策划中所显示的明星化倾向就是时尚化的一种表现,此外,"80后"作品的时尚化还主要表现在以下几个方面:

---

① 申霞艳:《消费时代的焦虑》,《文艺争鸣》2005年第1期。
② 於可训:《时尚:文学的双刃剑》,2003年1月21日《文艺报》。

一是作品作为一种特殊的商品所进行的时尚化包装。"把张悦然五本书放在一起,时尚的印象十分突出,尤其是2004年推出的四本书,虽然出自'春风文艺''上海译文''作家'三家出版社,但却不约而同地选择了封面黑底托红的色调,其中作者大幅艺术靓照、文中插图和图片、图书装帧和版式均有强烈的现代时尚色彩。像《红鞋》《是你来检阅我的忧伤了吗》更是当下流行的图文小说。上海译文出版社更是精心策划包装,并带有自我炫耀地宣布:'本书是张悦然的最新图文集……优秀而奇特,是当下最时尚最高贵的文字类型,配有多幅华美的照片,诠释诗一般美轮美奂的意境,人如其文,文如其人,相得益彰。'(见《是你来检阅我的忧伤了吗》扉页)"此外,韩寒、郭敬明、春树的作品中同样有多幅类似个人写真的照片,而文本中带有插图和图片则是很多"80后"作品的共通之处,《幻城》中配有如梦似幻、长发翩跹的日本动漫人物画,苏德的《钢轨上的爱情》每章开始都配有一张与作品中的叙事地点相关的摄影图片,《长安乱》中每页的文字只占三分之二,另三分之一是古色古香的黑白山水风景画或人情世俗画。

二是作品的故事架构,戏剧性的情节安排也具有许多时尚化的元素。以张悦然的《水仙已乘鲤鱼去》为例,作品以璟为主人公,叙述了她历经坎坷、千回百折的成长经历。错误的巧合,悲剧性的错过,一个一个接踵而至。璟的母亲曼是一位酷爱舞蹈的演员,在极不情愿的情况下被迫怀孕并生下了璟,而后在事业上一落千丈,使她把所有怨气都发泄在了女儿身上。于是,从璟小时候开始,母女俩便形同路人,有时甚至视若仇敌,故事套用了一个典型的"仇母——恋父(继父)"模式,其中还有灰姑娘变公主的模式。故事中的人物也无不带有时尚读物中主人公的影子:曼美艳妖娆,对女儿冷漠刻薄;陆逸寒气质儒雅,超凡脱俗,温柔细心,疼爱子女;小卓体弱多病,心地善良无瑕;还有那为爱疯狂的丛薇,卑鄙地窃取别人书稿的富家小姐林妙仪,本想坑蒙拐骗后却良心发现的小颜等。所有这些情节和人物性格都很容易让我们想起伴随我们长大的琼瑶阿姨。苏德的《钢轨上的爱情》犹如韩剧《蓝色生死恋》的翻版,眉和郁不是兄妹却被当作兄妹抚养成人,两人之间的情感不被社会世俗所容,然而两人却又没法完全割舍和放弃。其中还穿插了周乾对郁的同性恋情感,许或对郁的爱恨交织,小说给人的总体感觉就是一本时尚情感读物。而李傻傻的《红×》和小饭的《蚂蚁》的故事也是由青春叛逆、情感纠葛、血腥暴力的内容架构而成。

三是从作品内容的细节描写上看,大众生活、大众文化时尚的影响无处不在。叛逆的青春色调、自我张扬的个性原则,调侃、戏谑、嘲讽的游戏心态是目前文学作品的时尚性旨趣。同时,崇尚消费、消闲、时尚和前卫的社会生活细节、文化事项、人物活动场景也大量充斥于"80后"作品中。如春树笔下的五光十色的酒吧、迪厅、摇滚乐和朋克精神;郭敬明笔下各种各样的音乐CD,人物的"准白领"生活;张悦然文本中氤氲着的忧伤情调、小资情结,对服装、食品的细致描绘所体现出的或多或少的"恋物癖";等等。这里有各种各样走马灯式的场景,支离破碎的人物,浮光掠影的造型。

四是阅读的时尚化倾向。朱大可在描述余秋雨的《文化苦旅》被时尚化的事实时说:"某妓女的手袋里有三件物品:口红、避孕套和《文化苦旅》。"此描述虽有失刻薄但也算一针见血。当出版商和媒体把这些"80后"作者装扮成明星的时候,一大批青少年读者便成了他们忠实的粉丝。青少年有追新求异的特点,谁也不甘心被讥笑为落伍、不够时尚。某些文化产品、畅销书刊、流行杂志早已成为时尚的一部分。从"80后"作品的超高量销售情况来看,阅读这些作品早已成为青少年当中的文化时尚。很少有青少年不知道《三重门》和《幻城》,而孙睿的《草样年华》、颜歌的《关河》等作品也有超高的网上点击率。当然,在将阅读"80后"作品导向一种时尚行为的过程当中,大众传媒也起了不可忽视的巨大作用。在这个时代,我们毕竟面临着古今中外、五花八门、浩如烟海的文学名著、人物传记、科普读物等,就文学而言,近几年引人好奇的就有什么"妓女文学"(九丹的《乌鸦》)、美女作家、美男作家、残酷青春文学,我们有了选择的自由,却产生了选择的困难和疑惑。这时,"强大的现代大众传媒系统以及背后操纵传媒工具的文化商人起着引导人们视听的作用,把选择的焦虑化为明晰的欲望对象。美国文化学家杰姆逊认为现代社会是一个'他人引导'的社会,实质是'整一性',个体不必再有独立的判断标准和价值体系,只需遵从'他人',

主要指大众传媒的指引便可以了。西方的法兰克福学派也认为我们正置身于一个被'媒体操纵'的时代,在被操纵的过程中,我们不知不觉地丧失了自我的真实世界"①。大众传媒具有一种隐性的强制性支配力量,它使个人在不知不觉中就被剥夺了自我选择的自由,控制和规范着文化消费者的需要。铺天盖地的广告、宣传和炒作在潜移默化中引导也规定着青少年的阅读选择。而培养和引导一种新的阅读时尚,则是出版商在竞争中获胜的秘诀,于是他们在制造时尚的过程中更加地不遗余力。

  对于"80后"作品的时尚化倾向,我们需要采用一分为二的观点来对待。由于大众消费文化的迅速崛起和扩张,"80后"文学已使文学的商业化几乎达到登峰造极的地步。对文学产品这种特殊商品进行适度的包装,以利于文学产品的销售和流通是一种无可厚非的行为,也是商品经济社会发展中的不可逆转的潮流。但在追求最大利润的利益驱动下,包装往往名不副实,华丽绚烂的外表掩盖的是内容上的空洞无物和精神及艺术上的苍白萎缩,夸张泛滥的包装和炒作很容易引诱读者尤其是一些青少年读者进入不良的选择和阅读误区。而"80后"作品内容的时尚化,一方面可使读者紧跟社会、文化发展的步伐,真切感知原生态的大众日常生活,触摸时代前卫性先锋性的时尚脉搏;另一方面,过分细致描述和渲染时尚化的生活细节与琐事也会导致作品缓慢拖沓,叙事啰唆絮叨以及精神建构作用的衰退。而他们欣赏前卫、追逐时尚的姿态有时暴露的恰恰是人格结构的不稳定和不成熟所带来的精神焦虑,一种趋时附势、价值多元而又缺乏精神操守的创作只会逐渐走向欲望化、平面化的媚俗写作。时尚的符号是"某种文化的虚幻参与,这是一种导致了物品亚文化的文化适应美学",它的负面影响在于:一方面"媚俗有一种独特的价值贫乏",而"与'美'并不相干",是"工业备份、平民化导致的消费社会的大众文化"的产物;另一方面,媚俗又是一种失去原创精神的"模拟美学",它将不同人的思想认同为同一种观念模式,因而媚俗的艺术品只能成为一个身份和地位的矫情

---

① 黄会林主编:《当代中国大众文化研究》,北京师范大学出版社2000年版,第326页。

第四章 新概念作文与"80后"写作

的符码。① 所以,如果过分地、一味地媚俗,就会使文化产品的品位降格,也就是说商品的质量降低,那么最后即使在世俗层面,它们同样也只能被淘汰。

第四节 《十少年作家批判书》及其他

关注"80后"文学现象,就不能不关注"80后"作者的作品。然而到目前为止,就一部作品进行文本批评的文章可说是寥寥无几,散见于各文学批评期刊的批评文章也多是文化现象的阐释和文本批评的结合。2004年年底,中国戏剧出版社出版了《十少年作家批判书》,收录了22篇对当前十位鼎鼎大名、风头正盛的"80后"作者的批评文章。"我们的批评要的不是谩骂,不是指责,也不是诋毁,更不是肉麻地吹捧(批评也不应该成为变相的吹捧)。我们要的是为青春正名,要的是让大家能更理性地看待这场写作盛宴。"②无论如何,这部文集确实在一定程度上填补了"80后"作者作品批评的空白,但其中所存在的诸多缺点和弊端也是显而易见的。

一段时间以来,有些评论者一直呼吁"80后"应该有自己的批评家,于是这批自诩为"80后"的批评家们便审时度势、迫不及待地闪亮登场了。这确实是一部"80后"评"80后"的文集,批评者们都是文学青年,热爱文字,发表过文章,有的已出版小说、散文集等。从文章中可以感到他们都具有良好的文字功底,进行过大量的阅读,具有广博的知识。但我认为,文学创作和文学批评在本质上是截然不同的,因而在写作路数上也不可相提并论。读完这本文集,总的感觉是一批才华横溢的"80后"作者写了一批文采飞扬、不乏旁征博引而又情真意切的长篇读后感。写批评文章毕竟不是如创作一样情感可以任意抒发和宣泄,它讲究的是要具有学术性和学理性,是要观点鲜明、材料丰实,是要论

---

① 〔法〕让·鲍德里亚:《消费社会》,刘成富、全志钢译,南京大学出版社2000年版,第112—116页。

② 黄浩、马政主编:《十少年作家批判书》,中国戏剧出版社2004年11月版,第225页。

证有理有据、有力有节。而这些"80后"的批评者尽管思维敏捷、逻辑清晰、语言犀利,文章让人读了之后也有一种淋漓尽致的感觉,但却缺乏作为批评的应有的冷静客观和理性清醒。此外,《十少年作家批判书》或多或少地承袭了《十作家批判书》的风格,有一种不管不顾的嬉笑怒骂,甚至有过之而无不及。如称胡坚是"王小波门下走狗";认为李傻傻的诗狗屁不如,《红 x》中三分之一强的段落都是滥竽充数的狗屎段落;说什么扒了"80后实力派"的皮就认清了小饭;把郭敬明叫作"文学王国里的小太监"。除了对"80后"作者的或幽默或精致或细腻或流畅的文字的肯定外,对作品的其他方面几乎都作了毫不留情的全盘否定。这种用词尖锐甚至刻薄、不无偏激又有些情绪化的批评方式一向是为严肃认真的主流批评界所诟病和拒绝的。由于这种典型的"酷评"风格多少让人感觉到一种无所顾忌的游戏心态,尽管这些批评者们一再声称他们对批评所抱有的虔诚态度,但仍免不了让人怀疑他们不自觉流露的哗众取宠的姿态和自我炒作之嫌。"对大众传媒要求的通俗活泼的语言方式的顺应,可能导致文学批评在产生快感的同时将快感作为目的,而未能将其作为接近和通往批评对象并生产出意义的途径。在这种情况下,文学批评可能成为即时消费、即用即弃的别一种'创作'。"[①]

当然不必讳言,这批"80后"的批评者们确实具有一定敏锐的洞察力,他们往往能一针见血地指出这些作品中的诸多模仿痕迹。如李傻傻的《红 x》模仿宁肯的《蒙面之城》,孙睿的《草样年华》模仿石康的《晃晃悠悠》,胡坚的《乱世岳飞》模仿王小波的《红拂夜奔》。他们还能简明扼要地点出作品中的畅销元素,如逃学、早恋、青春的迷茫、上网、泡吧、组建乐队、玩摇滚等以说明作品有广大阅读群体的原因。但这些批评却又大多蜻蜓点水般地点到为止,总的说来只是现象或问题的总结描述和概括归纳,既没有深层原因的探究也没有现象背后的必然性的分析。在具体论述中,该书也有不少真知灼见。如认为"小饭

---

① 陈霖:《文学空间的裂变与转型——大众传播与20世纪90年代中国大陆文学》,安徽大学出版社2004年版,第96页。

第四章　新概念作文与"80后"写作

在2002年之后的小说……主题及形式和作者本人经验完全脱节,小说成为另一种意义上的技巧和游戏"①;如在对蒋峰的批判中说:"一部杰出的作品,它的完美的形式来自于他的精神世界的与众不同,来自于他和他人不一样的生活方式和观察角度,来自于他对自我的真诚。故,对于一个作者来说,首要的不是形式,而是已经包含了形式的可能性的精神。但在蒋峰的《维以不永伤》中,我们看到了许多和大师们似曾相识的技巧运用,却看不到蒋峰的独具特色的精神和理念。"②总之,这部《十少年作家批判书》的出版一方面适逢其时,在一定程度上填补了对"80后"作者作品的解读和批评的空白,具有不可抹杀的价值和意义;另一方面,由于对当下"80后"文学现象的过分贴近而缺少一种审视的距离,所以没有沉淀之后的高屋建瓴,其不可避免的缺陷和弊病也是没法忽视与遮蔽的。

卡西尔认为:"人被宣称为应当是不断探究他自身的存在物——一个在他生存的每时每刻都必须审问和审视他的生存状态的存在物。人类生活的真正价值,恰恰就在于这种审视中,存在于对这种人类生活的批判态度中。"③昆德拉在《小说的艺术》中也曾谈道:"存在并不是已经发生的,存在是人的可能的场所,是一切人可以成为,一切人所能够的。"小说的使命在于"通过想象出的人物对存在进行深思"④。而"80后"作品中缺乏的正是这种对人类存在境遇的冷静审视和深刻批判。成长环境的优越和人生阅历的不足,使这批"80后"写作主体大多缺乏必要的痛苦经验和清醒的理性反刍,加之历史记忆的先天不足和文学神圣性、责任性瓦解的后天不良熏染,使这些"80后"作品体现出了一些共同的缺陷:缺乏深度的社会体验,缺乏博大的人生人性关怀,他们大多只关注形而下的日常生活,而无力探讨萨特式的生存苦恼,作品只能还原生活,而无法揭示生活。的确,文学无法拒绝和规避社会现实,尤其在一个物欲横流、金钱至上的社会中,但是文学有责任赋予现

---

① 黄浩、马政主编:《十少年作家批判书》,中国戏剧出版社2004年版,第146页。
② 同上书,第167页。
③ 〔德〕卡西尔:《人论》,甘阳译,上海译文出版社1985年版,第8页。
④ 〔法〕米兰·昆德拉:《小说的艺术》,孟湄译,三联书店1992年版,第42页。

实生活一种意义,一种既"入乎其内又出乎其外"的超越性意义。如果说,"80后"创作的中篇因为细节描述的精致、结构安排的紧凑、叙述技巧的运用和一定思想精神内涵的表达,使得这些作品还有一些让人称道的地方的话,那么长篇小说则几乎乏善可陈。单薄贫弱的意蕴根本支撑不起一个长篇的架构和应有的厚重,小说格局显得狭窄逼仄,缺少大气和浑厚;过于华丽恣肆的语言使小说的某些段落游离于叙事之外,成为单纯的文字堆砌;过于刻意和巧合的情节安排,使人感到一种生硬的斧凿痕迹。要想克服这些在长篇写作中的青涩和不成熟的毛病,不是一时半刻能够做到的,显然还需要长时间的历练和积累。

白烨先生曾提醒"80后"的写作者说:"在现在这个年代,出几本书并不困难,成一点小名也比较容易,但这并不等于文坛的认可和文学上的成功。要取得文坛的认可和文学上的成功,需要在艺术和人生的结合上有个性又有分量的作品,并在文坛内外造成广泛的影响,甚至要与商业化写作拉开距离。""'80后'都会遇到事关重大的共同性的问题,那就是他们生活和写作于一个越来越商业化和媒体化的社会文化环境,要警惕市场化的左右和时尚化的影响。要耐得住寂寞,抵得住诱惑,让自己的文学理想在相对纯净的天地里徜徉。"①

"80后"成长的社会文化环境既给他们带来了无上的荣耀和丰厚的经济利益,又像一个充满利诱和阴谋的陷阱,对他们的创作生命力和文学理想的坚守进行着严酷而持久的考验。文学的市场化、消费化和时尚化的趋势既可在文学道路上为"80后"助一臂之力,又可能让他们过早地透支才华而江郎才尽。我们既要宽容和理解那些一心一意贴近市场、把书写文字当作一种赚钱牟利的方式的写作者,毕竟"卖文为生"天经地义,又要严格要求那些坚守文学理想的写作者,鼓励他们保持一种宁静平和的心态,并不断学习积累提高。年轻时便功成名就固然好,但需看到古今中外历史上中年成名的学者文豪也大有人在,如苏洵就是大器晚成,钱锺书也是中年著书。总之欲速则不达,切不可急功

---

① 白烨:《新的群体新的气息》,何睿、刘一寒主编《我们,我们:80后的盛宴》序,中国文联出版社2004年版,第4页。

近利。随着时代发展的日新月异,文坛上的更新换代也会越来越快,过不了多长时间,"90后"一代也会踏着上一代的足迹风起云涌地冲进文坛,那时候"80后"的相对沉寂也许会是这些尚未完全成熟的"80后"作者们的绝好的休养生息的时机。大浪淘沙,最后留下的必将是熠熠发光的金子。

而对于我们这些文学研究者来说,也要意识到:"文化研究的方法将是一种姿态和立场,不断的辩证和颠覆是对任何一种文化话语霸权和建制化倾向的高度警惕,批评文本同创作文本一样是'敞开的文本'(海德格尔),观察和分析永远是'在路上'、未完成的,它们或许只是'现实生活的渐近线',永远不可能接触到那'真相'。但思想在立体的空间中不断地运动和冲撞,哪怕最终结果可能还是折返回'源始',那也将表明我们从来未曾恭顺和安详地接受被建制所委派的'自由选择'和'自我定位'。"[①]的确,理解不是一次性的事件,而是一个不断演变发展的过程,面对"80后"一代作者未来发展的无限可能性,我们的任务便是不断地去挖掘和阐释,因为意义的发现注定是一个无限的过程。

(杜　聪　董　雪)

[①] 戴锦华主编:《书写文化英雄——世纪之交的文化研究》,江苏人民出版社2000年版,第165页。

第五章 《百家讲坛》与"国学热"的反思

第一节 《百家讲坛》与学术大众化

近些年来,随着中国政治经济在世界范围内的崛起,国人也越来越找到了民族自信,一个鲜明的体现就是传统文化的复归。有人将这种现象称为"文化保守主义抬头"。所谓文化保守主义指的是一种保存自我传统或民族文化的主张,是对过去遗留下来的传统和制度的继承与采纳。其中2004年被视为文化保守主义在中国高调抬头的一年,这一年文化界发生了许多具有重大意义的事件,比如读经之争、《甲申文化宣言》《百家讲坛》"横空出世"等。其实说《百家讲坛》在2004年"横空出世"并不确切,因为它早在2001年就已在中央电视台"科学·教育"频道(CCTV—10)开播。但是从其诞生起,收视率就一直非常低,甚至曾濒临淘汰,直到2004年,《百家讲坛》经过全新改版之后,一跃成为收视率名列前茅的栏目,可谓获得了新生。随着《百家讲坛》收视率的节节攀升,它的影响也在不断扩大,不但一些经典讲座如"揭秘《红楼》""品读《三国》""《论语》心得"等受到亿万观众的喜爱,更是造就了易中天、王立群、于丹等诸多"学术明星",还引发了新的三国热、红学热,甚至是整体的国学热。从最初的生存地位岌岌可危,到一跃成为收视率的龙头老大,《百家讲坛》走出了一条独特的成功之路,并深刻地影响和改变了整个文化市场。

从表面上看,《百家讲坛》的成功源于节目定位的改变,从开播之初的"建构时代常识、享受智慧人生"到改版后的"让专家学者为百姓服务",定位明显向大众倾斜,与此同时,节目的选题也有了很大变化。《百家讲坛》在开播之初,自然科学、经济管理、时政话题甚至养生保健等内容可谓无所不包,经过数次改版之后,选题逐渐向历史探秘和文学

第五章 《百家讲坛》与"国学热"的反思

经典类集中。有人曾做过统计:"2003 年 9 月 15 日到 2004 年 9 月的 210 期节目中,仅有 15 期历史探秘类节目,比例为 7.1%,此后的 270 期节目中,此类别的节目为 106 期,比例大幅提升到 39.3%,文学经典类也从 23.3% 提升到 33%,两类合计占到 72.3%;与此相反的是,自然科学类的比例大幅下降,从 24.8% 跌为 2.2%,其他类节目从19.5% 下降为 2.6%。"①这种改版抓住了时代的脉搏和观众的需要。众所周知,在中国文化传统中有着一脉很发达的史传文化,在没有普适性宗教信仰的中国,人们对历史有着一种特殊的情感和迷恋。历史承担着大到总结天下兴亡之道、小到个人道德教化的职责,可以说历史构成了国人道德准则、是非观念的基准。同时这几年古装戏的热播,也极大地撩拨了观众的好奇心,因而《百家讲坛》以文学经典和历史探秘作为栏目关注的焦点,势必会吸引观众的眼球。

但从深层次的角度考量,《百家讲坛》的出现及成功,不妨可看作转型时期中国精英文化与大众文化开始由对抗转向对话,即所谓的"雅俗"对抗开始转向"雅俗"对话的一个标志性的事件。大家知道,20世纪八九十年代以来,精英文化与大众文化之间的关系一直是比较紧张的。前者对后者的排拒和贬抑似乎已成常态。包括 90 年代初那场颇具声势的"人文精神"大讨论,所持的基本也是这样一种文化态度。《百家讲坛》播出《刘心武揭密〈红楼梦〉》《易中天品三国》以及于丹的新解《论语》后,知识分子对大众文化"一言堂"的情况似乎出现了松动。以刘心武的揭密《红楼梦》为例,正如《百家讲坛》编导孟庆吉所说,刘心武之所以被大家关注,是因为太多红学家"躲在书斋里做学问,感觉有些清高"②。刘心武称自己是"平民红学家",他之所以如此"揭秘",是为了藉此打破红学家的"垄断权"。而面对刘心武这样的解读,中国《红楼梦》学会副会长蔡义江尽管有自己的保留,但也不无感叹地说:"年轻人会对我们有看法,比如我们守旧、太正统,红学家的东西过于枯燥,离大家太远……大家会觉得红学家说起红学研究来都太

---

① 任中峰、彭薇:《〈百家讲坛〉的"雅俗"变革》,《传媒》2006 年第 3 期。
② 万卫:《"刘旋风"现象与〈红楼梦〉"密码"》,《新世纪周刊》2005 年第 42 期。

刻板，缺乏趣味性。这也是对的，我们应该改正。一直以来，我们可以考证很多东西，可以把研究做得很清楚，但是讲给人家听的时候，应该学会浅显易懂。"①这种现象的出现，与近一二十年来精英文学逐渐边缘化、大众文化领跑市场是一脉相承的。事实上，《百家讲坛》的成功就是以大众文化的崛起为依托的。

从大众文化的流变历程和发展形态来看，其大概包含两种含义："一个是指工业社会中的'大众文化'（Mass Culture），一个是指前工业社会中的民间文化（Folk Culture）。Popular 一词本身有着'民间''大众''草根'的含义。但是随着工业社会的发展，大众文化（Popular Culture）向现代方向转型，其间来自民众自身的因素越来越少，而日益成为与大工业标准化生产方式紧密结合的、以获取利益为惟一动机的消费性商品文化。"②根据这种特性，王一川给"大众文化"下了一个明确的定义：大众文化是以大众传播媒介（机械媒介和电子媒介）为手段，按商品市场规律去运作的，旨在使大量普通市民获得感性愉悦的日常文化形态。③ 参照这个定义，《百家讲坛》以电视和网络为传播媒介，以大众的喜恶为导向定位，以收视率为衡量标准，其火爆完全可以被视为一个大众文化现象。而其之所以受到大众的普遍认同，还在于它规避了政治意识形态的论争，由神圣高雅的象牙之塔走向了大众的日常生活。"在大众文化中，也许正因为缺乏创新、反叛的意识，所以一切文化的历史沉淀都简单而明白地、甚至是无意识地存在着。比如说，对人的生命的肯定、幸福快乐的追求、惩恶扬善的价值观等理念，依托于能够激发人的美学形式（节奏、情节、比例、色彩等要素）而让大众开心，而精英文化中故意被弄得那么晦涩艰深的东西，也被大众不屑一顾。可以设想，如果听任精英文化的霸权发展，那么人类文化最核心的部分早就沦丧了。"④这一点在《百家讲坛》由失败走向成功的转变中有着鲜

---

① 万卫：《"刘旋风"现象与〈红楼梦〉"密码"》，《新世纪周刊》2005 年第 42 期。
② 邵燕君：《倾斜的文学场——当代文学生产机制的市场化转型》，江苏人民出版社 2003 年版，第 187 页。
③ 王一川：《当代大众文化与中国大众文化学》，《艺术广角》2001 年第 2 期。
④ 黄力之：《大众文化批判的三大内在矛盾》，《文艺理论与批评》2005 年第 4 期。

第五章 《百家讲坛》与"国学热"的反思

明的体现。

《百家讲坛》开播之初,其选题主要集中在大学精品课程方面,不仅内容单调,而且形式也非常单一枯燥,只是把大学课堂简单地复制到电视荧屏上。但改版之后的《百家讲坛》开始将关注点从精英文化向大众文化转移,这可以从以下几个方面体现出来:

首先是以大众流行文化的口味来选择讲座的内容。刘心武、易中天、于丹等人的走红,除了基于他们的学养外,与他们讲座的内容也密不可分。无论是《红楼梦》还是《三国演义》乃至《论语》,在普通百姓中间都拥有大量的读者,可谓是中国传统文化在民间最普及而又具象的载体。数量众多的读者构成了潜在的收视群体,因此选择这些内容来做讲座本身就是对收视率的保证。与这些文本的经典性和普及性相并存的是,它们又具有一定的学术性和文化难度,普通大众对其可能仅是略知一二而难以深入了解,这种大众知识盲点的存在又为《百家讲坛》吸引观众的兴趣提供了保障。在此基础上,《百家讲坛》还对接受对象进行了准确定位:"该栏目制片人万卫曾说,'最开始节目对观众的定位是高端人群,后来我们逐步改在了初中文化水平。我说的初中文化水平不是指为初中毕业的知识层次的人服务,实际上,只要你跨出你所学习的学科,在其他学科你就是初中水平,比如你是学物理的,历史对你来讲就是初中水平。我们的节目就是要让所有这些跨学科的人都能听得懂。'这一受众定位也可以在该栏目 2004 年底对观众的一个市场调研中得到验证。调查结果显示,收看这个节目的观众,按教育程度划分,未受教育的观众占 3.37%,具有小学文化程度的观众占 15.03%,具有初中文化程度的观众占 44.27%,具有高中文化程度的观众占 27.94%,具有大学文化程度以上的观众占 9.39%。"[①]

其次,正是这种对受众的准确定位,决定了《百家讲坛》栏目内容的营构方式和叙事技巧,即故事化的讲述和对悬念的营造。作为一个电视讲坛,《百家讲坛》在形式上并没有太大创新,依然是以主讲人讲述、观众收看为结构方式,但其在讲述方法上却进行了很大创新。它一

---

① 刘敏:《"电视讲坛"的传播生态学思考》,《东南传播》2007 年第 7 期。

改过去课堂式的生硬说教,以故事化和戏剧性来营构讲座内容,比如最先拉动《百家讲坛》收视率大幅提高的阎崇年的《清十二帝疑案》,以一个"疑"字突出了讲座内容的悬疑色彩,极大地调动了观众的好奇心,于丹对此曾经评价道:"悬疑永远都是电视的基础卖点,我们看电视剧,最大的吸引就是命运的未卜,悬念链的生成。中国的文明,源头上就要消解疑案,把所有的悬疑、民间的戏说统统斥之为野史,在正统的文化或者在精英文化中,从来是对疑案嗤之以鼻。清十二帝疑案最大的成功,就在于把所有的戏说都摆出来,一一纠正,这就让我们似是而非的历史经验系统可以逐渐接近真相,如果从一开始就拿出一个教授的姿态去跟大家宣教的话,那么首先不是我们选择用什么样的方式去教育大众,而是大众用遥控器决定我们的生死存亡。所以我觉得对疑案的选择是这个系列最大的成功。把野史的很多资料有效嫁接到了正史里面,用这些资料去接近大家既有的经验系统,再用意料之外的正史的经验系统去给大家一种解读,这应该是大众传媒可以普泛借鉴的一个经验。"①

再次,与这种故事悬念化的营造相辅相成的则是通俗语言的运用。比如易中天在品读《三国》时经常使用的一些流行语:"孙郎就是孙帅哥,周郎就是周帅哥","诺,相当于现在的 OK","太子家令是个什么级别呢?算是一个中层干部"……用易中天自己的话来说就是对历史的一种"趣说":"在坚持真实的基础上强调表述方式的栩栩如生,为了达到这个境界,我会加进去一些无厘头的搞笑语言,有时无厘头是必要的,这就像烧菜得加胡椒、味精等调料一样,能极大调动观众的听讲兴趣。"②正是这种深入浅出的技巧,不仅使《百家讲坛》赢得了观众的喜爱,更让这些主讲人成为炙手可热的学术明星。

此外还充分利用当今流行的电脑技术对节目进行了包装,精心挑选有观众亲和力的学术明星,以及节目大众化但不落俗套等,诸多因素

---

① 刘江华:《百家讲坛热播 打通电视传播学术"肠梗阻"》,2005 年 4 月 5 日《北京青年报》。

② 《"流寇"易中天》,参见人民网 http://culture.people.com.cn/GB/46103/46106/4259436.html。

共同促进了《百家讲坛》的成功。

第二节 "国学热"的反思与《百家讲坛》的问题

《百家讲坛》的成功可谓一石激起千层浪,一时间热议四起,其中既有人对其大加褒扬,也有质疑否定之声。

黑格尔曾说存在即是合理的,《百家讲坛》能够获得成功并风靡大江南北,自然有其独到的过人之处。首先我们不能否认,《百家讲坛》的确在普及学术知识、传播传统文化以及政治宏大叙事向个人日常生活世界转向等方面作出了贡献。不论是对文学经典的解读还是对历史疑案的探秘,都是以中国的传统文化和历史为关注点及传播内容的,"可以使观众在对历史的回顾和文化的纵览中,潜移默化地受到文明的熏陶和感染。在这种民族文化的陶冶下所得到的心灵的启迪,必然会激起一种强烈的民族感情和爱国热情,从而实现传承民族精神的媒体责任"①。在此基础上《百家讲坛》又实现了学术的大众化,让历史和文化从学术的故纸堆中走出来,为其注入了鲜活的生命,焕发出新的生机。同时,又"以史为镜",让历史的经验教训成为指导当下人们生活的智慧,从而又凸显了文化历史的现实意义。北师大于丹教授在央视《百家讲坛》有关《论语》《庄子》阅读"心得"的讲述,在这方面就具有相当的代表性。

作为一位当红的学术明星,于丹对国学带有个人体验性质的解读,备受社会各方面的广泛关注。她既受到热捧,也遭到非议,有人还很不客气地指出于丹对《论语》《庄子》的解读让"孔子很着急,庄子很生气"。其实如果我们抛开从学术的角度去追究于丹讲座中的硬伤,而从文化的角度去看待她的"心得",就会发现一种长久以来在我们对经典的解读和研究中所忽略的东西。于丹自己曾经说过她并不是要从学术的角度去研究《论语》,而是把它作为一种"生活方式",用历史故事来阐明现实的处世之道。"如今的社会现实,没有内外战争,没有政治

---

① 万卫:《谈〈百家讲坛〉的定位》,《中国广播电视年鉴》2007年,第357页。

运动,却是近百年来社会变革最深刻的转型期。在这一切都在变的时期,并不是每个社会成员都能适应的,于是社会心理失衡成了一种通病,解决社会心病成了当务之急。在心理失衡的社会人群中,于丹通过讲述儒道经典'心得',推出'心灵鸡汤',确实是满足了大众的精神需要。"① 而且于丹还很聪明地抓住了《论语》和《庄子》这两部儒道经典,将儒家的伦理道德、入世精神与道家的个性观念、独立意识融汇在一起,很好地契合了当今中国社会发展中所亟需的精神要素,有助于人们在这个竞争日趋激烈的时代,保持积极良好的心态。

《百家讲坛》带来的"文化热"有目共睹,我们也肯定了它在普及学术知识、回归传统文化等方面的积极作用,但这并不等于说《百家讲坛》就不存在问题。事实上,在这种媒体文化繁荣的背后是有很多问题需要我们思索的。比如有人从三方面对《百家讲坛》进行了质疑:一是知识质量之惑。学术性和知识性是否确信不会误导受众?《百家讲坛》在序幕中出现的大量的名家其实没有如约而来。据内部消息称,很多名人不屑于这个讲坛,抑或是这个讲坛不适合很专业的东西。受众就是大多数老百姓,这个想必是自然的。所以名人自然没有太多的口水放在这个地方。二是书籍之惑。书籍的泛滥和质量的参差成为伴随而来的又一现象。大多数在百家讲坛吃得开的人都是讲着时尚的语言、有一定的人格魅力和口才的人。所以作为普及性的东西还行,但是真正成为出版物的话,则让人感觉有仓促的嫌疑。《百家讲坛》的热播带来了疯狂的购书狂潮,这固然是个好事情,民众需要对自己的文化有所认同,但是这些草草写就的东西是否值得大家仔细推敲?三是名人效应之惑。既然可以打造如此多的名人,那么这种名利双收的举动必然会吸引很多人,这种产业的质量自然也便让人感到担忧。很多人会趋之若鹜,毕竟这种已经被大众所认可的节目吸引着太多人的眼球,而稍不留神就可以赚个钵满盆满。② 因此透过《百家讲坛》所引发的文化

---

① 林东海:《转型期的文化心态——从于丹现象说起》,《悦读 mook》2008 年第 2 期。
② 刘鹏:《"文化热"的沉思——评〈百家讲坛〉》,中国选举与治理网 2007 年 3 月 9 日。http://www.chinaelections.org/newsinfo.asp?newsid=104316。

疯狂,我们需要思索的是这种由媒体制造的大众狂欢是真正意义上的文化繁荣还是仅仅是文化贫乏的另一种显现?

法国学者布尔迪厄曾经犀利地指出:"上电视的代价,就是要经受一种绝妙的审查,一种自主性的丧失,其原因是多种多样的,其中之一就是主题是强加的,交流的环境是强加的,特别是讲话的时间也是有限制的,种种限制的条件致使真正意义上的表达几乎不可能有。"① 这种限制在《百家讲坛》中有着鲜明的体现。为了最大限度地吸引观众的眼球,《百家讲坛》在讲座内容的设置上特别突出能够调动观众好奇心的内容。《明十七帝疑案》主讲人毛佩奇就曾坦承,他在准备"十七帝疑案"的时候,每一集都写了一万几千字的稿子,要讲一个半小时,但节目录制只能要四十分钟,因此需要从纷繁复杂的材料当中抽取最精华的,用最简单的语言来告诉老百姓。② 这样一种抽取和简化的结果是,讲座内容没有对重大历史事件的梳理,而重点强调对历史细节和人物性格的描摹。比如阎崇年讲光绪皇帝,就重点讲了他到底是病死的还是被害死的。《百家讲坛》一味投观众所好的内容设置,的确在营销战略上打了胜仗,但是我们也不难发现,这些东西除了趣味性之外,真正传授给人们的知识以及对人们思想的启迪是比较稀少的。

再从另一个角度来看,近些年来的"国学热"可以说是促生《百家讲坛》成功的文化背景,但《百家讲坛》的成功也反过来进一步为"国学热"加温,它们之间可以说是一种相辅相成的关系。因而《百家讲坛》实际上也为我们反思"国学热"提供了很好的案例。

首先人们对国学的认识存在偏误。当下一种普遍性的误读是将传统文化与国学等同起来,虽然对于国学的界定学术界一直莫衷一是,但无论是胡适的"国故说"还是钱宾四的"固有学术说"以及马一浮的"六艺之学说",都将国学框定在学术研究的范围内,与普通意义上的"传统文化"是有着很大区别的。"传统文化的内涵要宽泛得多,整个传统

---

① 〔法〕皮埃尔·布尔迪厄:《关于电视》,许钧译,辽宁教育出版社2000年版,第11页。
② 参见刘江华:《百家讲坛热播,打通电视传播学术"肠梗阻"》,2005年4月5日《北京青年报》。

社会的文化都可以叫做传统文化。一般把周秦以降直至清朝最后一个皇帝退位,也就是1911年辛亥革命之前,称作传统社会。而文化应该指一个民族的整体生活方式及其价值系统,因此广义地说,中国传统文化就是指中国传统社会中华民族的整体生活方式和价值系统,其精神学术层面,应该包括知识、信仰、艺术、宗教、哲学、法律、道德等等。国学则指的是中国固有的学术。我们在谈学理问题的时候,不应把国学和中国传统文化混淆起来或者等同起来……国学所包含的内涵只是中国传统文化的一部分,也就是它的学术部分……国学是一个领域的学问,它应该是学者长期致力培养研究的事情。"①胡适也曾明确指出国学是"研究一切过去的历史文化的学问"。"强调'传统的中国学问'或'中国的传统文化'只是国学之研究对象,其本身并非'国学'相当重要。如果缺乏这一条,只要是'传统'的,无论是什么文化什么学问,无论是应当汲取的精华还是应该抛弃的糟粕,都会重新被当做'国学'予以倡导。"②事实上,当下大多数人恰恰就是犯了把"传统"当作"国学"本身的错误。

第二,当前"国学热"的兴起是许多复杂因素综合作用的结果,其中的一个可能是国学在近百年中遭遇了太多的坎坷,从而获得了我们道义上的同情。对国学旗帜鲜明的大规模文化批判应是始于五四新文化运动,这在当时是历史和时代的要求,但不可否认它也存在矫枉过正的缺陷。五六十年代在"左倾"思想压制和文化打击下,国学作为"封资修"遭到了无情的批判和否定。"文化大革命"更是对国学进行了彻底的文化扫荡,用武器的批判代替批判的武器,用触及皮肉来触及灵魂,用痞子文化打击传统文化。八九十年代西方思潮的大规模涌入又从一个崭新的异向坐标上对国学进行了一次文化清算。现在,饱经沧桑、历尽坎坷的国学来到了新时期,要向民族、向历史讨说法,我们认为很应该,多难的国学就这样俘虏了我们脆弱的怜悯之心,获得了我们道义上的同情。振兴国学很可能是一个历史后坐力的反弹,也可能是一

---

① 刘梦溪:《大师与传统》,中国青年出版社2007年版,第5—6页。
② 宋志坚:《国学热三题》,《领导文萃》2009年第7期。

种历史的感觉误差。而在这"反弹"式的所谓"国学热"中,以电视为主载体的现代传媒发挥了推波助澜的重要作用。它通过大众喜闻乐见的方式,将昔日高深的国学普及和传播到广大的民众那里。因此,它所讲述的内容主旨和价值坐标尽管有不少值得推敲之处,但其经过文化整理的思维、思路、知识、智慧对民众的眼界和思维总还是一种营养,就总体而言是件好事,值得肯定。现在的问题是"国学热"在市场利益的驱动下被大众传媒和社会浮躁心理热过了,也简单化甚至庸俗化了,做了太多太随意的诠释,其负面效果不可小觑。[①]

第三,既然国学是关于"研究"的学问,那"就应当是有关学者的工作,而不是政府的行为,更不是全民的运动。然而,如今在继承传统文化旗帜之下,祭孔,业已成不少地方的政府行为,'全民皆儒'(或使崇儒成为一种全民的运动)的试点也正在逐步扩大。这只是一种形式主义,不是扎扎实实研究'传统的中国学问'以继承和弘扬中华民族优良传统文化应有的景象。既然是研究,就应当用审视的目光,而不是一味的推崇。然而,如今在张扬国学的背景之中,孔老夫子独占鳌头,又被当作圣人抬到吓人的高度。由他口述又由他的弟子记录整理的《论语》,又有点'句句是真理'以至于'一句顶一万句'的味道了"[②]。这种缺乏批判和反思的全盘吸纳、一味的尊孔崇儒不但不是对传统文化精粹的继承和发扬,反而是一种精神上的倒退,回想五四时期新文化运动的先驱们费尽周折"打倒"的"孔家店",如今又在文明、文化已完成了新跨越的历史阶段实现了"复辟",实在是可叹!

第四,"'国学'既然是对于中国传统文化或传统学问的研究,这就限制了'国学'只能'冷'——它需要冷静的思考——而不能热,包括形式的热与内容的热。如果连本该静下心来研究的有关学者也没有弄清楚中国传统学问或传统文化到底是怎么回事,如果连政府官员也根本不知道孔教或儒教到底是什么学问,却在那边像'袁世凯时代'那样地

---

① 肖云儒:《炒糊了的国学热》,参见华商网 http://www.hsw.cn/news/2007-07/17/content_6425063.htm。
② 宋志坚:《国学热三题》,《领导文萃》2009 年第 7 期。

去祭孔,'还新做了古怪的祭服,使奉祀的人们穿起来',或在那边搞所谓'全民皆儒'的试点,让村民每天'都用90度的鞠躬问候街坊邻居',这不仅是愚弄百姓,而且也是一种瞎折腾。"①

透过这种对"国学热"的反思,我们再回过头来看为"国学热"推波助澜的《百家讲坛》,就会发现其存在很多不足。有学者将其归结为"三多三少":

第一是道多器少。所谓道,主要是指道德教化、个人的道德修养等形而上的东西;所谓器,主要是指以科学技术、技艺、器物等为基础的形而下的东西。迄今为止,《百家讲坛》及相关的国学讲座,其选题上基本都集中在人文领域,对自然科学史、创造发明史和商业文化史很少涉及。其实,它们本是中国历史一直存在并贯穿始终的两条线,只是被中国文化固有的"重道轻器"传统埋没了。如商业文化,从《史记》"货殖列传"所载人物范蠡、白圭、桑弘羊,到近代晋商、徽商、浙商都可圈可点;科技文化则在中国文化传统中一直被忽视,甚至连最权威的中国科技史都是英国人李约瑟写的。2003年那场"非典"给我们最大的启示,就是不能疏忘或忽视民族的科学文化。这些年"历史文学热"与"讲史热"一样,基本未涉及科学文明、商业文明这两条线,这是不利于民众全面地认识、领略中国民族文化精神的。当然科学、技术、商业不同于政治、权谋、爱情,很难讲;但其中也有爱情、有命运、有社会冲突和各种人文思考。要发掘这些因素,将他们普及到大众,那意义不仅在于复活中华民族的科学文化历史线索,促进现代科学观念的普及,更可以引发思考:历代"重道轻器"是如何延缓了中国社会的发展,以警醒今人不再如此。

第二是术多学少。讲《三国》《史记》,必然讲政治人物、军事争斗,往往容易陷于具体政治事件和军事智慧的铺陈,而忽视理与情,少宏大文化理论的深度透析和人生感情心理活动的展示。因而容易出现权谋多于道义,智术多于人情的倾斜。《三国演义》本身的缺陷就是过重谋术,有"曹操谋多近诈,孔明智多近妖"之说,如果在讲史时再过于津津

---

① 宋志坚:《国学热三题》,《领导文萃》2009年第7期。

第五章 《百家讲坛》与"国学热"的反思

乐道于权谋智术,则无疑是对这一缺陷变本加厉的发扬。王立群在剖白他对《史记》的解读时曾说过,他并非爱讲权术,而是因为古代政治史就是帝王将相史。他的确说出了当下中国历史研究的事实,但却远不是中国历史本真的事实。历史是由人民群众和杰出人物共同创造的。恩格斯的平行四边形理论说,历史运动取决于社会各种力的平行四边形合力。一个人之所以杰出,是能从某个角度(包括正倒反各面)或不同程度上反映民众心理诉求。民众的诉求和行动很少被记载下来,这一直是我们历史学界的缺欠,有待完善。不能把不公平的记载作为历史事实,把书面的、典籍的存在当成历史最合理的存在。更不能把历史上官场政治斗争和当下社会的官本位意识、商场智术联系起来炒作。如若不然,则必定会出现把历史变成成功学、成功术来热销,把智慧的手段放在道德的目的之上的现象。如果将其单纯运用在市场营销学范畴内可能会获得成功,但若将其运用到历史文化学的研究领域却未必合适。冷静地观察当下的文化热,恐怕热"学"少而热"术"多。

　　第三是叙多思少。《百家讲坛》对所讲人物与事件,叙述、称赞多而学理反思、文化批判少。有人调侃它是学者说书,其意即此。我们的学者已经站在历史时代、认知水平和人类智慧的高峰,对既在的历史不能只是作史实性的重述再现,或只限于对具体史实的发现重构,要有新高度的反思。比如易中天说诸葛亮并不那么鞠躬尽瘁,他也像曹操一样擅权,斩马谡是为了平衡内部荆州、益州、东州集团,是很有道理的,但却是小道理。这只是对具体史实的一种新理解,而不是有深度的人文批判。老子说智慧出,有大伪。真正的大智是建立在大道即推动历史、改善民生之上的,除此则智慧便容易降为智术、诈术。所以古代有些有操守的知识分子常恐道德修养不够而不敢任高官,这是对民生社稷负责的态度。讲《三国》《史记》当然可以讲智术权谋,但不能因此而给听众造成一种错觉,似乎人生只是一场战争,人人应该战胜别人,为了胜利,一切暴力和阴谋诡计都变得理所当然。文化学者是人文知识分子,有引领社会思潮、提升民众理性的责任,不能仅仅是历史的叙说人。叙述淹没思考,谀语多于诤言,不仅不利于国学在科学轨道上的传播,也使作家学者匍匐在历史的脚下,成了历史人物的弄臣。[①] 面对历史我们既不应该仰视膜拜,也不应该鄙薄他们所无法超越的时代局限,而应采取多层平视的视角,去客观地展现他们的历史功绩与局限,去深沉地反思历史带给我们的警示与启迪。

基于上述理解,我们认为"国学热"要降温,还是回到它的常态为好。过分夸饰和过分贬抑,从根本上讲,都不利于它的发展。相应的,《百家讲坛》在对大众的引导上,也不能过于强调"国学"所能够给我们带来的"操作层面的效益",而是应该注重怎样将传统中以人为本、清醒务实的文化精髓与国学研究中沉厚冲和的精神气质发扬光大,并以此来平衡现代社会过于急功近利的浮躁之气,从而建构真正的和谐社会。

(董 雪)

[①] 以上三点参见刘慧:《肖云儒:国学的基本精神与现代社会南辕北辙》,2007 年 7 月 16 日《华商报》。

第六章 《沙家浜》与"红色经典"改编

第一节 从沪剧《芦荡火种》到京剧《沙家浜》

京剧样板戏《沙家浜》从一个艺术文本被改编为"红色革命经典",并进而演变为一种文化资源——文化"沙家浜",其间经历了复杂的过程;革命、精英和民间(时而为大众)叙事,它们相互缠绕又相互撕裂。此种情况令人感喟,也发人深思。尽管"红色革命经典"写作与民间话语和精英话语有一定的暧昧关系,但这种话语体系的建立因有政治"合法性"体制的保障,它从诞生的那天起,就意味着对民间话语的收编。特别是随着"红色革命经典"写作的成熟与自信以及人们对新中国的宏大想象,民间性的传奇叙事方式常因无法显示革命历史规定的本质和必然而遭批评。《沙家浜》的前身、沪剧《芦荡火种》就是在这样的情境下诞生并作了修改的。

沪剧《芦荡火种》的叙事关节点被确定在名为"茶馆老板"实为"地下党员"这一具有双重身份的人物形象上。正是由于此形象的参与才使得该剧具备了"传奇剧"模式,并且也使得该剧触到了"伪装(隐瞒身份)"模式的民间原型。"样板戏"似乎特别青睐这一民间模式:"伪装"的英雄在胜利的姿势中"亮相";"伪装"的坏人在稍稍"得寸"后,其奸计便被英雄识破,从此他们不再"进尺"。"伪装"模式与"道魔争斗"模式强强联袂,在展示传奇神采的同时,也把革命京剧送进了"善/恶"道德对立的民间传统藩篱。自沪剧到京剧《芦荡火种》,戏的结尾一直是"伪装"成戏班身份的战士依靠"茶馆老板娘"阿庆嫂的智慧混入敌巢瓮中捉鳖。但在 1964 年全国京剧现代戏观摩演出大会上,"传奇"被当作"正剧";依照毛泽东的指示,剧名要改为《沙家浜》,戏的结尾情节也是要"打进去";战士们抛弃"伪装"的戏班身份,以英雄的姿态奔袭、突破和聚歼。江青借题发挥道:"突出阿庆嫂？还是突出郭建光？是关系到突出哪条路线的大问题。"①

"伪装"的民间模式被涂上浓厚的政治油彩。1964年这一"讲述话语的时代"显然已经不再是革命语境中讲述"传奇"的时代，人们已经认识到，传奇色彩和惊险情节能使人觉得津津有味，但不一定能激起人们革命的感情，不一定能给人们以革命的思想教育。站在社会主义文化构想的立场，结尾的改写势在必然，这就意味着接近"时代思想水平"。北京印刷工人说:"这样，也就消除了原剧过分突出阿庆嫂个人作用的传奇色彩，把这个女英雄形象放在武装斗争和集体力量之中，塑造得更有现实意义和更鲜明了。"②"红色经典"写作需要的不是民间传奇功能，而是革命的教育功能。所以，阿庆嫂在戏的结尾面对胡传魁的疑惑，高呼:"我是中国共产党员！""地上英雄"体现着革命权力意志的属性，在告白的高度位置上彻底征服了"地下党员"，"伪装"这一民间模式在"武装斗争和集体力量"的政治性需求下被收编。这意味着主流在高度的位置上把体现"个体性"的故事组织进"群体性"故事中，让每个具体个人的存在都具有这个群体的意义，这样有利于"这个群体的抽象的共同本质的感性显现"。③

关于"茶馆老板"这一角色，上海沪剧团最初设定为男性。编导文牧在沪剧《芦荡火种》创作札记中谈道:"陈荣兰认为男角色太多，建议把茶馆老板改为老板娘。……谁知把老板改成老板娘，牵一发而动全身。"这一性别变更触到了民间话语体系中两种原型。其一，"一女三男"角色关系模型。由于阿庆嫂身份的双重性——政治符号/民间符号，陈思和便从民间文艺的角度做了详细的解释。④ 他指出，尽管《沙家浜》的结尾被改变，但不能改掉具有民间意味的"一女三男"角色关系模型；至此，民间意识牢牢控制了国家意识形态。接着，他又提到了另一有价值的观点:若要表达一种自由、情爱的向往，第三个男角，即正

---

① 戴嘉枋:《样板戏的风风雨雨》，知识出版社1995年版，第57页。
② 中国戏剧家协会编:《京剧〈沙家浜〉评论集》，中国戏剧出版社1965年版，第216页。
③ 潘知常:《反美学》，学林出版社1997年版，第240页。
④ 陈思和:《中国当代文学关键词十讲》，复旦大学出版社2002年版，第151—154页。

面的民间英雄会出现。这才是此种模型的真正属性——爱情母题中"一女三男"情爱纠葛的叙事模式。这彰显出民间叙事的坚韧性。其二,"女眷"角色——"婚俗"意象。无论是沪剧中,还是京剧《芦荡火种》里,阿庆嫂都身为新郎胡传葵(沪剧中,名为胡传奎)家的女眷。这一角色使得阿庆嫂在婚礼中掌握着事件进程的主动权。同时,战士们也"伪装"成戏班的身份进入了"婚俗"意象的构建过程之中,配合着阿庆嫂的行动。然而,到了《沙家浜》的结尾,阿庆嫂以及战士们的"伪装"身份被取消,"喜堂"被删掉,因为在"政治权力者"眼中,参加"婚礼"的主角与戏剧主角发生了严重错位。可以说《沙家浜》结尾的改动不单是为了消除"喜堂聚歼"这一场浓郁的民间传奇色彩,这里有着更深层次的认识。李希凡从"毛主席革命战略思想"入手,指出了问题的实质:这18个战士不应是戏剧冲突的配角,而应是参与一切斗争生活的主人。革命话语的拥有者只能是一个,而热闹的婚礼所造成的"众声喧哗"分割了革命话语的绝对权威,民间风俗又造成了革命真理权限边界的模糊性。因而,革命真理的掌握者必须对革命的环境氛围进行清理,这样革命的文化秩序才能获得统一性。

第二节　阶级语境与消费主义对改编的不同影响

自1962年起,"红色革命经典"经过政治权力机构与文化生产的熔炼,锻冶出"纯粹性标准"——"无产阶级的政治观念、意图"直接美学化为艺术作品。在阶级语境中,《沙家浜》里爱情、家族、成长母题所具有的私人性话语都要受到革命话语体系的高度检验和清理。然而,这种私人性话语蕴涵着人类的本能,抽象的革命话语必须借助具体的本能场景才能表现出来,这是革命和人性之间相互抵牾的永恒悖论。

"红色革命经典"中,革命男女之间的情感是无产阶级同志式的,而非带有男女自然性征的情欲:"一个带有男女自然性征的人具有反动的'资产阶级思想',因为'无产阶级性'是超自然的。"[1]因而,在样

---

[1] 李杨:《抗争宿命之路》,时代文艺出版社1993年版,第258页。

板戏中夫妻之情被消解净尽,爱情母题缺席了。这种缺席体现于两个方面:其一,革命家庭的破碎。早在沪剧里,阿庆嫂的丈夫就被创作者暂时"指派"到上海"跑单帮"。所以,阿庆嫂的家庭有其名而无其实,成了一个"空洞的能指"。其二,革命人物超人化。样板戏所反映的历史内容被抽象为一种"政治乌托邦想象",所以,在"主流政治权力"的控制中,具体人物与抽象理念之间的关系变成了客观的关系。无论是沪剧中,还是京剧里,男女革命者一律不谈爱情,他们被塑造为"高、大、全"的无产阶级英雄超人——象征性的符码。文本中阿庆嫂没有丝毫想念丈夫的心理活动,她的头脑中只能装满"十八棵青松"的身影。爱情母题在当时的社会、家庭与个人所组成的三维空间中被抽成"真空"。在"无产阶级审美意识"的烛照下,一切具象的人伦常情都被抽象成阶级感情。然而,知识精英在官方与民间之间显示出天生的"犹疑性",尽管爱情母题缺席,但他们借助民间话语体系为文本遗留下一个"一女三男"的情爱纠葛叙事模式。就是这个模式,在情爱严重匮乏的阶级岁月里,为民众留下了一份珍贵的"文化想象"。姚晓濛、胡可在其对话《电影:潜藏着意识形态的神话》中指出:"说穿了,'智斗'实际上是在看女人和男人调情。只不过是伪装得很巧妙的一种调情。"①尽管阿庆嫂处在两个男人中通过政治的伪装先弃胡传魁后选郭建光,但观众在一种视觉快感的冲击中从政治的伪装里找到了爱情的代偿。

　　家族母题在"阶级宝鉴"的正反照射下,呈现出"我/敌"两种截然不同的阶级类型。沪剧中,我方的家族母题通过"军民一家"的场景从"血缘家庭"转向"阶级集体"。"十八个队员一个娘""战士和群众骨肉亲"的政治寓意到了《沙家浜》里更被强化成"党群一体";第二场《转移》中,共产党保存了风雨飘摇中沙奶奶破碎的"家",并进而强化了"阶级集体"这一"所指"。家族母题在沙奶奶一家发生了"集体"化的演变。"血缘"关系被当作私有制的产物加以剪除,"阶级集体"成为理解这个世界的基本法则。50到60年代中期,官方从意识形态方面更是强化了这一法则。然而,这一母题并没有在《沙家浜》中彻底消

---

① 韩炜、陈晓云:《新中国电影史话》,浙江大学出版社2003年版,第141页。

第六章 《沙家浜》与"红色经典"改编

失,相反,在反动阶级刁德一一家那里获得了切实的表现。由于沪剧剧情本身的芜杂,京剧《芦荡火种》的改编者删掉了许多零枝碎叶,把活动在刁德一身边的狗腿子们重组成一个关键人物:他的堂弟刁小三。正是这一与刁德一有着血缘关系的人物促成了家族母题的雏形。在京剧《芦荡火种》向《沙家浜》的演变中,家族母题得到了丰富发展,如刁德一的"走出(留洋日本)/归来"基本叙事模式;子承父业(刁老财已死)、追求功名、兄弟关系(刁德一与刁小三沆瀣一气)、社交圈的强化等叙事情节;还有最重要的家族空间意象"刁家大院"。《沙家浜》的版本沿革中,不仅沙奶奶的家庭成员在减少,而且其死亡原因也由刁赖皮(后改为"刁老财")的残暴弱化为自然灾祸。这与其说是削弱地主阶级的凶残色彩,倒不如说是有意增加反动阶级的暴虐本性:反动阶级使得无产阶级贫穷而无立锥之地;"刁家大院"成了杀死后者的行刑场所。其实,这一母题的丰盈不能不说是与一部分知识精英的古典文化趣味相吻合。中国传统文化全部从家族观念上筑起,在时代变迁中,这种家族意识已沉淀为一种"集体无意识"。但这并不意味着在"除旧布新"的时代中知识精英为维护文化传统而跟主流秘密对抗,也不能作为知识精英具有独立人格的证据。在"根本任务论"与"三突出"的"文艺宪法"规约下,一切剧情必须为"合乎政治需求的英雄人物"让路。剧情中反动阶级越不可一世,结局时就越反衬出英雄的坚不可摧。知识精英的古典文化趣味在这一点上无意暗合了主流政治话语的现实意图。

《沙家浜》里,成长母题微不足道。"革命新文艺"的根本任务是"要努力塑造工农兵的英雄人物"。郭建光、阿庆嫂等一出场就是成熟型英雄人物,如果他们需要"引路人"的话,那不是具有个人色彩的诸葛亮式的"智者",而是"毛主席党中央",是"集体代表"。按文本写作常规来说,作为年轻一代,沙四龙(沪剧中名为"沙七龙")应是成长型人物的一员,但成长只能限定在集体话语中,所以,《沙家浜》的改编者要删掉他"智斗天子龙"这一个人性传奇场景。如果说革命语境中沙七龙(沪剧)的少年锐气还可以在正面的民间叙事里留存,那么在阶级语境里,这种私人性话语只存在于沙奶奶的片言讲述中。沙四龙被刁老财诬陷而坐牢房,自从被新四军救出后,他就在剧情中被派定为一个

"成长过程停滞"的人物了。这是政治权力与文化生产共同合作的结果。因而,沪剧里成长母题中关于"引路人"原型、"接受教育(参军)"等在版本沿革中被删掉了。沙四龙的年龄也一变再变,他从蹦蹦跳跳的少年变为 20 岁的青年,再变为 16 岁的少年,其目的是要削弱他在文本中"传奇小英雄"的形象,因为革命话语体系遵循着"三突出"的英雄准则。成长母题的关键点本是"人在历史中成长"(巴赫金语),可在"文革"文学中,历史被定性为凝固的阶级,成长也被定性为"以无产阶级的立场认清反动资产阶级的本质"。

20 世纪 90 年代之后,中国社会进入到"一个以消费为主导的,由大众传媒支配的,以实用精神为价值取向的,多元话语构成的新的文化时代"①。在消费语境中,"样板戏"的历史内容与形式之间的关系被割裂,人们在调侃它的政治内容的同时,又迷恋着它的形式;其政治教育功能也变为消费快感功能。"红色经典"写作遭到解构,革命叙事也因之被瓦解。样板戏想极力摆脱叙事的"文革"逻辑,反而被裹挟在文化商品的流通之中身不由己地走到了另一个极端——"商业"逻辑。如果说样板戏是政治权力与文化生产共同炮制的结果,那么,红色消费应是商业文化生产与大众消费心理联手复制的产品。正是在这种语境里,《沙家浜》的小说改写本和电视剧的戏说本诞生了。

2003 年初,薛荣的小说《沙家浜》被批判者宣称为不合理不合法。可作者在谈到创作缘起时说:"京剧《沙家浜》给我的总体感受就是一个女人与三个男人的关系。在以前的创作中,这种关系表现为严肃关系,而在现实生活中,只有这种关系是不正常的,还应该有夫妻关系以及另外的人性化的关系。因此,能不能将他们可能存在的这些人性化的关系虚构出来,进行新的创作。我想在小说创作上我是有这个自由的,因此就写了。"②可见,他是以"人性"的视角来解构革命话语体系中"一女三男"的政治寓意的。作者以幽怨的语气帮助一个自卑的小人物寻找着自尊。这契合了当前社会中部分人的人生遭际,也是小说的

---

① 洪子诚:《当代文学研究》,北京出版社 2001 年版,第 123 页。
② 甘险峰:《新编小说〈沙家浜〉引起争议》,2003 年 2 月 27 日《深圳商报》。

第六章 《沙家浜》与"红色经典"改编

价值所在。阿庆真正赢得自尊的描写有两处:一是阿庆在丑情人翠花那里,像个大老爷们;另一则是阿庆临送死时躺在棺材里判断奔丧的亲友所随礼份多少的时刻。虽然阿庆的"活乌龟"形象常遭大伙儿的讥嘲,可在场面上大家还是很敬重他,所以送的丧礼都挺大方,这使他感到欣慰。然而,这份可怜的自尊无法帮助阿庆在"一女三男"的结构模型里生存,无论是外表,还是智力,他都无法与另外两个男人相比,因此只能被逐出圈外。

阿庆嫂,一个茶馆里的怨妇;郭建光,一个无计可施的英俊儒生;而胡传魁,一个粗豪狡黠的匪霸;这三个人组合成中国传统文学中最俗烂的角色关系模型。此外,小说还披上"轰炸日本鬼子炮楼"这一有惊无险的情节外衣,再调和一点"情欲"的颜料,然后以"大众文化"的身姿粉墨登场。尽管作者以精英的口吻为小说《沙家浜》极力辩护,但它仍旧遭到了众多读者的炮轰,这与其说是由于"随意伤害历史人物形象在大众情感中所积淀起来的价值取向"①,倒不如说是由于精英与大众文化杂交失败的缘故。在"一女三男"结构模型中,小说在显性层面采用大众视角,而在隐性层面美其名曰采用精英视角:以"情欲"观解构"革命"观。其实这是被大众文化装扮而成的"伪精英"视角,古典的"才子佳人"模式得到变相的复苏,解构的意义被悬置。这暴露了作者的商业动机:借用民间母题和人物、自然与风俗符号所蕴涵的"商业因素"来为自己"扬名拔份儿"。可见,视角的转换并不能带来相应的文化更新,这只能说明作者思想制高点的局限。

电视剧《沙家浜》的制片人一再强调剧情是在研读了大量新四军历史材料的基础上改写的,但这并不能帮助它跻身国家话语体系的"主旋律"行列。在消费语境里,电视剧的本质特点就是以"戏说"的形式来完成剧作对历史的阐述。"以广大市场作为目标,意味着内容必须被化解为可被普遍消费的母题。"②《沙家浜》一连串版本所造成的人为裂隙里就蕴涵着大量可被普遍消费的母题。家族母题位于前列,电

---

① 甘险峰:《新编小说〈沙家浜〉引起争议》,2003年2月27日《深圳商报》。
② 吴士余:《大众文化研究》,上海三联书店2001年版,第182页。

视剧处理的就是这一熟悉的、广泛约定俗成的成分。它"如此还原到正常的人类生存的方方面面,意味着内容可得到广大观众面的认可","展现的是一种原型的且图式化的现实形象"。①这种现实形象契合着中国大众的家族"集体无意识"。无论是刁老太爷妻妾成群、大管家刁胖子活络能干、刁德一深有城府等故事,还是匪帮火并、绑架、黑吃黑、玩女人等叙事模式,都可在大众文学的作坊里找到一摞摞烂俗的拷贝。也许是为了避免把英雄阿庆嫂和郭建光改编成风流人物而痛遭观众的狂贬,编导玩了一个小花招:英雄们身边都配有年轻标致的助手,只谈工作不恋爱。与其说是为了在情欲泛滥的大众文化中彰显"清洁脱俗",倒不如说是承续了革命话语体系中古怪的"文革逻辑"——让爱情母题缺席,将情感纠葛模式进行到底!但爱情母题被精通商机的编导们连同成长母题一起嫁接在沙四龙身上,矫正了京剧《沙家浜》的畸形枝干。情爱、家族、成长、黑帮、战争等习见的母题在编导们的惨淡经营中兼并、组合,制造出某些更为复杂的编码方式。"如果说,经典体系对于僵固的模式怀有高度的戒备和厌恶,那么,大众文学却常常利用这些模式将人们所关注的材料组织成熟悉的故事。这些文学模式的风行可以追溯人们的无意识心理,性和暴力的冲动可能是某种重要的添加剂。或许人们可以得出一个结论——恰恰是这种无意识心理有效地庇护了一大批情节雷同的作品反复印行。"②

既然"沙家浜"已变为一种文化资源,那么消费者应该注意:怎样合理利用并爱护它,尤其是艺术创作者在利用的同时,怎样使自己的作品避免被不同于政治的另一种意识形态变相地扭曲,从而使得"文化"不再沦为与"文革逻辑"如出一辙的"××逻辑"标签下的畸形品。这也许是我们当下创作和研究需要注意的。

(马西超)

---

① 马西超:《从〈沙家浜〉到"沙家浜"——版本沿革中革命话语体系的变奏》,《西安电子科技大学学报》2006 年第 5 期。
② 南帆:《文本生产与意识形态》,暨南大学出版社 2003 年版,第 248 页。

第七章 莫言小说创作与诺贝尔文学奖

第一节 莫言小说创作与诺奖的"理想性"原则

在市场化的今天,文学似乎已经不可遏制地被放逐到社会的边缘,严肃文学更是因其越来越狭窄的读者群而略显惨淡。在这样的窘境之下,莫言在2012年获得诺贝尔文学奖这颗重磅炸弹着实赚足了大众的眼球。一时之间,主流媒体以头版头条争相祝福赞颂;文学批评界热热闹闹地围绕莫言展开了一系列的"学术活动",形成解读莫言与诺奖的热潮;即使是并不热爱文学的普通国人也兴致勃勃地买几本莫言的作品,欢欣鼓舞了一把。莫言的风头可谓是一时无两,连被冷落多年的严肃文学作品也难得地登上畅销榜,诺奖着实为国人打了一针兴奋剂。

诺奖对国人心态的这种影响也并非一时一日形成,自五四新文化运动以来,中国始终在走一条追赶西方的现代化道路,文学也被裹挟其中致力于探索现代性命题。政治、经济、军事力量的落后让国人在文化上产生了一种自卑心理。直到20世纪80年代以来,改革开放之后的中国开始踏上了一条大国崛起之路,虽然距离发达国家还有一定的距离,但是作为一个幅员辽阔的大国,快速发展的中国在国际舞台的地位却是与积贫积弱的近现代不可同日而语。伴随着国力的增强,国人的文化自信也自然而然地提升,但这种自信背后却又始终伴随着一种"外国的月亮比较圆"的复杂心态。中国籍的现当代作家在作为国际大奖的"诺贝尔文学奖"舞台上无所斩获成为一个无奈现实。梳理百年现当代文学的发展历程,鲁迅、老舍、沈从文、林语堂等文学大师都曾距离诺奖只有一步之遥,而当代作家高行健的获奖却又因其敏感的政治身份而变成暧昧且尴尬的话题。每年诺奖的"提名"和"开奖"都牵动着国人的神经,伴随着一次次的失望,国人和作家本人都有了一种

"诺奖焦虑",这种焦虑掺杂着国人对诺奖的向往和尊重,甚至变异为"酸葡萄"式的复杂心态。在国人对诺奖翘首以盼多年之后,莫言在2012年的获奖无疑成为一颗重磅炸弹,也是"诺奖焦虑"的一剂良药。莫言的获奖迅速引发了舆论爆炸,在经历了最初的"唱赞歌"阶段,尖锐的批评也扑面而来,"莫言配获诺奖吗"的质疑声纷纷攘攘,真是"你方唱罢我登台"。然而,莫言配与不配在其获奖的事实面前真的那么重要吗?我们认为不然。无论莫言作品的价值几何,其获奖本身应当是一件喜事,只是也无需过分的欢喜和自得罢了。在获奖的既定事实面前,与其去讨论配与不配的问题,不如从莫言作品本身出发,考察其创作的是非得失及其与诺奖精神的吻合和偏离之处,不失为一种更为审慎的态度,也是对莫言这样一位优秀作家的尊重。

根据诺贝尔奖的创始人、著名的瑞典化学家诺贝尔先生的遗嘱,诺贝尔文学奖应当颁发给在文学领域创造了富有理想倾向的最为杰出的作品(In the field of literature the most outstanding work in an ideal direction)。众口难调,所谓"最为杰出"是一个很难界定的标准,相对而言"理想倾向"则是一个可以考察的标准。对于莫言的评价,他的作品是否最杰出,笔者也没有资格妄言,然而在"理想倾向"层面,笔者认为莫言的作品是具备的。在文学批评界,莫言经常被贴上许多标签,"民间写作""乡土作家"是较为常见的一种,其中很大的原因在于莫言创造了独特的文学地理王国——高密东北乡。在现当代文学史上,同样创造了独特的"湘西世界"的沈从文曾经谈到过自己的创作理想,即"在世界上或有想在沙基或水面上建造崇楼杰阁的人,那可不是我。我只想造希腊小庙。选山地作基础,用坚硬石头堆砌它。精致,结实,匀称,形体虽小而不纤巧,是我理想的建筑。这座神庙供奉的是'人性'"[①]。如果说"湘西世界"实现了沈从文安放"人性"的文学"理想",那么说莫言的"高密东北乡"也同样具有"理想倾向"恐怕也是不为过的。只是不同于沈从文供奉"人性"的希腊小庙,莫言的理想王国是粗犷豪放

---

① 沈从文:《习作选集代序》,《沈从文全集》第9卷,北岳文艺出版社2002年版,第2页。

的,他脱下了精致纯美的外衣,还原了民间的苦难与欢乐,以狂欢的原始野性,书写了生命的本真形态,赋予生命另一种神圣而至美的内容,莫言恰如一位歌者诚挚地歌颂着自己的生命理想。他以酣畅淋漓的笔调创造出的纯种红高粱般游荡在高密东北乡的祖辈的英魂,具有旺盛生殖力的敢爱敢恨的女性(母亲),土地般坚忍的农民,难道不都具有"理想倾向"吗?

诺贝尔文学奖评委表示"莫言将现实和幻想、历史和社会角度结合在一起。他创作中的世界令人联想起福克纳和马尔克斯作品的融合,同时又在中国传统文学和口头文学中寻找一个出发点"。所谓福克纳和马尔克斯作品的融合,总体而言是创作风格上的相近,而最为直接的则是他们都有自己独特的"文学地理世界"。福克纳创造了"约克纳帕塔法县",马尔克斯书写了"马孔多",而莫言则构建了古老的"高密东北乡"。"高密东北乡"最早出现在《白狗秋千架》这一短篇小说,而他之后的11部长篇小说也大多围绕着高密东北乡展开,因此想要具体考察莫言的"生命理想",那就应当把"高密东北乡"作为研究的主轴。"高密东北乡"虽然最早在《白狗秋千架》中出现,然而真正引人注目却是从《红高粱家族》开始,这也是莫言文学创作的第一阶段或者说是第一个高潮。这一阶段"高密东北乡"这片闭塞、偏僻的土地上生长着旺盛的纯种红高粱,哺育了"我爷爷""我奶奶"这样藏污纳垢却又蓬勃生长的原始野性生命,他们的生命浓墨重彩、酣畅淋漓,充分解放肉体,以"狂欢"的生命姿态追逐自由,充满"酒神精神"。莫言这种叛逆而大胆的"生命狂欢"带来极为新鲜的阅读体验,可谓振聋发聩,这为他带来赞誉的同时也成为他个人作品风格的一个标签。在之后的创作道路上,"生命狂欢"主题始终贯穿其中。然而,从《红高粱家族》到《蛙》的问世,在这长达三十多年的创作历程之中,一个作家伴随着年龄的增长以及阅历的丰富,始终保持那种充满原始血性的"狂欢"姿态的可能性是极低的,莫言的创作在《红高粱家族》这个顶峰过后进行变奏。

《丰乳肥臀》和《檀香刑》是"高密东北乡"创作系列的第二个阶段,莫言此阶段的创作表现出"生命狂欢"的进退徘徊。在《丰乳肥臀》

之中,莫言依然创造了"司马库"式的带有草莽气的"狂欢生命",然而他将对生命的思考重新放置到充满苦难和欢乐的现实乡土世界,转向歌颂伟大母亲强大的生殖能力和顽强的生命力,在深化主题和探索叙事方式的同时,"生命狂欢"减弱。但是,当莫言聆听着充满童年记忆的"猫腔",以自己非常亲切的乡村口语方式抒写的时候,他血液中极大的感性冲动又让他陷入一场"酷刑"的"狂欢",甚至连刑罚本身的残酷和阴冷都被这种"狂欢"所消解。

但是情感的冲动只是一时的,到了《生死疲劳》和《蛙》这个创作的"最后"①阶段,莫言的"生命狂欢"和早期相比就弱化太多。文本之中更多的是一种语言风格的狂欢,而生命气质本身的狂欢色彩越来越淡化,莫言在作品中表达了对"蓝脸"式的坚忍生命的一种崇敬,在生死轮回这样充满宗教意义和计划生育这样的政治事件之中,展现出作家对生命的一种"悲悯"。"生命狂欢"落幕,莫言转入对深邃人性和苦难人生的思考,这种思考和探索也正是作家在"理想倾向"层面的深化。作家摆脱了早期那种过分表达的无节制的原始之欲,将对生命的探索从肉体和感官层面引入更为深层的人性世界,从狂热的反抗和崇拜姿态转向理性的思考和真诚的尊重,增加了生命的厚度和力度。

第二节 "高密东北乡"的"生命狂欢"变奏

在莫言的 11 部长篇小说之中,他也曾离开"高密东北乡",在天堂县、酒国、红树林等其他地域进行对外部社会和内在人性的批判和反思,然而莫言总在离去不久又重新回到他熟悉的"高密东北乡",在这片哺育他的土地里宣泄他的爱恨情仇。"高密东北乡"也就成了莫言的一个标签式的"文学地理世界",或者用作者本人的话来说是他的"国"。"在他的'高密东北乡'的王国里,灰黯与鲜明、文明与愚昧、卑鄙与高尚、丑陋与美丽、邪恶与善良、困乏与丰盈,总是梦魇般地缠绕在一起,充满了矛盾、对立和纷扰,迷离怅惘,如烟似梦。因此,莫言的

---

① 此处"最后"是相对于作家现在完成的 11 部长篇小说而言。

第七章　莫言小说创作与诺贝尔文学奖

'乡土世界'相对于文学史上的其他乡土小说总是别具一格。"①莫言写乡村,既不是纯粹的五四一代鲁迅式的启蒙批判,也没有沈从文"湘西世界"所描绘的那种恬淡安然的牧歌气质,他将东北古老乡村那种本真的苦难和欢乐直接搬上文学舞台,尽情宣泄东北乡村的"儿子"血液里燃烧着的生命激情。

一、生命的越腾:《红高粱家族》《食草家族》《檀香刑》

"高密东北乡"之所以能够一鸣惊人并成为一个"关键词"在文学史上留下印记,在于《红高粱家族》里莫言所塑造的那种"最美丽最丑陋、最超脱最世俗、最圣洁最龌龊、最英雄好汉最王八蛋、最能喝酒、最能爱"②的蓬勃生长的野性生命所带来的震撼。中国的民间从来就是苦难和欢乐并存的土地,正如陈思和所言,"无论是悲怆激越或者乐观幽默的审美风格,都是现实的民间精神本质的某种体现,只是在日常生活的沉重压抑下人们感受不到这种激动人心的力量,反而在审美活动中才表现出来,这就是艺术的真实性所在"③,这也正是莫言作品的价值所在。莫言曾说饥饿和孤独是他创作的源泉,他的童年充满了压抑,"十五年前,当我作为一个地地道道的农民在高密东北乡贫瘠的土地上辛勤劳作时,我对那块土地充满了仇恨。它耗干了祖先们的血汗,也正在消耗着我的生命"④,这就是他作为"中农"的孩子在那个充满苦难和荒谬的年代对故乡最为直接的感受。但是,故乡是一个人最初降临于世界的地方,我们生于此,长与此,故乡承载着我们独特的情感记忆。当我们慢慢长大,就会发现故乡早已超越地理的概念而成为情感的寄托和精神的原乡,这种表达在文学上尤甚。当莫言逃离故乡之后,他也最终深切地感受到"二十年农村生活中,所有的黑暗和苦难,从文学的意义上说,都是上帝对我的恩赐。虽然我身在异乡,但我的精神已回到

---

① 周罡:《犹疑的返乡之路——论莫言民间文化立场的回归与游离》,《小说评论》2002年第6期。
② 莫言:《红高粱家族》,人民文学出版社2007年版,第2页。
③ 陈思和:《莫言近年小说创作的民间叙述——莫言论之一》,《钟山》2001年第5期。
④ 莫言:《我的故乡和我的小说》,《当代作家评论》1993年第2期。

故乡"①。同样写故乡,莫言的不同之处在于他将故乡留给他的苦难记忆和压抑结合传奇志怪转化为一种"狂欢"性质的情感宣泄,破除了一般意义上进步与落后、野蛮与文明、古老与现代的传统二元对立,将乡村从五四以来"被启蒙"的文学传统中解放出来,而将古老的东北乡土中那种善恶杂糅的真实生命"狂欢式"地表达出来,"宣泄出'极端仇恨'与'极端热爱'的强烈情绪"②,形成了"原始生命"主题。

> 谨以此书召唤那些游荡在我的故乡无边无际的通红的高粱地里的英魂和冤魂。我是你们的不肖子孙。我愿扒出我的被酱油腌透了的心,切碎,放在三个碗里,摆在高粱地里。伏惟尚飨!尚飨!——《红高粱家族》

莫言在《红高粱家族》的卷首语里就以这种充满祭祀虔诚和狂热情绪的呼喊带领读者走进古老神秘的"高密东北乡"。这片粗犷的土地遍野长着血一般的纯种红高粱,遮天蔽日,奇诡瑰丽,生活在这片土地上的祖辈们吸收天地之精华,民心高拔健迈,男人一身血性钢骨,顶天立地,女人泼辣大胆,敢爱敢恨,在波澜壮阔的辉煌岁月里,那蓬勃生长的人性,"纠缠于人类永难战胜的原欲之中,获得宗教般神圣光彩的至美内容"③。常言道:"生命诚可贵,爱情价更高,若为自由故,两者皆可抛",莫言在《红高粱家族》里彻底撕裂了传统伦理道德的面纱,性与爱、生与死如同一出大戏在人生舞台上壮烈上演,生命在狂欢中达到自由的飞翔状态。

爱情是人类最为美好和宝贵的感情之一,也是千百年来文学歌颂的主题之一。莫言笔下"我爷爷""我奶奶"的爱情同样惊天动地,震撼人心,然其书写的方式却打破了传统才子佳人发乎情而止乎礼的纯洁爱情边界,赋予爱情以性的欢乐和疯狂,达到肉体的解放和个体的自由,爱情走下神坛被赋予七情六欲。"我奶奶"是高密东北乡的奇女子,她风姿夺人,心比天高,有着高粱酒般的浓烈性格,这种泼辣果敢的

---

① 莫言:《我的故乡和我的小说》,《当代作家评论》1993 年第 2 期。
② 季红真:《忧郁的土地,不屈的精魂——莫言散论之一》,《文学评论》1987 年第 6 期。
③ 同上。

生命强力让她决绝地反抗现实,谱写了自己辉煌壮丽的人生。她不甘于"贪财"父亲和"懦弱"母亲对于婚姻的安排,在高粱地里背天违德和"我爷爷"野合,"两颗蔑视人间法规的不羁心灵,比他们彼此愉悦的肉体贴的还要紧。他们在高粱地里耕云播雨,为我们高密东北乡丰富多彩的历史上,抹了一道酥红"①。"我奶奶"在高粱地里和"我爷爷"相亲相爱,但是这位奇女子的阳刚之气使她对爱情从来不是从一而终。她热爱"我爷爷"年轻剽悍的体魄,在经历了狂热的胃出血般惊心动魄的爱情之后,迎来了活剥皮般的痛苦背叛,这个血液里浸染着草莽气的女子带着报复式的快感在"我爷爷""死"后迅速和黑眼骈居,为拉拢忠诚的罗汉大爷同样与其暧昧不明。这是一位爱得自由、爱得大胆、爱得狂妄的奇女子,她冷笑着践踏封建道德的匾额,无视忠贞不渝的婚姻训诫,成为个性解放的先驱、妇女自立的典范。这段瑰丽奇美的爱情成就了"我奶奶",同样也成就了"我爷爷"。"我爷爷"余占鳌杀人越货却又精忠报国,率性而为蔑视法规,心黑手毒却又侠肝义胆,成为一方乡土领袖。色胆包天的"我爷爷"在"我奶奶"的美貌刺激下不惜杀人放火。他们的结合始于最为原始的生命本能的冲动,却在出生入死、背天违德的放纵风流之中爆发出灼热的爱情烈焰,狂妄不羁的越轨成就了两株红高粱式的狂欢生命。

如果说莫言在"我爷爷""我奶奶"的爱情颂歌之中多少还给性披上了爱情这高贵的外衣,那么"我爷爷"和二奶奶恋儿结合就是一场彻底的肉体狂欢。恋儿姑娘一出场就是"把两条健美的大腿插在爷爷和奶奶之间"这般惊世骇俗。优质的高粱酒使人放浪形骸,腐化堕落,而"我爷爷"和恋儿姑娘也终于在肉欲的相互吸引之中以醉生梦死般疯狂放荡的三天三夜展现强悍勇猛、热烈奔放的生命欲火。相比"我奶奶"的高贵伟大,恋儿姑娘更像一个"性"的符号,"鼓蓬蓬的胸脯","黑皮肤女人特有的像紫红色葡萄一样丰满嘴唇使二奶奶恋儿魅力无穷","弹性丰富的年轻肉体","洋溢着强烈性意识的目光"这样直白的肉体描写比比皆是。恋儿姑娘恰似一株饱满多汁的果实,她年轻健壮

---

① 莫言:《红高粱家族》,人民文学出版社2007年版,第63页。

的身体已经成熟,黝黑光滑的皮肤如同一块肥沃的黑土,散发着强烈的性意识。作为大胆多情的高密女子,恋儿姑娘同样无视所谓的礼法教养,大胆地勾引"我爷爷"共赴一场肉体狂欢的盛宴。

与同时代的作品相比,莫言无疑是一位离经叛道的勇士,他在歌颂瑰丽伟大爱情的同时,大胆地冲破世俗道德的束缚,肯定人的原始之欲,并将性与爱描写得辉煌激越,肉体在狂欢,生命在怒放。当张贤亮在《绿化树》《男人的一半是女人》两部作品中仍纠结于女人的母性和妻性问题,当王安忆在《小城之恋》中对性进行充满困顿和挣扎的探索之时,莫言却已经将性作为野性生命的狂欢写得辉煌绚丽,并借助"我奶奶"之口进行痛快的宣泄:"天,什么叫贞洁?什么叫正道?什么是善良?什么是邪恶?你一直没有告诉过我,我只有按着我自己的想法去办,我爱幸福,我爱力量,我爱美,我的身体是我的,我为自己做主!"①

性与爱让生命爆发出绚丽的华彩,让高密东北乡的土匪"儿子"和"女儿"活得淋漓尽致,流光溢彩。生命在青春勃发的年华绽放得轰轰烈烈,放肆地颠轿,疯狂地野合,纵情地饮酒,热烈地逐爱,生命本源里所蕴含的原始野性和旺盛蓬勃的人性在莫言的笔下被那种五彩斑斓、泥沙俱下的语言洪流烘托出诗般的神圣光彩。生命之所以能够爆发出如此热烈的光彩,源于遭受的种种苦难,《红高粱家族》里的生命在死亡这一最为恐怖最为绝望的时刻成就自身的丰功伟业。祖辈们不是生活在歌舞升平的太平盛世,当他们被芳香馥郁、甘美醇厚的高粱酒滋润得面色红润、体格健壮之时,当他们在高粱地里争风吃醋,颠鸾倒凤之时,日军的枪炮与刺刀已悄无声息地逼近。天地不仁,万物为刍狗,而在莫言的笔下,即使是最为残酷的死亡也变成一场生命张扬的盛宴。《红高粱家族》里有"我奶奶"式的永垂不朽、辉煌唯美的牺牲,有二奶奶式的神秘莫测、诡奇超拔的奇死,有狗道畜生式的你死我活、血腥残酷的暴死,也有罗汉大爷慷慨悲壮、可歌可泣的惨死。在这盛大的接二连三的死亡之中,只有"我奶奶"的死是最富悲剧美的。她死在赐予她富饶生活的高粱地里,优美的形体被完好地保存下来,飞散的高粱米

---

① 莫言:《红高粱家族》,人民文学出版社2007年版,第64页。

第七章 莫言小说创作与诺贝尔文学奖

粒,雪白的野鸽,伴随着丰满斑斓的回忆和高扬的生命宣言,"我奶奶"在来自天国的音乐的牵引之下,宁静快乐,温暖舒适地走向死亡,亦或说是走向飞升更为确切。这位风流一生、美好绝伦的奇女子即使在死后也有着声势浩大如同盛宴般的葬礼来续写她的传奇和辉煌。

"我奶奶"那种唯美大于悲壮的死,显然无法满足莫言奇诡的想象力和热烈喷薄的发泄欲,因此他在血色的浪漫之外描写了各种各样的惨死,那种鲜血淋漓、纤毫毕现的描写手法甚至让读者感受到死亡之下鲜血飞溅的热度,令人毛骨悚然。红色是红高粱的颜色,象征着炽热的生命,同时也是鲜血的颜色,预示着残酷的生命终结。高密东北乡的土壤被鲜血浸泡,遍野疯长着血一样的红高粱,生命也就被涂抹上血色的激情和悲壮。群体的死亡,大片尸体的横陈,鲜血将高粱地泡得酥软泥泞,但这种死亡"夹杂着背景深厚广大的高粱味和源远流长的河的气息"[①]。莫言的笔下,"躯干上的皮被剥了,肉跳,肉蹦,像只蜕皮后的大青蛙","那些花花绿绿的内脏,活泼地跳动着,散着热烘烘的腥臭","华丽的肠子,像花朵一样溢出来"这种剥皮露骨、触目惊心的描写反复出现,将死亡的残酷性表达到极致。但是,在死亡的一瞬间,肉体却依然爆发出惊人的"活力",这种自然的神经反射被莫言那种奇妙诡谲的描写方式刺激得读者热血上涌,最为人生之大悲的死亡也在这种反常规的描写中带上"狂欢"色彩。死亡在红高粱家族里既是对战争残酷的控诉,却更是对生命之剽悍勇猛的颂赞。勤恳质朴的罗汉大爷同样是高密东北乡充满民族气节和男儿血性的刚强勇敢之生命,他死得惨绝人寰却也慷慨悲壮。在他的人生大刑上,哭声震野,痛彻心扉却也气势恢宏,天降大雨洗去了鲜血的痕迹却洗不净他的英魂,成就了属于他的美丽神话。在《红高粱家族里》,"生命的终止中有精神的越腾","以死的代价换取最辉煌的生命瞬间,于是,虚无化作充实,瞬间化作永恒,死亡化作美丽"[②],"我爷爷""我奶奶"这些祖辈们生得渺小无奇,但是吃着纯种高粱长大的他们爱得伟大,死得不朽,在死亡中完成

---

① 莫言:《红高粱家族》,人民文学出版社 2007 年版,第 117 页。
② 张自忠:《莫言论》,中国社会科学出版社 1990 年版,第 105 页。

了生命的飞腾和超越。

正当同样压抑孱弱的灵魂们被莫言《红高粱家族》里那种血色浪漫的爱情和慷慨悲壮的死亡所震撼,在红高粱般原始野性生命的感召之下热血沸腾,当卫道士们对莫言泥沙俱下的语言洪流避之唯恐不及之时,离经叛道的莫言在《食草家族》里进行一场彻底的审丑狂欢,美与丑、崇高与卑劣、光明与晦暗失去边界。莫言游刃有余于现实和梦境之中,在复杂交错的时空,大胆挑战读者接受的极限,《食草家族》也成了莫言的一场无法定义、难以解读的"白日梦",正如莫言在《红蝗》里借女戏剧家之口进行的庄严宣誓:"总有一天,我要编导一部真正的戏剧,在这部剧里,梦幻与现实、科学与童话、上帝与魔鬼、爱情与卖淫、高贵与卑贱、美女与大便、过去与现在、金奖牌与避孕套……互相掺和、紧密团结、环环相连,构成一个完整的世界。"①

莫言的作品中有一个异常发达的官能世界,从《透明的红萝卜》开始,他用高超的技巧玩味文字,表达对颜色、气味、感觉的独特把握。当莫言将自己那异常发达的感官力量与丑的描写极尽所能地结合之时,也就形成了一场审丑的狂欢。《食草家族》以歌颂从来无法出现在文学世界里的"大便"开启了这场无度狂欢的序幕,高调至极。叙述者"我"以"社会直肠里蠕动的大便"自居,就当读者以为这不过是叙述者的极度自我厌恶而并未太过在意"大便"的出现时,"恶劣"的莫言却在人毫无防备的情况下对"大便"进行了大张旗鼓的歌颂。"四老爷把拉屎当做修身养性的过程","什么活动都可以超出其外在形式,达到宗教的、哲学的、佛的高度","看起来是拉屎……他拉出的是一些高尚的思想……他抛弃了一切物的形体,看到一种像淤泥般的、暗红色的精神在天地间融会贯通","高密东北乡人食物粗糙,大便量多纤维丰富,味道与干燥的青草仿佛,因此高密东北乡人大便时一般都能体验到摩擦黏膜的幸福感","像思念无臭大便一样思念我可爱的故乡",莫言可以说是不厌其烦地盛赞高密东北乡食草传统下的排便,他对排便过程那种细致入微的描写甚至非常容易让读者也一起去回忆排便的"感受",

---

① 莫言:《食草家族》,当代世界出版社2003年版,第93页。

第七章 莫言小说创作与诺贝尔文学奖

而作为"感受"产物的"大便"又着实让读者也一起恶心了一把,带来更为骇人的阅读感受。以对耸动的"大便"的礼赞拉开食草家族的历史大幕,蝗灾、艳情史、乱伦史、复仇记、屠戮史、远古神话轮番上阵。生璞祖先的火刑充满原始宗教的狂欢气质,而这对金光闪闪的恋人在烈火之中的求偶所爆发出的惊人美丽更是为狂欢生命增添了一抹轰轰烈烈的传奇色彩;残暴的天和地逼迫族人自相残杀,大奶奶被自己的族人剜去眼珠,被一片片地割肉,复仇变成集体暴力,即使族人充满痛苦,但天和地却是沉静在一种复仇和屠戮的狂欢当中。

万物有灵,当人类社会充满种种血腥和暴行,乱伦和宿命般的复仇让家族逐渐没落,自然界的蝗虫却在莫言的笔下产生一种另类的生命美感。红色在莫言的小说中往往代表激情、强力原始生命、热烈等,而他同样把红色赋予可怕的蝗灾。"蝗虫一群群俯冲下来,落地之后,大地一片暗红,绿色消灭殆尽",蝗虫遮天蔽日,消灭一切。这种毁天灭地的气势带给高密东北乡以巨大的灾难,然而却也让"寂静的、被干旱折磨的死气沉沉的草地突然活了……所有的野草也都生气蓬勃",蝗虫在莫言的笔下似乎也就成了活力、强大生命力的象征,而逐渐退化萎缩的食草家族对"神蚂蚱"只能又惧怕又尊敬。蝗虫泛滥,"灭蝗救灾成了保卫着我们的庄稼地的子弟兵的盛大狂欢节",似乎也是强大生命掠夺的一场狂欢。

在《食草家族》里,暗红的蝗虫,粉红色的蹼膜,紫色的马驹;大便的青草味,男人嘴里的臭蒜味,女人身体的肉香味;大便摩擦肛门的幸福感,蝗虫碰触的痛痒感,性交和屠戮的狂欢感还有鞋跟碰撞地面的声音,马驹横穿沼泽的声音交织在一起,如意识流一般交织爆破,形成崇高陷落,丑恶高扬,美丑倒置,荒诞与神化,现实与梦境交错的解构狂欢。这种激进的挑战与毁灭为莫言招致了大量的批评甚至诋毁。然而,这种无节制的"审丑"的泛滥,意识流的写作方式使《食草家族》也更像一场梦的呓语,"高密东北乡"这一乡土世界变得更为虚幻和神秘,莫言的生命似乎走得太远。相比之下,同样是一种狂欢,莫言在《檀香刑》里进行了大踏步的撤退,似乎是在新世纪对《红高粱家族》的回首和呼应。《檀香刑》里爱情与生死描写都充满了"红高粱"式的生命狂欢。

《红高粱家族》和《食草家族》两部家族系列小说里的死亡和残酷书写给读者留下鲜明的印象,这种死亡和残酷的独特书写也成为莫言写作的一大特色。如果说,在《红高粱家族》里,莫言对生命强力的呼唤和个性的张扬多少有些夺去了死亡与残酷的光彩,那么在新世纪发表的《檀香刑》里,莫言则可以说是进行了一场彻底的暴力和死亡的盛宴,孙丙在刑场上唱起悲凉激昂的猫腔,完成自己的人生大戏,万人共襄盛举,形成了民间戏剧形式的狂欢美。

有人视《檀香刑》为暴力的失控,对残忍的刑罚描写不忍卒读。然而,当莫言聆听来自故乡的猫腔和火车这两种记忆深处的声音时,激活的是莫言灵魂深处的冲动。正如他自己所言,"我写《檀香刑》时确实是得心应手痛快淋漓"[1],这种痛快淋漓的写作方式应和莫言独特的写作气质,也就形成了看客、受刑者、施刑者三方的共同狂欢节。不同于余华在《现实一种》里以纯粹零度的情感,冷静叙述极度的暴力、血腥,莫言将暴力与血腥搬上"戏台",刑场成为"万人空巷、争相欣赏生命庆典的文化广场,是统治者满足兽性之乐、刽子手实现艺术化理想、犯人展示生命最后辉煌的剧场"[2],应和着热闹非凡的猫腔,芸芸众生陷入如痴如醉的狂欢之中。残酷的刑罚被莫言毫无节制、分毫毕现地细致刻画,上升为一门"艺术",于残酷悲壮之中完成生命价值的越腾。即使是书中最为阴冷残酷乃至变态的刽子手赵甲也始终视檀香刑为自己杀人艺术的巅峰之作,精细布置,沉着冷静的背后是嗜血的狂热和成就"丰功伟业"的激动。所谓"人生如戏,戏如人生",在这场全民狂欢之中,刑罚的恐怖和残酷被消解,孙丙这位酷刑最直接的受难者更是以檀香刑完成自己人生大戏的完美落幕。他拒绝"偷梁换柱"的逃生之路,自比转世英灵,从奔赴刑场到身受极刑,他始终激昂高歌,在悲壮苍凉的猫腔之中死得轰轰烈烈。孙丙在慷慨赴死的同时却又始终保持对"生"的渴望,当钉入他身体的那根柱子让他的生命岌岌可危之时,当

---

[1] 夏榆:《记忆被一种声音激活——莫言谈〈檀香刑〉的写作》,《南方周末》2001 年 5 月 18 日。

[2] 洪治纲:《刑场背后的历史——论〈檀香刑〉》,《南方文坛》2001 年第 6 期。

第七章　莫言小说创作与诺贝尔文学奖

他的躯体腐烂、萤虫纷飞之际,从未求饶的他甚至"积极"地配合"治疗",大口地吞咽参汤,呼和着激昂的猫腔和愤怒的詈骂,他死也死得生气勃勃,这不正是"高密东北乡"上那红高粱般蓬勃野性生命的延续,是对游荡在这片高粱地里的英灵和英魂的致敬吗?

　　刑罚的狂欢震撼人心,引发广泛的议论,而《檀香刑》中的爱情描写同样十分精彩,眉娘就像"我奶奶"和恋儿姑娘形象的延续。虽然,眉娘没有成就"我奶奶"那般永垂不朽的伟业,但她也同样是敢爱敢恨、泼辣率真、风情万种的高密奇女子。莫言将其置于"亲爹、公爹、干爹"这样一个暧昧的伦理怪圈之中,但是丝毫无损于眉娘那鲜活丰满的生命形象。为了成就爱情,眉娘不惜抛弃尊严,狂热求仙。在她和钱丁的爱情之中,性同样被描写得美妙超拔。眉娘的身上散发着浓厚的情欲气息,这位美丽健壮的少妇甚至让钱丁重焕青春,这种浓烈的原始之欲也让眉娘充满了野性美。

二、生命的坠地:《丰乳肥臀》《生死疲劳》《蛙》

　　从《红高粱家族》到《檀香刑》,莫言在这片藏污纳垢的高密东北乡塑造了一代代轰轰烈烈、生机勃勃的狂欢生命。对原始野性的张扬,对残酷和死亡的极致写作,对爱情的高蹈的背后,也是对日益萎缩的城市文明的批判,带有理性的思索。然而,莫言披头散发、纵横捭阖式的写作,毫无节制、张扬激越的情感却让文本的"抒情性"大大压倒了其理性色彩,这种文本意义上的狂欢使该系列的作品带来热血沸腾的阅读感受,极具感染力。然而纵览莫言整个创作历程,我们不难发现他是一位颇具野心的作家。出于对长篇文体的衷爱,莫言在文体结构、思想内蕴等方面都进行不断的创新和挖掘。换而言之,作家在其主观意愿上不会一直满足于"生命狂欢"这样一个单一的主题。另外,从客观的创作规律而言,随着年纪的增长和创作经验的累积,优秀的作家在日益成熟的过程,其创作中的理性思考也会自然而然地变得更为深刻,莫言的"高密东北乡"系列故事亦是如此。《丰乳肥臀》《生死疲劳》和《蛙》这三部作品几乎同样横跨"高密东北乡"的当代历史五十年,在这样一个大体量的篇幅之中,莫言当然也创造了具有狂欢性的生命个体。然而就整体的创作来看,莫言笔下的狂欢生命不再是红高粱般的飞扬恣意,作者在他们的肩上置放了苦难现实的重担,生命套着枷锁于困顿中挣扎,甚至出现了蓝脸式的默然人物,在这一系列的作品中,我们可以清晰地看到莫言笔下生命的狂欢性在逐步减弱。

《丰乳肥臀》发表的时间相对较早,莫言甚至在之后还写出了《檀香刑》这样荡气回肠、鲜血淋漓的作品,因此《丰乳肥臀》里面的生命还是相对飞扬的。无论是上官鲁氏还是上官家的七个女儿,她们虽然性格各异,但是都曾大胆地反叛伦理,热烈地追求爱情,这与红高粱般野性生命敢爱敢恨的特质是一脉相承的。七个女儿总是能在一瞬间被爱神的箭射中,然后义无反顾地投入到情与欲的漩涡中,如同飞蛾扑火般热烈。为了爱情和相伴而生的革命事业,她们能罔顾伦理甚至亲人相残。她们一个个狠心地抛下自己的母亲和孩子,只为了活的生机勃勃。与这些野性刚强的女性相比,《丰乳肥臀》里面的男性当属司马库和司马粮最具狂欢性。司马库抗日却火烧屁股,是民族英雄却又在这般"胡闹"的抗日中更显草莽匪气,我们似乎看到了一个更为"幽默"的余占鳌。他的死亡亦是壮士一去兮不复返的悲壮,如同一代绿林好汉的陨落。他的儿子司马粮是与几乎同龄的上官金童完全相反的人物,他从小就表现出非凡的智慧和成熟,司马粮具有天才般的头脑和莽匪般的胆魄,他的成功与传奇也就显得理所应当。无论是从小展露的非凡才能还是成年之后挥金如土的辉煌成功,司马粮始终处于"飞扬"的生命状态。

然而,莫言将高密东北乡这些飞扬的生命个体放置于无情的20世纪历史之中。这段中国历史被战争与政治紧紧裹挟,个体在强大的集体意志面前渺小而无足轻重。我们虽然不能武断地以反反复复的政治革命概括这段历史的全部,然而政治革命以及相伴随的暴力却也是这段历史不可忽视的真实。莫言本人也同样是这段暴力历史的亲历者,"中农"的不良成分让他的童年饱受压抑,政治阴影让他一度对自己的故乡充满厌恶,不惜以"当兵"当作爬出泥沼的出路。作家本人的这种深刻历史经验被融入到作品之中就产生了历史暴力下的窒息与无望。那些飞扬的生命个体终究都在历史的无情碾压之下走向死亡,上官家

第七章　莫言小说创作与诺贝尔文学奖

的女儿们、和她们纠缠的男人们、他们的子女都难逃一死,而他们的死亡也不再拥有"我爷爷""我奶奶"的那种壮美。更为讽刺的是上官金童这样一个孱弱无力的恋乳癖的人物设置。上官金童是上官家翘首以盼的男丁,混血的他身上流着"耶稣"的血,是"圣子"般的存在。这样"神圣"的血统和性别优势理所应当要承担"拯救"的历史重任。然而,莫言却将这样一个本该担当重任的角色塑造成一个软弱无能的永远无法"长大"的狂热恋乳癖。可以说,上官金童终生都是一个没有发育完全的软弱"儿童",在残酷历史暴力之下他毫无反击能力,甚至从未想过反抗。他畏缩地躲在母亲的怀里,吸干母亲的乳房抑或说是生命,屈辱地在历史洪流之中颠沛。这种历史暴力下个体的无力和渺小,没有出路的无奈和绝望,纵使莫言有着荒诞的想象力和不羁的语言叙述能力,也难再次赋予生命个体以飞腾与狂欢。

　　婴儿通过肥臀来到这个生机勃勃的世界,在丰乳的哺育下茁壮成长。强大的历史暴力带来伤痕累累的历史记忆,然而曾经创造出"我爷爷""我奶奶"这样拥有刚健剽悍之灵魂的莫言在绝望中探寻出一丝希望,那就是历史暴力之下伟大母亲旺盛的生殖力和顽强的生命力。莫言虽然借助一贯的天马行空、汪洋恣意的笔触赋予高密东北乡的子民以狂欢性,然而上官鲁氏这位伟大的母亲在巨大的苦难面前表现出的巨大的忍受力和顽强的生命力却是更为让人印象深刻的。上官鲁氏有着旺盛的繁殖力,她和不同的男人生下九个孩子,上官金童的曲折诞生更是展现了其非凡的体魄。更为可贵的是,在当代如此动荡和贫困的岁月里,她熬过了死一般黑暗的战争和骇人的饥荒,将她的孩子甚至孙辈含辛茹苦地养大。在最为饥荒的年岁,她甚至将自己的胃作为容器,只为替自己的孩子"偷"一份保命的口粮。五十多年的历史政治格局风云突变,然而无论兴衰与否,上官鲁氏总是以其大地般坚韧的胸怀默默包容生活赐予她的一切。在接踵而来的苦难面前,我们看到的并非是上官鲁氏的悲烈呼号,她总是在短暂咒骂之后甚至是直接接受生活为她设置的种种障碍。《丰乳肥臀》的母亲虽然也曾狂热地爱过恨过,狂欢过怒放过。然而,当她承担起母亲的重担之后,那历经磨难的一生更为震撼人心的是一种厚重的深深植根于大地的高贵和伟大。莫言将此书献给他那同样历经苦难的坚忍的母亲,恐怕亦是基于对伟大母亲的深深敬意。

同样是记述了共和国五十多年历史的《生死疲劳》,在狂欢性上与《丰乳肥臀》有着异曲同工之妙。在当代历史上,"文革"本身就是一段反常的狂热历史,成长于这段年岁的人们在狂热的政治运动之中也就自然而然地表现出狂欢性,《丰乳肥臀》里有荒诞的"人工授精",而《生死疲劳》则是"大养其猪",狂欢人物以西门金龙和洪泰岳为最。洪泰岳是真正狂热的"极左"分子,他衷心地热爱"文革"这段轰轰烈烈的年岁,改革开放之后甚至仍旧像疯子一般地为"革命事业"摇旗呐喊。相比较而言,西门金龙则是一个彻底的投机分子,然而其在"文革"期间对政治权力的狂热追逐和斗争,对代表政治资本的军装的变态爱惜无疑都是那个特殊历史时期的"集体狂欢"。这种集体无意识的狂热延续到改革开放之后转变为对金钱的迷醉。这种无意识的狂欢更像是一场集体的出轨,虽然轰轰烈烈、声势浩大,然而生命本身却始终被集体或者说是历史禁锢,在全知的历史之下成为戴着镣铐跳舞的小丑。聪明的西门金龙顺势而上,成为光鲜亮丽的上等人之后却惨死于落魄潦倒的洪泰岳刀下,这种巨大的反差不失为对个体生命的最大讽刺。如果说《生死疲劳》里面有真正"狂欢"的生命,那恐怕也只有"刁小三"这头野性难驯的野猪可以算是一位。相反,莫言塑造了蓝脸这样一位勤勤恳恳、执著于土地的农民。蓝脸在狂热的历史政治之中表现出可贵的冷静和坚执,他是中国社会祖祖辈辈最为典型的农民,坚守着自己的土地,莫言更是赋予他的生命以"蓝色"。如果说莫言笔下的红色涌动着生命的激情和血气,那么蓝色则是充满着神秘、高贵、冷静的气息。蓝脸的生命价值也就在清冷的月光之下牢牢地扎根于土地完成圆满。莫言以"生死疲劳,从贪欲起。少欲无为,身心自在"为全书揭开序幕,充满佛教禅宗的放达恬淡,而地主西门闹热热闹闹的"伸冤"也在六道轮回之后产生生命之中难以剥离的疲惫之感,以沧桑阴郁的蓝千岁为生命的归宿。西门闹、蓝脸、庞虎、黄瞳以及他们的后人一起"闹腾"出高密东北乡的半个世纪的历史,生前的他们有着盘根错节的矛盾仇怨,有着高低贵贱之分,但是当生命陨落,一切都回归于土地之后,留下的

第七章　莫言小说创作与诺贝尔文学奖

也只有坟前疯长的野草和虚无。莫言笔下的生命也从"狂欢"转化为一种尘埃落定的放达和安息。

在《蛙》一书中,莫言叙述的则是以"计划生育"为视角、同样发生在共和国六十多年的历史跨度之下的故事,也可以视为《丰乳肥臀》《生死疲劳》的一种延续。主人公姑姑作为一名产科医生,她的双手既迎接了一个个鲜活的生命,却也同样扼杀了许多还是"胚胎"的孩子,她既伟大又罪孽深重。在"计划生育"政策实施最为严厉的时代已经过去了的今天,我们作为后人倘若站在所谓"人权"这样一个道德制高点上对当时的姑姑做一番"客观"的指责当然是容易的,然而这种行为本身也是不道德的。姑姑作为一个计划生育的执行者,一方面在高度的党性自觉之下,她必须毫不犹豫地去阻止"多余"的生命来到这个世界,另一方面作为一位有着天然母性的女性和对工作充满热忱的妇产科医生,她对初降人世的小生命又有着深厚的感情。正是在这样一个复杂的背景之下,《蛙》整本书里始终充满着浓重的罪感,而姑姑这位一生刚正不阿、雷厉风行的女战士在晚年也始终被罪感所困,甚至对婴儿产生一种近乎神经质的喜爱。以姑姑为中心的整个故事因此自然而然地衍生出了忏悔和悲悯情怀。在《蛙》里面,莫言依然写生命,但是作为婴孩的生命遭到扼杀,王胆、陈眉为了保护孩子的生命或死或疯,看似强悍的姑姑的生命在强大的历史政治面前也渺小挣扎。莫言通过蝌蚪之口表达了对生命真挚的崇敬:"我听到了一个最神圣的声音的召唤,我感受到了人类世界最庄严的感情,那就是对生命的热爱。"但是这种生命至上的炙热情感不再是基于"我爷爷""我奶奶"这些祖辈们野性英魂的自然释放,而是在经历了政治的、历史的残酷冰冷的苦难之后喷薄出的对生命的向往和热爱。这种喷薄的热烈的情感背后有着历史的辛酸、现实的无奈、沉重而愧疚的过去、时过境迁的一声叹息、无能为力的当下、局外人的悲悯难以治愈的亲历者的痛苦,凡此种种都让《蛙》里的生命充满苦难的气息,那种狂欢的生命彻底消失于高密东北乡上。

在《红高粱家族》里,莫言首次提出"种的退化",这和他作品里表现出的"生命狂欢"变奏轨迹相吻合。莫言丰沛的感受力和想象力,气势磅礴的语言气质,浓烈的情感,与《红高粱家族》里的狂欢生命不谋而合,这些都铸就了其早期作品里蓬勃野性的生命精魂。战争也好,残酷的刑罚也罢,在似火骄阳之下,生命恰似于烈火之中涅槃的凤凰,终将完成生命的解放与越腾,充满诗性的浪漫。到了后期,即使莫言在语言技巧等方面更为炉火纯青,但是正如高密东北乡上退化的后代们,其笔下的生命在无情而强大的历史之下坠入尘土之中,染上了更为浓厚的苦难色彩。其笔下的生命在风云变幻的当代历史中虽然也是活得相当热闹,上官家的女儿们、西门闹、姑姑的一生都充满传奇色彩而热闹非凡,但这种热闹就如同戏台之上注定是悲剧的爱情故事,过程再怎么轰轰烈烈都难掩曲终人散的悲凉伤感,只剩人生无奈、生命渺小的慨叹。面对这种狂欢的陨落,莫言对生命也经历了由高蹈崇拜到悲悯的态度转变。

第三节 狂欢落幕之后的遐想

虽然莫言获诺奖距今已有三年之久了,但获奖的盛况似乎仍旧历历在目。荣誉是一种肯定和褒奖,荣誉的获得当然是一件值得庆贺的事情。但是,对于获奖本身,以一颗平常心对待恐怕更为可取。如今狂欢已落幕,现在的我们似乎也更能从获奖当下的"兴奋"之中抽离出来,以更为客观的态度考察莫言创作中的一些不足之处。莫言是一位极具个性的作家,这种个性让他的创作始终充满争议。他天马行空的想象、狂放不羁的语言、藏污纳垢的人物形象让他既像个"天才"又像个"疯子",总能引起批评界的盛赞或者"破口大骂"。我们将延续上文的"生命狂欢"主题,在莫言的创作变奏之中谈谈对其不足之处的浅见。

基于对现代文明压制下日益萎缩的现代人的不满,"莫言以尼采式的呐喊与野性的激扬呼唤打碎枷锁恢复人生人性的原貌,可谓振聋发聩"[①]。《红高粱家族》里"我爷爷""我奶奶"作为江湖儿女的那种敢

---

① 李德明:《天然的歧途——莫言作品侧识》,《文学评论》1989年第2期。

第七章 莫言小说创作与诺贝尔文学奖

爱敢恨、放纵不羁、侠肝义胆的野性生命让"退化"的后辈们自惭形秽。祖辈们的生命虽然藏污纳垢却豪气万丈,莫言浓墨重彩地描写高粱地里酣畅淋漓的野合,他笔下罗汉大爷、二奶奶的惨死奇死,不可谓不露骨,不可谓不血腥,然而这种出格非但不让人反感,反而让久居钢筋水泥铸造的城市格子间里的我们读罢《红高粱家族》如同畅饮了书中那烈性高粱酒般热血沸腾而又通体舒畅,不禁如莫言本人那样对祖辈狂欢的野性生命充满崇敬。残酷、性爱、死亡的描写和"生命狂欢"主题巧妙结合的时候,愈显"生命"越腾的蓬勃活力,但是当这种审丑的描写跨越边界而泛滥的时候,不但带来不适的阅读体验,也会损害作品本身的美感。莫言在《食草家族》里那种备受争议的无节制的、泛滥的、一再挑战极限的描写不得不让人反思文学创作的"度"的把握问题。鲁迅曾明确表示过文学最好不要描写大便、毛毛虫等,因为这缺乏美感。我们当然不能说鲁迅所倡导的便是真理,但是写作过程中对于"丑"的描写的"度"的问题却也不得不引起我们深思,这也是莫言作品一直以来饱受争议的原因之一。在《红高粱家族》里,莫言将爱情比作柏油色的大便就够让卫道士大惊失色了,然而"狂妄"的莫言在《食草家族》里对"美"的彻底反叛几乎到了让人"不忍直视"的地步。莫言用大量的"丑"的堆砌,对传统意义上的"美""庄严""崇高"进行彻底的亵渎。值得我们反思的是,在解构甚至亵渎传统审美的过程中,莫言以大便作为武器,将其描写得辉煌激越,试图击溃虚伪的现实,这种尝试是否真的成功呢?大便作为一种非审美意义上的丑,对其不厌其烦的、鞭辟入里的描写过程何尝又不是一次审丑的失控呢?我们都厌恶"虚伪",然而大便毕竟是与"不洁""肮脏"甚至"恶心"等标签紧密结合在一起,当对大便的描写已经引起心理甚至生理不适的时候,"大便"作为武器的批判力量也就大打折扣,甚至沦为无意义的宣泄。现代化的进程之中,在现代文明的规训下,畏缩、虚伪、懦弱等"文明病"也随之而来,生命被束缚在文明的囚笼之中日益萎缩。莫言以"狂欢生命"的原始野性击溃虚伪的文明外衣,这让压抑的现代人倍感振奋。然而,对现代文明的反思并不等于对"美""崇高"的彻底亵渎,毕竟笔者就算是绞尽脑汁也难以体会"大便"的"崇高"美,将人体直肠的排泄物与美学意义上由于受阻所爆发出的强大生命力所产生的崇高美相提并论也未免有些言过其实。莫言所创作的毕竟属于文学范畴,在张扬生命强力的同时注重作品本身的审美向度,在情感宣泄中不至于走向失控是作家需要进行平衡的一项工作。

莫言在《食草家族》里的"审丑"失控根源是什么?是作者有意识的对所谓神圣高贵的颠覆和亵渎,还是无意识的情绪宣泄过度?我们认为可能两者皆有之。莫言在参加访谈的时候曾经评价自己"我的文字乱七八杂,我的情感、思维也从来没有清晰过"[①],这当然是其本人一种谦虚的说辞,却也在一定程度上说明了莫言在创作过程中因重情感宣泄而导致的不加节制的问题。莫言本人是十分推崇长篇的,在创作实践上也表现出了其对长篇小说的偏爱。他那种天马行空的想象、气势磅礴的语言浊流、激昂澎湃的内心情感都让他的长篇大开大合,有着摧枯拉朽的气势,这正与他本人所追求的"狂欢生命"不谋而合。然而,在文本整体气势磅礴的同时,情感汹涌炙热的莫言难免在细节的处理上有些粗糙。在高密东北乡系列的六部长篇小说里,我们不难发现一个有趣的现象,莫言笔下的人物很多时候更像其本人情感表达的一种符号。当然,在他创作的众多人物之中,既有"我爷爷""我奶奶"这样奇伟卓拔的性情中人,又有上官金童这样畸形的恋乳癖,还有西门金龙这样充满狼性的投机分子和蓝脸式的高贵魂灵,我们不能否认这些人物个性和形象的鲜明。然而,即使是这些"特立独行"之人,对他们心理和行动的描写也都是"粗疏、简单、缺乏可信的"[②]。某种程度上说,莫言笔下的人物的行为并非是出于人物性格的逻辑,他们更像高密东北乡上的一支"木偶"军队,在莫言这名大将的"指挥"之下各司其职,这在《丰乳肥臀》一书中表现得尤为明显。《丰乳肥臀》可谓一部十分热闹的书,上官家的母亲和她的八个女儿都有着各自的精彩人生,好像一出"你方唱罢我登台"的喧闹戏剧。全书围绕着上官家女儿们的爱情婚姻故事展开民族抗战和共和国成立的历史。为了让各方势力都

---

① 莫言、陈薇、温金海:《与莫言一席谈》,《文艺报》1987年1月10、17日。
② 程光炜:《魔幻化、本土化和民间资源》,《当代作家评论》2006年第6期。

能纳入作者的书写版图,上官家的女儿们的爱情、婚姻和人生境遇被作了归类和划分,这明显是作者有意识的安排和选择。上官家的女儿们为了各自的男人们可谓是不知廉耻、丑态百出,她们每个人都像爱情斗士,爱得轰轰烈烈,爱得弃置礼法,甚至为爱赴死,爱情总是发生在电光火石之间,然而她们为何而爱?这却始终让我们百思不得其解。人物总在一种跳跃式的情感突发中推动了整个故事的情节向前发展,这种毫无章法的人物结合与其说是因为爱情不如说是为了莫言的情绪宣泄。在某种程度上,莫言笔下的人物行动重要的不是时间和逻辑,而是感觉和空间,加之他那种"披头散发""添枝加叶"的写作习惯,造成了文章主线之外的情节"缀段",这在某种程度上也造成了莫言笔下"生命力"的损失。

莫言的审丑失控在《食草家族》里表现得最为骇人,在后来的作品中,虽然也不乏对残酷、饥饿、暴力、性等赤裸而细致的袒露,但是却再也没有达到《食草家族》那般对读者阅读神经的一再挑战。这与莫言的"生命狂欢"书写轨迹虽并非完全一致,却也大致吻合。早期的莫言追求的是极致的"浪漫传奇",生命力的张扬与浓烈的情感涌动相得益彰,而到了创作的后期,莫言的长篇更加追求的是苦难的书写和对人性的探索,"生命狂欢"主题逐渐弱化。这种主题的变化也合乎莫言对长篇的理解,他"认为一个作家能够写出并且能够写好长篇小说,关键的是要具有'长篇胸怀'。大苦闷、大悲悯、大抱负、天马行空般的大精神、落了片白茫茫大地真干净的大感悟——这些都是'长篇胸怀'之内涵也"[①]。莫言笔下"我爷爷""我奶奶"的那种血色浪漫、诗般人生带来一种痛快至极的阅读感受,这种原始野性生命所散发出来的光和热甚至是感人肺腑的。从客观上来说,莫言的"狂欢生命"塑造得非常成功和极致,但是他以此反抗压抑的现代文明,更多的是基于岩浆般炙热情感的猛烈宣泄,大快人心却又对现实无力鞭挞。随着莫言创作的逐渐成熟,作家本人也从这种爱憎分明的情感涌动之中逐渐抽离出来,他依然对历史的苦难和现实的丑陋有着作为一个知识分子的爱憎,但更

---

① 莫言:《捍卫长篇小说的尊严》,《当代作家评论》2006年第1期。

多的是理性批判之后的沉痛。这种转向基于创作动机而言是好的,但是其创作实践却离他倡导的"长篇胸怀"之境界还有一定的距离。

莫言的"长篇胸怀"要有"大苦闷""大悲悯""大抱负""大精神""大感悟"。这中间既包含了整体气势的磅礴,又包含了对历史和现实的清醒认识与理性批判,并要在此基础之上达到一种悲悯和未来精神,达到历史、当下与未来的贯通,从文学层面上形成终极关怀。从《丰乳肥臀》到《生死疲劳》再到《蛙》,莫言视高密东北乡为中国社会的缩影,试图对共和国六十多年的历史和当下做一个整体的反思和把握,然而这种探索却在混沌复杂而又多义的文本之中走向一种尴尬的暧昧状态。从《丰乳肥臀》到《蛙》,莫言试图想要表达的东西很多,但其对历史暴力的反思和批判却是一以贯之的。无论是《丰乳肥臀》里对母亲的旺盛生殖力和强大生命力的礼赞,还是《生死疲劳》里对农民和土地问题的深思,抑或是《蛙》对计划生育的理性反思,我们都能从作品中感到在宏大的历史前面人之生命与力量的渺小,以及残酷历史车轮碾压下人的痛苦与挣扎。我们都说是人创造了历史,然而回望历史,却发现芸芸众生似乎只是被历史"玩弄",如同泥沙被历史之洪流裹挟着向前,顺流而下者也就庸庸碌碌地过完自己的一生,而反抗挣扎者也只能在痛苦中看大势已去。放在广阔的历史视域之下,作为个体的生命所经历的悲欢离合显得那么无足轻重,最后化为《生死疲劳》里的一抔黄土。此刻的"狂欢生命"也就不再是生机勃勃的向上的生命热量,而是历史舞台之上小丑的自娱罢了,这也可说是生命之大悲哀。无论是否是莫言的一种主观选择,他的三部作品都有意无意地表达了历史暴力与生命可悲的主题,然而这种表达并非是随着写作的深入而不断深化的过程,反而在一些同质化的、狂欢化的、缀段性的叙述中被消解,惨烈有余而悲剧不足。从《丰乳肥臀》到《生死疲劳》再到《蛙》,历史暴力的书写并未有什么本质意义上的超越。这种历史暴力悲剧性书写的把握不足在当下叙述则更为明显。对于改革开放之前的共和国历史,"大跃进""人民公社""文革"等重大历史事件,当代社会中的我们是有一个相对"共识性"的评判的,与这段历史的距离让我们可以比较客观地进行是非得失的评价。因此,作家们的写作往往围绕这种共识展

第七章　莫言小说创作与诺贝尔文学奖

开,在"精准"把握的前提下努力把"故事"讲得更加精彩是作家水平高低的重要体现。莫言显然是一个会讲故事的人,因此他可以把改革开放前的共和国历史的荒诞写得啼笑皆非,将狂热写得轰轰烈烈,将残酷写得心惊肉跳。但是改革开放之后的中国进入高速发展的时代,加之全球化浪潮的影响,我们的社会进入一个多元复杂、瞬息万变的时代。我们再也不能找到一个词语或者一种说法精准地概括我们所生活的时代,我们忙于解决快速发展之中层出不穷的问题,可谓焦头烂额。这是一个越来越难把握、让人看不懂的社会,这对作家把握时代精神提出了更高的要求。莫言将长篇所涵盖的历史跨度不断向前推进,然而从《丰乳肥臀》描写上官金童的乳罩公司、司马粮的富可敌国到《生死疲劳》描写上官金龙的金钱帝国再到《蛙》的代孕公司,这三者之间无论是书写手法还是内容本身都体现出惊人的一致性,都呈现了被金钱、权力异化了的荒诞现代中国。金钱社会、权钱腐败确实是当下的社会问题,但是莫言对当下的表达却也不免过于肤浅,这也导致他的长篇总有些虎头蛇尾的嫌疑,共和国历史也往往在当下社会描写的无力之中草草结束。

　　除却历史暴力的批判,莫言的这三部小说都还能阐释出许多非常丰富的内涵。作为一部长篇小说,意味丰富、可阐释空间大当然也是优秀的体现。然而,莫言在多义混杂的文本之中却似乎走向一种混沌。如果作家本人的内心世界并未有一个坚执的精神世界支撑自己,那么他的生命浓度又何以为读者构建一个具有宗教意味的终极世界呢?这也就是莫言所说的"大悲悯"。以《生死疲劳》为例,莫言试图以佛教的"慈悲"为救赎的力量,达到"清净"的生命状态。然而,在莫言的小说世界里,人物总有那么些造反精神,生命总是充满活力而又喧闹不息。在《生死疲劳》中,他写得最淋漓尽致的也是刁小三和猪十六称王称霸的故事。即使是阴郁古怪甚至让人颇有些毛骨悚然的蓝千岁也是粗野有力的人物,这又怎么能说是"少欲无为,身心自在"呢?西门闹代表的是喧闹而不安分的生命个体,他因为仇恨被反复地以畜生的身份放逐回人世间,最终选择忘掉仇恨。但是,冤仇是如何化解的?我们在文本之中并不能找到作家提供的逻辑,莫言只是以一种公布答案的方式告诉我们西门闹决定不再"闹"了。当西门闹对阎王说"我已经没有仇恨了,大王!"的时候,我更多地感受到的是对于一世又一世尘世间恩恩怨怨的疲惫与厌倦,对于继续轮回的恐惧,对于解脱的向往,唯独没有放下之后的超脱。这是否也代表着作家本人对于能够烛照人性的"慈悲"的茫然呢?莫言试图以佛教构建解脱人世苦难,获得心灵平静的文学世界,然而在他的内心深处,佛教却并非他的信仰。当作家本人缺乏信仰的时候,他又如何去说服读者去相信、去放下呢?一切来自于土地,一切归于土地,仍旧只是充满宿命感的悲哀,心灵的归宿在哪里?这是文本并未给予我们答案而我们必须找寻的。如果没有答案,我们就只能如同《蛙》里面的姑姑、蝌蚪等人物,始终被梦魇般的罪感所束缚,不得解脱。莫言虽然一直努力在尝试和找寻,但是却并不尽如人意。正如温儒敏评价的那般:"莫言的叙史既酣畅淋漓又世故,却未能给读者类似宗教意味的那种悲悯与深思,而这正是中国文学普遍缺少的素质。"①

(王倩倩)

---

① 温儒敏:《莫言历史叙事的"野史化"与重口味——兼说莫言获诺奖的七大原因》,《中国现代文学研究丛刊》2013 年第 4 期。

附 录

《灵山》与诺贝尔奖情结

一

1895年11月27日,阿尔弗雷德·伯恩哈德·诺贝尔签署了自己的遗嘱,决定将其全部遗产作为基金,每年以其利息奖给本年度在物理学、化学、生理学和医学、经济科学、文学及和平方面对人类作出巨大贡献的人。

诺贝尔可能没有想到,自己的这份遗嘱将对人类文明产生重大影响,他更没有想到的是自己身居北欧,可这份遗嘱竟会在多年后强烈地牵动着远隔重洋的中国人的心。每年的12月10日,报纸新闻上都会刊载这样一条消息:诺贝尔奖颁奖机构公布当年诺贝尔奖的获得者并为其颁发诺贝尔奖。年复一年,诺贝尔奖越来越受到世人的关注,占据世界总人口五分之一的中国人更是如此。

其实,国人关注诺贝尔文学奖的历史并不久远,虽然诺贝尔奖早在1901年就已设立和颁发,但彼时中国尚在遭受西方列强铁蹄的践踏,在国际上根本没有自己的地位。五四新文化运动爆发后,欧风美雨的浸润冲开了思想文化禁锢的国门,产生了第一批真正意义上的现代作家,并涌现出了鲁迅、郭沫若、茅盾等文学大家。当时诺贝尔文学奖评审委员会也注意到了中国文学的辉煌成就,并曾先后提名鲁迅、林语堂为候选人。后来随着民族危机的加重,救亡图存成了民族的第一要着,中国文学走向世界的历史进程受到了阻碍。新中国的成立开启了中国文学的又一个新阶段,但由于建国后长期受"左"的文艺思想和路线的冲击,中国文学一度曾濒临毁灭,直到新时期以后,中国文学才有了大跨步的发展。此时,诺贝尔文学奖才真正进入了中国人的视野。人们一方面期冀着中国当代作家的折桂，一方面也在惋惜和慨叹历史上曾有望获奖但终失之交臂的机会。伴随着中国作家年复一年的与诺奖无缘，中国人的诺奖情结也越来越重。

这种诺奖情结的表现无非就是两种。一种是对诺贝尔文学奖的盲目崇拜，另一种就是鄙夷对抗的态度。

诺贝尔文学奖作为一种至高无上的荣誉，的确是为了表彰在文学领域作出了独特贡献的人物，某种程度上是对作家文学成就的肯定和认可。诺贝尔文学奖的评选标准就是"奖给在文学界创作出具有理想主义倾向的最佳作品的人"。但是我们也应该清醒地认识到文学作为一种艺术门类其评判标准难以绝对地客观，会受到民族、历史、语言、意识形态等多种因素的影响，主观性较大，文学奖项的设立必然有其局限性，因而能获奖并不等于文学价值一定高超、不能获奖就意味着文学成就逊人一筹。即使是在标志着文学最高荣誉的诺贝尔奖的评定历史中，这样的例子也并不鲜见。一些成绩并不十分突出的二流作家摘取了诺贝尔奖的桂冠，而一些公认的文学大师却被遗漏，比如甚至在国内都被说成是"默默无闻"的波兰女诗人维斯瓦娃·希姆博尔斯卡在1996年被戴上了诺贝尔奖的皇冠，而对整个20世纪文学都产生了巨大影响的托尔斯泰、左拉、易卜生、卡夫卡等人却无缘诺贝尔奖。由此看来我们大可不必盲目崇拜诺贝尔奖，为中国作家获奖与否而狂傲自负，或妄自菲薄，也不必以此为标准来评定中国文学的价值。

不过，无论如何，对诺贝尔奖的鄙夷对抗是欠妥的。之所以产生这种态度，挑剔地说，可能与"酸葡萄心理"的作祟及狭隘的政治和民族主义观念不无关系。有些作家在国内声名显赫但却迟迟得不到国际社会的承认，干脆就说不屑于得奖，或者说不能得奖是诺贝尔奖的西方话语霸权或意识形态偏见使然等。这其实还是跟把诺贝尔奖看得太重有关。2002年诺贝尔文学奖评委会委员、斯德哥尔摩大学中国语言文学系教授、著名汉学家马列尔姗奎斯特（又名马悦然）的弟子阎幽馨博士来华，在接受采访时他就说，中国人对待诺贝尔文学奖的态度和西方人不一样：中国人老是把诺贝尔文学奖看成一个政治性的事物，总是将不能得奖看成一个政治事件，将其跟政治原因联系起来，诸如评委们的政

第七章　莫言小说创作与诺贝尔文学奖

治偏见等,而很难理智地将文学奖与政治看成两件独立的事情。在瑞典,就有很多人对诺贝尔文学奖毫无兴趣,认为它的文学不过就是文学院最喜欢的一种文学而已。在阎幽馨看来,文学奖是奖给个人而不是一个国家的,最多说明了个人文学成就的高低而不能证明他所属国家的伟大;文学是属于全人类的精神财富,它是没有国界的。① 关于这一点也并非只有外国人才看得清楚,鲁迅在 1927 年婉言谢绝诺贝尔奖提名时就曾说:"我觉得中国实在还没有可得诺贝尔赏金的人,瑞典最好是不要理我们,谁也不给。倘因为黄色脸皮人,格外优待从宽,反足以长中国人的虚荣心,以为真可以与别国大作家比肩了,结果将很坏。"② 从中可以看出鲁迅对中国人的虚荣心有着清醒的认识,这也算是国人的劣根性之一。

这种越是得不了奖就越想得奖的情结并不仅仅是发几句牢骚、开几个研讨会那么简单,而是落实到了"行动",不时会有各种混淆视听的"新闻"或者"传闻"。比如王蒙就曾不止一次地被"美国诺贝尔文学奖中国作家提名委员会"提名角逐诺贝尔文学奖;2002 年成都作家罗先贵、罗清和也获得诺贝尔奖"提名推荐"。事后证明,提名王蒙和成都作家的所谓的"美国诺贝尔文学奖中国作家提名委员会"仅仅是个根本不被瑞典文学院承认的民间机构,其主席"旅美作家"冰凌先生也不具备任何提名资格,他所谓的对中国作家的提名和推荐根本就是彻头彻尾的炒作。不过这种闹剧似乎也不仅是大陆才有,2000 年还曾传出台湾作家李敖以其长篇历史小说《北京法源寺》获得了诺贝尔文学奖提名的消息。虽然同样被证明是假消息,但却说明诺奖情结不仅是大陆人的文学焦虑,而是传达出了整个华文文学的心理期待。

随着综合国力的增强,中国在经济、政治等方面都逐渐跻身世界前列,相应的也必然产生大国崛起之后的文化心理需求,要向世界展示中华五千年文明的辉煌成果,让世界了解中国、让中国走向世界。诺贝尔文学奖作为文学领域的最高奖项,自然会成为中国人关注的焦点,获奖

---

① 参见汪宏桥:《国人的诺奖情结》,《社会科学论坛》2003 年第 3 期。
② 《鲁迅全集》第 9 卷,人民文学出版社 1961 年版,第 349 页。

本身固然是一个作家莫大的荣誉；但通过获奖会让世界了解一个国家和民族之文学，打开民族与世界交融的通道，这才是获奖之于文学最重要的意义——打破时空、地域、民族、语言的局限，促进世界文化与民族文化的相互交融，推进文学艺术的发展。华文文学有着悠久的历史和传统，并创造了伟大的文学实绩，但由于汉语的特殊性，中国文学长期以来很难为其他民族所了解，迟迟得不到世界文化的认可。在国人看来，这无疑与中国蒸蒸日上、泱泱大国的地位不相称，也与中国文学的辉煌历史不匹配，因而通过获奖来证明中国文学的成就、来让世界认识中国文学，就成为国人的心理情结和迫切需求。加之，20 世纪八九十年代以来，第三世界和东南亚国家频频得奖，日本已有两位作家先后获得过诺贝尔文学奖，印度诗人泰戈尔也曾问鼎诺奖，更不消说大名鼎鼎的拉美作家加西亚·马尔克斯，甚至南非、埃及、尼日利亚等小国都有作家折桂诺奖。凡此种种，这就更增添了国人对诺奖的期盼。

二

据统计，在诺贝尔奖的历史上，有 10 位华裔科学家（包括中国大陆科学家）获得了诺贝尔科学奖。而在诺贝尔文学奖领域，一个不应被忽略的名字就是高行健，他早于莫言 12 年，就曾荣获了诺贝尔文学奖。

对于文学界来说，高行健的名字并不陌生。1982 年他创作的探索话剧《绝对信号》曾引发了一场小剧场戏剧探索的思潮，模仿法国荒诞派戏剧的《车站》在戏剧界也产生了一定的影响；只是由于其创作的实验性较强，演出场次并不多，一般观众并不太了解。他的剧作集《彼岸》在 1986 年大陆"清除精神污染运动"中遭北京当局查禁，翌年即离开中国大陆赴法国，隔年再以政治难民的身份定居巴黎市郊的巴纽里，加入法国国籍。因此，他后来的作品如法语话剧《逃亡》以及小说《灵山》《一个人的圣经》都只能在海外出版，彻底淡出了国人的视线。直到 2000 年，高行健以代表作《灵山》摘得了诺奖桂冠，成为迄今为止第一位获得文学奖的华裔作家，才重新回到华文文学关注的视野内。虽

第七章 莫言小说创作与诺贝尔文学奖

然《灵山》因 2000 年诺奖而名声大振,但其创作的年代却是在高行健"去国"之前,即 20 世纪 80 年代。因而是一部地道的汉语小说,忠实地记录了作者当时的思想、情感以及对世界的认知。但这部汉语小说却并非为华语读者所最先熟悉,而是先以其译文获得了世界读者的青睐,直到获得诺贝尔奖之后才进入华语读者的视线。

高行健能够获奖有着方方面面的因素,是一个历史合力的促成。

首先,意识形态是一个不能被忽略的因素。从高行健的履历来看,他"流亡作家"的身份本身就极具意味。从诺贝尔文学奖的历史来看,政治意识形态色彩确实存在过,比如对帕斯捷尔纳克、索尔仁尼琴等前苏联的流亡作家的偏爱。而如果说高行健身份的特殊性本身就使诺贝尔奖带有意识形态的嫌疑,那么高行健在颁奖典礼上充满政治意味的答谢词《文学的理由》更是这种嫌疑浓墨重彩的注脚。他在演讲中不仅提到一些流亡作家如托马斯·曼、索尔仁尼琴等,并且一再强调"逃亡"之于文学尤其是中国文学的意义,因此在高行健获奖之后就有人尖锐地指出诺贝尔文学奖不是从文学的角度评选,而是有其政治标准,已被用于别有用心的政治目的。[①]

其次,《灵山》能以华语小说折桂诺贝尔与其得力的翻译、介绍和评论是分不开的。《灵山》最早是由台湾联经出版公司 1990 年出版,后经诺贝尔文学奖评委会委员、著名汉学家马悦然翻译,于 1992 年用瑞典文在瑞典出版,1995 年《灵山》的法文版出版,2000 年又出版了英文版。可以说《灵山》在翻译介绍方面有着得天独厚的优势,因为马悦然既是诺贝尔文学奖评奖委员会的委员,同时还是其中唯一一个能阅读汉语原著的人,他对汉语小说的评价可以说在整个评奖委员会中有着举足轻重的作用;而他对高行健作品的偏爱,的确对《灵山》的传播与接受起到了不可小觑的影响。此外,刘再复、赵毅衡等文化名人对《灵山》的高度评价也为高行健的获奖起到了"摇旗呐喊"的作用。相比之下其他很多优秀的中国作家的作品要么缺少好的翻译而隔断了和世界读者的沟通,要么即使被翻译成外文但没有高明的评论解

[①] 参见 2000 年 10 月 14 日《江南时报》。

读而未能在文学精英阶层引起大的反响,因此阻碍了他们走向诺贝尔之路。

当然高行健之所以能获得诺贝尔文学奖,主要还在于他的艺术创新。《灵山》的获奖理由即是"其作品的普遍价值,刻骨铭心的洞察力和语言的丰富机智,为中文小说和艺术戏剧开辟了新的道路"。的确,我们既在《灵山》中看到了中国作风、中国气派,比如作者发挥了传统文学的涵容性,融风物地理志、神话寓言、传奇史话、章回、笔记等于一炉,在看似漫不经心的随意中寄寓了大量的精神沉思;同时又看到了对西方的宗教观念、个人精神的理解,他"通过一个在困境中的作家沿长江流域进行奥德赛式的流浪和神游,把现时代人的处境同人类普遍的生存状态联系在一起,加以观察"[①]。这种东西方文化传统和精神理念在小说中的综合,使得全世界的读者都能有自己进入文本的方式和途径,并对小说作出自己的理解和阐释。

正因为高行健的获奖是多种因素综合作用的结果,所以他获奖之后国人的反映也不尽相同:有人赞赏也有人批判。其实对我们来说,最切实际的态度并不在于争论高行健有没有资格获奖;作为已经发生的历史,这样的争论不具备任何意义。有意义的是,我们从中能得到怎样的反思和启示。

上面说过,《灵山》作为高行健的代表作,虽然在 2000 年摘取诺奖桂冠,但早在 20 世纪 80 年代就已写就,是一部地道的汉语小说。虽然《灵山》创作的年代已经比较久远,它在人们的视线之外沉睡多年,但现在它的获奖给了我们重新认知、解读它的机会,正如福柯所说,"重要的不是话语讲述的时代,而是讲述话语的时代"。该书长达六七百页,全书共 81 章,分为三个层次,分别由第一人称的"我"、第二人称的"你"、第三人称的"她"来叙述。小说没有连贯性的人物和故事,如果非要说有什么"故事",那也不过是"我"在寻访传说中的灵山过程中的所见所闻、所思所感而已。来自北京的知识分子"我",被医生误诊为肺癌,经历了一场生死的戏剧转变之后,只身出走中国南方,游历长

[①] 刘再复:《百年诺贝尔文学奖和中国作家的缺席》,《北京文学》1999 年第 8 期。

第七章 莫言小说创作与诺贝尔文学奖

江流域的民间,在这一过程中记下了事物的现实和内心的现实。倒是小说的结构有些纷杂,书中没有具体的人物形象,"总体上是用第二人称'你'称谓主人公和用第一人称'我'称谓主人公的隔章变换更替叙事角度的手法来促进小说情节发展的"①。而实际上,"第一人称'我'同第二人称'你'实为一体,后者乃是前者的投射或精神的异化"②。这其中又夹杂着"你"和"她"邂逅的故事。在主要由"我"和"你"的叙述构成的文本中,"我"是现实存在着的,在旅行中,一路捡拾了诸多历史故事、民间传说、地志、民谣、古迹文物介绍等,从几百年以前的民俗到"文革"后的故事应有尽有,例如土匪头子宋国泰的故事(第4章)、彝族歌手的情歌(第20章)、山区毒蛇的传奇(第30章)、神农架的野人(第57章)……"你"是"我"的精神性存在,在"你"的精神游荡里,一部分是"你"与代表了不同的女人的"她"的故事,另一部分则是"你"给"她"讲的故事、传闻:朱花婆的故事(第13章)、李氏太爷的传奇(第15章)、乡下女人偷汉子的故事(第31章)……这些民俗、传说、故事大都支离破碎、星罗零散,构成了小说的主体。其余则是"我"和"你"在旅途中生发出的各种感想、冥思和议论,从古至今、从生到死、从具象到抽象、从形而下到形而上。

小说以人称变换连缀文本,但这样复杂的叙事手法连接的其实是一个非常松散的故事,全书章节很多,但每一节都可自足,读者甚至可以凭着兴趣使然从任何一节开始看起,并不会对理解小说产生什么障碍。这种散淡倒有些中国古代文学文赋一派的路子,事实上,《灵山》的确是有着中国作风、中国气派在里面的。

《灵山》中多次提到过"笔记小说"这个词,如第22章、第48章等,似乎流露出对中国古代这种文体样式的赞赏。我们发现,用"笔记小说"来称呼《灵山》似乎也是一种不错的选择。它似乎是一个游历笔记,但却不同于传统的游记,它带有史诗性,是把中国人的命运、历史、文化等处境绑置在一起的漫游。尤其是把千年来始终绵延不绝而又被

---

① 王京钰:《解读〈灵山〉中的"你""我""他"》,《辽宁工学院学报》2006年第5期。
② 刘再复:《百年诺贝尔文学奖和中国作家的缺席》,《北京文学》1999年第8期。

历代政权抑制的文化,把被主流文化一直忽略和损伤了的民间文化叙述了出来。换言之,是通过游历和寻访,把一些文化精神的质素以笔记的形式呈现了出来。甚至高行健自己都说"《灵山》是以人称替代人物,以心理感受来替代情节,以情绪变化来调整文体,无意讲述故事又随意编造故事,类似游记又近乎独白的这样一部小说"①。阅读此书,可以看出中国古小说的观念对作者有着很深的影响,从风物地理志、志人志怪到神话寓言、传奇史话、章回、笔记、杂录等,高行健似乎在试图回到古小说的格式传统,融各种文体于一炉,在旧形式中获得新形式。事实上,以文化传统来看,中国文学并不擅长叙事,古代文学虽然也有话本、章回一脉,但在叙事方式、叙事技巧上却都比较简单,而整个20世纪中国文学更是一直在学习西方的因果叙事。高行健放弃了对故事的执著,转而以一种类似散文的笔法来组织小说,正好发挥了传统文学的涵容性,在看似漫不经心的随意中寄寓了大量的精神沉思。

　　2000年10月19日,高行健在法兰克福演讲时说道:"《灵山》是一部孤独的作品,是我自己浪游在中国中部的孤独之作。是一本关于中国的作品。我对中国文化、中国的传统,有一个伟大的爱。"那么《灵山》里的中国文化是怎样的一种文化呢? 在高行健看来,中国文化有四种形态:其一,是同中国历代封建王权帝国联系在一起的所谓正统文化,以及同帝王将相和士大夫的生活方式联系在一起的珍稀古董,与之相应的还有以儒家为代表的伦理教化与修身哲学;其二,是从原始巫术演变出来的道教和从印度传入再加以改造过的佛教,虽然有时也为帝王提倡或加以利用,却始终保留宗教文化的独立形态,又不同于西方的基督教文化,从未取代政权,占据正统,对中国文化的发展也就不构成压迫,相反往往成为文人的避难所;其三,民间文化,从多民族的神话传说、风俗习惯到民歌、民谣、演唱、说书、舞蹈游艺乃至由祭祀演变而来的戏曲以及话本小说;其四则是一种纯粹的东方精神,主要体现为以老庄的自然观哲学、魏晋玄学和脱离了宗教形态的禅学,并且成为逃避政

---

① 高行健:《文学与玄学·关于〈灵山〉》,《诺贝尔文学奖冲击波》,中国文化出版社2000年版。

治压迫的文人的一种生活方式。① 高行健认为,他在《灵山》中所着意的文化是后三者,因为前者尽管有时十分辉煌,却窒息人的个性,后三者则孕育了中国古典文学中最富于创造性的作家和作品,并且浸透了一种隐逸精神。他要以此来展现中国文学有别于西方文学之处。他上溯中国文化的起源,从对远古神话传说的论释、考察,到汉、苗、彝、羌等少数民族现今民间的文化遗存,乃至当今中国的现实社会,把现时代人的处境同人类普遍的生存状态联系在一起加以观察。

我们在《灵山》中的确看到了高行健对边缘文化的展现和痴迷,他试图探寻不同于黄河流域中原文化的长江流域古文化,歌咏与儒家的伦理理性主义相对立的自然、自在的人情人性。在远离政治和现代文明中心的边缘,民间社会的价值观念、生存方式,诸如江湖把式、巫术、风水、道场、少数民族风俗、地方戏曲等次第登场,一种原始的、神秘的气氛笼罩着小说。从引诱男人的朱花婆到美丽神秘的女医生,从凶悍的土匪爷子到雕刻天罗女神的老人,民间文化、边缘文明混浊而又生机勃勃的气息扑面而来。在这里民主自由的精华和落后愚昧的糟粕交杂在一起,构成了一种独特的藏污纳垢的形态,"人类原始生命力所迸发出来的对生活的爱憎、对人性欲望的追求,是任何道德说教都无法规范、任何政治条律都无法约束,甚至连文明、美之类的抽象概念都无法涵盖的野性和深沉"。② 这焕发着活力与灵性的文化,俨然是"民族之灵",让民族的躯体保持着常新。正是在这里,自我的生命意识与民族的灵魂得以一同复苏。

《灵山》是"一部朝圣小说",主人公对灵山的追寻是一个象征,他要找寻的已不是一座山、一个地方,而是自己的、民族的灵魂。在反反复复的穿梭寻访中,主人公得以将自己的灵魂融入民族历史、文化的长河,将民族精神寄寓个人的躯体。如此,个人的灵魂有了伟大的承载力,而民族的灵魂有了感性的落脚点。于是,灵魂便真正有灵了。《灵

---

① 高行健:《文学与玄学·关于〈灵山〉》,《诺贝尔文学奖冲击波》,中国文化出版社2000年版。
② 陈思和:《民间的浮沉:从抗战到"文革"文学史的一个解释》,《陈思和自选集》,广西师范大学出版社1997年版,第207页。

山》对历史、文化的追寻"通过作者这'最有活力的灵魂'将其激活,幻化为人物、掌故、传说、故事,使之成为流动的、幻象的文化。那充满着诱惑的、既妖娆又善良的朱花婆,带着神巫色彩,连同那幽深的灵水,灵水中漂浮的殉情倩女的幽魂,充满灵气的青鸟,把我们带入了民族文化的躯体"①。每一个灵动的文字都是文化的脉搏,每一声颤栗的尖叫都是历史的回音。在文化、历史的深海,去探寻的"你""我""她"都是深海里游弋的鱼儿,四处寻访夜幕下跳动的文化精灵。吸纳天地灵气的山林,幽深奔腾的涧水,"还有晋代大司马府中剖肚洗肠的女尼,吊脚楼骁勇的女贼,以及魔性上身时的老歌师,都是民族文化闪亮的珠贝的化身。而历史、文化的幻象又是统摄于心灵的,与现实的游历相映照的是心灵漫游的展开。心灵在现实的召引下展开东方式的静思玄想,于是现实便成了心灵世界的一部分,一草一木都被赋予了灵性"②。借助于佛教禅宗,高行健展开了对精神彼岸的一程又一程的追索,这其中充满了老庄式的物我两忘的境界。到了最后,"我"找寻到的"灵山"便是这万物皆灵的世界。作者通过那些随意流淌的故事、那些玄妙变幻的传奇向我们呈现了一个完整的心灵的宇宙,这或许就是高行健所主张的"个人的文学",世间万物庞杂,只有心灵是一切的起点,同时也是终结点。

《灵山》似乎是一部"意识流"小说,通篇充满了作者的精神漫游,在缺少故事情节的起承转合的铺垫下,这种精神的漫游姿态是通过人称的变换来实现的。《灵山》形式上用了第二人称的"你"、第一人称的"我"、第三人称的"她"来叙述(还有少许第三人称的"他",不过是"你""我"的变形),但实际上真正作为叙事者的只是"你"和"我"。作者在小说的第52章对这几种人称进行了解释:"这漫长的独白中,你是我讲述的对象,一个倾听我的我自己,你不过是我的影子。当我倾听我自己的时候,我让你造出个她,因为你同我一样,也忍受不了寂寞,也

---

① 《〈灵山〉观感》,参见 http://handsker.spaces.live.com/blog/cns!C537A8F6F1F4F0F3!105.entry#comment。

② 同上。

要找寻个谈话的对手。你于是诉诸她,恰如我之诉诸你。她派生于你,又反过来确认我自己",之后,"她之化解又导致我之异化为他之出现"。从中我们可以看出,"我"是一种现实存在的、经验的,"我"在数万里的游历中,见证了长江流域和大西南的多种民俗、自然风光,在这个过程中"我"得到了各种对自然万物的高度主观化的性灵感受和禅悟。"你"是精神性的、超验的,虽然"你"是附着在漫游过程中的"我"的影子,但在小说的具体叙事中,"你"是以独立于"我"的一个叙事者的立场出现的,完成了另一种"向着女性世界的灵与肉、向着在跟女性对话中的空想世界的一种漫游"①。至于"她",从作者自己的解释"你于是诉诸她,恰如我之诉诸你"来看,"她"似乎只是"你"的一个谈话对手,而实际上,"她"并不是一个独立完整的人物,"她"有时是个个体,特指某一女性人物,有时则是个复数,是抽象的女性集合。就拿个体形象来说,就有"你"在乌伊镇凉亭上邂逅的"她"、狐狸精未亡人"她"、漂亮的女医生"她"、县图书馆女管理员"她"、在舞会上认识的女人"她"、采集标本的姑娘"她"等。因而小说中的"她"是不固定的,但这些"她"都指向了一个共同的表征,即"主体对于无法直接沟通的异性,种种不同的经验与意念"②。正是"她"与主体的这种相异性构成了"你"和"她"的对话交流以及交流中无法共鸣的认知和由此产生的忧伤。小说全篇除有个别的顺序调整及偶尔的第三人称"他"和无人称使用外,总体上是以第二人称"你"和第一人称"我"的隔章变换、更替叙事角度的手法,来促进小说情节发展的。

　　这种身份的变幻使作者的陈述变得随心所欲,语言能量和叙事张力得到极大释放。多重的身份使作品拥有了多重倾述与被倾述的关系:"你"与"我"互不干涉的倾诉,"你"与"我"或"他"的直接交流,而整个作品又是"你""我""他"三位一体的独白。作品不再为情节、环境所累,人物之间、作者与读者之间拆除了现实与文本的阻隔,直接接

---

① 《高行健获奖作品研讨会》,参见 http://blog.sina.com.cn/s/blog_4b9b3d59010009xh.html~type=v5_one&label=rela_nextarticle。
② 赵宪章:《〈灵山〉文体分析》,参见 http://chin.nju.edu.cn/smf/index.php?topic=5287.0。

触到彼此的心理现实。这种身份的变换还拓展了创作主体的心理涵盖领域，多重身份延伸出来的多重心理，彼此交融、映照，营造了一种神奇的美学效果。"我"面对现实的心理、"你"在想象中神游的心理、以及"她"隐秘的女性心理，都得到了淋漓尽致的表现。瑞典文学院因此特别表扬高行健"是为数不多的能对女性的真实以同等注视的男性作家之一"。另外，人性的复杂性也在身份的变换中得到了深刻的展示。从"我"到"你"到"她"，人性在具体的形象下呈现出不同的样态。

这种人称变换的创作手法极为独特，是一种大胆的叙述技巧的实验。《灵山》创作于20世纪80年代，正是作者孜孜不倦地以西方现代派戏剧对中国戏剧进行改造之时，作者似乎把对于戏剧实验的迷恋移植到了小说文体中，使一部关于古老的历史文化、民族精神的小说透露出先锋的色彩。

高行健在对小说进行文体实验时，也不忘发挥中国古小说传统中重视隐喻、暗示、象征的特点。拿小说人称称谓的设置来说，除了我们在上面提到的文体实验以及其取得的美学效果，这种手法其实也可以看作一种现实的隐喻。作者消除了名字烙在个体身上的印记，然后我们发现个体的独特性如此轻微，去除了名字我们似乎就丧失了自我的身份，丧失了自我认知的凭证，我们就混同在千千万万的个体之中，并不曾有自己独特的面目。事实上也的确如此，作者通过名字的退场，让我们认识到名字不过是存在给我们的一个虚妄的许诺，似乎以此来证明个体的意义和价值，其实对于大多数人来说名字不过是一个抽象的符号、一个虚空的象征，当肉体生命湮灭之后，名字所代表的意义指向的只是虚无。因而对大多数人来说，我们只是汇聚成大海的那平凡的一滴，名字是形同虚设的，然而我们似乎并不曾意识到这些，倒是作者以他敏锐的感知和体悟向我们暗示了这一点。比如说小说中那些次第登场、穿梭于历史时空中的女性形象就只有一个共同的所指——"她"，初看之下令人感觉颇为混乱，但仔细想一下，历史上的女性就是没有名字的，在家从父、出嫁从夫，一生的称谓不过是"某某氏"，父姓、夫姓就构成了对一个鲜活灵魂的范围，即使是进了祠堂、上了族谱，留下的也只是对于她们存在的否定。于是从历史走到今天的女性，可不就只是一个"她"吗?!

小说第 62 章里,高行健描绘了一个找钥匙的场景,"十分钟前,他生活都还井井有序",但钥匙丢了以后,"他的生活就成了一堆垃圾。……他不能不激愤,可又只能怨他自己。这怪不得别人,是他自己失去了自己房门的钥匙,弄得这样狼狈不堪。他无法摆脱这团混乱,这种被弄糟了的生活"。这很容易使人联想到一位朦胧诗诗人梁小斌的著名诗篇《中国,我的钥匙丢了》。通往世界、幸福、理解、人性、灵魂等的铁门深锁,一个丢了钥匙的人,在苍茫的天地间只剩下迷茫无助、疑虑困惑和精神的迷惘。"钥匙"成为了一种象征,"他"在大街上落寞地行走与梁小斌"十多年前沿着红色大街疯狂地奔跑"也仿佛传达了同一种找寻的意象,那是对摆脱生存之苦的探询、是暗示心灵道路的回归。

还有关于"野人"的描写。"临了,总算把它逼出来了,全身上下赤条条的,举手投降,扑通一声跪倒在地上,只有副眼镜,用绳子套在头上,镜片一圈圈的,磨损得像毛玻璃一样。……这几个上去,把他眼镜除了,用枪管撩拨撩拨他,厉声问:你要是人,跑什么?他混身哆嗦,噢噢乱叫。有个伙计拿枪顶了他一下,吓唬他说,你要再装神弄鬼,就把你毙了!他这才哭出声来,说他是从劳改农场逃出来的,不敢回去。问他犯什么罪了?他说他是右派分子。"我们先不论作者在这里是否寄托了什么政治情怀,只说"野人"意象的选择,被剥夺了身份合法性的知识分子,其本身就成了一种荒谬的存在,天地虽大竟然难找容身之处。然而这种悲凉的处境并没有凝固成历史刻骨铭心的教训,反而流传成了"听来人人快活"的"开心的故事",只是故事背后人的残酷却不曾被点破。

受西方现代主义文学的影响,高行健作品的实验性和前瞻性特质是比较突出的:

"你"与"她"的对话贯穿全书,这种表现形态与中国传统小说大相径庭,而且这种对话往往抽空了时间、背景,成为一种纯粹的"语言流"。这与作家所想要达成的美学效果有关。全书涌动着的都是作家不同精神层面的思想交锋,以及对世界的记忆、冥思和想象,在这种精神性的呈现里,一切的存在和真实都不过是意象的存在和真实,是"意识流",如果套上真实的时间、地点、人物,反而显得滑稽。

　　传统小说中的线性时间逻辑在《灵山》里同样被颠覆了,作家引领读者往来穿梭于过去、现在与未来之中,规避了传统的时间观念。当时间从现实中退场,一切永恒的东西如痛苦、困惑、崇高、想象等就从时间的平面下凸现出来,其本性和意义得到了最引人注目的表达。

　　《灵山》在对人的历史存在和自然家园的精神追寻中不乏宗教倾向的体现,虽展现的是佛家因缘,但其中也暗含基督教的精神。"灵山"这个名字本身就透露着云飘月逸、幽渺空濛的意境,没有丝毫市井的戾气,加之许多佛教圣地都取有"灵山"之意,因而"灵山"本身就内蕴着丰厚的宗教、文化内涵。高行健在《我与宗教的因缘》中曾说:"人们老说道教对我的影响,实际上佛家对我的影响很深,我对禅宗尤其倾心。佛教对我的影响,可在《灵山》里看到……六祖慧能启发我:什么都可以放下,你放下,也就放下了。"①不管作家的实际生活是否如此,至少在作品中我们可以看到作者的禅机妙语:

　　　　"老人家,请问灵山在哪里?"
　　　　"你从哪里来?"老者反问。
　　　　他说他从乌伊镇来。
　　　　"乌伊镇?"老者琢磨了一会,"河那边。"
　　　　他说他正是从河那边来的,是不是走错了路? 老者耸眉道:
　　　　"路并不错,错的是行路的人。"②

　　灵山已不再是一个确切的地方,而成为一种虚无缥缈的目标。一个本无心成圣的凡胎肉身,在尘俗生活中受现实人生的诸多羁绊,寻佛不得也是因缘所致。"'河那边'是'希伯来'的本义,原是上帝所给的应许之地,希伯来民族历经千年万劫,也不能完全如愿以偿,上帝当然没有错,错的只能是希伯来人。在作品中成功地是对人的历史存在和自然家园的寻找,这是现代人在消费文化时代重新确立自我价值、向自然回归的集体无意识表征,是今天的人类在追求物欲满足之外的一种精神

---

① 高行健:《我与宗教的因缘》,《亚洲周刊》第 51 期,2000 年 12 月 24 日。
② 高行健:《灵山》,香港天地图书有限公司 2000 年版。

第七章 莫言小说创作与诺贝尔文学奖

自救行为。"①虽是佛家禅宗,但也符合欧洲人的宗教观念和他们对个人精神的理解。

高行健对西方现代主义技巧的借鉴,在句式结构上也有着明显的体现。爱尔兰文学巨匠詹姆斯·乔伊斯的《尤利西斯》,最后一章为了表现莫莉的心理活动,用了很大的篇幅描写她的内心独白,全章共八大段,除在第四段和第八段末尾各加了一个句号外,没有任何其他的标点符号,以此体现人物意识的自然流动。这一技巧也被高行健用在了《灵山》里,且第72章都是以读者的口吻、站在读者的立场与作家探讨这部小说的创作观念和技巧,明显是西方解构主义思想的体现。

由此可见,高行健在小说中是综合了东西方的文化传统和精神理念,因而才使全世界的读者都能有自己进入文本的方式和途径,并对小说作出自己的理解和阐释。香港《苹果日报》社社长董桥,在获悉高行健获奖后说:"中国作家题材可以是传统的,精神也应该是中国的,但作者本身的视野必须广阔,信息要提到更高层次,不能有狭隘的心胸,而且要超越时空,让外国的读者也能有代入感。"②这倒与马悦然对高行健的评价如出一辙:"他的东西,当然背景、人物,都是中国的,但是没有一点所谓'中国味道',外国人完全可以心领神会。"③对高行健小说的这种理解和评价,以及高行健小说在世界范围内得到的认可,或许可以给自以为是的中国文坛提个醒,什么才是"越是民族的就越是世界的",怎样才能让中国文学真正为世界读者所了解。

当然,高行健的小说也不是毫无缺点,比如他在小说中对对话和人物行为的过度依赖,固然是创作技巧的新的实验,但从中也看出戏剧创作对他的巨大影响。小说毕竟是不同于戏剧的另一种创作门类,虽然可以吸收其他门类的经验技巧,但借鉴的限度在哪里,又如何使不同门类的创作技巧浑然天成地融合为一体,这些都是我们在阅读高行健的小说时值得反思的问题。

---

① 李春霞、陈召荣:《解读〈灵山〉》,《河西学院学报》2003年第4期。
② 郑汉良:《董桥:高行健创作不凡功夫让人折服》,原载于2000年10月14日网易。
③ 转引自刘姝赟、姜红明:《论〈灵山〉与中国人的诺贝尔文学奖情结》,《探索与争鸣》2003年第1期。

高行健的获奖固然可以看作华语小说的荣耀,但他更多地是让华人体会到了华语文学的尴尬:大陆读者熟悉的是他早期的剧作,但那都是些对西方现代主义的实验;后期他着力书写中国的"过去",然而他的读者却少有中国人;他成名于20世纪80年代的中国戏剧舞台,却长久地生活在我们视野之外;西方人看重的是他身上的东方色彩,而在中国人的眼中,他一直是西方现代主义先行者的面目,是另一种"彼岸"。

　　无论怎么说,高行健在20世纪的最后一年以中文创作获得诺贝尔文学奖是华语文学的一件大事,至于由此引起的争议,或许借用高行健自己的一句话就能获得最好的解释,这是华语文学的"荣幸",只是全世界尤其是中国文坛"还没有时间了解究竟发生了什么事"。

(董　雪)

第八章 《上海宝贝》与"另类"文学

第一节 "70后"出场与"另类"文学的生成①

《上海宝贝》及"美女文学"等一批作品是"70后"作家创作的。为了解事情的来龙去脉,我们不妨先从"70后"作家说起。一般来说,人们普遍认为"70后"这一概念是由《小说界》首先提出的,它从1996年第3期开始推出了一个"70年代以后"的栏目。后来陈卫以李安之名在《芙蓉》1999年第4期上发表文章称,最早提出"70后"这一概念的是1996年南京的陈卫编印的刊物《黑蓝》,其封面上公然打出"70后——1970年以后出生的中国写作人聚集地"字样。但是在诗歌的拥趸者已经成为相对狭窄的"小众"的当代文化情势下,这种"70后"的说法似乎在提出的伊始并没有引起太大的反响,而真正在文坛上引起了轩然大波的恰是以《小说界》为首的集体行动。

1996年,《小说界》推出"70年代以后"栏目,专门刊载70年代出生的作家的作品和个人简介,到1999年共发表14位女作家的23篇作品、8位男作家的11篇作品。这样一个比例并不存在后来人们所非议的对男作家的遮蔽,但它的确也从一个侧面反映了作家性别构成上的阴盛阳衰,无论是在作家数量上还是在作品数量上,女作家都占据了绝对优势。"这种'性别构成差异'落实到写作风格上,就使'个人化写作'无可避免地转向为'女性私人化写作'即女作家写自传性小说、披露个人隐私。"②在作品选择的倾向性上,"绝大多数作品中都包含有对

---

① 本节参照了邵燕君《倾斜的文学场——当代文学生产机制的市场化转型》一书中的部分观点,特此注明并向作者表示感谢。

② 邵燕君:《倾斜的文学场——当代文学生产机制的市场化转型》,江苏人民出版社2003年版,第187页。

极端的个人隐秘体验、尤其是女性性体验的书写"①,从而无意中将"70后"的创作演化成了"美女文学"或"时尚女性文学"。

相比于《小说界》在作家选择上的含蓄,《作家》1998年7月的"70年代出生的女作家小说专号"则直白得多。该专号不仅仅是集中推出了卫慧、周洁茹、棉棉、朱文颖、金仁顺、戴来、魏微7位女作家的作品,还在每位作者的作品前后配发一位批评家的短评和作者自己的创作谈,更引人注目的是每位作者都配发几张照片和说明,看这一期《作家》里的小说首先看到的是作者的照片。这些故作姿态的照片完全改变了当代作家固有的形象,由传统的老成持重转变为毫不掩饰的矫揉造作。这种图文阅读给人造成的无疑是一种视觉上的冲击以及心理暗示性质的照片与小说、作家本人与故事文本的"互文"效果。并且作者在小说中大量使用第一人称无疑给人造成一种自传体或半自传体的心理暗示,这成了专号最大的卖点(也是其此后受到非议的所在)。该专号的策划者宗仁发、李敬泽、施战军在谈起策划经过时,称它缘起于一次关于"70年代人"的谈话,而他们之所以关注"70年代人","很大程度上缘于他们新锐而尖细的声音处在被遮蔽的处境"。② 在这次谈话中,他们注意到了这一代作家阴盛阳衰的局面,但也有两位男作家——丁天和陈家桥得到了推崇,他们不但评价陈家桥的小说"查询出平常世事中那些岁月折叠处的隐秘"、"与终极性命题有关",而且称赞丁天"给'70年代人'赢得了很大声誉",不会使太多的人对这代作家"嗤之以鼻"。③ 然而,此后在推出专号时他们仍然抛开了这两位男作家,以清一色的"娘子军"冲击文坛。后来,《作家》还刊登了"《〈作家〉·70年代出生的女作家小说专号》笔谈",集中刊发了几位青年作家、记者和高校在校生对"专号"小说的评价,其中也有对这些作家的质疑,但大都是欲扬先抑,只有肖铁的《照片和小说》算是唯一持否定态度的短文,被安排在"笔谈"的最后。由这种版面设计可以窥见杂志或者编辑

---

① 邵燕君:《倾斜的文学场——当代文学生产机制的市场化转型》,第260页。
② 宗仁发、施战军、李敬泽:《被遮蔽的"70年代人"》,《南方文坛》2000年第4期。
③ 宗仁发、施战军、李敬泽:《关于"70年代人"的对话》,《南方文坛》1998年第6期。

的态度:面对"专号"引起的轩然大波,以"第三者"的身份来对其表示肯定,而为了显示客观和公允,也吸纳了部分反对者的声音作为一种点缀,实际上要突出的却是"瑕不掩瑜"。

"女作家专号"的推出仿佛一场有预谋的"演出",策划者尽管在学理上对作家群的阴盛阳衰表示了担忧,但在实际操作时仍然刻意为之,不能不说有着更深层的原因。专号推出的大背景正是期刊改版风头正劲的时期,吸引读者的眼球成为生存的首要法则;当时也正是"70后"在各种文学期刊上崭露头角的时期,能否抓住一个正在兴起的文坛热点、成功捧红一部分作家对一本文学杂志来说也是显示自我实力的确证方式。而这一切归根结底还是要归咎于大众文化的作祟。正是在读者趣味决定杂志生存的状况下,《作家》才会采用一种很"俗"的方式,以一种带有暗示性的文本,在进入阅读之前首先给人一种视觉和心理上的冲击。这种操作其实更接近于通俗文学的方式。应该说纯文学与通俗文学在创作动机、生产方式、衡量成功与否的标准、受众的专业素质之间都有着根本的区别,但是在改制的大环境下杂志要自负盈亏,就不得不正视文学所处的背景,市场原则使他们不得不考虑杂志的销量问题。在这种前提下,推出一个栏目能否引起公众的注意就成为必须面对的问题。推出什么?如何推出?即使在内质上要维持它的文学性、纯粹性,又怎样至少在噱头上做足文章,迎合大众读者的趣味,成为杂志在文学与市场之间的走钢丝游戏。

另外值得注意的是,在"女作家专号"中被置于"头条"位置的卫慧在她的一张照片下标注着这样的文字:"穿上蓝印花布旗袍,我以为就能从另类作家摇身一变为主流美女。"可以说这成为此后"美女作家"一词诞生的直接契机,而李敬泽等人也被媒体称为"美女作家"一词的创造者。① 有趣的是,在时隔两年之后,宗仁发、施战军、李敬泽又组织了一次《被遮蔽的"70年代人"》的对话,在对话中他们严厉批评了"70年代出生作家被遮蔽的问题":"男作家似乎弱于女作家,作品散见于杂志的女作家似乎弱于出作品集的女作家,出作品集的女作家似乎弱

---

① 参见《走进搜狐聊天室》,2001年11月4日《天津青年报·阳光周刊》。

于出长篇的女作家。这种现象是书商与媒体的合谋,是'好卖原则'的制导,文学的艺术标准被利润的追求和猎奇的欲望所掩埋,癫狂状态遮蔽了自然生长状态","大众传媒的商业化炒作达到了无以复加的程度,严重扰乱了文学视听",更指责"美女作家"是"一个荒谬的媒体话题","是给男权社会受众的一个噱头"。① 在这次对话中宗仁发指责媒体将"美女"和"作家"这本来并无关系的两者硬扯到一起,"由这个话题而起的一系列波澜像一个媒体阴谋,先刻意制造出美女和作家的虚假联系,然后再来批判这种联系,这个过程中受害者是被命名为'美女作家'的人"。这样的批评对"70 后"所处的文化环境以及他们的整体来说是成立的,但是具体到个体却未必贴切。"'美女文学'毕竟是在体制内文学杂志诞生、演化而成的,它的风云一时说明它在 20 世纪末的文学体制内赢得了生存的合法性"②,而且也不见得被称作"美女作家"的人都是受害者。如果说"美女文学"这一现象的诞生的确是利用了一些概念的含混性,对一些理论进行了有意的扭曲,比如"女性主义本来是作为激励女作家反抗男权秩序的旗帜,但却被用作变相满足男权欲望的旗号;'个人化写作'使'私人生活'具有了神圣性,同时也具有了可兜售性"等③,一些作家也的确在这种对她们私生活的窥探和炒作中受到了侵犯,如果这可以被渲染为"受害者"的话,那么是否也可以说她们也是这种炒作的"既得利益者"呢？因为炒作给她们带来的直接后果就是作品销量的直线上升和迅速走红,一些作家借助于此得以在极短的时间内出作品集、出长篇并且获得了丰厚的版税收入。

如果说"70 年代出生的一些作家成名的方式与其作品的联系太少,而与其生活状态的联系太多"④,那么这种联系首先也是由作家自己提供给媒体,或至少是默许的,至少像"女作家专号"上那种故作姿态的照片都是作家自己提供的。也许那些在"美女文学"的混战中指责媒体炒作、并扮演着一个道德自律和他律者角色的纯文学期刊并没

---

① 宗仁发、施战军、李敬泽:《被遮蔽的"70 年代人"》,《南方文坛》2000 年第 4 期。
② 邵燕君:《倾斜的文学场——当代文学生产机制的市场化转型》,第 261 页。
③ 同上书,第 264 页。
④ 同上。

有宣称的那么"纯洁",因为是它们首先将这些作家和这种文学推到了一个暧昧不清的境地和歧路的边缘,因而给炒作提供了想象的空间和契机,例如曾对"美女文学"提出严厉批评的宗仁发正是推出"女作家专号"的《作家》杂志的主编。

由此可见,"70年代生作家"从对出生于1970年到1979年的作家群体的命名到"时尚女性文学"的指认再到成为"美女文学"的代名词,是经过了纯文学杂志、期刊编辑、文学评论家、文化媒体自觉或不自觉、自愿或不自愿的通力合作或合谋的。这些人是传媒的控制者,"他们能够洞察并引导大众的无意识和欲望,可把握大众当下的'状态',提供可靠的文化产品,他们也就成了投资人及广告商理想的投资对象。他们可以和大众沟通,也可以与各种不同的话语对话,成为文化话语的中心"。① 而操纵这一切、最终导致这一结果的正是文学背后大众文化语境这一只"看不见的手"。它操纵了这场"70后"的首场演出,并给了它一个定性,使此后关于"70后"的种种争论始终没能在根本上改变这个定义被偷梁换柱的局面。

第二节 《上海宝贝》及其相关的"另类"情爱小说

在从"70后"到"另类文学"的转变过程中,不能不提到卫慧的《上海宝贝》。

卫慧早在文坛对"70后"群体有所关注之前就开始文学创作了。她的处女作是1995年第4期的《芙蓉》上的《梦无痕》,当然她最终引起人们的注意还是缘于和其他"70后"的集体亮相。如果按照发表的时间来翻阅卫慧的作品,我们会发现她的创作发生了很大的转变。在她早期的作品《梦无痕》(《芙蓉》1995年第4期)、《爱情幻觉》(《小说界》1996年第1期)、《纸戒指》(《小说界》1996年第4期)、《艾夏》(《小说界》1997年第1期)中,使用的还是很传统的写作手法,人物活动的场景还不时出现菜市场、简陋的单人宿舍、肮脏的小镇、杂货店等

---

① 祁述裕:《市场经济下的中国文学艺术》,北京大学出版社1998年版,第53页。

普通人日常生活的角落,故事内容也很"正常",用卫慧自己的话说就是"很纯情",就算是里面暴露了一些私密的女性经验(如《艾夏》里的月经初潮),但主人公的生活还处在"前中产阶级"阶段,这些有着"浪漫主义形象、缠绵柔情和精致的小布尔乔亚情调"①的人物甚至还散发着一种阴柔婉丽、感伤怀旧的古典意蕴。但是从1997年在第6期《小说界》上发表的《黑夜温柔》开始,小说的故事模式、人物身份、活动地点、生活方式、职业以及语言特色均发生了明显的变化,高级酒吧、高层公寓、机场开始成为人物的生存空间,名牌时装、CK香水、七星香烟成为人物生活的标签,卫慧笔下的人物从初始的普通男女一跃成为后工业时代的中产阶级标准成员。在描写这些人吸毒、性交、派对等物质和欲望生活的同时,卫慧的文风也为之一变,从原来略带阴柔的侃侃而谈转变为密集的短句构成的小段落,还频繁夹杂着英文单词。

这种文风的登峰造极是春风文艺出版社1999年出版的《上海宝贝》。在此书的生产、炒作、销售过程中作家一直乔张作态、极尽疯狂,如宣称长发垂肩、玉面半掩的封面是自己的设计,"一部女性写给女性的身心体验小说、一部半自传体的小说、一部发生在上海秘密花园里的小说"的广告词也是自己的杰作;在签名售书时更是口出"让他们看看上海宝贝的乳房"的狂言。一时间,"卫慧"和"上海宝贝"成为文学期刊、网络新闻媒体上炙手可热的人物和名词。虽然《上海宝贝》在2000年5月被禁,但卫慧却在这次的"宝贝事件"中捞足了资本,包括文字发表、书籍出版、海外发行以及高额版税。

与卫慧的风生水起不同,棉棉一开始就是作为一个"另类"出现在人们的视野中。从处女作《一个矫揉造作的晚上》开始,棉棉就把自己的读者定位为生活状态的边缘性人群:"我的小说就是给活跃在这个都市中大大小小迪斯科舞厅里的问题青少年读的。"②棉棉的异端性在文坛上逐渐获得了一定程度的承认,王朔、韩东、葛红兵、林白、周洁茹

---

① 参见陆彦:《尘埃落定后的思省——再谈卫慧写作与中国当下的大众文化》,《文艺争鸣》2001年第5期。

② 《棉棉和她的青春祭》,参见摩登天空网 http://www.modernsky.com/bands/mianmian/mm_review2.htm。

第八章 《上海宝贝》与"另类"文学

等人都表示过对棉棉的欣赏。棉棉的作品与卫慧的文本一样,都有着很多对物质生活、吸毒、酗酒、性生活的描写。事实上,在卫慧的《上海宝贝》出版之后,两人之间关于是否存在"抄袭"就争执不断。① 棉棉坦言在她的写作背后有着噩梦般的真实经历,从18到25岁之间她过着极其动荡的生活,吸毒、酗酒、自杀,"她的故事是有代价的"。② 而棉棉的支持者在为这种"异端"的生活和写作所震撼的同时指责卫慧"在自己毫发无伤的情况下"复制了棉棉的"残酷青春","写作成了一场热闹的舞会,'另类'成为一种时髦的化妆,装酷扮酷成为流行"③,更有人说这种复制是"残酷以'酷'流行"④的典型例证。对比卫慧的《上海宝贝》与棉棉的《糖》,我们的确可以发现诸多相似之处,除了极为类似的爱情故事本身,还有很多细节雷同,诸如两位男主人公都有一个定期从国外寄钱来的父亲或母亲,他们最后都毁于吸毒,两个"我"都不得不怀着对男友的爱而在别人那里得到情欲的满足,"我"对自己的爱恋对象都使用了"天使般的""赤裸的天真""让人心疼""纯洁的眼神""婴儿""男孩"一类的字眼。但"只要卫慧没有'一个字一个字地抄',只要读者更爱买用'糖'装点的'宝贝',而不是'恐惧和垃圾'变成的'糖',原创的权威性在哪里?""谁又能证明棉棉的愤怒是关乎原则而不是'做秀'?"⑤特别是在《糖》的销售量的确是在热炒热骂中直线上扬的情况下。即便很多人用"青少年亚文化"来解读棉棉,而把卫慧归为"畅销小说作家",但更多的人却把两者划归为一类,甚至也不乏学者认为她们都是"后现代式青年亚文化写作"⑥的代表。那么卫慧、棉棉的写作到底具有什么意义?她们之间到底是本质上有区别还是表面上存在不同的花样翻新?

---

① 棉棉于2000年4月8日在《阅读导刊》上发表了《卫慧没有抄我》一文,指责卫慧的《上海宝贝》抄袭了她的《啦啦啦》。此后,网易特辟"卫慧、棉棉谁惹了谁"专题论坛,卫慧、棉棉先后在论坛上出现并互相指责。
② 《棉棉和她的青春祭》。
③ 同上。
④ 邵燕君:《倾斜的文学场——当代文学生产机制的市场化转型》,第258页。
⑤ 同上书,第282页。
⑥ 陈晓明:《"历史终结"之后:九十年代文学虚构的危机》,《文学评论》1999年第5期。

在关于卫慧、棉棉的解读中,批评家们无一例外地是突出了她们的"个人化写作"对时代和社会叙事的冲击及解构意义,认为她们的"欲望化叙事"是市场经济下人性本能的揭示和暴露,当然也一致批评她们毫无节制的躯体写作和物质欲望。下面我们就来看看卫慧、棉棉的"个人化写作"是一种什么样的个人化,她们的"欲望化叙事"又是什么样的欲望,以及"身体"在她们的写作中扮演了什么样的角色。

"如果说60年代作家一出生便被抛入观念不断变化的社会中,70年代出生的作家一出生便被抛入观念变化完了又没有新观念支撑的残局里。现实留给70年代作家的不过是一些抓也抓不住的零里碎片,几乎没有一种社会事件、艺术样式及其价值观念在他们的心灵中产生恒定或深刻的影响,占据70年代作家心灵的是自我状态下与自身发生对话下的惶惑、不安、紧张、逃离、无力、麻木、奋争、认同、激动、怀疑、渴望、灰色、向上、失落、空虚、浮躁、游移、压抑、发泄和没有。"①这种表述感性地表达了"70后"所处的时代环境和生存状态,由此生发出来的结论就是"70后"创作是一种"个人化写作",是个人经验的表达,是"纯属个人却代表不了时代和社会的悲欢离合、暗疾隐患"②。

但事实上,个人经验的表达与社会生活的组织方式、意识形态、文化语境以及暗自涌动在稳定祥和局面下的种种权力关系有着千丝万缕的联系。每一种表述都是各种权力斗争的产物,尤其是正处在社会主义初级阶段的中国,即便意识形态成为了一种隐性的存在,主流文化也仍然拥有绝对的话语权,并且控制、影响、制约着其他亚文化形态。在这种局面下,相对弱势的大众文化及以其作支撑的"个人化写作"就不可能纯粹(事实上,在任何意识形态下"个人化写作"都只能是一种虚拟)。即便是被标榜为这种写作典范的棉棉也曾说过:"我觉得真正的个人化写作是一件太奢侈的事情。我的写作非常个人化,但我不彻底,因为我脑子里有把黑剪刀。"③

---

① 杨蔚然:《生于70年代》,《芙蓉》1997年第1期。
② 林舟:《别样的写作》,《芙蓉》1997年第4期。
③ 棉棉:《关于写作》,参见摩登天空网 http://www.modernsky.com/bands/mianmian/mm_interview1.htm。

第八章 《上海宝贝》与"另类"文学

那么"70后"与众不同的地方到底是什么呢?"倘若说'70年代后'作家有什么共同点的话,那并不是指由其出生年代所决定的个人成长经历上的相似或雷同,而是隐藏在这些所谓的共同经验背后的那种大致相同的认知和想象生活以及世界的方式。正是这种认知和想象生活以及世界的方式使'70年代后'作家与前辈作家区别开来。"①"这本书触及了很多中国文学里长期禁忌的一些社会问题,从女性手淫到同性恋,它包含了一些生动敏感的性描写"被《纽约时报》指认为《上海宝贝》在中国被禁的原因。的确,卫慧在书中描写了大量的性爱场面和感官欲望,但是这却绝对不是被禁的全部原因。杰佛瑞·威克斯在《20世纪的性理论和性观念》中指出:性并不是一种自然存在,而是社会建构的产物,它总是与权力紧密联系在一起。② 因而围绕性实际上形成了一个复杂的关系结构,包括性行为、性心理、性道德、性别身份的建构和认同以及性背后可能存在的支配力量如权力、资本或者交换价值。正是看到了这一点,波德里亚在《消费社会》中才会这样说:"性是消费社会'最活跃的中心',它以一种奇观的方式从多方面决定了大众传播的整个指意领域。在那里所展示的一切都回荡着性的强劲颤音。一切供以消费的东西都同时包含有性的因素。当然,与此同时,性本身也是供以消费的。"③

由此,我们再来看《上海宝贝》里的性描写。实际上,它本身并不是出自人物内心混浊的欲望。因为在卫慧的哲学里"欲望"单纯地表现为一种奢华商品的占有欲,是中产阶级生活的表征。各种名牌商品、高级酒吧甚至酗酒、吸毒等生活方式都成为欲望的催生激素,但同时也是欲望的最终归宿,透过这种欲望我们并不能审视到主人公内心那种"原始的强力"。卫慧的小说中虽然充斥了大量的性描写,但是我们注意到作者提倡的绝对不是一种滥交的生活。虽然卫慧通过倪可可之口

---

① 倪伟:《镜中之蝶——论"70年代后"的城市"另类"写作》,《文学评论》2003年第2期。
② 参见〔英〕杰佛瑞·威克斯:《20世纪的性理论和性观念》,宋文伟译,江苏人民出版社2002年版,第5—21页。
③ 转引自倪伟:《镜中之蝶——论"70年代后"的城市"另类"写作》,《文学评论》2003年第2期。

竭力让读者相信她爱的是天天,德国人马克不过是她满足情欲的工具,但倪可可却通过实际行动背叛了这种宣扬,事实上她与马克的头两次见面正是为一件局部色泽已经黯败的"从上海某资本家遗少手里高价买来的小领口三粒扣西服"所散发出的"昔日的贵族气"以及"法国式亲吻、意大利式拥抱""锃亮气派的福特车"所吸引,而第一次做爱的快感则来自于"纳粹""法西斯分子""德语"这样的话语符号。这些都清楚地表明,在这种"被虐待被占领"的快感背后隐藏着的是一种资本和权力的崇拜,最不易受到符号体系左右的性却被物质符号和语言符号穿透了,基于这种权力资本与金钱资本的选择要求,身为"德资跨国投资顾问公司主管"的马克无疑是倪可可性伙伴的最佳人选(事实上,这个德国情人的名字也很具隐喻意味,"马克"同时也是德国的货币单位)。

可见卫慧书写的性不过是消费社会的一种交换尺度,而被标榜为具有反叛社会附加的道德意义的"身体",本质上也不过是欲望交换符号的载体,它并不具备解构男性精神理性、建构女性"私人空间"的意义。如果一定说它解构了什么,那它解构的就是作为个体结构的"欲望"在身体中所占的支配地位,从而以它的交换功能偷梁换柱为波德里亚所说的"从来不体现于欲望中而是体现于符号中"的"色情"。这里我们需要澄清两个概念:欲望(desire)作为一种本质化的生理能量是属于无意识的,具有片断性、非道德性并且往往会表现出一种冲决一切的爆发力和破坏力,就算是与性有关的欲望也是更本质的物化身体的肉欲。欲望与文明教化无关,在文明化了的社会不易受到语言及物体表意符号的影响,表现为纯粹的心理力量。"色情"(erotic)则是现代消费社会中的一种一般交换尺度,从来不体现于欲望中而是体现于符号中,色情化的身体是欲望交换符号的载体,在这个身体之中,占支配地位的是交换的社会功能。①

与"欲望"相关的另一个卫慧、棉棉写作中的关键词是"身体"。

---

① 参见〔法〕让·波德里亚:《消费社会》,全志钢、刘成富译,南京大学出版社 2000 年版。

第八章 《上海宝贝》与"另类"文学

"写作者作为一个有身体的存在者,生活在这个世界上,他身体所感知、接触和想象的每一件事都跟他的写作有关,唯有如此,他的写作才是一种在场的写作。""写作是身体的语言史。身体是说出写作者作为一个存在者的在场,他是出现在写作里面,不是跟写作脱离关系的。"① 也正是在这个意义上"身体写作"才成立,"身体是女性被压制的原因和场所,女性用身体来写作可以接近其潜意识的本原力量,从而使写作具有用身体突围的意义。……女性通过写作可以确立自己的主体地位、打入历史"②。尤其是在我们这样一个一直蔑视"身体"、对"身体"讳莫如深的国度,"身体"作为写作者赖以凭借、感知世界的本体意义一度被放逐,空洞的道德、意义、价值越过可触可感的真实的"身体"细节而独自生成("文革"时代的文学即是这种超越"身体"细节写作的极端化)。因而,恢复"身体"在写作中的合法地位是写作本身的要求。但卫慧、棉棉对"身体"的表现则是将其"漂白",剔除一切凝聚在"身体"上的性别、阶级、种族和社会因素,放弃"身体"的自尊、灵魂和精神性存在,将"身体"简化为肉体。那么这种纯粹"干净"的"身体"又是如何承载了批评者所说的"反叛"意义呢?

审读一下卫慧的作品我们不难看出,"那种被认为与意义无涉的'干净'的身体实际上一点都不抽象,身体的'抽象化'只被用来拒斥一切社会性意义,而对物质享乐却从来是甘之如饴,其实这种享乐也不是纯物质性的,这个身体追求一切奢华的形式,需要用名牌服饰来包装,需要一扇能俯瞰都市繁华的窗口来自我展示,它需要借助各种符号的力量来获得快感,而这些符号所指向的正是中产阶级的优越、体面的生活"③。这个作为消费社会欲望交换符号载体的"身体"的价值,正是通过其身上追加的商品投资总额来计算的,包括精神性产品:摇滚音乐、外国诗歌、杜拉斯和米兰·昆德拉。

相比之下,"身体"在棉棉那里要更纯粹一些。"我在杂志上看名

---

① 谢有顺:《先锋就是自由》,山东文艺出版社 2004 年版,第 246 页。
② 马新国主编:《西方文论史》,高等教育出版社 2002 年版,第 604 页。
③ 倪伟:《镜中之蝶——论"70 年代后"的城市"另类"写作》,《文学评论》2003 年第 2 期。

牌……我把它们当艺术品……从来不买。我喜欢穿棉棉牌衣服，从上黑到下，从里黑到外，上下里外式样简单，越简单越好，鞋子要厚底的。我不戴手表和任何首饰，我足够魅力，不需要小物件。"①因而在作品里，棉棉也不像卫慧那样热衷于展览自己的品牌知识，她更迷恋的似乎是肉体本身。《糖》里面"我"最相信的就是自己的身体，而身体唯一的快乐追求就是高潮，但高潮却总是伴随着男人的伤害，于是"我"便幻想有一天能够不靠男人而自己达到高潮。这种抛弃了男人的身体纵容，表面似乎是对性别政治的颠覆，骨子里却仍是屈从。"我"所追求的是高潮来临时的快乐、放纵、飞翔以及在快乐中对自我的遗忘，而不是以"身体"改写自我与世界的关系。这种"身体"与世界的脱离不是以抗拒现实世界、改写存在规则为意义的，而是以高潮为准则的身体重构，生殖器官成为身体的中心，意义则被从中驱逐。因此表面上的反叛本质上却是一种回归，这就好比棉棉虽然拒绝名牌却又给自己贴上"棉棉"牌的标签。"身体"在明修与世界脱离关系的栈道下早已暗渡性别屈从的陈仓。

而且，在阅读过程中我们可以发现，被展示的都是女性的身体，这种展示又因为女作家惯用的第一人称的叙事手法而具有了阅读的暗示性，女作家的"身体"和"身体"的故事具有强烈的"互文"效果。因而在卫慧、棉棉所书写的上海"秘密花园"中，"身体"成为一朵"公众的玫瑰"，在她们的小说中，"身体仅仅展现为景观，而且毫无抵抗地接受了消费主义意识形态的再编码"。② 在对卫慧、棉棉的解读中，"青少年亚文化"是一个时髦的关键词，她们真的创造了一种反叛性的亚文化并进而代表了中国的"亚文化"群体吗？她们的"亚文化"生活又凸显了怎样的独立价值呢？

迪克·赫布迪齐在《次文化——生活方式的意义》中指出："亚文化"是相对于"主流文化"的"边缘性文化"，在后工业社会里，区别不同

---

① 棉棉：《我的名牌生活》，参见摩登天空网 http://www.modernsky.com/bands/mianmian/mm_article6.htm

② 倪伟：《镜中之蝶——论"70年代后"的城市"另类"写作》，《文学评论》2003年第2期。

第八章 《上海宝贝》与"另类"文学

亚文化群体性质的最主要的标志是他们的生活方式。①"青少年亚文化"的"原产地"是欧美国家,以"朋克"文化、锐舞派对等为典型表征,它作为"主流文化"的对抗形式具有鲜明的政治性,用以表现社会的衰败和危机。此外,这种亚文化的生活方式是反中产阶级消费主义的,他们的身体作为丑陋现实的缩影是与一切中产阶级用名牌商品装点的精致生活反其道而行的,用肮脏、破败、粗俗来展现他们对占支配地位的思想和价值系统的质疑与颠覆。这首先就与卫慧所营造的中产阶级的生活氛围相去甚远。而棉棉热衷于描写的锐舞派对、party 狂欢似乎因着跳舞"打开我们的身体,打开我们的想象","当音乐和身体自由地溶为一体,我们就拥有了自信,那些星空、山峦、树林,那些关于纯洁的概念便重新产生"②,而拥有了一些"解放""反叛""独立"的意味,但是如果注意到这种"解放""反叛""独立"的获得必须要跨过"四十元一杯"的酒水这道门槛时,我们就会发现在"反叛""颠覆"的面纱下掩映着的是一张忠实的"消费者"的面孔,她们非但没有对现行的社会体制、现实生活、道德伦理形成一种挑战,反而由中产阶级的价值观培植起一种享乐主义从而成为消费时代的主流。

卫慧、棉棉笔下的都市人物都尽现风流的极致,那些控制着都市主流生活内容的年轻人自由出入于自己想象性的生活。"一个显而易见的现象是,经济资本这个分享都市生活的前提,每每被作家机巧地忽略过,变成一种有诱惑而无根基的人生世界。"③作品中的那些主人公并非贵族,大多没有什么正式的职业、无所事事,但却有条件出入高级宾馆、酒店,作者对这一点给出的解释是他们要么有定居海外的父母定期提供美元,要么就是继承了前辈一份庞大的遗产。这种近乎假设性的身世背景代表了当下都市文学中一个共同的倾向,即"制造一个不需要奋斗也无所谓成功的世界,在这个世界里却仍然能够开出既怪异又

---

① 〔英〕迪克·赫布迪齐:《次文化——生活方式的意义》,张儒林译,台湾骆驼出版社 1997 年版,第 114 页。
② 棉棉:《只是跳舞》,参见人民网 http://www.booker.com.cn/gb/paper3/4/class000300003/hwz15659.htm。
③ 阎晶明:《都市文学絮语》,2005 年 8 月 19 日《检察日报》。

灿烂的生命之花"①。因而这种借助被批评家称之为后现代语境中所谓"削平深度、瓦解中心、推翻秩序"的理论口号来完成的都市写作,在消解之后没有提供任何存在的深度,它只是把现有的一切变成废墟,但却没有重建理想的大厦,使得作家对现实的反叛、嘲讽、揭露缺乏真实的力量。

第三节 "边际写作"与都市女性的灰色生活

在卫慧、棉棉以"美女作家"的身份成为"70后"的代言人时,在"70后"内部却发出了这样的声音:"其实我们并不热爱颓废,卫慧代表不了我们的生活方式。"②那么到底什么才是"70后"的生活方式、写作方式呢?

陈晓明在谈到王朔小说中的人物时这样说:"王朔的人物在社会中没有确定的位置,他们是一些没有既定社会本质的人,或者说放弃原有本质的人,既怀着不能进入的仇恨又带着逃避的蔑视。他们抗拒社会的主体中心化力量而处于社会存在的'边际',因此,不妨把他们称为'边际人物',边际人物与边缘人物有所不同。后者是被动地、自觉地退守到生活的某种次要的或防守的位置;前者则是处于一种社会变动的接合部,他们在中间地带游走、冲撞,他们带有很强的破坏性和爆发力。"③考察一下"70后"的成长环境,这些出生于"文革"结束前后成长于改革开放之中的人,她们还能感受到那些盲目的狂热所遗留下来的魑魅,而又被裹挟于空前的个性自由与放纵之中,她们既没有60年代人的坚定执著也缺乏80年代人与这个社会与生俱来的情投意合,因而她们成为游走于过去与未来、挣扎于记忆与幻想、迷惘于找寻与失落中的特殊的一代。这正如陈晓明所言的"处于一种社会变动的接合部"。

---

① 阎晶明:《都市文学絮语》,2005年8月19日《检察日报》。
② 何从:《70年代VS80年代》,《闻上去的青春年华》,浙江文艺出版社2002年版,第212页。
③ 陈晓明:《表意的焦虑》,中央编译出版社2002年版,第131页。

第八章 《上海宝贝》与"另类"文学

在此,我们不妨借用一下陈晓明的概念,将20世纪"70后女作家"的写作称为一种"边际写作"。从她们身上我们看到了过去时代的迷茫、狂热与追求,也看到了当今时代的失落、困惑与执著。她们不时地会陷入对记忆的冥想与不为人知的怀恋,当她意识到这种冥想和怀恋与现实的格格不入时,又会矫枉过正地沉溺于放纵,做一次致命的飞翔。然而这种没有前戏的短暂欢爱醒来之后却令她们陷入更大的痛苦与自责,虽然有时这种痛苦、自责是以掩耳盗铃式的自我麻痹或逃避以及再次的沉沦出现的。她们的出身决定了她们游走的姿态,决定了她们既无法成为过去的继承人又不能成为未来的参与者,因而注定是要作出牺牲、注定是要被遗忘的一代。然而不幸的是她们不甘于这种牺牲和遗忘,因而也就以文字的决绝作出固执的反抗的姿态。为了不被时代所抛弃,她们选择了一些在众人看来有些极端与反常的行为方式,从而对过去追捧或棒打、对现在嘲讽或迷狂、对未来悲观或视而不见。在引起了喧哗众声的注目和议论纷纷之后,她们却躲在一边恶毒地笑。

这里我们称之为"边际写作"者的是以戴来、赵波、魏微、朱文颖、北北、盛可以、陆离等为代表的一批人。她们关注的生活更为低调,所谓的女性主义的立场也更为隐蔽,很多时候她们甚至采用男性视角来切入,这就首先消解了女性写作很可能会给人造成的仇视男性的心理预设,因为很多时候一提到女性写作人们就会在潜意识中将其摆到男性的对立面上去,开始全神戒备有可能出现的对男性的不敬或攻击,这种预设的敌视态度会在女性写作面目尚未清晰之前让读者产生一种嫌恶感,如此这般又怎么能让读者去潜心体会作品中所要表达的精神性的思考与存在呢?而"边际写作"者则巧妙地避开了这个陷阱,她们用男人的眼光来看待这个世界,即使她们以女人为主角也是我们所惯常接受的那种纯粹的女性化的女人。这有些像法国女权主义批评家艾莱娜·西苏"双性写作"的概念,这种写作不强调作者的生理性别,"女作家的作品未必就是女性的,可能是地道的男性写作,相反亦然"[①],"每个人在自身中找到两性的存在,这种存在依据男女个人,其明显与坚决

---

① 马新国主编:《西方文论史》,高等教育出版社2002年版,第604页。

的程度是多种多样的,既不排除差别也不排除其一致性"①。这样就打破了一种男性/女性二元对立的模式,这首先会引起绝大多数读者阅读习惯的共鸣,然后作者才从其中生发出男人、女人在社会中的相互较量、彼此挣扎与不可言说的尴尬。她们虽然也写身体、写欲望、写性,但是"穿越所写的东西,不把人们的视线和注意力集中在性体验上而集中在对性的独特的思考和咀嚼上"②,因而更多的是体现了一种普遍的人性的边缘与悲凉,而非仅仅是女性自恋的呢喃,所以带给我们的启示与感悟的空间也就更为阔大。

"边际写作"者的生活方式最为与众不同的地方是她们在生活中所处的位置。提到卫慧、棉棉的 70 年代,我们所能想到的关键词是"摇滚""酒吧""做爱"……但这似乎并不是"70 后女作家"的生活真相。当然我们并不否认"边际写作"者的笔下也有着生命的放纵、欲望的狂欢,那是因为作为已经站在青春尾巴上的她们更懂得"今朝有酒今朝醉"的道理。当然,这可以被视为玩世、放浪,但是作为始终找不到一种舒展的生存姿态的一代人,她们除了能在青春的末班车上纵情表演一番之外还能做些什么呢?从某种意义上说,这并不一定都是消极的,至少这种表演的坚定与执著让人们注意到了她们的独一无二,而且我们还应该注意到这些曾经代表着青春叛逆而现在已过而立之年的作家,也不再沉湎于纵欲狂欢,青春时的无所畏惧转变为她们笔下"人在中途的感受,它的底子是人性的贪婪、自私,是深处变革时代的人们经常经历的谎言、欺骗与动摇"③。

提到"边际写作"者笔下"70 后"的与众不同就不能不提到家庭。她们既不像上辈人那样即使叛逆最终也还是在根本原则上屈从于父母,也不像更小的一代 80 年代人"知道如何表演给这个世界看"④,无论在外面怎么堕落怎么疯狂,踏进家门他们总还是父母眼中的乖孩子,

---

① 张京媛:《当代女性主义文学批评》,北京大学出版 1992 年版,第 199 页。
② 吴炫:《新时期文学热点作品讲演录》,广西师范大学出版社 2002 年版,第 54 页。
③ 朱文颖:《迷花园》,珠海出版社 1999 年版,第 221 页。
④ 何从:《70 年代 VS 80 年代》,《闻上去的青春年华》,浙江文艺出版社 2002 年版,第 223 页。

第八章 《上海宝贝》与"另类"文学

会将家庭问题处理得很稳妥很安全。"70后"几乎是从小就表现出了对家庭父母的反叛,父母说东他们偏要往西,因而从小他们就表现为让父母怒气冲天怨声载道的一代。他们的激烈是明明白白写在脸上的,家庭关系的紧张使他们较少地体会到家庭与社会的反差,他们几乎是迫不及待地从家庭中逃离,扑入社会的怀抱。然而当人近中年的时候,曾经气势汹汹的父母也渐渐地疲惫虚弱,他们会在某一个瞬间突然感悟到其实父母对他们、他们对父母都是有爱的,只是彼此都选择了一种错误的表达方式,但是他们之间的芥蒂是那么深,以至于失去了正确表达的能力,于是大家一致选择了沉默的方式,一个眼神一个转身都那么无奈与凄凉。于是在"70后女作家"的文本中,对于家庭、父母,她们总是透露着一种愧疚心理,比如戴来的《练习生活练习爱》中范典典之于父母:"是从什么时候开始,看到父母失望担心时她有了不安的感觉,范典典记不起来了,每当父母用那种无可奈何的眼神看着她时,她觉得自己其实比他们更失望,继而深深地绝望。"①"她变得越来越在乎家人对她的感觉,而她越在乎他们就越不在乎自己,她一不在乎自己就真的做出了点他们认为有意义的事,于是她的父母很快乐,父母快乐她也就快乐了起来。其实就这么简单,父母快乐她也就快乐。"②70年代人叛逆决绝的外表下其实是一颗善良的心。

"边际写作"者们不像"寻根"与"先锋"那样过多地使用寓言、象征,而是更接近于"新写实"关注日常生活的角度。但是与"新写实"不同的是她们宕开了写作的笔触,不再只是对市民平实生活的激赏与赞同,而是关注更为广阔的生存者的精神状态,这就使得她们的写作与"新写实"的所谓"零度写作"有了很大的区别。因为"新写实"注重的是细节以及心理化的真实,但是其切入点却是从作家个人化的视角出发,带有更多的个性特征的感觉色彩,所以其导致的直接后果就是"细部真实,整体虚假"。相比之下,"边际写作"采用的是一种倒叙或转叙的方式,她们并不刻意地离开生活,而是积极地投入生活,作品中或明

---

① 戴来:《练习生活练习爱》,作家出版社2002年版,第82页。
② 同上书,第84页。

或暗的"我"无处不在。问题是她们的叙事方式使得这种投入有了一种荒诞的意味,也就是说,因为作者采用的叙述视角和叙事结构而使得主体"我"越是投入生活就离生活的本质越远。这实际上是一种"大隐隐于市"的介入与远离。其实,主体在这里所处的真正位置是旁观者的角色,她们并非"零度介入",而是对生活有着又爱又恨的迷恋与无奈。迷恋使得她们抗争,无奈使得她们疲惫,面对生活她们一次次跃起又一次次蛰伏,说白了也就是她们与生活的相互练习。这里面也经常会有"我"出现,但我们发现一旦作者通过"我"的视角来叙述些什么,这个"我"立刻就不在场了,虽然有时作者讲的是"我"的故事、"我"的感受,但故事发生的时间、地点、情境已经不是当下。如赵波的《再生花》,当"我"以回忆的方式倒叙故事时,"我"的感受也就变得虚假起来。

这牵涉到海登·怀特在《作为文学虚构的历史文本》中谈到的问题,即历史文本不过是人按照自己的意识所作的一种修辞活动,我们每一次记忆都是将现实作一种对自己有利的修改。因而当"我"在第二天清晨醒来娓娓讲述昨天晚上醉眼迷离时的感受时,这种讲述就带有了一种修饰的意味,作家所讲述的那个"我"其实早已不在场。第三人称叙述则更隐匿了主体,这实际上是一种个性化的旁观者叙述。所以我们可以这样说,"边际写作"者的生活方式是一种旁观者的处境,她们总是以冷眼旁观的方式看着"我"或者其他人的迷狂、失意,犹如看一盘录制好的录像带,因为有了时间与空间的阻隔,便也带有了些洞若观火的空明与不由自主的刻意。

改革开放给文学带来的发展空间之一就是个性自由、思想解放,但涌进国门的各种思想文化颇有些泥沙俱下的味道,我们一时分不清也来不及分清这林林总总的文化现象,便把它们囫囵吞枣似地收纳了进来。其中在作家笔下流露出来的最明显的就是性爱观念的变化,这不是简单意义上的中国人(尤其是女人)的性爱观念更加开放,而是出现了一个奇怪的现象,即在"边际写作"者的笔下,中国人的性爱出现了一种令人惊异的分离,或者有爱无性,或者有性无爱,假使两者偶尔能幸运地结合在一起,其结果也必然是以悲剧收场。这种现象是如此普

第八章 《上海宝贝》与"另类"文学

遍,以至于在"边际写作"的每个作家的每个文本中几乎都能找到例子。戴来的《练习生活练习爱》是一个典型的有爱无性的文本,范典典对马力不可言说的潜意识之爱、小芸对仿真模特的理想之爱、柳自全对范典典弄假成真的爱等全部是些无果而终的绝望,而小芸那些身体爱人却都只是她理想之爱的肉身替代品,它只遵循本我人格结构的快乐原则。也许有时候我们会被一瞬间的感觉击中,但是那种虚伪的经不起考验的瞬间的结果又是什么呢?赵波的《再生花》里,高路路与花市女子邂逅,我们差不多以为爱情出现了的时候,正在做爱的女子却流着泪说"又忘了说'我爱你'",于是这种以爱情的假面目出现的相互悲悯就露出了原形,这不能不使人灰心丧气,可即使是有爱又有性又能如何呢?《再生花》里"我"与金属距离越来越近的同时心却越来越远。这种现象在卫慧、棉棉那里也有着触目惊心的表现。《上海宝贝》里天天的性无能就是当今爱情疲软的形象注脚,而倪可可与马克的偷情则是男女通吃的快乐性本能的大行其道。

这种性开放(而不是性解放)不像是一种正常的两性走向平等的过程,而更像是对中国传统的性禁锢的一种矫枉过正。我们以性解放之名行的却是性开放之实,而这种性开放又给我们的文学带来了什么?我们看到在大量的作品中,爱情成了一种更加虚无缥缈、不可言说、无从把握的东西,人们追求爱情却对到手的东西一再狐疑。这种普遍存在于现代社会的怀疑态度使人们在精神层面上向所有可望而不可及的幻想投以既欢乐又痛苦的热望,同时又在现实层面上将目光转向更为具体因而也就更容易感受和触摸的性。这也就导致了他们一方面发出爱情是什么、"我"的生活中没有爱情的疑问,一方面又疯狂地投入到一种性爱游戏中。也就是我们前面所说的有爱无性、有性无爱的矛盾,其结果便是他们在迷惑于"身体与爱的关系"的同时,又宣称"快乐无罪"。也许当我们真的不再相信爱情的时候,所谓爱的温柔就不过是可耻的谎言,但是我们又无法脱离欲望的存在,于是爱与性的脱离即使是背叛恐怕也是体贴的。

其实,与其说"边际写作"者抒写的是当下人不知所措的生活,不如说这种抒写是对现代人精神无所皈依的象征。"边际写作"采取了一种波澜不惊、娓娓道来、与我们惯常的阅读习惯差别不大的叙事方法，使得我们认为她们是描写我们实实在在的生活。的确，"边际写作"者是关注我们日常生活中琐碎的吃、喝、性等问题，但我们更应该注意到许多作家的作品其本文时长往往是大于故事时长的，在时距上表现为一种休止，在与简短的故事时长不成比例的大篇幅的本文时长里，作品的人物是处于一种冥想的状态也就是精神的游走中。

现实世界中虽然很多人宣称婚姻是爱情的坟墓，但更多的人相信没有婚姻的爱情将死无葬身之地，所以我们看到现实生活中大部分人实际上并不是沉溺在对爱情的想象中难以自拔，而是凭借着一点点感情的慰藉，在一份普通的生活里或热烈或麻木地过下去。但是20世纪80年代以来，伴随着国门的打开，我们原本看似平静的情爱生活出现了骚动，这种骚动最初体现在知识分子身上，后来则由传媒过渡到普通人，以至于整个中国人的婚恋观在八九十年代出现了巨大的变化。我们开始不安于白头偕老的平淡，大多数人即使没有在实际上付诸行动，也会有不止一次的思想越轨，我们的精神开始悬浮，我们的身体开始躁动不安，我们开始不相信爱情，于是我们的文学作品开始关注爱的苦闷、性的挣扎。因此"边际写作"者并不是如实地描摹我们的现实生活而是真实地反映我们的精神状态，其故事不来自于生活而源出于精神。其中的关键问题是这种由精神导出的故事到底有没有合理性？

为了说明这一点我们不妨举一个例证。前面提到了戴来的《练习生活练习爱》，这部小说的故事有点纷杂，它写了马力与其亲妹妹的畸恋、柳自全对范典典的纠缠、小芸与仿真模特的精神之恋等。这些故事中不乏荒唐甚至虚假的因素，它可能与我们现实的生活经验是有距离的，但我们却可以从中找到精神上的认同，因为它写出了我们在当下的一种普遍的生活状态——练习，一种普遍的爱情状态——单恋。在这样一个已经失去了正常的生活秩序的时代，我们的生活已经变得日益陌生化；或者说由于我们自身的变化，生活已经觉得我们日益陌生化，所以我们已无法像过去一样与生活亲密无间、在生活中如鱼得水，因而我们需要练习生活，同时生活也在练习着我们。同样，生活的变化也让我们渐渐丧失了爱的能力，我们不知道爱情的模样，然而我们渴望爱

第八章 《上海宝贝》与"另类"文学

情,于是我们在寻找中费尽心机,也在寻找中四处碰壁,这是一种在爱情中的迷茫。爱情、生活,还有我们自身的种种因素已经让我们在爱中难以把握,我们的精力已无法集中,开始变得神情恍惚。很多时候我们并不认为我们拥有的就是爱情,理想的爱情总在我们到达不了的彼岸,它向我们招手却又在我们靠近它时远离,这种若即若离的距离是一种致命的勾引,我们因此而变得对我们的拥有不忠,这也使得我们只能成为一个期望无所指归的单恋者。从这个意义上来说,我们爱情的对象似乎并不是某个具体的人,而是想象中的虚幻的(或被想象加工了的)存在,或者干脆就是那个叫作"爱情"的东西本身,"也许,我从来没有爱过谁,我爱的只是那种恋爱的状态,那种被娇惯被纵容的感觉"①。作者清晰地看到了我们在爱情中的困境,因而她才给我们提出了一个看似荒谬实则具有真理性的命题:练习爱。

"边际写作"者对"爱情"的书写是与我们当下的精神生活和现实生活相呼应的。我们过着一份或者平淡无味或者颓败不安的日子,却会在某一个时间想如果换一种生活,放纵或者安顿,又会如何呢?"边际写作"给我们提供了这种想象的可能与结果。其实无论是放纵还是安顿,我们所拥有的绝不会是"爱情"的全部,仍旧只是它的一部分。这种局面真的很令人沮丧,而更令人沮丧的是"边际写作"毫不留情地将这种结果抛给了我们,它背弃了我们所希冀的那种花好月圆的完满,让我们的幻想在真实面前化为一团泡影。然而"边际写作"也没有纵容我们的灰心丧气,在给我们不切实际的热望兜头浇了一盆凉水之后,它虽然没有给我们什么鼓励与安慰,但也心平气和地拍拍我们的肩说:"既然这样,那么好吧,好吧。"②

如果说"边际写作"给我们以往的文学观念、写作方式带来了颠覆,这对大众的并不高远的幻想或说热望是一种背叛,那么这种背叛是体贴的,因为它让我们看到了生活另一面的真实;如果说"边际写作"对激荡于这个时代的一种普遍精神进行了一次具象化的注解,这对身

---

① 戴来:《甲乙丙丁》,作家出版社2004年版,第209页。
② 戴来:《我们都是有病的人》,昆仑出版社2000年版,第23页。

处其中却又不明所以的我们是一种温柔,那么这种温柔是可耻的,因为它并没有给我们提供超越这种无边的精神无奈的方法和途径。"边际写作"就是这样,它始终以一种游走的姿态停留在背叛与温柔的边缘。

如果对这种边际性和边缘性进行文化溯源,大众文化无疑是其产生根源。90年代以来,精英文化的失落导致人文知识分子的社会位置由中心向边缘全面位移,"70后"初踏文坛面临的就是文学地位的全面下滑,政治、经济的转型要求她们对自身的社会角色进行调整,文学在夹缝中求生存的尴尬处境也导致了作家社会存在的"边际化"。与此同时大众文化的兴起使得文学的商业性、娱乐性得到空前的强调,从个人化立场、私人化视角表现日常生活和情感,尤其是都市青年的灰色生活成为文化和文学的"潜性主调"。由理想、信仰、民主、平等、自由、神圣、崇高等大词汇的书写到自我、欲望、性、暴力、虚无等的感性传达,日常性、私人性构成了文学表现的基本外观。因而"边际写作"的出现实际上是社会和文化的必然产物,"边际写作"者以对关乎人的存在的基本问题的感性传达来逼近原初的真实,但这并不意味着这些作家通过她们的小说达到了自己所宣称的真实,相反,她们笔下凸显的是对真实的寻找构成的种种屏蔽和阻碍,她们倚重个体经验的叙事策略,使叙事成为个体生命的敏感触须对真实存在的寻觅、接近和触摸,成为对个体存在的可能性的眺望。①

(董　雪)

---

① 参见林舟:《生命个体的存在:起点与归途》,《钟山》1999年第1期。

第九章 网络文学的现状与问题

自20世纪末期初见端倪以来,网络文学作为传统通俗文学的一种变体,依托网络平台与数字技术逐渐成为一种当下的文化现象与文学热点。与传统文学近些年略显冷清的尴尬境遇相比,网络文学可谓"风头一时无两",不仅拥有数量庞大的创作群和读者群,还受到官方机构作协的各种扶持与照顾,将这一现象称为"网络文学热"也不为过。网络文学的大热引起了一批学者的研究兴趣,有关网络文学的研究多次获得中国国家社科基金项目、教育部人文社科项目、各省地社科基金项目的经费资助。无论是出于网络文学本体研究的目的,还是为了完善当代文学谱系,网络文学都是一个绕不开的话题。

第一节 网络文学的生成与发展

在进入网络文本之先,似有必要对其生成和发展作一番梳理。首先,中文网络文学的诞生与海外留学生的文学活动有着密不可分的联系:"1991年4月5日,全球第一家中文电子周刊《华夏文摘》在美国诞生"[1];同年,王笑飞创办了以张贴古典诗词为主的海外中文诗歌通讯网;1994年2月,方舟子等人创办了第一份中文网络文学刊物《新语丝》;1995年3月,诗阳、鲁鸣等人创办了第一份网络中文诗刊《橄榄树》。该阶段可称之为中文网络文学的萌芽阶段,此时比较活跃的网络文学创作者"主要是一些海外留学生,如散宜生、图雅等"[2]。

在海外华人网络文学实践的带动下,中文网络文学逐渐在大陆发展起来。然而真正对大陆网络文学产生巨大影响的第一部中文网络小

---

[1] 欧阳友权:《网络文学概论》,北京大学出版社2008年版,第21页。
[2] 苏晓芳:《网络与新世纪文学》,中国社会科学出版社2011年版,第7页。

说要数蔡智恒的《第一次亲密接触》,其为中国台湾第一部正式出版的网络文学作品,并于1999年11月现身大陆,发行量达50万册,并连续22个月高居大陆畅销书排行榜前列。"这部作品影响和带动了整个大陆的网络文学的发展,因此,这部作品的诞生往往也被视为中国网络文学诞生的重要标志。"①《第一次的亲密接触》还引发了大陆的第一次网络文学冲击波,"其中涌现出邢育森、宁财神、俞白眉、李寻欢、安妮宝贝等一批网络知名写手"②;参照欧阳友权在《网络文学概论》中的说法,网络文学的第二次冲击波由号称2000年"最佳网络文学"的《悟空传》和2001年4月人民文学出版社出版的网络原创作品《风中玫瑰》激发。这之后的中文网络文学逐渐从原生状态中脱离出来,并呈现出商业化的趋势;大陆网络文学的第三次高潮则是由带有欲望化叙事色彩的《成都粉子》《深圳今夜激情澎湃》《成都,爱情只有八个月》《天堂往左,深圳向右》等作品触发。在这一过程中,中文网络文学从初期的自由书写、业余化写作转向商业化书写、职业化写作,逐步出现一批以创作网络文学为生的职业写手,该阶段的积累为之后的大规模商业变革(即盛大文学"免费增值"模式:freemium model③)作了铺垫;2004年起点中文网开始网络文学阅读收费模式,这一年可以说是中文网络文学发展史上的一个分水岭。伴随着市场化、商业化的逐步深入,网络文学似乎显得不那么"纯粹"了,以至于长期为网络文学摇旗呐喊的作家陈村在2004年发出了"网络文学最好的时期已过去"④的感慨。同年,幻想类作品在网上走俏,奇幻文学成为出版重点;2005年在出版界有着"悬疑小说年"之称,出现了一批写作"悬疑小说"的网络写手;2006年,中国出版的网络文学作品已达数百种,其中,盗墓小说《鬼吹灯》、历史小说《明朝那些事儿》、武侠小说《沧海》、玄幻小说《诛仙》的销量

---

① 苏晓芳:《网络与新世纪文学》,第8页。
② 马季:《网络文学的三次冲击波》,《红豆》2006年第5期。
③ Xiang Ren, Lucy Montgomery, (2012) "Chinese online literature: creative consumers and evolving business models", Arts Marketing: An International Journal, Vol. 2 Iss: 2, pp. 118-130.
④ 欧阳友权:《网络文学概论》,第32页。

都达到了几十万册,甚至百万册;"'2006 年中国畅销书排行榜(虚构类)'显示,网络作品已占据畅销书三分之一的江山"①;2008 年盛大文学进行第二次商业化,用起点中文网模式进行包装,在这一阶段出现了一批超百万字作品;2010 年,移动阅读达到高峰。与略显沉寂的传统文学相比,网络文学近些年可谓大出风头。不少热播的影视剧均改编自网络小说,如《甄嬛传》《步步惊心》《何以笙箫默》等,随之而来的"甄嬛体"也一度掀起了一股全民造句热潮。2014 年央视以"原创文学的软肋""网络文学热的背后"等专题,深度剖析了网络文学的发展历程及存在问题。同年,《人民日报》文艺部与中国作协创研部联合开辟了"网络文学再认识"专栏,邀约专家学者,共同研究和探讨网络文学的现状及其走向。

值得一提的是,在总体上,体制内作家对网络文学的评价经历了一个从排斥到逐渐接受的过程。在网络文学发展初期,尽管有像冯骥才一样乐观地认为"网络文学一定会产生好的作品和作家"②的传统作家,但大多数体制内作家对网络文学还是持否定态度。作家莫言在 2000 年两会期间接受采访时说:"李敖曾说网络是公共厕所,我有同感,那么多人花那么多时间和精力在网上胡说八道,多半没什么文学意义可言。网络上的作品如果不进行根本改革,我看还是靠它发发电子邮件更管用。"③此外,麦家在"网络时代下的文学处境"文学沙龙上说:"网络文学 99.9% 都是垃圾","0.1% 可能是精品,但是这 0.1% 混合在 99.9% 里面,那我觉得就是大海捞针,这个针也就消失掉了",因此,"如果给我一个权利,我就要灭掉网络"。④还有一些作家虽然没有像李敖、莫言那样以"厕所"来评价网络文学,但是他们对于网络文学的文学性持保留观点。例如刘心武认为"网上创作接近于涂鸦,无拘无束,像美国地铁站喷绘的图形,构成了涂鸦艺术,甚至搬出一块到博物馆,当然网络文学很多可能进入不了艺术范畴,只是有一部分有这个特点,

---

① 苏晓芳:《网络与新世纪文学》,第 38 页。
② 《在两会上和作家聊文学》,《中国青年报》2000 年 3 月 20 日。
③ 同上。
④ 罗皓菱:《麦家语出惊人 网络文学 99.9% 都是垃圾?》,《北京青年报》2010 年 4 月 9 日。

不是很多"①。作家徐坤也以"涂鸦"评价网络文学:"所谓网络文学在现一阶段还根本不能独立存在,它比起传统文学来没有任何优越性可言,那些情节看上去过于简单的网上作品,印成书出版后,往往引起传统批评家和传统读者的不屑,也容易被认为是小孩子们的涂鸦之作。"②当然,也有像从维熙这样对网络文学持一种比较客观态度的作家,他说:"不是任何网上文学,都能往文学这个器皿里装的,他必须具备纸上作家的才情和禀赋,这是世界任何地域都有的文学标尺。"③

不过,尽管一开始不被体制内的传统作家们所看好,网络文学还是蓬勃地发展起来了,一些网络文学作品超高的点击率和印刷出版成为畅销书的现象使传统作家对于网络文学的态度悄然地发生了变化。例如原本对网络文学表达过否定意见的作家莫言态度的转变十分显著,他在 2008 年 12 月 1 日《人民日报》上发表署名文章,高调宣称"网络文学是个好现象",他认为"网络对人类社会的改变是普遍的,影响了社会的每一个角落,文学也不能例外。网络的出现改变了中国文学创作的格局,文学的门槛降低了,走向文学的道路变得更加宽阔和多样","网络提供了一个无限宽阔、自由出入的文坛,使得每个写作的人都得到锻炼机会"。④ 2010 年 5 月 11 日莫言在做客新华网、与网友进行交流互动时说:"不上网不知道,一上网吓一跳。老说网络文学,我以为就是几个小孩在瞎闹,但是深入进去才发现,它已经拥有一片广阔的天地,里面云集着很多文坛高手或者文坛外的高手。"⑤不过他同时也承认"(网络小说)大部分写得很一般,因为适应网络这种方式,也没有太多时间也不屑于去打磨、去设计、去构思,整个看来还是比较粗放的。为什么可以一目十行,就在于这里边含水分比较大、比较多"⑥。

---

① 杨雄:《网络对我国青年的影响评价》,《青年研究》2000 年第 4 期。
② 项玮、任湘怡:《网络文学:作者感觉良好　作家态度冷淡》,《新民晚报》2000 年 1 月 3 日。
③ 《从维熙谈网络文学》,《文艺报》2000 年 2 月 4 日。
④ 莫言:《网络文学是个好现象》,《人民日报》2008 年 12 月 1 日。
⑤ 《莫言:网络文学已经拥有一片广阔的天地》,新华网:http://news.163.com/10/0511/15/66DOHG5U00014AEE.html。
⑥ 同上。

第九章　网络文学的现状与问题

此外,莫言还身体力行地支持网络文学发展,担任了于2013年成立的网络文学大学的名誉校长。对网络文学态度明显改观的还有作家麦家,2011年麦家在结束第八届茅盾文学奖评委工作后接受记者采访时对"网络文学作家抱持着一种宽容的心态,认为他们当中有不少是才华横溢的年轻人,而网络平台的好处,就在于他们可以随心所欲地施展自己的才华。如果给他们更多的机会,'将来打败我们的肯定是现在的网络写手'"①。传统严肃文学的式微和新兴网络文学的崛起使大多数作家不得不重新审视这一文化热点。事实上,从某种程度上说,网络文学的历史机缘就来自于传统文学的生存危机。在认识到网络文学在民间巨大的影响力后,主流作家或多或少对网络文学怀有一种期待,期盼着其能为疲软的当代主流文坛带来一缕清风。

对于网络文学的载体——网络的重视也是网络文学发展过程中一个不容忽视的现象。2008年6月,时任中共中央总书记、国家主席、中央军委主席的胡锦涛在《人民日报》社考察工作时强调了网络作为一个有力的载体对推进社会主义先进文化的作用。他说:"互联网已成为思想文化信息的集散地和社会舆论的放大器,我们要充分认识以互联网为代表的新兴媒体的社会影响力,高度重视互联网的建设、运用、管理,努力使互联网成为传播社会主义先进文化的前沿阵地、提供公共文化服务的有效平台、促进人们精神生活健康发展的广阔空间。"②这无疑是一个在中央层面肯定网络功用的信号。从总体上看,随着网络的功用逐步受到重视,体制内的作家对网络文学的态度经历了一个从否定到逐渐接受的改变过程。不过这种改变究竟是体制内作家真实想法的反映还是仅仅作为一种表现包容、开放的姿态,或者说体制内作家对于网络文学的评价是否已经从文学层面转到了政治层面,就不得而知了。但笔者认为,无论是从文学批评的多样化角度,还是从推动网络文学健康发展的角度来看,对于网络文学的评价不应该只有一种"唱

---

① 《麦家:网络文学进茅奖为何全军覆没》,《辽宁日报》2011年8月26日。
② 胡锦涛:《在人民日报社考察工作时的讲话》,人民网:http://politics.people.com.cn/GB/1024/7408514.html。

好"的声音,一味的吹捧只会使评论界对于网络文学的评价进入一种"不敢批评"的怪圈。适当的鼓励和肯定是需要的,但是网络文学更需要一种学理的、理性姿态下的批评和建议。

在对网络文学理解、包容、接纳的浪潮中,各地作协举办了一系列扶持网络文学的活动。例如 2007 年在中国作协倡导下,召开了首届中国网络文学发展研讨峰会,就网络文学行业现状等一系列问题展开研讨;2009 年,中国作协成立"全国网络文学重点园地联席会议"工作机构,定期召开联席会议;"继 2010 年第五届鲁迅文学奖首次吸纳网络文学作品参评后,2011 年的第八届茅盾文学奖也首次吸纳网络文学作品参评"①,以上活动无疑直接反映了中国作协在对待网络文学这一新兴文学样式上开放与接纳的态度。

在上述一系列活动中,最引人注目的是 2008 年 11 月的"网络文学十年盘点"活动,它是迄今为止传统文学界与网络文学界最大规模的一次交流活动。活动对近十年的网络文学进行了全面盘点,这次盘点活动规模宏大,参与作品审读和点评的专家、文学期刊资深编辑众多。21 位终审专家通过交叉审读的方式分别为进入终审阶段的 21 部作品撰写了评语,并对作品进行了名次排序。不过令人感到稍许遗憾的是,这次大规模的交流活动并不是在双方平等对话的前提下展开的,以评奖为主要内容的交流更像是一种自上而下的"施舍"。盘点活动的组织者提出要"以主流文学价值观和传统审美标准审视网络文学",也就是说在指导方针上,此次盘点活动是以经典文学的标准或者说是传统写作的标准来进行评点的。此外,担任盘点活动的评委大多是从事传统文学创作和研究的作家与学者,评奖者与被评奖者分属于传统文学阵营和网络文学阵营。这不禁让人联想到 2006 年的"韩白之争",当时也是从属于不同圈子的双方进行文学交流(尽管是以论战形式),不过令人失望的是交流从文学层面转向了人身攻击层面,原本是一次很难得的线上对话却落得惨淡收场,实在是令人扼腕叹息。不过令人稍

---

① 颜慧:《党的十六大以来——中国作协扶持引导 网络文学繁荣发展》,《文汇报》2012 年 9 月 14 日。

感欣慰的是,"盘点"活动的结果尽管在事后受到不少网友的质疑,至少活动是在大体和谐融洽的氛围中展开的,也取得了一些成果。在网络文学评奖活动中最突出的和最容易引起争议的问题是网络文学的评价标准问题,而主要的争议点在于用传统文学的评价体系和评价标准来评价网络文学作品是否合适以及是否需要建立一个适用于网络文学的新的评价体系和相应的评价标准。

对于这个问题笔者认为应辩证地看待:一方面,如果简单粗暴地以点击率、实体书销量、网友推荐数等量化的指标来评价网络文学作品,不仅是不科学的,还会造成评价体系的混乱。且不论数据的真实性几何,读者的追捧程度能否成为品评文学作品的不二标准显然是值得商榷的。作家残雪在《文学的标准》一文中说:"一篇文章或小说究竟是否'好看',实在是没有一个不变的标准。如果用读者投票来确定,某些小说肯定比《务虚笔记》'好看'万倍。然而正是一点也不'好看'(还有点难看)的《务虚笔记》,引起了高层次读者的共鸣,并且会因其价值而进入文学史。"[①]网络文学作品当然也不能简单地以"好不好看"进行评价。窃以为优秀的网络文学作品应经得住时间的考验与打磨,是否精准地反映现实社会、是否巧妙地传达普世价值等传统批评角度应成为"好不好看"以外重要的衡量标准;另一方面,网络文学有其特殊性,使用传统的工具和方法分析新兴的网络文学,缺乏对其写作特点的论证,从而使得相关批评研究落入窠臼的尴尬局面亟需打破,因此适当地调整评价标准甚至在传统批评基础上重建一套批评体系是当下网络文学批评和研究工作的侧重点与难点之一。

第二节 "亲我主义"及其他

要阐述网络文学的写作特点,首先就要对"网络文学"这一概念进行厘清。关于网络文学的定义可谓众说纷纭,而这些定义的主要分歧点在于"传统文学电子化"和"网络文学纸质化"是否属于网络文学的

---

① 残雪:《文学的标准》,《青年文学》2003年第8期上半月。

范畴。从本质上说"网络不是一个发表平台,而是一个生产空间"①,故笔者认为,"传统文学电子化"后产生的只是传统文学的电子版本,而这种电子版本所呈现出的特点和传统文学一般无二,网络只能算是一个呈现平台,因此并不能算作网络文学;而"网络文学纸质化"后的作品只是把文本从网络搬到了现实生活中,改变的仅仅是发表平台,而非生产机制。至于部分学者提出的印刷出版后丧失"互动性"的问题,笔者认为"网络文学纸质化"后的作品依然可以在网络上与读者进行互动进而进行再创作(再版),不会因纸质化而丧失这一特性。

参照《网络文学概论》的说法,网络文学从文本形态上大抵可分为三类。第一类是网络原创文学,这一类网络文学是最接近于传统文学也是最能体现网络文学本质特征的,其又可划分为网络原创诗歌、网络原创小说、网络原创散文、网络原创杂文等。不过影响最大的要数网络原创小说。第二类是网络超文本文学,常见的超文本作品有 BBS 小说、故事空间(storyspace)、互动书写(interactive writing)、超链接设计文本(hyperlink texts)、接龙(合作)小说(collaborative fiction)、超小说(hyperfictions)等,说法各有不同。不过这种形态的网络文学属于"实验"性质的尝试,并不能被称作当下网络文学的主流。第三类是在微博、微信、博客等平台出现的一些文学性的文本,它们大多只能算是"准文学"。不过文学与非文学的界线本就处于一种模糊的状态,微博、博客上的文章是否属于网络文学范畴还是要看其是否具有文学性。一般所讨论的网络文学多指的是第一类文本形态的网络文学,而网络原创小说因其作品数量巨大、读者群体庞大而成为网络文学的代表性文体。因此在这里需要特别说明的是,本章所讨论的网络文学是狭义的网络文学,即较其他文本形态来说比较成熟的网络原创小说。

对于网络文学的研究近几年大体上呈现出从本体论到价值论的转向,在思想价值上关于其民间性、适俗性的探讨也已经取得了不少优秀成果;马季认为网络文学的价值在于其民间写作的方式对于推动当代

---

① 邵燕君:《新媒体时代的文学新变》,中国作家网:http://www.chinawriter.com.cn/2013/2013-09-25/175619.html。

文学具有重要意义,"网络写作的民间性类似于中国历史上的口传文学",其"解放了文学的虚拟性","转换了文学的表达机制","展现了崭新的意识形态",使网络文学"回到文学的起点寻找原创力"。① 邵燕君进一步说明该"民间性"的意义,她认为在印刷时代,"'通俗文学'无论拥有多庞大的读者群也是'次一等'的,而'精英文学'无论多小众,也握有'文化领导权'"②。她从打破、甚至根本取消精英文学与大众文学之间的等级秩序的角度肯定了网络文学的价值,认为"在担纲'主流价值观'、为社会提供'正能量'的问题上,网络文学被历史性地推上前台"。在这一背景下,传统的批评套路显然不能够完全适用于应时而生的网络文学。欧阳友权认为"'自娱以娱人'的网络写作,其长处不在于精致和深刻,而在于市场、大众、草根的认同和广泛参与",其与精英文学无论是在创作方式、功能模式,还是在发展水平和品相质地方面都存在较大差异,"现在却要求用同一个评价标准去衡量,网络文学显然处于弱势"③。何平在 2014 年"全国网络文学理论研讨会"上也表达了同样的观点:"网络文学是老百姓文学,其核心价值观是草根文学伦理、江湖伦理,而传统文学的评价体系则是建立在五四以来的精英评价体系之上的,因此,传统评价体系很难适应网络文学研究"④。对于网络文学"草根文学伦理""江湖伦理"之中的新写作特点的挖掘与论证,也就成了当前网络文学批评和研究工作的侧重点与难点之一。只有这样,我们才能恰当地调整评价标准甚至在传统批评基础上重建一套批评体系。网络文学脱胎于通俗文学,是传统通俗文学在新世纪的一种"变体",从通俗文学和当下社会汲取灵感进而逐渐衍生出若干写作特点。以下是笔者对此所作的四点概括。

首先,是价值倾向上的"亲我主义"。笔者认为网络文学的思想价值远远不止于民间性,用上文提到的"草根伦理""民间伦理"等概括其价值观也略显单薄,囿于理论批评仍显薄弱和沉寂的现状,学界对其探

---

① 马季:《网络文学透视与备忘》,中国社会科学出版社 2010 年版,第 138—141 页。
② 邵燕君:《"正能量"是网络文学的"正常态"》,《文艺报》2014 年 12 月 29 日。
③ 欧阳友权:《网络文学,离茅盾有多远?》,《光明日报》2011 年 9 月 26 日。
④ 马季:《跨界合作 回归主流——2014 网络文学综述》,《光明日报》2015 年 2 月 2 日。

讨和研究尚处于初级阶段。在谈到网络文学的思想价值（特点）时，人们大多谈到的是生活化、游戏化、功利化、个人主义等，这种概括虽然触及了网络文学的价值倾向问题，但显然还有较大的研究空间。因此"亲我主义"的提出无论是在网络文学批评还是其研究层面都有重要意义。网络文学一反当代文学强调回归现实主义的模式，在"亲我主义"的价值倾向中追求率性的个性回归及和谐的人际关系。那么，何为"亲我"？在这里笔者借用了青年评论家邵燕君的观点："流行网文的主人公们大都保持住了基本的道德底线：人不犯我，我不犯人；不主动作恶，不过分残暴。并且在'合理自私'的基础上，逐渐发展出一种'亲我'主义的价值观：爱自己，爱家人，爱朋友。"①溯其源流，笔者认为"亲我主义"并不是凭空而来的一个价值倾向，其与五四以来的"个人主义"有着千丝万缕的关系。实际上，五四的个人主义，或者说个性主义并不是铁板一块。胡适受基督教个人主义的影响，认为个性主义的特性"一是独立思想，二是个人对于自己思想信仰的结果要负完全责任"②。同时期的梁启超则将个人主义表述为"尽性主义"："这尽性主义，是要把各人的天赋良能，发挥到十分圆满。"③即价值实现。傅斯年则更直接地将个人主义的内核阐释为"意志自主"："每个人都可以按照自己的天性（无论这天性是理性的、德性的，还是审美的、自然的或者唯意志的）设计自我，发展个性，一切取决于个人的自由意志。"④以独立思想、实现价值、意志自主为特征的个人主义还催生了追求个人利益的功利主义。在个人意志和独立思想的基础之上追求个人利益、实现个人价值无疑构成了"亲我主义"的合理内核，也是"亲我主义"的滥觞。尽管在20世纪中期由于政治需要，个人主义被人为地压制，集体主义取代个人主义成为主流的价值观，但所幸"新时期以来，个人从革

---

① 邵燕君：《"正能量"是网络文学的"正常态"》，《文艺报》2014年12月29日。
② 胡适：《非个人主义的新生活》，《胡适文集》第2卷，北京大学出版社1998年版，第564页。
③ 梁启超：《欧游心影录》，《梁启超全集》第5册，北京出版社1999年版，第2980页。
④ 许纪霖：《个人主义的起源——"五四"时期的自我观研究》，《天津社会科学》2008年第6期。

第九章　网络文学的现状与问题

命与民族国家的宏大概念挣脱,表达自我建构与认同"①。然而到了90年代,人被一下子抛入资本的洪流,过快的转变导致了人的"异化"现象,在这一背景下出现了"新写实主义""欲望化叙事"等写作浪潮。出现了如刘震云的《一地鸡毛》一样抛却以往的英雄主义、理想主义,集中笔力写小市民生活的作品,当然也有像卫慧的《上海宝贝》一样大胆地直接描写性爱的作品。然而令人稍感遗憾的是,传统文学的个人主义文学"总体基调阴暗悲观、或阴柔和美"②,缺乏积极进取的正能量元素。而网络文学在文学实践中逐渐摸爬滚打出的一套温情版个人主义无疑在一定程度上弥合了这一缺陷。与其说网络文学的"亲我主义"是新个人主义,不如说是一种"泛个人主义",其扩大了五四以来的个性解放、意志自由的外延:在追求个人的事业、爱情的同时有意无意地帮助其他人获得价值实现。在这一过程中难能可贵的是,广受读者喜爱的人物甚至会为了他人而牺牲自己,这一点在各种网络文学类型文中都可以得到论证,例如穿越小说《凤囚凰》中的女主角楚玉,为了救男主角容止的性命放弃回到现代,之后容止为了救楚玉放弃唾手可得的江山冒死回到她身边;谍战爱情小说《迷雾围城》的结局是男主角易连恺为救女主角牺牲了自己的生命;再例如《盗墓笔记》中"潘子"为了掩护吴邪成功逃离张家古楼而牺牲。这些充满"泪点"的情节无疑超脱了狭隘的个人主义,而将其外延巧妙地扩大了。从某种程度上说,这种亲我主义也是对读者形成一种"羁绊",吸引读者"入坑"长期追随的重要原因之一。尽管在亲我主义价值倾向引导下的网文主要人物会为因反击敌对力量、捍卫自身利益而采取一些不那么正大光明的手段,然而正是这种"不主动作恶""适俗"的价值观使人物因贴近生活而显得真实,而偶尔流露出的温情也更令人动容。

为了进一步说明网络文学的"亲我",这里引入一个社会学概念——"内群体(ingroup)"。内群体指的是"我们所属并形成我们社会

---

① 房伟:《个人主义、穿越史观与共同体诱惑》,《创作与评论》2015年第2期。
② 同上。

身份一部分的社会群体"①。当人们归属于某一个群体时,会给这个群体较高的评价并提供较多的资源,从而形成心理认知上的"我们"与"他们"的差别,成员对所属群体持有亲切、安全、认同和热爱、忠诚等情感。这个概念最早是由美国社会学家 W. G. 萨姆纳在《民俗论》(1906)一书里提出的,与"外群体(outgroup)"相对应。在这里,笔者认为"亲我"的"我",实质上是一种以主人公为中心的众多内群体的概念,还包括他/她的亲人、爱人、朋友、知己等。与波诡云谲的外部人事环境相比,网文世界中的内群体因其相对的稳定性而具有可靠性。在情节波折之际,内群体中人与人之间自然逸出的温情往往显得难能可贵。"亲我"将率性的个性回归与和谐的人际关系追求有机地融合在一起,这一点对当前社会文化与思潮而言颇有意义:费孝通在《乡土中国》中说"乡土社会,当它的社会结构能答复人们生活的需要时,是一个最容易安定的社会",在乡土社会(或者说是传统社会),内群体对个人的控制力较强,个人对内群体的认同度是较高的;然而到了现代,在各种"解构""断裂"的声音下,个体认同被拔高到了一个新的高度,造成的后果是人情淡漠。网络文学中的"亲我主义"价值倾向在一定程度上弥合了内群体与个人之间的裂痕,其倡导的自我认同与和谐人际关系的异质同构丰富了当代文学的审美体系。

不过值得注意的是,这里存在一个"亲我主义"概念的文本适用性问题,正如上文所提到的,它在邵燕君的一篇分析网络文学特点的文章中被首次提出,被用来归纳网络文学的价值特点之一。② 那么"亲我主义"作为一种网络文学的价值特点是否只适用于网络文学?这个问题是值得商榷的。举例来说,金庸的武侠小说《鹿鼎记》中的主人公韦小宝与康熙、与七个夫人的交往行为中所透露出的价值倾向似乎也符合"亲我主义"的定义。对于这种现象笔者认为,原创网文或多或少都从之前的文学作品乃至文化中汲取创作灵感,比如明清志怪小说之于

---

① 〔美〕斯蒂芬·弗兰佐:《社会心理学》,葛鉴桥等译,上海人民出版社2010年版,第65页。
② 邵燕君在《"正能量"是网络文学的"正常态"》中将网络文学的价值观特点概括为"弱者本位"及"亲我主义",《文艺报》2014年12月29日。

第九章 网络文学的现状与问题

"灵异言情文"、当代武侠小说之于"江湖文",甚至当代外国历险片之于"盗墓文"。通过比较以上几种类型的文学,我们不难发现"亲我主义"在后两类作品中体现得更为明显,与其说是文学作品的"亲我主义"特点,不如说是当代社会价值思潮的"亲我主义"特点。作为一种新兴的文学样式,网络文学的创作者们怀着具有时代特色和现实理想的"亲我主义"价值倾向进行创作,既符合大多数读者的口味,又反映了当代人的价值观现状。与非网络文学相比,网络文学作品中的"亲我主义"价值倾向更具有普遍性和代表性。因此,尽管"亲我主义"对于网络文学来说不足以因独特而达到专用的效果,但是在新的、更适合的提法出来之前,用"亲我主义"来归纳网络文学的价值倾向特点是符合网络文学的现状的。

此外,"亲我主义"在当下还具有现实意义,是一个极富意味的存在。就其产生背景来说,在倡导社会主义核心价值观的当下物欲社会中不乏蝇营狗苟、追名逐利的现象,也不乏抱着金钱至上价值观的人。那么在这种二元对立、两极分化的价值观中是否存在一个普世的、中庸的价值观呢?"亲我主义"无疑就是这样一种处于中间"灰色"地带的价值观,它在批判极端自私自利的同时也反对无界线的牺牲小我完成大我,它既不高尚也不低俗,正是一种适应当下社会的价值倾向,因而能够获得绝大多数读者的认同,所以说"亲我"是适应弱肉强食世界的生存法则。从文学良性生态环境的营造角度看,网络文学的"亲我主义"还为我们提供了一种经济与文学文化同步发展的范式。有目共睹,新世纪以来全球化、信息化、经济化对文学文化产生了巨大的影响,针对这一现状,无论是先经济后文学文化还是先文学文化后经济的应变策略都是各有利弊的。网络文学作为一种以全球化为诞生背景、以信息化为生产基础、以经济化为发展模式的当代文学类型无疑是文学与经济联姻的成果,更是全球化与本土化糅合的产物。而其"亲我主义"的价值倾向更是对经济时代下现代的、开放的人文意识的实践。不过需要承认的是,"亲我主义"价值倾向"亲"的是"内群体",这就造成了创作视野的狭隘,具体表现为在对彼岸理想的追求、对终极关怀意识的呼唤方面还存在着明显的不足,对当下苦难生存状态更是缺乏应有的关注。不过相信网络文学"亲我主义"中"我"的涵盖面会在文学实践中逐步充盈起来,期待经济、文学同步发展能在今后进化为二者同步协调发展。

网络文学作为传统通俗文学在信息时代的一种变体,其基本的美学特征自然是通俗性与娱乐性。那么除此之外,网络文学是否存在新的美学特征可供挖掘呢?答案是肯定的。"亲我主义"指向的就是民间性的美学特征。民间性与通俗性最主要的不同之处在于,民间性主要指向的是创作群体,在"网文世界"任何一个普通读者都可以被纳入交互性创作中,而通俗性多指对于受众群体来说文字、内容通俗易懂。那么"亲我主义"于新批评体系的意义何在呢?首先,"亲我主义"的提出是一种关于网络文学思想特点的理论尝试,其与民间性的美学特征形成异质同构的关系。正如上文所提到的,"亲我主义"不仅是一种草根文学中的价值倾向,还是当下社会的价值观导向,这使得"亲我主义"在诞生之日起就被赋予民间属性;其次,"亲我主义"对于文学批评和文学评奖活动具有启发意义。通俗性并不排斥文学性,民间性更不会也不能排斥文学性。新批评体系并不意味着抛却文学理想和崇高,亟需改变的是以"纯文学的经典性强行要求"①网络文学的做法。

其次,是艺术审美上的"寓文于乐"。简而言之,"寓文于乐"就是把文学追求寄予阅读乐趣之中。"乐"即"愉悦""快乐",或者说是一种"爽"感:一方面网络写手在"YY(意淫)创作"中获得乐趣;另一方面网文读者在"YY阅读"中收获爽感。我们不妨从文学的审美创造主体和审美欣赏接受两个角度来认识中文网络文学的"寓文于乐":首先,就审美创造主体而言,文学是作家审美意识的表现形态。在中文网络文学诞生之初,在互联网上发布原创作品的网络文学作者就是一群文学的爱好者,他们在开放的网络平台上自由地书写,追求快乐是当时创作的出发点和归宿。尽管之后创作经历了由自由化书写到商业化书写的变革,但"热爱文学、创作文学依然是众多网络写手的原初动机,写

---

① 马季:《跨界合作 回归主流——2014网络文学综述》,《光明日报》2015年2月2日。

出读者喜爱、自己满意的好作品依然是每一个写作者的文学梦想"①；其次，就读者的审美欣赏和接受而言，重心在于产生审美情感愉悦。根据中国新闻出版研究院公布的第十二次全国国民阅读调查报告，近年来我国成人手机阅读接触率逐年提高，2014 年首次超过 50%，达到 51.8%，较 2013 年的 41.9% 上升了 9.9 个百分点。同时，我国成人日均手机阅读时长首次超过半小时，而"目前的手机阅读中，通俗的网络文学阅读占很大部分"②。"适俗"的网络文学为何成为广大读者青睐的对象，这与当前国民的审美情感需求有关，除了专门从事批评研究的学者、专家，大部分读者选择阅读对象时会抱着一种获得愉悦的阅读期待，然而传统文学近些年发展势头相对缓慢，题材相对严肃，因而显得不那么有趣。对于大多数人来说，诙谐有趣的网络文学更具有纯粹的娱乐性，更能符合大多数读者的阅读期待，这一阅读需求反过来也极大地推动了网络文学在艺术审美方面的"寓文于乐"特色。

此外，"寓文于乐"特点形成的原因与网络文学的文学功用有着密不可分的关联。文学的功能有很多，最基本的有认识功能、教育功能、审美功能和娱乐功能，此外还有凝聚功能、益智功能、心理补偿功能等。文学的功能并不是孤立存在的，各种功能都相互联系、相互渗透，具有整体性，体现在文学对人的情感、理想、信念等方面潜移默化的影响。然而各个时期对文学功用的观点是存在偏差的，中国近代以降就存在几种各异的文学功用主张。例如蔡元培的"以美育代宗教"；梁启超在《论小说与群治之关系》中提出的"熏""浸""刺""提"；王国维在过分强调文学功利性的学术背景下提出的文学"无用之用"；革命年代的解放区文学"始终坚持为人民服务、为抗日战争和解放战争的胜利服务"等。这些文学功用主张无一不是基于当时的社会文化环境提出的。而中国网络文学蓬勃发展主要是在 21 世纪，那么 21 世纪中国的社会文化现实是怎样的呢？首先，经济的高速发展为大多数普通人将目光从

---

① 欧阳友权：《网络文学，为何写作》，《文艺报》2014 年 11 月 21 日。
② 《国民调查阅读结果显示读书的人更多了 数字化阅读大增 纸质书阅读略降》，中国作家网转引《人民日报》，2015 年 4 月 21 日。

生存转向生活提供了物质保障;其次,科技的进步、互联网的普及、移动电子设备的更新换代使得人们能够接触到新的生活、娱乐方式;此外,在高压、物质的现实环境下,人们对"纯娱乐"文学的要求较之前更为迫切;最后,随着对外交流的加深,人们的视野更加开阔,更加能够接受并乐于接受新生事物。这些条件为文学娱乐功用主张的流行提供了物质和精神基础。网络文学"寓文于乐"特色还给传统文学提供了一种新的出路。我们不难发现当下的主流文学似乎陷入了一种"伪造"苦难的怪圈,对知识分子"文革"苦难的再现、对农民生存挣扎的表现从某种程度上说是一种对"生存"的低俗表现。对人性贪婪、自私的劣根性的直白剖露成为当代文学中的一股"风尚"。与为"苦难"而"苦难"的当下主流文学相比,网络文学将目光投向个体的当下生活,在轻松诙谐的笔调下诉说一段段悲欢离合,在"寓文于乐"中追求文学梦想。有关这方面,不少文章已有述及,这里就带住了。

　　再次,是叙事指向上的"从众原则"。网络文学改变了传统文学"个人化写作"的创作模式,进一步将读者纳入创作主体的阵营,在创作机制上实现了从"独语"到"对话"的转变。实际上,在网络文学诞生早年,其与传统文学的区别仅仅在于发布平台从报纸、杂志转移到了因特网,创作网络文学(这里指广义的网络文学)的也大多是海内外文学精英,"从众"性体现得并不很明显,这一特点是与其逐步向市场化、商业化转型分不开的。严格地说,非功利化写作下的网络文学无论是在创作出发点还是创作群体方面所呈现的特点都与当下流行的网络文学迥然不同。在这一商业化进程中,网络文学在创作立场上逐步完成了"从己"(作者)到"从众"(读者)的转变。网络文学"从众"与传统通俗文学"从众"的区别在于:一是虽然二者都将读者的阅读期待纳入创作的考量范围,但网络文学作者在作品构思、写作中煞费苦心地对读者在头脑中进行"预设",并在创作中将迎合读者阅读兴趣和期望置于首位。因为在"免费增值模式"下读者给予的月票等奖励直接与写手的收入挂钩。以起点文学为例,100 起点币相当于 1 元人民币,一般可直接转化为人民币打入作者账户;二是在作品连载的过程中,读者被充分地纳入创作阵营,作者与读者通过微博、评论区等平台形成一种双向互动关系,每更新一个章节,作者都会得到读者丰富的反馈(大多以留言形式),并在接下来的写作中充分考虑读者的意见和建议,努力满足读者的阅读期待。从这种意义上说,网络文学的"从众"为接受美学中"读者中心论"与"受众中心论"提供了一种新的阐释可能,因为网络文学打破了作者与读者之间二元对立的范式,不仅强调读者对于文本的重要作用,更指向在以市场为导向、以网络为通路的背景下实现"传播者"与"接受者"二者之间的双向互动关系。

在"从众"即"读者中心""读者为王"的立场导向下,为了方便读者按照个人喜好选择作品,网络文学产生了细化的分类现象。与网络文学纷繁复杂甚至乍看之下有些令人眼花缭乱的分类相比,传统通俗文学的分类显得简单明了多了(见图1)。网络小说的分类往往根据情节和发生背景来分类(见图2),当然,图2只是大致罗列了一下古代和历史架空时代背景下的网络小说分类判断方法,实际上在具体操作中分类会更为细致和复杂:例如"古代言情"这一项还能细分为"宫斗文""宅斗文""种田文"等;随着网文的发展,还出现各种题材杂糅的作品,例如有的古代言情小说是先"宅斗"后"宫斗",或者先"重生"后"宫斗"等。各种类型的网文都有特定但不固定的读者群体:例如阅读言情小说的大多为女性,阅读修真玄幻类的读者以男性居多;类型文的创作群体也具有这种特点,例如善于写盗墓题材的南派三叔和擅长写言情故事的匪我思存。以上现象归根结底都是为了讨读者之巧,这也是网络文学类型文极其发达的主要原因。顺带一提,对于网络文学类型

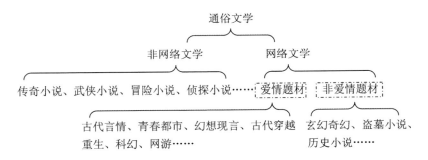

图1 分类对比简图

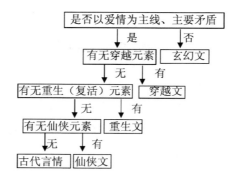

图 2　网络文学类型判断简图（背景为古代或架空）

化的利弊讨论也是近些年学界讨论的话题之一。对于类型化问题，笔者认为从某种程度上说是由网络文学创作立场的"读者中心"决定的，读者需要什么，写手就提供什么。雷同的剧情和千篇一律的描写的确让人生厌，不过类型化写作是否就完全等同于程式化写作显然是有待进一步讨论的，在这里暂且按下不表。

最后，是情节结构上的"散点串连"。一般来说，网络文学，特别是连载的网络小说的阅读方式是随时阅读。只要读者有闲暇时间就可以上网"追"小说。随着电子产品的普及，随地阅读也成为了现实。为了适应这种"消遣消费式"的阅读，网络文学作品的结构呈现出"散点化"的特点。即大高潮中套小高潮，每个章节或几个章节叙述一个小故事，具有"散点串连"的特征。正是这样高潮迭起的结构不停地"吊"着读者的好奇心，引起读者的阅读兴趣，继而购买付费章节。这一特点是迥异于传统文学作品的。传统小说可能一整本书只有一个或几个大的高潮，而网络小说则是章章有高潮，时时有事件。通常一部网络小说会按章节切分为若干部分。受 VIP 收费阅读模式的影响，与传统小说相比，网络小说的章节数量要多得多。大部分作者会给这些章节取一个标题，这些标题起到的是类似"内容提要"的功能。这里结合章节标题以"南派三叔"的盗墓题材小说《盗墓笔记》的第一卷《七星鲁王宫》为例来说明网络文学结构的"散点串连"特点：第一章《血尸》讲述的是 50 年前在长沙镖子岭"吴邪"爷爷在和父兄一起盗墓时遇到血尸并获得古帛片的故事；第二章《50 年后》接着上一章写 50 年后"吴邪"拍下了一份拓片的复印件,随后被他"三叔"证实是一份古墓地图,在这章中主要人物之一"闷油瓶"出场;第三章《瓜子庙》讲"吴邪"跟着"三叔"依据古墓地图提供的信息来到山东瓜子庙附近之后遇到一个"有问题"的老头子;第四章《尸洞》写"吴邪"一行人坐着老头子介绍的船进入尸洞,在行船过程中老头子和船工消失,随后发现逃命的尸蹩;第五章《水影》写他们看到水影、船工的尸体和巨大的尾部系着一只拳头大的六角铜制密封的风铃的尸蹩;第六章《积尸地》写他们来到积尸地看到尸体、"绿幽幽的水晶棺材"和一个从棺材里出来的穿着"白色羽衣"的女人。通过以上例子我们不难发现,作者将小说在结构上划分出了一个个小的散点,每一个散点独立讲一件或几件事情,这些碎片又在情节上存在"承上启下"的逻辑关联,总体上与其他散点共同构成一个整体。此外,由于行文速度快,与传统通俗文学煞费苦心的章回名字相比(如《儒林外史》第二回标题为"王孝廉村学识同科 周蒙师暮年登上第"),网络文学往往在命名标题时显得简单随意得多,这在网络小说中是一个十分具有普遍性的特点(从不少网文的章节标题仅仅以阿拉伯数字的形式进行简单排序就可以轻易看出)。

  此外,不少网络小说为了取悦读者,拉近作者与读者的距离,在结构上会采用一种名为"小剧场"或者"作者有话说"的小段子,一般"小剧场"出现在章节的末尾作为正文的补充。例如明月珰的《千金裘》在前几章男主角还不明朗,读者关于男主角也存在诸多猜测,因此在第十六章《争夫记》的末尾作者就添了这样一个"小剧场":

    范用(倾心卫萱):我必须是男主的节奏啊,女主和女配都争我。
    男主:高冷地笑。
    卫蘅(女主角):等着跪搓衣板吧。
    卫萱(女主角的姐姐):范用是谁?

  许多网络小说或为了弥补行文太快造成的情节交待不全或为了回应读者的某些要求会在正文结束后续写几章节。这些续写的章节一般被称为"番外",即对正文作的补充。番外一词来自日本,中国一般称为"外传"。番外一般有三种形式:第一种是将小说中的主人公另开辟一个新的小故事(多为讲正文结局之后的小故事)或是以配角为第一人称来叙述;第二种是讲述主干故事中提到的但是没有细说的一些部分,将它们完全地在这里展开,给读者一个交待;第三种是作者为下一本与正文相关的书作的铺垫。我们不妨将这种"番外"看作一种补叙。例如穿越小说《木槿花西月锦绣》就有三章番外,正文写的是女主角"孟颖"因为看到丈夫偷情愤而跑下楼出交通意外,之后穿越到古代成为"花木槿"后在古代发生的一系列故事。而三章番外写的是出意外后躺在病床上的孟颖、孟颖在现代的丈夫"俞长安"和几个与古代原家人有前世今生关系的人的故事。在最后的一章番外中,出现了正文中的男主角"原非白"的今生形象——"原家老三",但是番外的故事是未完待续的,所以可以合理猜想也许是作者为下一本有关"今生"的小说作的铺垫。

归纳起来,网络文学的"章节"与以《儒林外史》为例的通俗文学的"回"不同,是基于"轻阅读""碎片化阅读"的散点。其散点有以下几个特征:首先,网络文学的"章节"是依托超链接技术实现的,以"下一章""下一页"的超链接通路实现。不过这一点主要是由网络文学的发表平台决定的,在小说付梓之后该特点就自然不存在了,但是在浩如烟海的网络文学作品中,能够成功从线上发表到线下出版的可谓沧海一粟,少之又少。其次,与更新周期和购买方式相适应,网络小说会采取刻意地将核心事件人为地分解成若干小事件的方式,因而往往呈现"碎片化"的散点串连特点。最后,网络文学在情节上会安排层出不穷的小高潮、悬念(坑)来抓住读者的眼球。往往是一个散点一个事件或者一个冲突。为了满足读者的阅读期待,还会在章节后面加上名为"小剧场"的小段子或者在正文结束后添上"番外"。

实际上,无论是"亲我主义"的价值倾向,还是"寓文于乐"的艺术审美,或是"从众原则"的叙事指向,抑或"散点串连"的组织架构,究其一点都与后现代的平民化精神休戚相关。在数字化生存时代,网络使得任何人在任何地点都可以自由地发布观点,无论这种观点多么奇异,都不必"受到压制而被迫保持沉默或一致"①,这使得在文学层面平民话语有机会能同主流话语"平起平坐",创造了文学面前人人平等的局面(至少是看起来),加之对"纯娱乐"文学的需求,因此网络文学就采取你"亲民"我就"亲我",你"严肃"我就"诙谐"的方式,另辟蹊径地"自给自足"。

第三节 值得关注的几个问题

从某种程度上说,网络文学存在的问题即第二次文学"祛魅"过程中出现的弊端在网络媒介层面的映射。"文学的'祛魅',即统治文学活动的那种统一的或高度霸权性质的权威和神圣性的解体。"②第二次文学"祛魅"始于90年代,尽管在90年代初期和中期遭到了精英文学的抵制与声讨,但因其具有的"强烈的民间色彩和商业驱动与大众参与性"优势,最终确立了自身的地位,造成了"文学市场和文化生产领域呈现出前所未有的去精英化、解神秘化趋势"③。诚然,祛"纯文学"之魅在推动文学大众化、适俗化层面功不可没,然而也导致了一系列消解"崇高"、缺乏"终极关怀"的问题,继而形成一种文化浮躁,网络诗人余秀华的成名诗《穿越大半个中国去睡你》的流行现象就非常值得我们深思。

网络文学作为一种平民的、大众的文化现象与文学热点,其在释放民间创造力与丰富当代文学谱系方面功不可没,但作为当代文坛三元格局之一极的一个分支,学界和大众对其的期待远不止于此,网络文学在创作视野、作品境界、写作技巧、艺术品格方面还存在着这样那样的问题,笔者希望关于这些问题的反思能够为网络文学的长远可持续发展尽一点绵薄之力。

一、关于创作视野问题。网络文学绝大多数题材局限于个人、小群

---

① 〔美〕尼葛洛庞帝:《数字化生存》,胡泳等译,海南出版社1996年版,第187页。
② 陶东风:《文学的祛魅》,《文艺争鸣·理论》2006年第1期。
③ 同上。

体的人生轨迹与命运,在历史观上有所欠缺。历史观指的是人们对于社会历史所持有的根本观点及总的看法,是世界观的组成部分。实际上,文学与历史之间的关系问题一直是一个牵扯纷繁但又无法回避的宏大问题。"文学与历史(的书写)距离太近了,以至无法抗拒它,而且很多时候文学就是历史,只是披上了理性的外衣。然而文学有着一份脆弱的自主权,一种隐私和游戏的因素,它离超越还有一大段距离,但也正因为如此而更显重要。"①历史相对于文学来说是"无法抗拒的",但文学有着重要的自身"自主性",无论是抛开历史谈文学还是将文学等同于历史的观点和做法都是存在很大问题的,前者消弭了文学应有的大气和磅礴,后者更是否定了文学的自主性,然而文学的"历史化"抑或是"去历史化"孰优孰劣并不是本节所要探讨的问题。现在的问题是当前的网络文学离历史太远了,因而显得单薄无力。正如一些学者所诟病的那样,许多网络原创作品"回避了文学通往思想、历史、人生、终极意义的路径,消弭了文学应该有的大气、沉雄、深刻、庄严、悲壮等艺术风格和史诗成分"②。这些作品要么从鸡零狗碎的日常生活中截取一些片段,将读者带入由万能作者操控下的充满"幸运"和"神迹"的人生假象,不仅缺乏关于人生、命运的思考,还缺乏经典艺术应有的深度与广度,流于肤浅;要么充斥着夸张怪异的情节,以荒诞与惊悚吸引读者的眼球,制造阅读的快感与爽感,沦为"娱乐至死"的典例。在阅读这些作品的过程中,读者很难感受到一种真实的"此在",无法感知作者对于终极意义的思考,更无法体悟到历史的厚重感。

值得注意的是,对于网络文学在历史观上的评价往往会陷入一个误区,可能很多人会认为网络文学是来自民间的文学,因而就符合"人民创造历史"的时代旨趣,代表了民间的声音和诉求,实则不然。被冠以"民间话语"的网络文学看起来是顺应潮流从"大历史"写作转向"小历史"写作,实现了从主流话语所承认的强势主体到弱势主体的认同

---

① 〔英〕迈克尔·伍德:《沉默之子——论当代小说》,顾钧译,三联书店2003年版,第19—20页。
② 欧阳友权:《数字媒介与中国文学的转型》,《中国社会科学》2007年第1期。

第九章　网络文学的现状与问题

转变,将关注的目光投向默默无闻的小人物,但是从其本质上说不仅没有跳脱帝王将相、才子佳人书写的圈子,反而或将小人物塑造成帝王将相或干脆就写当代的才子佳人故事。就拿现代言情小说来说,主角几乎都是社会中上层人士,或是家财万贯的商人,或是拥有军政背景的"军二代""官二代",就连《盗墓笔记》里的主人公吴邪都是杭州古董店的主人,出身盗墓世家,人称"小三爷",更遑论古代言情小说中出身官宦世家甚至皇室的角色了。《网络小说名篇解读》中对网络文学也有着类似的评价:"今日的网络写作不关心他人,不关心他人的苦难,这里没有工人、农民一切底层人民的声音,没有坚硬的、艰辛的生活真实,只有'下半身'们的无聊小资、抒情、消费表述和纵欲狂欢……在我们这个时代,网络写作从一开始就已经在反对所谓'宏大叙事'的宣称之下沦为极端狭隘的文字堆积。"①令人感到遗憾的是,与传统文学相比,网络文学的关注点不在于社会、国家乃至人类的最终归宿等终极命题,缺乏"文章经国之大业,不朽之盛事"的文学自觉,而更加着眼于个人的低吟浅唱与"纵欲狂欢",在这种狭隘的创作视野之下何谈网络文学的突破与创新?

之所以出现大量的"去历史化"作品,从创作主体的层面分析,与一些写手尤其是低龄化写手缺乏从宏观上思考与把握历史的能力有关。莫言在谈到对"80后"作家张悦然作品的阅读体验时,曾这样讲:"在故事的框架上,我们可以看到西方艺术电影、港台言情小说、世界经典童话等的影响。在小说形象和场景上,我们可以看到西方动漫的清峻脱俗,简约纯粹……"②这段讲得十分中肯的话初看似乎是对年轻作者"博采众长"的肯定,实则从侧面反映了新生代作家的文学创作从目前来看尚显稚嫩。80后作家不像他们的前辈一样,是读着卡夫卡、海明威成长起来的,也不是读着"鲁郭茅巴老曹"和"三红一创一歌"(《红岩》《红日》《红旗谱》《创业史》《青春之歌》)成长起来的,许多人

---

① 聂庆璞:《网络小说名篇解读》,中国社会科学出版社 2011 年版,第 29—30 页。
② 泓峻:《"去历史化"写作的负面影响》,中国作家网:http://www.chinawriter.com.cn/wxpl/2015/2015-02-04/233269.html。

实际上是看着美国大片和各种"戏说"走进文学世界的,这种割裂历史文化积淀与现实情怀的创作方式带给网络文学的或许只有作品历史厚重感的缺乏与作者文化使命的缺失。加之当下又是一个自媒体和大数据的时代,现实与历史之间的交流变得困难重重。因此,对于绝大多数"80后""90后"来说,进入真实的历史情境是十分困难的,更不必说深厚的历史感与自觉的历史理性了。这不仅是"去历史化"大文化环境所造成的后果,也是他们不得不进行"去历史化"写作的因由。笔者虽然没有找到关于网络写手年龄统计的确切数字,但是从网络文学作品的文字表述和写手与读者互动中可以合理推测出大多数写手都是"80后""90后",其在网络世界大显身手时却往往忘记了"文以载道,自古而然"的道理,不但缺少社会批判锋芒,而且有意无意地回避了文学通往终极意义的路径,这是我们在为网络文学的无门槛写作称道、为写手们天马行空的想象惊叹叫好之余应深思的问题。

二、关于作品境界问题。从词义上说,文学作品境界多指其所达到的程度或呈现的情状。叶嘉莹在《中国词学的现代观》中认为王国维"在使用'境界'一辞时,往往在不同之情况中有不同之含义":一是指作品内容所表现的一种抽象之界域;二是指修养造诣的不同阶段;三是指作品中所叙写的一种景物。[①] 本节所讨论的作品境界指向的是第一种含义,即网络文学的"作品内容所表现的一种抽象之界域"。网络文学整体境界不高主要表现为其内容充斥低俗与暴力因子,囿于篇幅限制,这里选取低俗化这一角度进行问题阐述与归因分析。

网络文学很容易从个性表达偏向欲望放纵,甚至流于"低俗",从而严重影响作品总体格调与整体境界。低俗与适俗虽只有一字之差,却是完全两个不同的概念:低俗强调的是欲望化叙事,以"下半身"写作的方式提供生理性的快感,内容单一,精神境界偏低;适俗指向的是受众层面,即从文学接受角度来谈,不拘题材与内容,既可讲述新武侠故事,融家国情怀于爱恨情仇,又可谈论职场经验,寓人生体悟于摸爬滚打。适俗是网络文学的闪光点,而低俗则是严重降低其境界且亟待

---

① 叶嘉莹:《中国词学的现代观》,岳麓书社1992年版,第18—19页。

第九章 网络文学的现状与问题

解决的问题。在近十年中网络文学一直处于一种尴尬的局面。一方面是总体上的蓬勃发展,另一方面也一直是国家层面的"扫黄打非"行动的对象。自 2004 年 7 月 16 日全国"扫黄打非"工作小组发起"打击淫秽色情网站专项行动"起,网络文学就成为了"扫黄打非"的对象。2014 年 4 月中旬至 11 月全国范围内统一开展的旨在打击网上淫秽色情信息的"扫黄打非净网 2014"专项行动也将网络文学作为重点整治对象。在如此高强度的"扫黄打非"活动下,仍是有不少"小黄文"堂而皇之地出现在读者的视线中,网络文学的低俗化问题已经成为一个阻碍其健康长远发展的绊脚石。

从外因分析维度上说,这一问题的出现首先是与文学审查体制分不开的。韩少功在接受媒体采访时曾说:"以前文学创作是有门槛和准入的,编辑构建了一个准入系统,编辑看不上就不能发表,现在自媒体时代无所谓发不发表,催生全民写作。"①传统文学作品,特别是体制内作家的作品受到作协的大方向上的指导,并且无一例外地经过报刊、出版社编辑的审查,因此过滤掉了不堪的内容。而网络文学作品由于网络平台的自由性和开放性以及本身的商业化趋势,要么缺失了这一审查过程,要么审查的责任仅仅落在网站编辑身上,而审查的内容也主要在情节是否吸引读者上。文学的审查涉及的是文学自由问题。朱光潜认为,艺术活动是艺术家"自由底活动","这自由性充分体现了人性的尊严",且"完全服从他自己的心灵上底要求"。② 可以这样理解,文学是人学,应反映人的尊严,其作为一种艺术活动应当具有自由性。而"自由是互联网的精神表征,文学是人的自由精神的象征"③,将互联网纳入生产机制的网络文学在自由性追求方面较传统文学尤甚。然而抛开社会存在谈绝对的自由是不现实的,使用"文学自由"这一概念时也必然是有前提和诸多限制的,应当将其置于一定的社会、历史和政治的

---

① 《网络文学:一天发表超万字》,中国作家网:http://www.chinawriter.com.cn/news/2014/2014-02-27/193378.html。
② 朱光潜:《自由主义与文艺》,《朱光潜全集》第 9 卷,安徽教育出版社 1996 年版,第 480 页。
③ 欧阳友权:《网络文学自由本性的学理表征》,《理论与创作》2003 年第 5 期。

范畴之中考量。网络文学是当代文学的一个分支,当代文学这个概念自诞生之日起就与政治有着莫大的关联,看起来网络文学培育了一批体制外的"单位人"作者,但实则不然。吸纳知名网络写手进作协就是一个富有意味的例子。"个人的存在是纳入到组织系统里面去的,这是作家和当代文学生态的一个特点。"①从表面上看这个文学准入体制限制了文学的自由表达,但是准入体制也是一种标准,对文学(或者说是台面上的文学)进行了一番细致的过滤。换句话说准入体制给予当代文学的是一种游戏规则,只有在遵守游戏规则的前提下才能在文学世界和理想国度中自由地徜徉。然而作品数量极其庞大的网络文学依托互联网对游戏规则进行规避,看起来是对个人主义、对自由的实践,然则这种低级的自由是以丧失文学品格和艺术品味为代价的,从而陷入了另一种不自由。笔者认为应该讨论的不是是否应有审查程序,而是审查的范围与细节。

　　就内因而言,这一问题的产生根源在于创作主体的社会责任感缺失。网络文学的创作主体通常被人们称为"写手",显然这种称呼本身就赋予了他们"编外人员"的身份定位。虽然近年来各地作协竞相"网罗"网络写手,比如从2010年当年明月、唐家三少等网络写手首次被吸收为中国作协会员开始,中国作协每年都在加大对网络写手的接纳力度,"唐家三少和当年明月在2013年还成为中国作协全委会委员"②。但是首先,这些进入作协体制的写手在进入作协之前创作的作品是否经过严格审查显然值得商榷,其次对于数量庞大的网络写手来说进入作协体制的写手人数仍然是一个微乎其微的数字。首先不能说体制内的写手一定比体制外的写手更具有社会责任感,其次显然大部分写手是欣然认同"写手"这一身份定位的。从某种程度上说,"写手"不仅是一种身份定位,也是一种无形的"保护伞":因为是区别于作家的写手,因此可以不那么严格地要求自己。那么我们是不是可以说,也许等到

---

① 吴俊:《批评史、文学史和制度研究》,《当代作家评论》2012年第4期。
② 吴长青:《盘点2013年度网络文学》,中国作家网:http://www.chinawriter.com.cn/2014/2014-01-17/189076.html。

有一天写手们不再满足于写手的定位,并且能拿出符合作家身份的作品时,这种尴尬的局面才能改变呢?

　　三、关于写作技巧问题。叙事方式、语言等写作技巧流于简单是网络文学存在的另外一个问题。众所周知,小说是一种典型的叙事文体。小说作者能否清醒地意识到这个事实并身体力行地在叙事艺术上下功夫,对于小说创作及呈现来说至关重要。受到理论研究和创作实践的推动,"中国当代作家的叙事意识,到了1990年代的时候,进入了一个普遍的觉醒时期"①,然而当代网络文学写手们的叙事意识觉醒只能说尚在一个比较初级的阶段。与"八仙过海各显神通"的当代长篇小说相比,同样在字数上日渐庞大的网络小说在叙事视角、描写方式等方面就显得幼稚多了。以风靡的穿越小说为例,大多以主人公为第一视角,在情节上也跳脱不出由初期的惊慌失措、茫然无助到中后期因具有历史知识、科学知识或者后世的诗词歌赋知识而在古代大展身手,或经商致富(如《木槿花西月锦绣》里的花木槿)或"发明创造"出坚船利炮(如《回到明朝当王爷》里的"我")。总之他们在古代社会可谓如鱼得水,虽然会遇到一些挫折和挑战,但是最后都能因运气、贵人相助等原因化险为夷,最后不是在古代幸福美满地生活,就是回到现代,有些人物甚至还能够在现代继续"前缘"。例如被称为清穿小说鼻祖的《梦回大清》,主人公"茗薇"穿越到清代成为雅拉尔塔·茗薇后不仅获得了与十三阿哥的爱情,最后还回到了21世纪。但是深入阅读之后,似乎狭隘的爱情纠葛一直贯穿她的人生。可能有人会以"只是言情小说"来为它开脱,但是作为一部在网络文学作品中广受好评,被认为是"清穿小说鼻祖",甚至在网络文学发展史上有一席之地的小说,在叙事技巧方面是不是可以更可圈可点一些呢?再如《盗墓笔记》中的男主人公"吴邪",即书中的"我",出生于一个盗墓世家,偶然得见一份神秘的战国帛书,而后他开始了盗墓生涯。每次"倒斗"(盗墓)都是历经千辛万苦,遭遇万千磨难,几经生死考验,见识无数奇事怪物,在闷油瓶、王

---

　　① 王春林:《近年来长篇小说叙事方式多样化趋势的分析——以第八届茅盾文学奖为中心》,《山西大学学报》(哲学社会科学版)2012年7月第35卷第4期。

胖子、潘子等人的帮助下,渡过重重难关。最终由一个盗墓"菜鸟"成为身怀特技的盗墓"高手"。这种叙事方式与其说是一种文学的,不如说是一种游戏式闯关的更为贴切。

  涉及描写方式,特别是人物描写,除了少部分优秀的作品能够将人物刻画得入木三分继而塑造有个性的角色以外,大部分都存在泛泛而谈、毫无新意的问题,更有甚者直接将搜集来的描写不加糅合地简单拼接。除此之外,网络写手对于语言文字的把握显然没有前辈们那么游刃有余。在语言艺术上,如果说主流小说是以文字艺术叙事,那么网络小说就是依靠情节叙事,在"情节为王"、日更千字甚至万字的背景下,网络文学的语言就显得比较贫瘠无力了。白烨评论刘震云的《一句顶一万句》,其"语言本身就含带了意味,言说本身就体现了审美",反观网络文学作品,至少笔者还未见到过体现富于音乐美的语言驾驭能力的作品。

  以上讨论的文学技巧的短板,归根结底还是与网络写手的文学素养以及大规模商业化所带来的弊端有关。客观上说,大部分网络小说作者都是"80后""90后"的年轻人,多将写作作为本职工作之余的消遣。创作的灵感也大多来源于被嚼烂的二手资源,如《盗墓笔记》作者南派三叔在回答网友"不知作者是否深究过风水学、考古学、旅游文化学……"的问题时,曾坦言"实际上很多是根据旧小说改编的,也有不少细节是根据好莱坞电影想象出的"①,这种由二手知识简单拼凑起来的创作实质上只是一种消化之后的再阐释。文学是一种关乎生活的艺术,"源于生活而高于生活",缺乏对生活本身的体察与思索,又何谈超越与反思?

  其次,在盛大文学所推行的"免费增值模式"下,作者对叙事方式的费力思量、对语言文字的苦心经营似乎变得既不重要也不现实,重数量轻质量成为网络文学书写一种的"潜规则"。正如丁玲曾嘱咐文学青年的:"写文章不是要多,而是要好。过去有一个外国作家对我说

---

  ① 许苗苗:《网络文学作者的五大困惑》,中国作家网:http://www.chinawriter.com.cn/news/2014/2014-09-12/217766.html。

过,鞋子要一百双差不多的,不要只有一双好的。而作品相反,不要一百篇差不多的,只有一篇好的也行。"①反观网络文学现状,一旦有一种题材的作品"火"起来,其他作者就会蜂拥而上,出现一系列叙事方式和情节模式相仿的作品,从而形成一种书写的"套路"。虽然市场化、商业化是通俗文学的固有进程,优胜劣汰的市场规律在一定程度上也能筛选出一些好的作品,然而极端的商品化是文学的错位与不幸。文学不是也不能成为经济的附庸,适俗性不会也不能排斥文学性。当下需要的不是网络文学惊人的生产力,而是其于文学性上的"切磋琢磨"。

四、关于艺术品格问题。这里的品格指的并非是艺术作品的质量与品味,而是指向艺术工作者的文化操守与职业道德,偏向的是伦理层面而非技巧层面。文学作为一种以语言文字为表现形式的艺术,其重在对于"美"的表现,因此从某种程度上说文学创作者的职责是对"美"进行独到的再现和演绎。且不论作品所呈现的艺术品味几何,独创性往往成为人们评价一部作品成就高低的基本指标,独创性指的是作品应具有的独特的艺术风格。而网络文学中存在着的抄袭现象不但违背了独创性的要求,而且还严重拉低了网络写手的整体艺术品格与道德水准。例如网络作者秦简的《庶女有毒》就被网友指出涉嫌抄袭《公子无耻》《斛珠夫人》《冠盖满京华》《庶女攻略》《无肉不欢》等多部网络小说。有细心的网友还整理出了对比的图片来证明其抄袭。天涯社区论坛有网友对此评论道:"潇湘(文学网站潇湘书院的简称)据说抄袭的很多啊,很多编辑都会鼓励自己的作者去抄袭的,在潇湘,不抄的反而不受待见,如果给秦简的《重生高门嫡女》做个调色板的话,你会发现这文从头抄袭到尾,光我知道的抄袭大量情节和文字的就有《重生之风流》(开头全抄袭),《武林外史》(沈浪躲避追捕那几章全抄),还有《琅琊榜》等上百本小说。"

这里有必要引入社会心理学上的认知失调理论以分析网络文学存在抄袭现象的主观原因。该理论由利昂·费斯汀格提出,认为当人们

---

① 吴越、钱好:《中国网络文学 16 年回眸与展望 从网络生存向着文学属性回归》,《文汇报》2014 年 7 月 5 日。

"同时持有两种不一致的态度"将引发人们对"认知一致的渴望","认识到自己不一致的行为,会产生一种令人不舒服的感觉",而"人们天生就有需要减少或消除这种失调感"。① 网络作者采取抄袭方式进行写作时,这与他们心中"我不应抄袭"的道德认知形成失调,那么作者一般会采取以下五种策略来降低这种认知失调:①改变态度,"人们可以简单地通过改变态度让有差异的态度与之前行为保持一致"②,即"作者不一定不能抄袭,读者喜欢看这部抄袭的作品";②加入认知,"如果两种不符的想法造成失调,人们可以加入新认知促进协调"③,即"作者抄袭是一种借鉴的形式,有利于我'博采众长'";③改变差异的重要性,"人们可以改变相协调和有差异的想法的重要性"④,即"与其批评自己抄袭,投入创作保持更新对我来说更重要";④减少感知到的选择,"人们可以告诉自己没有选择,只能做那个与态度不符的行为"⑤,即"我必须要抄袭。我现在的写作压力那么大,抄袭能让我更好地生存下去";⑤改变行为,"人们可以改变行为,让它不再与态度有冲突"⑥,即"我还是放弃抄袭吧"。然而令人感到无奈的是,一些网络写手选择的是以前四种方式降低这种认知失调。作出这样的选择归根结底是由于写手们的整体艺术品格与道德水准不高,故无法协调职业操守与经济利益的关系。事实上,文学并不排斥经济,事实也已经证明了市场对于文学的正面推动作用,作家作者也不必故作清高地与经济利益划清楚河汉界。作为一种职业,获取酬劳无可厚非,然而对于作家作者来说,写作并不仅仅只是一种谋生手段,其对于文化传播与文学发展有着重要的意义,故除了具备一定的文学素养外,对于作家作者来说艺术品格的坚守尤为重要。

此外,还可从客观角度分析当下网络写手的整体艺术品格不高问

---

① 〔美〕斯蒂芬·弗兰佐:《社会心理学》,葛鉴桥等译,上海人民出版社2010年版,第167页。
② 同上。
③ 同上。
④ 同上。
⑤ 同上。
⑥ 同上。

第九章　网络文学的现状与问题

题产生的原因。除了上文提到的"写手"的身份认同充当其行为失范的"保护伞"以外，文学大环境的纵容甚至包庇也是不容忽视的一点。当下的文学现状是，即使抄袭等不当行为被披露，对作家作者的影响也不大。其中"郭敬明抄袭事件"无疑是最为引人注目的一个例证：2002年8月14日，庄羽以"许愿的猪"为笔名在天涯社区网站舞文弄墨版发表了其小说《圈里圈外》。2003年2月，《圈里圈外》由中国文联出版社出版，作品署名为"庄羽"。2003年12月，庄羽向北京市一中院起诉，称郭敬明所著的《梦里花落知多少》一书剽窃了其《圈里圈外》。随后，法院认定《梦》中剽窃了《圈》中"具有独创性的人物关系"的内容，造成整体上构成实质性相似。郭不满上诉。2006年5月22日，北京市高级人民法院作出终审判决，驳回了其上诉要求，判决其与出版方赔偿庄羽经济损失20万元，并要求郭敬明与出版社在15日内在《中国青年报》上公开道歉并赔偿庄羽精神抚慰金1万元，共赔人民币21万元。照理说，这种抄袭事件被披露后，郭敬明应该是作为批评与指责的反面教材的。然而令人大跌眼镜的是，作协和大众在剽窃事件后对于郭敬明的容忍度和包容度达到了令人匪夷所思的程度。在抄袭事件后，郭敬明经著名作家王蒙、文学评论家陈晓明推荐于2007年加入中国作家协会，成为协会成员。针对这一情况，中国作家协会主席团成员陆天明在接受《南方周末》记者采访时说："中国作协早就吸纳年轻作家了，但我强烈反对被法院判定剽窃的郭敬明破格加入，他在加入作协的申请表上把法院判定抄袭的作品《梦里花落知多少》作为申请入会的资格，而且说'加不加入作协无所谓，我得到重视、得到认可了'，这样一个人居然进入了中国作协的门！这等于告诉年轻人，你们可以抄袭了。"① 尽管有像陆天明这样反对的声音，但还是有不少人"挺身而出"为郭敬明站出来讲话。其介绍人王蒙认为"郭敬明之前是否抄袭和他能不能加入中国作协是两回事。成为作协会员，只是说你从事了这个行业的工作，事实证明你有能力胜任。能写书、出书，有读者看，不是把他推举

---

① 许苗苗：《网络文学作者的五大困惑》，中国作家网：http://www.chinawriter.com.cn/news/2014/2014-09-12/217766.html。

为道德楷模。我看过他的书,觉得他有才气"。另外一位介绍人陈晓明认为"年轻人做事总有疏漏的地方,我们应该以关怀、教育、培养、帮助为主,不能因为犯了错误就一棍子打死"①。后来尽管有王朔站出来批评这一纳新行为,然而不久此种批驳的声音就消失匿迹了。朱家雄就这一"异象"评论道:"可是法院判决媒体报道之后,社会各界不但没有对这个后生提出严正的批评和教导,反而很有些比以往更'捧'着他、'护'着他的意思——这现象我着实有点弄不明白。所以前些天,当老将王朔复出文坛以'骂'人造势,并对'80后'郭敬明的抄袭行为提出强烈批评的时候,我心里就不由感到了宽慰。可惜没过几天,王朔又跳出来对郭敬明一连声地道了歉——这我就又有点糊涂了,王朔骂的是对的啊,甚至他用'妖里妖气'来形容郭敬明也很传神啊!怎么他竟退回去了呢?我再一看有关的报道,原来是郭敬明主编的《最小说》丛书的出版者金丽红女士出来跟王朔说情了,金女士希望王朔闭嘴以给郭敬明一个机会,云云。如此,这结局竟然演变成了一场交易。"②进入作协之后,郭敬明更是在出版界和影视界风生水起:他于2008年至2012年期间先后获得"创业先锋奖""深圳书城2010最受深圳读者关注的作家""南国书香节'南方阅读盛典'最受读者关注年度作家""第八届上海文化新人"等一系列奖项,还导演了根据其同名小说改编的电影《小时代》,似乎抄袭这一行为并未对其造成影响。对于这一现象笔者认为:首先,抄袭是错误的行为,对于作家来说更是可耻的行为,这一点是毋庸置疑的,也是不存在商榷或讨论余地的;其次,作家,尤其是经审核进入文学权威机构——中国作家协会的作家除了在文学创作上有才思之外,其社会责任感与道德水准也是应该纳入考量范围的质素。对于以上原则性问题的坚持不仅是为了形成对体制之外的"单位人"作者的道德表率,还是为了符合大众对于当代文坛的合理期待,更是在伦理道德层面对作家作者独立不倚的人文品格的守望。

---

① 《郭敬明能否加入中国作协?作协"扩招""80后"入会引争议》,《南方周末》:http://www.infzm.com/content/trs/raw/29860。

② 朱家雄:《有抄袭行为的"80后"作家郭敬明凭什么火?》,中国作家网引《北京日报》:http://www.chinawriter.com.cn/2007/2007-02-13/22153.html。

第九章 网络文学的现状与问题

网络带来的全民狂欢式写作对于艺术民主有积极意义,似乎也进一步推动了文学从"化大众"到"大众化"的转换,但网上的"信手涂鸦"也不可避免地使作品由艺术民主沦为从众媚俗,失去文学应有的精致与深刻。无节制的网络民主写作带给网络文学的或许只有文学经典性的消失,网络文学的现状已或多或少地证实了这点。因此,尽管发展形势大好,但显然在网络文学作品精芜杂陈的背景下,谈网络文学"主流化"还言之过早。网络文学的未来还值得期待吗?要回答这个问题,我们必须首先承认,诚然网络文学存在问题,但是精英文学也同样存在着这样那样的问题。我们不能因为网络文学存在的问题而轻易地全盘否定网络文学,也应看到其闪光点。正如邵燕君提到的网络文学"最大的文学功用不在创作本身的价值,而是以一种'低门槛'游戏的方式使'全民写作'成为可能,从而在一个影像主导的时代,使国民保持着对汉语的敏感性"[①]。不过毋庸置疑的是,网络文学存在的问题相较于精英文学来说更为突出也更为棘手,只有大众和学界正视这些问题,才能共同推进网络文学的健康发展。我们有理由相信,在不久的将来,网络文学能够形成自身独立的话语圈,继而成为当代文坛有机整体中的一环。

从宏观的角度来看,文化现象与文学热点研究是文学史研究的重要一环,网络文学作为新世纪通俗文学的一种变体具有其研究的意义和价值:在文化需求多元化的背景之下,"阳春白雪"与"下里巴人"应该各司其职,各有其侧重的服务对象,能在不失其自身特色的前提下,相互学习,取长补短。在雅俗文学之间,如果只择取其一是不现实的,也是不可能的。网络文学不仅是文学研究的对象,更是文化研究的对象。追踪网络文学的发展脉络,有利于我们人文工作者近距离触及时代旨趣和国民的心理趋向。从长远来看,系统的研究以及学理式批评有利于网络文学的健康可持续发展。

如果把《诗经》当作我国传统文学的滥觞,那么传统文学已有了两

[①] 朱家雄:《有抄袭行为的"80后"作家郭敬明凭什么火?》,中国作家网引《北京日报》:http://www.chinawriter.com.cn/2007/2007-02-13/22153.html。

千多年的历史，中国的现当代文学也已历经百年沧桑，而中文网络文学自发轫起满打满算还不到二十年。与传统文学悠远的积淀相比，稚嫩的网络文学显然还有很长的路要走。而对于文学批评和研究工作者来说，这一时兴的文学类型对"批评主体以怎样的方式介入批评客体的对象世界，与之建立一种双向能动的价值关系"①提出了更高的要求。如何抛开偏见进行"在场式"的思考，这不仅是网络文学批评研究所要思虑的，更是文学文化研究无法规避的问题。"历史与现实的双重视角"给我们提供了新写作特征论证的新思路。本章写作的目的不仅在于对网络文学"亲我主义""寓文于乐""从众原则"以及"散点串连"的写作特点进行理论阐释，还期盼关于网络文学存在问题的探讨能够对网络文学问题研究起到抛砖引玉的作用，进而推动网络文学的可持续发展，更寄希望能够借此唤起人文工作者的责任意识，在网络文学理论研究工作中抛开固有成见，在"强化人文意识，抵制技术理性"的基础上"充分尊重人的个体独立自由和文学多样性的原则"，"改变原有封闭的文学创作和研究的老路，密切关注新经济条件下全球化和本土化之间新关系和新的审美倾向"②。如何不偏不倚地论证网络文学的书写特点，如何冷静严谨地评价网络文学历史与现实的双重意义，如何放低姿态进行学理的批评与研究是值得我们人文工作者思考的问题。

（史婷婷）

---

① 吴秀明：《文学形象与历史经典的当代境遇》，浙江大学出版社 2014 年版，第 2 页。
② 吴秀明：《中国现当代文学史与生态场》，中国社会科学出版社 2009 年版，第 262—263 页。

第十章　新移民文学的境遇与发展

第一节　与大陆当代文学的内在关联

近年来,新移民作家群逐渐崛起,成为活跃在当代文坛上的一支不容忽视的力量。

新移民作家群是指这样一批人:"改革开放"后,大陆出现了持续升温的"出国热""移民潮",大量国人开始出国留学、游历、经商、求职或者婚嫁等,他们中的一部分人热衷于文学创作,逐渐形成了一个颇具特色的松散的文学群落,被研究界称为"新移民作家群",他们所创作的作品就被称为"新移民文学"。① 新移民作家的代表人物有严歌苓、张翎、哈金、虹影、袁劲梅、陈河、陈谦、苏炜、查建英、卢新华、阿城、严力、陈瑞琳、少君、刘荒田、鲁鸣、林湄、王瑞芸、施雨、融融、吕红、曾晓文、薛忆沩、张惠雯、郁秀等。

迄今为止,新移民文学已经悄然走过了三十多年的发展历程。

20世纪80年代是新移民文学的酝酿积淀期。起初有查建英、苏炜等人对大陆留学生的异域生活、情感变迁、心灵挣扎、文化迷思的作

---

① 需要指出,对于新移民文学这一概念的命名乃至学科的划归,学界有不同看法。曾有"新华侨文学""华人离散文学"等多种命名,其中,"新移民文学"使用的最多。近年来,随着研究的深入,"新移民文学"的称谓获得越来越广泛的认可,成为学界一个约定俗成的称谓。新移民文学最根本、最重要的一点在于对"新移民"的界定。"新移民"特指改革开放后从中国大陆出国的公民,以此区别从港澳台等地移民的中国公民或者是新时期之前移民国外的大陆公民。另外,随着全球化程度的加深,新移民群体呈现出一些新的动向,比如有的在出国之后在各国游历并不定居入籍,有的在移民所在国和中国之间来回往返,有的移民国外多年之后又"回流"国内等现象,所以界定新移民的标准也不以是否入他国国籍为准,只重视海外这段经历对创作主体及其文学创作产生的重要的乃至决定性的影响。另外,笔者对新移民文学这一概念的使用也是遵循当前学术界约定俗成的称谓,至于未来将会出现何种新的、更为合适的命名,这尚在未知之数。

品面世,如《丛林下的冰河》《到美国去,到美国去》《远行人》等。但此期的主流则是诸如《北京人在纽约》《曼哈顿的中国女人》《我的财富在澳洲》《陪读夫人》等纪实色彩浓厚、自述传特色鲜明的作品,它们是一批新移民在经历了异域的艰辛打拼后,借助文学载体对异域经历的各种甘苦和感触进行的记录和抒发。

  90年代,新移民文学进入纵深发展的繁荣期。大量作品作家涌现,呈现出丰富的情态样貌。在经过一段时间的打拼后,大多数新移民的生活渐趋稳定,由此有了更多的时间来进行思考、创作和打磨。此期的创作突破了前期对生活表象的简单记录和情感抒发的急切直露,开始深入挺进到新移民精神历程的复杂变迁中,展现出新移民们在生活积累上的广度和深度,展现出他们对于文学艺术的自觉要求,对整整一代人命运的探索、思考和追问,因而产生了一批富有思想力度、美学特色乃至哲理意味的长篇作品,比如《白雪红尘》《望月》《流浪美国》等。同时,随着新移民队伍的不断壮大,一大批国内的专业作家,如严歌苓、虹影、卢新华、严力等人加入到新移民创作大军中,新移民文学的整体质量和创作水准均获得了显著的提高,涌现出《人寰》《天浴》《扶桑》《无出路咖啡馆》《女人四十》《交错的彼岸》《饥饿的女儿》《天望》等,新移民文学开始形成自己的艺术个性。

  进入21世纪后,新移民文学迈入了成熟与突破期。作家队伍不断壮大,老人新人齐头并进。这个时期,新移民中的资深作家严歌苓、张翎、虹影等人持续奉献出优秀佳作,比如《第九个寡妇》《小姨多鹤》《陆犯焉识》《金山》《余震》《阿难》《绿袖子》等,新人作家如陈谦、陈河、张惠雯等人出手不凡且迅速迈向成熟,《爱在无爱的硅谷》《覆水》《望断南飞雁》《黑白电影里的城市》《红白黑》《沙捞越战事》《布偶》《水晶孩童》《爱》等作品充分展现出他们优异的艺术潜质和实力。迈入全面成熟期的新移民文学展现出了对国家和民族命运的深刻思考,对历史文化的追问反思,对生命本身价值的研究探讨,对精神家园的找寻建构,对全球化时代的呼应和展望……可以说,当前的新移民文学已具备了较丰富的审美呈现和艺术智性,开始为大陆当代文学乃至全球中文写作输送出属于自己特有的"这一个"艺术新质。

第十章 新移民文学的境遇与发展

30年来的发展,新移民作家群已然成为一支不容忽视的文学生力军,新移民文学也逐渐成长为研究界的一门"奇学"。之所以称"奇",是因为新移民文学在发展过程中内涵和外延迅速扩展蔓延,逐渐成长为多个学科的交集地带,在当前的研究中有着极为特殊的位置。在海外华文文学世界中,它是一个特殊的亚群,散布于北美、欧洲、澳洲等各个区域。在各自所属的区域中,它又有不同的历史谱系。比如在北美华文文学谱系中,早前研究者往往将上世纪80年代的大陆留学生文学视为六七十年代台湾"留学生文学"的接续者,但是随着大陆新移民的大量涌现,移民方式和移民生活的多样化,新移民群体迅速展现出与以往"老"移民群体不同的精神面貌,呈现出前所未有的丰富性。由是,大陆留学生文学迅速被新移民文学所涵盖。所以,海外华文文学学科传统的国别划分法人为割裂了新移民这一群体的共性,也掩盖了系统内部的丰富性、多样性,需要建立起"分群"和"分期"的维度。

另外,在移民所在国,新移民属于少数族裔,他们的文学创作属于所在国的少数民族文学。这样的划归又带来诸多问题。因为移民顺序有先后,融合(归化)程度有差异。以华裔写作最发达的美国为例,华人的移民史长达一个多世纪,从早期华裔作家逐渐发展到新移民作家,已是第五代。① 由于华人对所在国的融合(归化)程度不尽相同,于是带来了写作语种与读者定位的不同取向。美国华裔(非第一代移民)采用的是英语写作,其定位自然是面向西方主流世界。而新移民由于自身为第一代移民,大多坚持中文写作,他们对读者的预期和定位则是回归母国。同时,新移民中还有采用双语写作的(比如哈金、严歌苓、李彦等),其作品同时面向西方世界与东方世界。所以,若从所在国少数民族文学来看,华裔文学内部也是取向各异,异彩纷呈。

但若从发生学来溯源,我们会获得不一样的视角。

众所周知,新移民是改革开放的产物,新移民作家们拥有难以磨灭

---

① 依据美国华裔学者尹晓煌的研究,美国华人写作至少有五代,分别为:第一代的水仙花,第二代的刘裔昌、黄玉雪、汤亭亭,第三代的谭恩美,第四代的任碧莲,第五代的严歌苓。详见尹晓煌:《美国华裔文学史》,徐颖果译,南开大学出版社2006年版。

的大陆成长背景、教育背景、文化背景,新移民文学的产生、发展与当代中国社会、当代文学(特别是新时期文学)有着割舍不断的血脉渊源,而且新移民文学所走过的发展历程也几乎与新时期文学同步(时间上只稍稍晚一点)。新移民文学自诞生之日起,就得到了当代文学持续不断的关注、引进和推介。

早在1984年,上海的《小说界》杂志就陆续刊登查建英的《留美故事》系列作品和中篇小说《红蚂蚁》,易丹的中篇小说《天路历程——一个留美故事》等留学生作品。到了1988年,还专门开辟了"留学生文学"专栏,吸引海外的中国留学生投稿,同时向国内读者引进推介他们的作品。同年,苏炜的《远行人》经北京十月文艺出版社正式出版发行。稍后,《北京人在纽约》《曼哈顿的中国女人》等纪实类作品经《十月》杂志的推介隆重登场,加之同名影视剧的改编上映,新移民文学迅速引发了社会轰动效应。进入90年代中后期,尤其是新世纪之后,新移民的作品更是日益频繁地出现在国内各大报纸杂志出版物上。2009年底,素有"国刊"之称的《人民文学》隆重推出"新海外作家专号",成为新移民作家作品的一次集体亮相。[①] 近年来,新移民作家更是不时囊括国内文坛各种提名和奖项。[②] 他们的创作也受到了国内广大读者的欢迎和喜爱。[③]

大量历史和现实都表明,新移民文学从诞生之日起就紧密地融会在当代文学的母体中,是大陆当代文学在海外的延伸。当然,这样的结论并非有意消弭海外华文文学学科的独立性,也并不否定比较文学和世界文学学科的研究成果,而是基于新移民文学发展历程、传播、接受

[①] 在2009年12月,《人民文学》特别推出了"新海外作家专号"。当期集中刊登了新移民作家陈谦的《望断南飞雁》,袁劲梅的《老康的哲学》,张惠雯的《空中图书馆》,陈河的《沙捞越战事》,林菁的《纽约故事》等篇目。

[②] 这里仅举几个例子。第一,近五年来,新移民作家的作品在中国小说学会年度小说排行榜的上榜情况如下:2010年有陈河的《布偶》,张翎的《阿喜上学》。2011年有严歌苓的《陆犯焉识》,张翎的《生命中最黑暗的夜晚》,张惠雯的《爱》。2012年有陈谦的《繁枝》。2013年有陈谦的《莲露》,陈河的《猹》,张惠雯的《醉意》。2014年有薛忆沩的《一段被虚构掩盖的家史》,张惠雯的《岁暮》。第二,陈河的《黑白电影里的城市》2010年荣获首届"郁达夫小说奖"中篇小说奖。第三,严歌苓的《陆犯焉识》2015年进入第九届茅盾文学奖入围名单。

[③] 比如严歌苓的作品常年位居畅销书排行榜,并不断改编成影视剧,可谓叫好又叫座。

等事实情况作出的判断。

此外,新移民作家们在自我声明中也自认是当代文学的一部分。他们不满于被视为"边缘"的地位,公开表明"为什么老是说移民文学是边缘文学呢?文学是人学,这是句 Cliché。任何能让文学家了解人学的环境、事件、生命形态都应被平等地看待,而不分主流、边缘。文学从不歧视它生存的地方,文学也从不选择它生根繁盛的土壤。有人的地方,有人之痛苦的地方,就是产生文学正宗的地方。有中国人的地方,就应该生发正宗的、主流的中国文学"[1]。对于文学身份的归属问题,他们也自认是中国作家,声称"判断一种文学的特质,尤其是华文文学,还是应该首先从它使用的语种出发。所以,在我看来,海外的华语作家其实仍旧是特定意义的中国作家,因为他们的创作完全属于中国文学的范畴"[2]。新移民作家们虽然人在海外,但他们的创作始终服膺于自己的文化人格和价值取向,不仅不讳谈自己与当代文学、与中国文学的渊源,更表达出对文学母体强烈的归属感。

这是因为中国有着悠久的从未断裂的文明历程。几千年来,中国文化形成了它自成一体、精细复杂且稳定的(甚至是超稳定)的文化心理结构,对所有炎黄子孙产生强大的向心力和凝聚力。这种结构固然巩固了自身文化的稳定性,却也阻碍了与其他文化的交流,造成了与其他文化的隔膜,以至于在西方文化眼中,中国被视为一个想象中的庞大复杂难以理解的系统,成为令人惊叹的"某种中国百科全书"(福柯)。当新移民跨越大洋来到新的土地时,携带着母体文化强大基因的他们迅速感受遭遇到不同文化之间的巨大差异、分歧乃至分裂,导致他们开始痛苦的"生命移植"过程,并由此诞生了新移民文学。"在海外,几乎所有的新移民作家,其创作的首先冲动就是源自于'生命移植'的文化撞击。"[3]这种文化撞击不仅停留在移民们生存打拼的最初阶段,而且贯穿移民生涯的始终。即便取得了母体文化和所在国文化表面上的和

---

[1] 严歌苓:《主流与边缘》(代序),《扶桑》,上海文艺出版社2002年版,第3页。
[2] 陈瑞琳:《横看成岭侧成峰——北美新移民文学散论》,成都时代出版社2006年版,第29页。
[3] 陈瑞琳:《海外星星数不清:陈瑞琳文学评论选》,九州出版社2013年版,第20页。

谐,但文化问题始终会潜伏在现实生活和历史文化的各种细微褶皱中,不时导致文化错位的困顿和迷惘。可以说,文化问题是新移民面临的最重要最根本的问题,也是新移民文学最核心的问题。只有解决了这个最根本最核心的问题,新移民才能获得从容安顿身心的可能。也只有抓住这个最根本最核心的问题,新移民文学存在的价值、创作的意义才能得到充分的彰显和肯定。

通观新移民文学的发展历程,它始终受制于文化问题。新移民文学的各种丰富呈现无不是其文化根性的丰富呈现。

比如早期讲述海外见闻的留学苦、打工苦等作品,虽然字里行间倾诉抒发着新移民们的种种愤懑和辛酸,但在他们坚强不屈、百折不挠的背后流淌着的却是革命文化的乐观豪迈,是一代"红卫兵""红小兵"闯荡世界的坚毅勇敢和浪漫豪情。

而迈入成熟期的新移民文学则大量书写了对一代人命运的思考,对国家和民族命运的反思,对人性深层的探索……这些又无不流露出启蒙文化的深刻烙印。作为一代远赴海外的知识分子,他们心中始终怀抱着自五四以来形成的启蒙理想,致力于对国民性格的建设,对人道主义的维护,对国族前途的忧思。

晚近的新移民文学则在多元文化的洗礼下走向了人类文化的更深层,深入探讨了民族文化、传统文化的现代境遇,东西方文化从磨合走向融合的历史、现状及未来,对人类未来走向的关注和希冀……进而表现出新移民特有的开阔、多元、开放、包容的文化视野和情怀,表达出与世界对话、参与全球文化建构的强烈意愿。

多年来,新移民作家的创作始终服膺于自己的文化人格,一直自觉充当着文化的载体、桥梁、代言人、言说者,表现出高度的民族自觉和开阔的世界意识。他们的创作活动不仅在海外再造出一个"文化中国",并且以他们特殊的文学、文化身份对母体文学、母体文化作出了继承基础上的拓展。近年来,新移民文学更是不断将一些"新质"回馈给母体,成为推动当代文学文化建设的"海外冲击波"。

过去的研究由于在知识谱系、坐标系选取等方面的不同,研究者往往把视野从国内投向国际,探讨新移民文学作为一个特殊的文学文化现象,在全球化多元化的国际背景下、在西方为主导的后殖民语境中、在海外华文文学世界的历史传承中表现出的一些特质,比如文化冲突和身份焦虑,中西文化的比较,女性作家和性别问题,中国形象与异国形象,中国记忆和故国想象,等等。

但是当前的新移民文学已然进入全面成熟、开花结果的丰收期,无论是它的"文化与艺术价值",还是它的"社会与审美作用",均表现出同中国当代文学的亲和度与粘连性,甚至其"粘连性远远高于它作为海外写作的独立性"[①],所以现在我们可以尝试着将研究视野拉回来,看看它与当代文学、当代中国如何根连?怎样反哺?贡献出了怎样的文学文化内涵?怎样的艺术审美形式?如此,方能更好地发掘新移民文学的特殊价值,以期丰富当前的研究成果。所以本章特意选择从当代文学视域进入,从新移民文学与新时期文学的同根同源性出发,对新移民文学持之以恒的文化寻根书写进行探讨。

第二节 精神延续与主体自觉

从纵向来看,新移民的文化寻根书写可以追溯到新时期的寻根文学运动。寻根文学运动主要由一批知青作家发起。契机为1984年12月在杭州召开的题为"新时期文学:回顾与预测"的会议。当时与会的青年作家和批评家们,如韩少功、李庆西等,在会上纷纷谈到了文化的问题。稍后,一批关于文学与文化、文学与"根"的文章陆续面世,比如韩少功的《文学的"根"》、李杭育的《理一理我们的"根"》、阿城的《文化制约人类》、郑万隆的《我的根》等。这些文章纷纷提出了文学向着民族传统文化挺进的呼求,提出了弥补五四文化断裂带的呼求,提出了通过"根"来使文学与世界对话的呼求,提出了通过"寻根"来推动历史前进和文化更新的呼求。伴着当时强劲的新启蒙话语、文化热现象以及推崇西方文化等社会思潮,结合此前文坛已经出现的个别性探索[②],

---

① 毕光明:《中国经验与期待视野:新移民小说的入史依据》,《南方文坛》2014年第6期。
② 如汪曾祺的《受戒》《大淖记事》,贾平凹的《商州初录》,阿城的《棋王》等。

这批年轻人所发起的寻根倡议迅速得到了文学界乃至整个社会的热烈响应。

寻根文学运动是当代文学发展史上一个极为重要的里程碑。这不仅表现为它给当代文学奉献了一批经典之作，如《爸爸爸》《棋王》《红高粱》等，更重要的是它为当代文学提供的思维拓展和观念变革。这具体体现为：其一，寻根文学促使文学摆脱为意识形态服务的单一功能，将文学引入并提升到文化这个更大的系统中，从而极大地拓宽了当代文学的发展空间。其二，寻根文学促使文学向着本体回归，从此当代文学开始重视艺术性问题，从以前单一刻板的现实主义向着更多的艺术形式敞开，如魔幻现实主义、西方现代派、中国古典文学艺术表现形式技巧等，从而增强了当代文学的艺术表现力，提升了当代文学的审美水准。寻根文学运动的精神遗产深刻地影响到后来的文学创作，文化寻根的理念和情结成为当代文学中一个重要的组成部分，一个重要的创作传统。

但为什么一度轰轰烈烈的寻根文学运动会在短暂的两三年内就告消歇呢？这其实与它内在的矛盾性及当时的社会条件有着密切的关系。

寻根文学运动的内在矛盾首先在于"（西方）现代性强迫症"。这其实也是困扰中国近现代百年历史的症结性问题。当时是改革开放初期，在多年封闭之后，国门再度打开，一度满怀革命豪情与自信的中国人突然惊觉到我国与西方在社会经济文化等领域上的巨大差距，开始了又一次心急火燎的追赶西方之路。在社会文化层面，西方的各种理论学说受到了广泛欢迎和热烈追捧。与此同时，一部分有识之士（如李泽厚）举起了新启蒙主义的大旗，继续五四以来被历次"救亡"运动中断了的所谓的"启蒙"进程。具体而言，这股社会思潮主要是通过反思批判的方式进行，它极力彰显现代化与现代性，批判和瓦解"文革"的政治专制和文化专制，反思和批判阻碍中国社会进步的传统观念与习惯势力。一时间，追求现代化、向往现代性成为整个社会的潮流。所以虽然寻根派声明要回归传统，其实它的策略与五四新文化运动相似。其主流是批判反思传统文化、重建启蒙理想。

其次,寻根派虽然打开了丰富的文化岩层,但在对文化的选取方面出现了严重的偏向。20世纪上半叶,美国人类学家罗伯特·雷德菲尔德在其著作《乡民社会与文化》中提出了"大传统"和"小传统"这一对概念,认为在较复杂的文明之中存在着两个不同层次的文化传统。"大传统"是指一个社会里上层的士绅、知识分子所代表的文化,它是由学者、思想家、宗教家反省深思所产生的精英文化,而"小传统"则指一般社会大众,特别是乡民或俗民所代表的生活文化。两个不同层次的传统虽各有不同,却共同存在并相互影响。这种两分法具体运用到中国时,情况则更为复杂。因为中国历史悠久、地域广袤、民族众多、生态环境多样,各地区、族群和社会阶层的文化受到多方面的影响,各自发展出不同的行为范式。同时,由于汉文化占主导,经过"大一统"的历史文化传承,华夏子孙又共同信奉一套"理想传统范式",使中国文化呈现跨地区、跨阶层和跨族群的完整性与持续性。① 由于寻根派的青年作家们大都有过上山下乡的人生经历,这使他们接触到大量偏远的、古老的、非主流的民间文化、乡村文化,即所谓"小传统",这些"小传统"是他们宝贵独特的写作资源,于是,在伤痕书写和怀旧心绪之后,他们对"小传统"进行了丰富的展示和深入的开掘,为当代文学打开了远离政治语境的民间世界,挖掘出民族"文化岩层"的多个向度。比如神秘雄奇的楚文化,灵动清新的吴越文化,质朴雄健的边地、密林、热土……一时间可谓"遍地风流"。但相较于对"小传统"的过度开发,中国文化中的"大传统"则在寻根派的写作中明显不足。

再次,寻根派作家虽然刮起了一股股文化的旋风,但其实就"根"而言,由于他们是从小接受意识形态教育长大的城市知识青年,即便有着下乡的经历,但普遍对传统文化生存的土壤——民间乃至乡土不够深入。城市生涯和知青生涯之间的断裂使他们无法获得切身的经验而直抵传统的根部,达到对"根"的深刻认识。另外,就"寻"而言,他们的"寻"并非建立在实证基础上的"寻",而是建立在自我情感与想象基础

---

① 详见翁频:《近二十年国内外大、小传统学说研究综述》,《漳州师范学院学报》2009年第4期。

上的"寻"。(这就解释了为什么寻根文学运动的终结是由出生农村的作家莫言通过想象的方式来完成的。)所以,虽然寻根派开发出了民族文化内部的多种层次和多样色彩,却导致了民族文化整体感的模糊和时代感的不足。对于寻根派的做法,当时就有学者提出质疑。比如老一辈的文学史家唐弢曾批评道:"我以为寻根只能是移民文学的一部分,寻根问题只能和移民文学同在","除此此外,先生们,难道你们不是中国人,不是彻头彻尾地生活在中国大地上的吗?还到哪里去寻根呢?"① 力倡"新启蒙"的李泽厚也对寻根派的做法表示不解:"为什么一定都要在那少有人迹的野林中、洞穴中、沙漠中而不是在千军万马中,日常世俗中去描写那战斗、那人性、那人生之谜呢?"②

最后,就更深一层来看,寻根文学运动的终结是由于现实条件的不足。当时的中国处于改革开放初期,多年的封闭环境和惯性思维导致作家无法获得更大的创作视野和理性思考。国门打开后,中西方在经济文化上的巨大反差强烈冲击了民族的自信心,理想主义往往在高涨的激情(或自卑)中失去了冷静和理智。这种社会现实可从一个文化事件来得到印证。

1988年6月,一部叫作《河殇——中华文化反思录》的电视纪录片出现在广大观众眼中。这部纪录片饱含忧思且激情高扬,通过考察黄河、长城、龙等中华文明意象来探寻中国落后的原因,最终开出了抛弃东方黄色文明、拥抱西方蓝色(海洋)文明的药方。纪录片播出后,在社会各界乃至政界高层引发了震动。《河殇》痛批传统文化,希望以大破大立的方式来给中华民族"换血",这种激进的想法透露出了当时知识界普遍的焦虑感。但理性失衡的结果往往会导致认识的极端化和片面性。在当时,海外华人学者杨振宁就指出:"文化传统是一个非常复杂的事情,是一个多方面的事情。中国的文化传统是世界最悠久的文化传统之一,中国的文化传统是西方人非常羡慕的,因为它里面有非常良好的部分,……大家知道,所有象征性的问题都是非常复杂的。……

---

① 唐弢:《一思而行——关于寻根》,《人民日报》1986年4月30日。
② 李泽厚:《两点祝愿》,《文艺报》1985年7月27日。

在这个电视片里,我最不能接受的是把这三个传统都批评的一无是处。这个电视片认为,如果不把这种传统抛弃掉的话,中国就没有希望。我认为这是大错的。"①李政道也撰文指出:"黄帝的儿女们,我们必需团结,发扬民族理想,建立自尊、自信。……一个依赖过去的民族是没有发展的,但是,一个抛弃祖先的民族也是不会有前途的。五千年的黄土文化值得我们骄傲,……盼能启新自兴,望弗河殇自丧。"②

对于文化这样一个复杂的命题,在当时"过热"的社会思潮和相对封闭的环境制约下,寻根派虽然努力开发出了民族"文化岩层"的丰富性,却没法达到对民族文化的整体把握和理性认知,由他们所开启的这项事业有待于时代情绪冷却之后的继续探索,其效力要到 90 年代之后才会凸显。

90 年代,中国社会加快了发展进程,对内,市场经济全面展开,对外,积极参与全球化进程。一度过热的文学热消歇,虽然文学被慨叹为"边缘化"了,但实则回归到了它应有的正常位置。承 80 年代寻根文学的精神遗产,注重文化内涵与提升艺术魅力成为一批有理性情怀的作家们自觉的创作理念和艺术追求。自 90 年代起,饱蘸文化意味的长篇小说和文化散文大量问世,成为当代文学的重要景观。比如长篇历史小说领域的一系列"丰收",以余秋雨为代表的文化大散文的风行,还有当代文学的重要收获《白鹿原》等。差不多与此同时(或稍晚一点),大洋彼岸的新移民文学也逐渐以其创作实绩的提高引起了学界的关注。

考察新移民作家群的人员构成,他们的中坚人物大部分为"50 后"和"60 后",可说是寻根派同龄或稍晚的兄弟姊妹们。他们都是曾经的"老三届"和"红卫兵"(稍后是"红小兵"),是"文化大革命"、知识青年"上山下乡"、恢复高考上大学、"四个现代化"建设、文学热、文化热等各种当代政治、经济、文化运动的亲历者,与寻根派具有相同的人生经

---

① 杨振宁在南开大学新生入学典礼仪式上对《河殇》的个人观点,《人民日报》1988 年 10 月 16 日。
② 李政道:《读河殇有感》,《人民日报》1988 年 11 月 4 日。

历和文化背景。可以说,这两批作家同"根"而生,同"根"而长,只是到了人生的某个节点,一部分人没有选择留在国内发展,而是飞散到了世界各地。

这一人生节点恰恰与寻根文学运动同步。80 年代中后期,中国社会不仅涌动着文学热、文化热,同时还并存着出国潮、移民潮。曾有报告文学调研这一现象,认为出国潮是新一轮的红卫兵"世界大串联"。"从某种意义上,可以这样说:'世界大串联'里,奔淌的是当今中国众多的知识分子们追求创造、渴望爆发的一颗颗骚动的灵魂;汇集的是他们敢于打破旧有的生活秩序、敢于去新秩序里承受风险的崭新精神风貌。"①这股"世界大串联"与国内的"新启蒙"思潮、文学热、文化热一样,都是知识分子群体对现代性的一种追求。所不同的是,这批人已经不满足于在国内摸索、想象现代性和现代化,而是大胆地走出国门,以亲身经历去"尝一尝梨子的滋味"。

不同于当年国内的文化寻根,新移民的文化寻根是在场的、亲历的、实证的,是饱蘸他们生命情感与血泪的真实体验,也是摆脱了时代浮躁情绪之后的静心沉潜,是在新的环境中获取的新的视角、新的体验、新的感悟。

移民之于寻根有着天然的联系。这是因为移民在人生历程和文化历程上发生了断裂。移民前后"两段式人生"的经历宛如一场"生命的移植",是"将自己连根拔起,再往一片新土上栽植,而在新土上扎根之前,这个生命的全部根须是裸露的,像是裸露着的全部神经"②。正是由于"裸露"的不适、疼痛和无助,所以早期新移民文学中才会出现那么多的苦难书写和情绪宣泄。但随着对"扎根"环境的逐渐适应,"在时空的切换中,根的自然伸展也必然对新鲜的土壤进行吐故纳新"③。于是,西方世界的文化立场、生活态度和生命精神对新移民产生了熏陶和影响,新移民开始在民族文化的基础上吸收新质,对文化人格进行重建。

---

① 胡平:《胡平文集·世界大串联》,二十一世纪出版社 2011 年版,第 44 页。
② 严歌苓:《洞房 少女小渔》,春风文艺出版社 1998 年版,第 340 页。
③ 陈瑞琳:《横看成岭侧成峰——北美新移民文学散论》,成都时代出版社 2006 年版,第 156 页。

但由于新移民在所在国为少数族裔,尤其他们是第一代移民,所以在文化和心态上始终是一种边缘的存在。这不仅是因为西方社会的移民历史和人口构成(华族比例不高),也因为自身文化之"根"的强大。因为他们都是成年之后、文化人格定型之后才出国的,对于所在国,这里只是他们选择工作和生活的地方,无论是在先天情感上还是在后天理性上,他们始终与中国母体保持着亲近。同时,新移民虽然在所在国"扎根"成功,但"根"的基因在短时间内是很难改变的,对于新移民来说,改变的仅仅只是"营养来源",其实质是在"根"的基础上不断吸收"营养"增添"新质"。

因此,对于新移民来说,他们站在两个世界、两种文化的边缘地带进行观察和审视的目光将会是持久而坚定的,他们对于自己文化之"根"的前世今生、来龙去脉、发展变化始终会存有潜在的焦虑不安与强烈的探索欲望。所以,新移民文学对文化寻根的书写必然是贯穿始终、经久不息的。

第三节 "第三空间"及其蕴生的独特文学世界

与当代大陆作家相比,新移民作家处于一个极为特殊的创作环境,即后殖民理论家所言的"第三空间"。霍米·巴巴指出:当代史的结果是会出现一大批处于文化"之间"的人,以及由跨区域和跨文化联系创造出的、不是根源于同一文化的、"非家常"生活方式的"第三空间",创造力和生命力可能就发生在不同文化空间的并置、变化和联系之中,以及相对立的文化景观的相互覆盖之中。[①] "第三空间"最大的特点就是文化生态的多样性。这里有各种各样的种族构成,各种各样的思潮主义,各种各样的文化景观……它们相互交织、混杂、变动不居。"第三空间"一方面带来了新移民视界的开阔,思想的自由;另一方面却带来了他们情感认知的困扰,身份认同的紊乱。因为在"第三空间"中,各

---

① 见霍米·巴巴:《民族与叙事》,引自〔英〕迈克·克朗:《文化地理学》,杨淑华、宋慧敏译,南京大学出版社2003年版,第222页。

种文化撞击动摇了新移民们昔日形成的高度稳定的心理结构,迫使他们不得不思考在新的世界中如何定位、如何自处的问题。对此窘况,李泽厚幽默地调侃道:"'我(你)是谁?''我(你)是父(子)之子(父),夫(妻)之妻(夫),兄(弟)之弟(兄)……','人在伦常关系中'的儒学传统如此说。'我(你)是共产党员、革命战士……','人是社会关系的总和'的马列主义如是说。这些固然'俱往矣',人不再是这些关系的承担者或体现物。那么,'我(你)是人',自由主义如是说。'我(你)是中国人',民族主义如是说。'我(你)是教授、记者、律师、工人……',专业主义者如是说。如此种种又如何呢?它们与前面那些不一样吗?它们真能让'我(你)'寻找到'自己'吗?'我是什么?''我'与'在这个世界中(being-in-the-world)'究竟是什么关系? Being 何在? Dasein 如何?不是仍然不可知晓么?这一切不都早已死去了么?"①种种心理上的震荡不安会诱发新移民惊人的敏感,促使他们对所属族群的各种动向保持高度的关注,对自身文化之根进行不懈的追问。

另外,西方世界的华人移民史已经长达一百多年,肇自鸦片战争始,到了新移民,已是第五代。这是华人族群与西方世界互相磨合的一百多年。从廉价劳工引进(贩卖)到"排华法案"横行乃至"黄祸论"甚嚣尘上,以及1949年后中国政局的特殊状况以及东西方世界几十年的"冷战",西方对华人族群一直存在着各种傲慢与偏见。但随着华人移民质量的逐步提高,一批台港澳移民(学者)陆续进入西方主流社会,华人族群中的有识之士开始了为族裔"正名"的努力。比如牟宗三、杜维明等汉学家就提出了"儒学第三期"和"文化中国"的构想,对中国传统文化进行不遗余力的宣传、捍卫和创新。另外,新移民群体的"世界大串联"打破了中华文化圈之间的长久隔绝,新移民中的学者也从大陆文化背景出发对中国历史进行了深刻反思,对传统文化给予了理论建构和学术争鸣,比如李泽厚、刘再复等人就提出了"告别革命论"和"儒学四期说"等。

除却华人学术界的理论争鸣,新移民在现实生活中也亲身感受到

---

① 李泽厚:《说儒学四期》,上海译文出版社2012年版,第21页。

华人族群内部的多样性、丰富性。比如唐人街就保存着最早一批中国移民各种生产生活方式的历史印记。而1949年之后，由于中国政局的特殊情况，台港澳的移民们在多种理念与生活细节上都与社会主义制度下成长起来的新移民存在极大的差异。此外，随着华人族群与其他族群的渗透融合，华人世界变得日益多元复杂起来……这种种现实情况都会促使新移民作家产生对自己母体文化的自觉补课和寻根之思。

时移世易，与当年寻根派作家不同，新移民作家的寻根面对的是一个更大的文化坐标系，即中华文化作为世界文化之一元，当它与其他世界文化并立之时，究竟什么才是民族文化中最恒久、最稳定、最主流、最正宗的"根"。此外，新移民的寻根已经脱离了当年的封闭环境，一跃而来到西方世界的"第一现场"，他们是凭借着自己的亲历和实证来寻根，用生命感悟来寻找中华民族之"根"，来思考在全球化时代、多元文化并存的时代，华人族群如何自处、如何安顿身心的问题。

由于视界的打开和处境的转换，新移民的寻根书写给当代文学带来了移民文学特有的气象。

一、华人世界的打开

如同当年老寻根打开了一个久被遮蔽的民间世界一样，新移民的寻根书写打开了久被遮蔽的海外华人世界。这个华人世界由于中国政局的特殊状况和东西方冷战而长期处于大陆民众的经验视野之外。此外，当年许多新移民在异域的打拼大都从这个华人世界起步，这段经历是他们人生中最难忘的一段"价值时间"。因此，从自身经历出发，描摹新移民乃至海外华人群体的众生相成为新移民文学中的一大宗，形成了新移民文学的一个创作传统。这种题材是带着大陆人的眼光看自己、看族群、看历史、看世界，体验感受着自身文化之根在异国扎根时的百般滋味。

那么构成新移民文化之根的成分又有哪些呢？很显然，大陆时期的社会主义教育（革命文化）构成了他们出国前最重要的生命底色。同时，作为新时期的精英知识分子，推进启蒙理念、促进民族前进也是他们深植于心的理想。另外，中华传统文化，特别是一些留存于中国民间、普通百姓"日用而不知"的传统观念也是其文化之根的重要组成部分。这一点,老寻根派中的阿城、王安忆等曾做过探讨。但新移民面临的情况又更为复杂。比较而言,老寻根主要探讨的是被革命氛围所遮蔽的民间,主要是非主流、非正统、偏远地区和少数民族地区的民间世界。而新移民所面对的则是自晚清第一代华人移民开始筚路蓝缕建立起来的海外华人民间世界,是一个中国传统文化之根没有被历次革命所改造、所整合的自为自在的民间,并且它的自为自在又是生存并运行在西方主流政治、经济、文化之下,是前现代、现代、后现代的混合杂糅。其华人成分的构成来自中国大陆、港澳台乃至中国疆域以外的华人族群,新移民仅仅只是这个圈子中的一个亚群,他们彼此之间有着既相同又迥异的文化背景。这其中华人与所在国、华人族群内部的各种文化纠葛自然更加复杂多样。另外,华人族群随着人口素质的提高,逐渐进入西方社会的各个阶层,在日常生活中,他们要越来越多地应对和处理西方主流文化与自身母体文化之间的差异冲突。于是,在各种尴尬、碰撞中,新移民不经意间就能触碰到自身文化之根最核心的部分。

(1)艰苦奋斗:革命豪情和文化传统。

新移民文学虽然已经走过了三十多年的发展历程,但无论发展到哪一期,都少不了纪实色彩和自传特色较为鲜明的作品。之所以会涌现如此众多的同类作品并形成新移民文学的创作传统,是因为"生命移植"之初的疼痛确实是新移民作家们一段无法忘却的记忆。

这些作品不仅真实记录了新移民在异域扎根求存的艰难,更是展现出新移民们由大陆文化背景所培养出的精神风貌。比如敢于冒险、善于行动、特别能吃苦、特别能适应环境等优良素质和作风,周励(《曼哈顿的中国女人》)就把这些都归功于她早年接受的革命文化教育以及在黑龙江建设兵团的生命历练。刘观德(《我的财富在澳洲》)则带着对资本主义剥削制度的深刻认识(马克思政治经济学理论)开始了和韩国老板娘的斗智斗勇。而《陪读夫人》《梦断德克萨斯》《旋转的硬币》"人生自白"系列等大量作品无不流露出社会主义教育模式对新移民的深刻影响,诸如思维的塑造、行为的选择、性格的坚毅等。为了在异域求得基本的生存,他们可以每天"一气跑十多个街口,从餐馆直接奔学校,有着该属于牲口的顽韧"①,可以忍受着极端的困境,以至于"孤立、生疏、贫困,让我每天热情饱满地生活的几乎是愤恨"②。正是在极端的困境中,他们经受住了考验,才取得了扎根的成功。

新移民在异域的艰苦奋斗不仅展现出了革命文化顽强进取的一面,也展现出了革命文化豪迈浪漫的一面。随着改革开放的深入、中国经济的腾飞,新移民中出现了一批追随"全球经济一体化"的商业群体。为了追逐现实经济利益,他们不惜冒着生命危险奔忙在世界的各个角落。然而,无论他们怎样"现实",作为生命烙印的革命情结还是会在不经意间激荡他们的灵魂。比如《黑白电影里的城市》中的男主人公李松,当他无意间闯入了阿尔巴尼亚的动乱后,他青春期形成的革命英雄主义情结和浪漫情怀迅速绽放出绚烂的色彩,引导人物走向了不可知的命运。《红白黑》中大量描写了中国人对革命圣地(巴黎公社)的怀想和膜拜乃至"红二代"群体对革命事业的不懈追寻与精神延续。

艰苦奋斗不仅是新移民革命文化的体现,更是中国传统文化的体现。我们的民族一向就有着坚韧顽强的奋斗精神,因为我们民族自古以来就有"贵生"的传统。"天生万物,人为贵","天地之大德曰生",因为对"生"的重视和坚持,所以生存是为第一要务。不管环境怎么艰苦恶劣,华人都可以用超越人类极限的忍耐和毅力硬生生闯出一条活路来。这种文化根性不仅体现在新移民们的扎根拼搏中,更是体现在历代华人移民的筚路蓝缕上。

在新移民作家对华人族群历史的追索中,早期移民胼手胝足的艰辛与坚韧屡屡被表现得惊心动魄。比如在《扶桑》中,严歌苓借白人的眼光评说道:"你不知这个城市怎样恶意看待来自遥远东方的梳长辫的男人和缠小脚的女人。他们在一只只汽船靠岸时就嗅出人们身后的战乱和饥荒。他们嘀咕:这些逃难来的男女邪教徒。他们看着你们一望无际的人群,慢慢爬上海岸。他们意识到大事不好。""这是世上最

---

① 严歌苓:《学校中的故事》,《失眠人的艳遇》,四川文艺出版社1996年版,第61页。
② 同上书,第63页。

可怕的生命,这些能够忍受一切的、沉默的黄面孔将在退让和谦恭中无声无息地开始他们的吞没。""他们不声不响,缓缓漫上海岸,沉默无语地看着你;你挡住他右边的路,他便从你左边通过,你把路全挡完,他便低下头,耐心温和地等待你走开。如此的耐心与温和,使你最终会走开。"同样,张翎的《金山》也以方家父子历百折而不挠的苦难经历叙写了几代华人移民为生存而爆发出的惊人耐力和韧性。《睡吧,芙洛,睡吧》中的女主角芙洛正是凭着惊人的勤奋和忍耐才终于在近乎绝望的处境中赢得了自立、自强和自尊。

不仅要生存,更要谋发展。华人族群不仅在极端恶劣的情况下经受了生存的考验,还以勇敢大无畏的牺牲精神为族群的发展争取到合法权益。比如《沙捞越战事》中的周天化,《金山》中的方锦河等人,他们在二战的烽火中毅然决然以生命为代价代表所在国参战,不仅为人类和平事业作出了伟大牺牲,更是推动了所在国排华法案的废除进程。

(2)世俗情怀:实用理性和乐感文化。

华人移民不仅有着艰苦奋斗的光荣传统,同时也有着机灵权变的聪慧和常葆乐观的好心态。这是因为沉积在民族文化心理结构深层的实用理性和乐感文化在起着作用。这笔精神财富为华人移民在异国他乡的安身立命提供了强有力的心理支援,助力他们度过了许多艰难时刻。比如在卢新华的《细节》中,知识分子郄杰满怀现代化憧憬留洋西方,但现实生活困境迅速让他认清了"先生存再发展"的"硬道理"。面对繁重的学业、工作和生活,他充分运用中国的传统智慧,自创了"糊涂教"心法。"虚其心,实其腹,弱其志,强其骨",破除"使命执""普度执""英雄执",达到"无知无欲",并且还大大咧咧地宣称"大事留给上帝去抓吧,我们只能注意细节"。这种糊涂心法看似是一种生命的萎缩和退却,但却是"经"与"权"的灵活运用,它适时地从高蹈虚空中抽离,专注于日常生活,使新移民在"洋插队"的苦难日子和边缘化的社会处境里也能始终不失乐观精神和赤子之心。这种创作理念同样出现在一大批反映新移民生活的作品中,比如《我的财富在澳洲》中的"五苦论",《望月》中各色人物的生存取舍和去留选择,《信用河》中对身份面子问题的豁达大度等。这不仅是实用理性的指导,也是新移民知识

第十章　新移民文学的境遇与发展

分子对儒家"达则兼济天下,穷则独善其身"的立身法则的现代运用。

与新移民男性知识分子的"穷—达"观相比较,新移民女性则更多地表现出"贵柔守雌"的道家文化色彩。西方之于东方,主流之于边缘,男性之于女性,新移民中的女性往往处于多重的劣势地位,但这些东方女性往往有着水的柔顺灵动、水的刚柔并济,因此在外界种种不利的条件下反而获得了保全。比如在新移民一些涉及异族婚恋的题材中,女主人公往往因为不得已而缔结了一份跨国婚姻。在婚姻生活中,她们不得不面对来自男权社会的、西方世界的、主流族群的"压迫",不得不安时处顺、柔弱不争,用牺牲和忍耐维持着婚姻和家庭,展现出东方女性的坚忍和柔韧。比如《红罗裙》中的海云,《花儿与少年》中的晚江,《覆水》中的依群等人。此外,她们如水一般的刚柔并济也支撑着她们最终冲决出了生活的罗网,获得了尘世的幸福或内心的安宁。比如《苏格兰短裙和三叶草》中的蕾,《邮购新娘》中的江涓涓,《天望》中的容微云等人。

新移民文学中存在着大量着力描摹现实生活的作品,体现出强烈的世俗本位的文学观。因为,中国文化不同于西方文化。西方文化有着此岸世界与彼岸世界的二元划分,而中国文化只有"一个世界",即此生此世。因此,中国人"贵生",重视人情、人际,热爱俗世生活。另外,对于中国人来说,"共通的知识财富是世俗经验",而"世俗经验最容易转为人文的视角"。[①] 所以新移民在自身特殊的创作环境和相对狭窄的资源局限下选择了对世俗生活、人情百态的精细描摹,却无意中联通恢复了传统文学的世俗本位和世俗精神,可谓是无心插柳柳成荫。

从文学渊源上来说,世俗精神是中国古典文学的传统精神,它的最高峰是闻名世界的伟大经典《红楼梦》,近现代以来则是鸳鸯蝴蝶派文学和海派文学。新移民的世俗生活写作与大陆的"新写实"几乎同期,但不同于大陆"新写实"对无聊生活的铺排,对虚无琐碎的迷恋,对生存挣扎的零度展示,新移民的写作基调是温暖的、乐观的、悲悯的,既有对人情百态的体察,也不失对复杂人性的剖析,从不粉饰生活的艰难,

---

① 阿城:《闲话闲说——中国世俗与中国小说》,作家出版社1997年版,第2页。

也从不失却对生活的信念,是一种有着生命温度、人间温情的书写,散发出浓浓的"人情味儿"。

(3)情理两难:个人意志与伦理本位。

新移民文学浓厚的"人情味儿"最集中地体现在婚姻和家庭题材上。这也是由传统文化对中国人审美取向的规约所致。中国传统以儒家文化为主流和正宗,重视伦理道德,重视家庭关系。新移民作家中又以女性居多,而女性往往比男性更重视家庭生活事务和伦理亲情处理。另外,新移民女作家都是知识女性,在移居异国后,她们或多或少都吸收了西方文化的有益因子,所以她们的写作不仅体现出传统伦理的审美旨趣,并且还能以西方文化为参照,对传统伦理在西方社会的现代境遇作出独立的思考。

比如陈谦的《繁枝》,小说从华裔小男孩珑珑的家庭作业"家族树"起笔,追溯了一个家族两代人隐秘的情爱纠葛,阐发了对传统情爱观和家庭伦理观在两个时代两个大陆的惊人能量。第一代人的故事发端于中国大陆60年代。立蕙生母与同事何叔叔相恋,生下了私生女立蕙,因婚外情不能见容于社会,所以立蕙从小生活在他人指指点点的目光中,忍受亲人也不相认的隐痛以及难堪身世带来的屈辱。偏巧同父异母的姐姐锦芯天生好强,事事争先,她的耀眼光芒深深刺伤了幼年的立蕙。第二代人的故事则搬演到了新世纪的美国。当成年立蕙终于以世俗意义的成功摆脱了身世的屈辱和锦芯的阴影时,却意外得知锦芯的下落及其谋害亲夫的恐怖真相。在这个家族故事中,每个人都被传统伦理所挟持,每个人的人生选择都被传统文化所塑造。第一代人因为走不出时代走不出环境,所以在情与理的挣扎中选择了对传统的服从,不料这份善意却造成子女一生的心理阴影。第二代人虽然已经脱离了时代和环境,却仍旧无法从传统思维中突围。比如锦芯,即便身为现代知识女性,但在察觉到"爱情"的苦涩时仍旧选择了"从一而终"。面对丈夫出轨的事实,她没有理智地放过彼此,重新开始,而是固守传统女性维持婚姻、维持家庭的执念,最终导致了错杀亲夫的惨剧。在这个情爱故事里,传统的根不屈不挠地扎在每个人的思维模式里,表现在每个人的行为方式上,绝不因环境的改变而改变。虽然作家屡屡试图站在某种女性主义的立场来讲述这个情爱故事,但在层层铺展不断推进的情节中,其对传统的迷惘与困顿之情也时时浮现、纠结难安。

中国文化以儒学为主流,儒学以血缘为根基,重视家庭伦理,强调人性情感。在重"情"的同时,儒家也重"理"。哲学家李泽厚就认为,儒家不同于一般哲学思辨的重要特征就是"把理性、智慧、道理的各种要求,建立在人性的情感上面"①。"儒学强调情理不能分隔,而是渗透交融和彼此制约着的。……情里面有理,理里面有情,'理'的依据是'情',而'情'又必须符合理性,从而'理'不是干枯的道理,'情'不是盲目的情绪。"②新移民在西方社会的生活中逐渐吸收了个人主义文化,其个人独立意识、自由意志不断增强,同时,他们由母体文化培育出的伦理道德及思维模式也并没有消减。于是,在日常生活中,东方的"情"与"理"遭遇西方的"情"与"理",这两股异质的东西同时存在于新移民的价值体系中,混杂交融、纠结不宁,导致他们生活中的困顿迷茫,甚至激烈的家庭矛盾和代际冲突。

《望断南飞雁》堪称新移民文学中的"娜拉"故事。传统女性南雁以陪读夫人的身份来到新大陆,为支持丈夫的事业而一再压抑自己的真实渴望。经过漫长岁月的洗礼,她终于被新大陆的个人主义所激励,下定决心重拾儿时的梦想、开创自己的事业。然而,当个人理想遭遇传统伦理所固化的家庭权力结构模式时,南雁不得不付出家庭破碎、与儿女分离的沉重代价。"娜拉"终于勇敢出走了,但她能否获得真正的精神自由与解放呢?恐怕不能。出走的南雁或许终身都得在个人情感意志与传统伦理的冲突中煎熬,独自流泪,不得安宁。

这种东方女性在新大陆接受新的思想洗礼后陷入情理两难的作品还有很多,比如《绿卡的女奴》《冤家》《雁过藻溪》《爱在无爱的硅谷》等。在这些故事的激烈冲突中,东方的、西方的、传统的、现代的各种"情"与"理"混杂成一团乱麻,不断撕扯着故事女主人公的身心。而种种是非对错已经很难用简单的二元对立来加以甄别了,以至于读者也

---

① 李泽厚:《说儒学四期》,第137页。
② 同上书,第137页。

无法判定究竟谁才是"理无可恕、情有可原"的一方。

除了对新移民女性面对的"情理悖论"展开书写和思考外,现代社会的亲子关系也是新移民女作家(也包括男作家)持续关注的范畴。《陪读爹娘》和《空巢》分别是张翎早期和晚近的作品,但其对东方家庭伦理在全球化时代的困境与坚守给予了持续的关注和表达。全球化时代提供了教育机会和工作机会的多元化与全球性,同时也冲击了中国传统的家庭结构。陪读爹娘们为了子女放弃了国内悠闲的退休生活,辗转奔波在东西两个世界,在为子女贡献"绵薄"之力的同时也给子女的"现代式"生活带来了尴尬和困扰。能干女儿频繁跨越东西半球,为空巢老爸的退休生活操碎了心,但正是在处理家事的过程中,女儿在父亲的情感与智慧启迪下廓清了心头迷雾,找到了自己的小小幸福。这些故事表面上写两代人的代沟,实际上展示了传统伦理亲情在现代社会遭遇的各种冲击。但不管全球化发展到何种程度,由中国传统伦理所孕育出的亲子之爱与孝亲传统将恒久流传。因此之故,新移民的家庭伦理书写时常涌动着一股股俗世的温暖和感动。融合这种创作旨趣并展现文化差异、代际差异的优秀之作还有《刮痧》《我的太阳》等。

二、启蒙理念的推进

虽然新移民大多以平民自居(或自嘲),但他们骨子里始终是知识分子。尽管远离了母国,在西方社会也处于边缘,但他们的启蒙理想和知识分子视角不会改变。这其实也是由中国传统文化对知识分子根性的规约所致。新移民知识分子既有社会主义教育的底色,又接受了80年代"新启蒙"的洗礼,更接受了西方世界的文化熏陶,因此他们的文化视野更加开阔,思维更加活跃,能够站在东西两大文明的高度上对传统文化根性进行对比审视。

(1)批判劣根:宗法文化、农民文化的现代变形。

五四对国民性的批判和改造是一项未竟的事业,海外华人世界又是一个前现代、现代、后现代混合杂糅、独立自为的世界,有着层层积累的"文化岩层"。面对这个复杂独特的文化岩层,新移民知识分子展开了自觉的文化自省。

第十章　新移民文学的境遇与发展

　　袁劲梅的职业身份为哲学教授,她的写作具有鲜明的哲理思辨色彩,对于寻根的态度,她显然是继承了五四的启蒙立场和精英色彩,对古老中国那种落后卑劣的国民性持毫不留情的批判态度。比如她的《小天井》就讲述了古老大家族内部亲戚之间互相倾轧的故事。大家族之后十合儿出身填房,相貌平平,从小在聚族而居的小天井中长大,备受复杂人际关系的折磨。某一日,十合儿带洋未婚夫威廉回家,完成结婚前见家长的仪式。十合儿和威廉的到来立刻引发了小天井的轩然大波。本来,十合儿一房是各房亲戚中"比下有余"的那个"下",但洋未婚夫的出现似乎预示了这种格局的打破甚至翻转。于是小天井的众人各出奇招,最终用卑劣的手段毁掉了这桩婚事。小天井的生存方式与生存法则乃是中国最古老的家族制。这是一个逼仄压抑的"铁屋子",这里生成了一大群病态的人,衍生了各种病态的人际关系,上演着人性中的各种丑陋奸恶。对于他们来说,毁掉十合儿的婚事仅仅只是为了维持自己在家族中所谓的"心理优势"地位,享受一种能把别人"比下去"的虚荣。可怜善良纤弱、坚持出淤泥而不染的十合儿母女终究没能逃出"铁屋子"中被"吃"的命运。

　　袁劲梅的文化寻根立足于东西方文化的对比审视,通过西方文化这面显微镜来查找诊断中国文化根性中那些病态且顽固的基因和成分。在其"戴家系列"中,袁劲梅把批判的矛头指向了农耕文化土壤培育出的农民文化。这种文化通过等级制和人际关系来进行维系,几千年而不衰。即使到了所谓的现代社会,它仍旧生生不息甚至被发扬光大。《九九归原》中,一群漂洋过海接受了现代文明洗礼的高级知识分子们,虽然外表上穿西装打领带,但骨子里仍旧是中国农民。几十个人七拼八凑地搞出一个"华美哲学会",然后立刻就上演了排座次、闹分裂、争权夺利、自立山头的戏码。《罗坎村》中,即使是"三十年的差距,半个地球的间隔",革不掉的依然是"罗坎式"的思维模式和生活方式。所谓"吃酒席拉关系","大家吃一顿,是加肥,大家喝一杯,是浇水,不是乡亲也要灌溉成乡亲,不是一家人也要结成一家人"。因为"最亲密牢靠的人际关系都要落实到家庭关系上,这才好办事"。即使是"新新人类"的小留学生,只要是在"罗坎式"的文化中浸泡过,也自然而然地会把罗坎的那一套带到美国来上演。于是作家感叹:"唉,三千年家族社会的根深呀!"

家族文化衍生了主奴等级制,即便到了现代社会,人权意识已经普及,它依然是中国传统文化中一块触目惊心的疮疤。严歌苓的《大陆妹》和《海那边》讲述了新移民被华人同胞欺凌的辛酸故事。因为移民时间上的先来后到,台港同胞占据了先机,成为先稳定下来的华人群体。然而,即便同样是炎黄子孙,他们对于后来到的新移民并没有表现出多少同胞之谊,反而是变本加厉地剥削,甚至辱及人格尊严。《海那边》揭露了唐人街老板对"黑工"的惊人剥削,《大陆妹》则通过台湾雇主一家对大陆妹的各种嘲笑、挖苦和刁难揭露了中国传统文化中主奴等级思想的阴暗丑陋。

此外,新移民作家还对女性在东西方不同世界的地位处境给予了格外关注,比如《阿喜上学》《睡吧,芙洛,睡吧》《扶桑》《羊》等作品就从历史或现实的角度批判了东方男权文化对女性的残酷迫害。相比较而言,西方社会对女性的尊重、对女性权益的维护倒是胜过东方许多。这种对比审视和创作实践正是在实证的基础上对民族文化劣根的批判揭露,通过这样的写作来促进读者对历史和现实进行省察和反思。

(2)肯定优根:中国智慧、中国伦理的现代价值。

新移民对文化之根的追寻不仅表现为批判审视,也表现为肯定赞扬。尤其是受海外汉学的影响,他们对中国传统文化中的精髓——儒家(儒道互补)文化中某些超越性的大智慧十分欣赏。比如袁劲梅曾说:"我父母在一个荒唐的时代教给我的'君子之道',其精髓是儒学,也是道学。它其实就是一种植根于中国优秀知识分子良心中的人文精神。美国学生喜欢儒学道学,正是因为这种人文精神体现着人类共同人性中的美。"①所以袁劲梅对文化之根的深度发掘,不仅对农民文化的现代变形作了嘲讽和批判,同时对儒道智慧给予了高度肯定。比如在《道之动》中,桑果儿本是双野溪的农家子弟,有着自然的淳朴与野性。因为向往现代城市文明,他开始了一条追梦之路。因英雄梦而参

---

① 袁劲梅:《月过女墙·后记》,《月过女墙》,工人出版社2004年版,第369页。

第十章　新移民文学的境遇与发展

军,却时时疑惑于集体原则对个体生命价值的漠视。出于情感本能,他爱上了自己的女老师,却遭遇了社会偏见对个人情感的打压。极度的个性压抑使他迷失了自我,违心地选择了一桩功利婚姻,结果被妻子不断驱赶着去追逐财富权势,导致了人性的异化。但是最终,桑果儿在追逐美国梦的过程中获得了人性的觉醒,在大自然的田园风光中找回了曾经遗失的自我,完成了"反者道之动"的人性回归。桑果儿的人生路径就是对道家哲学奥秘的诠释和演绎,尤其道家的天人合一观堪称治疗被现代文明异化的人类的良方。同样的理念也出现在《吱吱响的木桥》《水母》《病毒——未来犯罪实录》等作品中。袁劲梅曾自述:"我故事里的朋友们,就像是一把种子。他们从一个深沉的文化里走出来。在异国的文化中洗礼自己。失落、批判、反思之后,他们从异国的土壤里坚定地长出来了。他们的文化底蕴远比美国文化深厚,他们的人生观是经过苦难后的平静思考,他们保留着的东方价值恰恰就是西方文明社会所需要的良方。"①在对东西方两种文化的审视对比中,新移民也看到了西方文化的种种不足之处和东方文化的种种优越之处,在持续的文化自省中获得了对民族文化的自信。

比如中国传统儒家就认为"人之初,性本善"。这一点与西方的"罪感文化"非常不同。在"性善论"的长期濡染下,中国人重视现实生活中的人情、人性,将理智、道德、情感的各种人生实践都建立在善良人性的基础上。这在东西方人际交往的过程中,尤其在东方女性身上体现得特别明显。

严歌苓的《少女小渔》讲述的是一个为绿卡而"假结婚"的故事。少女小渔天性淳朴善良,她被未婚夫安排假结婚"嫁"给了一个意大利老头,虽然这不过是桩交易,但小渔坚持作为"家人"的义务,不遗余力地在生活的方方面面帮助照顾老头,她始终抱着一个淳朴的信念:"她希望任何东西经过她手能变得好些;世上没有理应被糟蹋掉的东西,包括这个糟蹋了自己大半生的老头。"最后,小渔的人性力量终于感化了老头,促使老头回归到正常的人生道路上。

---

① 袁劲梅:《月过女墙》,第229页。

在东西交往中发掘中国传统文化所塑造的人情人性是许多新移民作家的创作共性。陈谦的《覆水》从男女情爱打开突破口,探讨中国女性在个人情感欲望与人性伦理道德之间的纠葛。依群为报答救命之恩而嫁给了年龄足堪当她父亲的美国老男人老德,虽然她的个人意识不断觉醒,但在个人情感欲望和道德理性的交战中,依群还是选择了牺牲自己的青春和感情,坚持守候老德直到其圆满走完人生之路。从西方个人主义的价值观来看,依群的坚守可谓"不人道"的,但事实上,依群的选择并没有多少外力的强加,而是在可以自由选择的情况下选择了服膺于自己的道德价值判断,坚守着中国人传统的道德良心。

异族婚恋题材在新移民女作家的创作中较为突出,虽然此种题材有过多过滥之嫌,但应当看到,她们的此类创作不单单只是为了情爱而情爱,而是在情爱中蕴蓄浓厚的人性人伦色彩。不管东方女性是出于怎样的目的嫁给了西方男性,由中国传统伦理所塑造的善良、包容、谦和、忍让、感恩等美德始终散发着人性的光辉。即使面临欲望的纠缠,她们也大都经受住了考验。此外,在这些婚恋故事中,不管人与人之间的沟通交流有多么困难,故事女主角那种由东方文化所孕育出的人性善良最终克服了一切障碍,成功地建造起情感与文化之间的桥梁。

(3)忧患意识:知识分子的跨文化之思。

新移民作家因为独特的人生经历和边缘处境,往往会对国族命运持有高度的关注和惊人的敏感。鉴于他们的知识分子情怀和跨文化视野,他们会对东西方文明在国族发展进程中的利弊进行敏锐的审视。

比如卢新华的《紫禁女》,表面上是一个东方石女艰难自救的故事,但小说背后实则蕴含着对百年中国命运的丰富思考。弱女子石玉因身体的"闭锁"备尝人生的苦涩,在跨越两个大陆艰难自救的过程中,她先后与三个男人产生了情爱纠葛。初恋吴源是积极入世的有为青年,梦想用儒家精神建功立业,最终却在权力游戏中成为精神委顿的官僚。兄长般呵护她的常道乐天知命,有着道家的潇洒和超脱,但却因为无法正视身体的隐疾而黯然离去。恩人大布鲁斯,是一个"长着斯大林式胡子"的美国人,出于热心助人,他带石玉逃离了伤心家园,后来却在情爱游戏中丧失了本真,堕落为纵欲的浪子。小说以女性身体

第十章　新移民文学的境遇与发展

影射古老中国,以石玉的艰难自救影射百年中国的曲折进程,其情爱纠葛中的三个男性分别影射了儒家、道家和西方文明。曾经深爱的吴源最终被证明是"无缘",艰难中携手相扶的常道杳不知所终,昔日热情相助的大布鲁斯变得堕落放纵。他们即使都曾与石玉真诚相爱,但都不是石玉最终的归宿。可怜石玉,尽管历尽艰难打开了"闭锁",却依然彷徨挣扎在茫茫河山之间。

哈金的《等待》也是一则用隐喻思维建构的文化寓言。小说讲述的是一个三角恋的故事。军医孔林用了18年的时间终于和原配妻子淑玉离了婚,谁知与情人吴曼娜结合后却并没有感受到婚姻的幸福,于是在恍惚中又向淑玉承诺,等吴曼娜病逝后,他就回到淑玉身边。小说用的是极简主义①的手法,故事情节并不复杂,但若把裹小脚的淑玉看作古老的东方文明,浪漫热情的吴曼娜看作西方文明,那么孔林在这场漫长的情感纠葛中的"等待"则成为了一种"有意味的形式"。孔林在两个女人(两种文明)的抉择中表现出了惊人的惰性,而孔林永远处于等待的"无限循环"的状态也启人深思。

严歌苓的《扶桑》状写清末第一代华人移民的艰难扎根和滔天苦难。然而她却多次采用了白人少年克里斯的视角,用西方观念对华人族群进行剖析。一方面,华人族群有着惊人的勤奋和忍耐,为在异国扎根创造了坚实的基础。可另一方面,华人族群却又惊人地顽固,他们依照宗亲结社的古老体制形成了独立王国——唐人街,在其中"和谐地自相奴役、相互杀戮",拒绝融入西方社会。很显然,传统文化中有着维系族群生存的古老经验(本土经验),但在通往全球化、进行交流、实现融合的道路上,本土经验如果运用不当,则会成为一种极大的阻碍。严歌苓正是从两种文明的对比审视中对本土经验走向世界予以了反思。

在通往全球化的道路上固守本土经验不可行,但完全倒向西方也不可取。张翎的《金山》通过方家几代人的对比,隐晦地传达出这一历

---

① 极简主义指一种以简约为特征的小说叙事手段,也指当代美国小说的一个重要流派,其美学理念为"少即为多"。详见虞建华:《极简主义》,《外国文学》2012年第4期。

史经验教训。第一代的方得法固守中国传统,与大儿锦山之间爆发了严重的观念冲突。而锦山叛逆之后的完全回归又导致了个人爱情的重大缺憾。到了第三代,延龄完全倒向西方,不意却酿成了个人一生的悲剧。一直到了第四代,艾米在对家族史的发掘中才廓清了自己的人生迷雾,坦然接受了平凡人生的小小幸福和满足。

同当年的老寻根一样,新移民也喜欢运用文化人类学的视角。通过这个视角,他们对自己民族和其他民族在走向世界过程中的经验教训予以了对比、总结和反思,对古今中外的不同文化采取开放的、包容的、平等的视角和眼光,本着以史为鉴、吸收学习的姿态和目的来进行平行式的书写。比如陈河的《沙捞越战事》和《米罗山营地》,虽然它们是战争题材小说,但作家一路追踪对比华裔、日裔在加拿大的移民史,总结两个族裔各自的经验教训。同时对马来亚抗战各方的文化特质进行了考察,给予了相当的包容和理解。当带着本土经验走向世界之时,不仅要主动去学习、去吸收,更要主动去争取、去改善。这是新移民对自身处境的感悟,也展现了知识分子参与国族建设的热情。

三、理想情怀的复归

新移民成长于中国大陆,从小受社会主义教育长大,是一批富有高度的责任担当意识和理想情怀的知识分子。当年留洋西方也是因为满怀着对现代化的憧憬和渴望。虽然现实境遇让他们经历了一段艰难时期,但他们的理想情怀早就是其自身根性的一部分,它不但不会湮没,反会随着条件的成熟再次萌发。随着新移民扎根程度的加深,对所在国文化、东西方文化体验和感悟的加深,对于自身微妙敏感身份的体察和定位,他们在文化态度上普遍希望东西方能够"和谐相处"又"和而不同",致力于弥合文化间的裂隙,求同存异,和谐发展。因此,新移民的寻根时常突破民族文化的藩篱,试图站在全人类的高度来发掘中国文化与世界文明的共性,发掘中国文化对全球文明的建设性意见和创造性贡献。

"和"是儒家文化的一种理想建构,同时也是全人类的共同愿望。"和"的理念使新移民具备了包容的胸襟和融入的心态,这在新移民文

第十章　新移民文学的境遇与发展

学中也屡屡得到展现。比如前述的新移民女作家的异族婚恋书写，虽然男女主角来自不同文化，但善良和包容终会打破所有坚冰，最终达成和解、和谐。此外，新移民作家在书写中致力于发掘不同文明中的人类共性，比如东方儒家文化与西方基督教文化乃至西方其他族裔文化的兼容之处，让不同文化共通、共融。张翎的《尘世》《羊》《向北方》等大量作品，都是跨越不同种族多种文化对和谐的情爱世界的理想建构。

不仅是中国与西方世界的融合问题，即便历史上最为敏感的中日关系，新移民也予以了关注和思考。严歌苓的《小姨多鹤》将故事舞台搬演到中国大陆，讲述了一段国仇家恨背景下的情感纠葛与血肉相融。日本战败，流落在中国的遗孤多鹤被人贩子卖给了张家。虽然张家对日本有刻骨的仇恨，但是"不孝有三，无后为大"，在张家父母延续香火的强大伦理教条下，张俭、小环、多鹤三人被迫组成了一个极为尴尬别扭的家庭：张俭负责"播种"，多鹤负责生育，小环则是名义上的主妇与母亲。这个奇特的三角从一开始就处于情与理的悖反中。但是，源自不同民族文化的共通人性克服了一次又一次的苦难和危机，最终成功打破了彼此的心墙，使他们真正融合成为血肉至亲。虽然小说以多鹤的命运为线索，但真正支撑并维系小说架构与张力的却是小环。小环的口头禅是"凑合着过吧！"它看似消极懒散，但实则是中国式伦理文化的"恕"与"亲"，是中国式思维的包容变通。正是基于这种思路，张家才扛过了几十年的风风雨雨。甚至，这种中国式生活哲学还潜移默化地感化了顽固坚持自我民族特质的多鹤，使多鹤在回归日本社会后顺利度过了艰难岁月，惊觉到自身被中国文化所改变的点点滴滴。

此外，严歌苓对中国传统的和谐生活理念疗救西方世界个人主义异化绝症也作出了建设性的思考。在《也是亚当，也是夏娃》里，白人同性恋男子亚当罹患个人主义顽症，表面上冷漠自私、绝对理性、控制一切，实则内心有着无法治愈的孤独和对生命意义的恐慌。为证明自己生命存在的价值意义，他用金钱买下了华人女子夏娃的"生育权"，制造出一个"非情爱、非正常"出生的婴儿菲比。在对这个"非生命"的养育照料中，夏娃不断地被迫和他组成一种奇特的"非婚姻"和"非家庭"组合，过着一种绝对工具理性操纵下的"非生活"。这种"非"的状态正是对西方后现代社会异化绝症的隐喻。虽然夏娃一直处于一种弱势的、总是不得不妥协服从的地位,但她内心的温柔善良和对生活的热爱始终没有泯灭。不仅如此,她的柔弱妥协、不断折衷乃至温柔抗争还一点点改变了亚当。虽然最终菲比没能成功存活下去,但亚当与夏娃之间却由最初冰冷的雇佣关系进展成为朋友乃至亲人般的亲密感情。尽管小说的调子很悲凉,但最终的和谐还是冲散了诸多阴霾,带给读者几许温暖、感动和希望。

除去在东西方日常生活、情爱叙事中对和谐理想进行建构外,新移民也随着写作的成熟而走向了对族裔历史的探究,对宏大叙事的探索。这种"大"意识的出现本身就是一种文学理想情怀的复归。

新移民的大历史叙事普遍流露出对世界和平、和谐共处的热望。

比如张翎的《睡吧,芙洛,睡吧》,作家通过钩沉加拿大落基山脉巴克维尔淘金小镇的初创历史,讲述了奇女子芙洛(刘小河)的动人故事。19世纪60年代,中国江汉平原的少女刘小河被拐卖到加拿大边远小镇巴克维尔。面对命运的苦难,她展现出惊人的勤勉、忍耐、大度、包容,她不仅历经艰难获得了独立自主,更费劲千辛万苦弥合了当地白人与华人的种种误解与偏见,使街头、街尾两个相互隔阂的世界终于达成了和解与和谐。

在走向世界的过程中,新移民深感民族文化不可抛弃,但极端的民族主义也绝不可取。在《阿难》中,阿难与苏霏的父母一辈就是极端民族主义的受害者和牺牲品,而极端民族主义所制造的仇恨甚至牵连到下一代,导致情爱和生命的双双毁灭。相反,在《寄居者》《绿袖子》等作品中,不同族群之间本着人性的本真良善、本着和衷共济的体恤和关爱,才在飘零的乱世收获到人间的真情,谱写出动人的恋曲。

除却爱情题材之外,新移民的"和文化""和理念"还表现在对战争题材的宏大建构中。陈河的《沙捞越战事》通过揭秘华裔战士为第二次世界大战作出的伟大牺牲和贡献表达了世界和平的愿望。在礼赞中华民族大无畏的牺牲精神和对人类道义的承担勇气的同时,他也展开了对西方世界族群问题的审视。

西方世界国家在历史上曾经以立法的形式建立了严苛的移民政策

第十章　新移民文学的境遇与发展

和种族歧视政策,排斥华人族群以及其他族群的进入。这也是为什么早期华人移民不得不流落在社会底层并形成唐人街那种独立王国的原因。第二次世界大战促使人类社会结成了命运的共同体,华裔战士乃至其他少数族裔为了争得生存发展的机会不惜以生命为代价,最终为人类和平作出了伟大贡献,同时为族裔生存发展争得了合法权益。在钩沉这些秘史的时候,作家的心情是极其沉痛的,心态也是非常复杂的。因为就新移民而言,对于公正平等的期待是身为少数族群的他们最为迫切、最合情合理的要求。在移民生活和文化体验的过程中,他们不仅对华人群体内部的了解程度加深,也对西方历史上的强势霸道、东方的隐忍安分作了对比和反思。所以,《沙捞越战事》虽然是一部战争题材小说,但作家的视线一直追随着华人族群在历史中的命运变迁。从百年前加拿大的排华举措,到二战时期华裔参军的命运抗争,再到战后的不公正待遇,一直到世纪末英雄事迹的重见天日。当然,作家写这些主要不是为了对历史不公进行控诉和追讨,而是以宽容平和的心态来剖析历史,表达对前辈移民筚路蓝缕之艰辛的缅怀和致敬,感叹今日多元文化、平等共处地位的来之不易。这正是东方的平和宽容以及"和而不同"理念的显现,也是对种族歧视政策、少数族群处境问题、文化思想意识形态壁垒等人类文明中的一些弊端提出的尖锐反思。这显然是从被动转为主动,积极参与人类文明建设的姿态了。

综上所述,新移民文学由于"第三空间"的区位优势和知识分子的主体自觉,他们的寻根书写为当代文学拓展出一片新天地。新移民的寻根以在场、亲历、实证为基础,并与时代精神保持着密切的同步。他们的创作实践尝试着接续五四文化文学、中国古典文化文学的某些精神血脉,以期弥补当年老寻根所说的中国文化的"断裂带"。此外,由于新移民所面对的特殊的海外华人世界和西方世界,在知识分子敏锐的对比审视中,新移民的寻根由民族自省走向民族自信,进而对西方社会的各种问题展开了思考和审视,表达出与世界对话的强烈愿望,表现出推动历史前进和文化更新的强烈意图。新移民的寻根书写之所以能展现这些风貌和特质,是因为新移民"既具有本民族文化记忆的深刻底蕴,又具有健全开放的心态和全球文化视野"①,他们的作品"是介于两种文化之间的,有母体文化的特征,也有'异'的文化质素,可与本土文化文学对话,也融合有某些世界性的'话语'"②。因此,在对当代文学的全面考察中,我们不能忽略新移民文学这道独特的风景线。在对民族文化根性的省察中,我们也理当吸收这股来自海外的"冲击波"。

第四节　艺术实践的追求和探索

总体上,新移民文学队伍流动性大,创作质量参差不齐。他们不像大陆作家有稳定的机制提供生活保障,所以专职从事写作的少,业余从事写作的多,甚至"玩一票就走人"的情况也不少。尽管创作环境不佳,但随着时间的流逝和文学规律的自然淘汰后仍然涌现出了一批代表作家,如严歌苓、张翎、虹影、哈金等人,他们的作品质量与大陆同期作家相比毫不逊色。他们带着故国文学的根,在海外默默探索,开拓出多样化的艺术形式。

一、中体西用

新移民文学的写作形式如同其文化构成一样,同时带有母国文化和所在国文化的特色,他们在母体文化之根上尝试开拓创新,其文学作品中既有大陆读者熟悉的艺术形式,又有来自"第三空间"的新鲜与活力。综观其创作艺术,可用"中体西用"来进行总括。

先说"中学"为体。

新移民作家大多数选用现实主义手法进行创作。现实主义在现代中文创作中有着悠久的历史,它由晚清和民国初年提倡的白话文运动发展而来,既是对西方 18 世纪以来现实主义创作手法的"拿来主义",又是经由五四新文学大家乃至"鸳鸯蝴蝶派"大家改造所得,此后更一步步发展到"革命现实主义与革命浪漫主义的结合"。新移民作家们

---

① 张德明:《多元文化杂交时代的民族文化记忆问题》,《外国文化评论》2001 年第 3 期。
② 饶芃子:《海外华文文学的比较文学意义》,《深圳大学学报》2006 年第 2 期。

童年时代起就接受共产主义熏陶,他们的阅读中包含了大量的革命文学作品,在这种潜移默化中,现实主义之于他们有着先入为主的优势和天然的亲和力,它顺理成章地成为新移民作家最得心应手的文学方式,也构成了他们文学"大厦"最坚实的"地基"。同时,新移民作家在出国前大都是成名作家或者文学"发烧友",他们对于80年代中期以前的各种文学思潮、各种创作手法并不陌生,甚至有些人就是当年文学思潮的引领者。

另外,他们在出国后受海外汉学和华人文化圈的影响,阅读视野获得了拓展,出于少数族裔的敏感,他们也会自觉地进行文化补课。这其中内容较为驳杂,既包含有古代经典的文学文化作品,比如儒家道家经典、唐诗宋词、《红楼梦》等,也有久被意识形态遮蔽的新文学大家张爱玲、沈从文、钱锺书等人的作品①,甚至还有流行于港台的通俗文学大家金庸、古龙、琼瑶等人的作品。这些丰富的文学资源对于他们的文学创作均产生了潜移默化的影响。

最明显的就是新移民世俗本位的文学观,同时又不失知识分子的批判精神和革命教育所培育的理想情怀。在具体的创作手法和风格上,就继承的一面,他们在共性的基础上又有不同的个性。

比如张翎的早期作品承续海派文学特别是张爱玲的神韵。其小说句式语法、情节架构、色彩运用、意象设置、人物塑造处处显露出"张腔"。而袁劲梅的辛辣讽刺、妙语连珠以及对知识分子群体的精细描摹,也不时让人联想到钱锺书。此外,苏炜的《迷谷》以人类学视野进入对革命年代边缘文化的发掘,被称为新移民文学中的"边城"。同时,陈谦的情爱书写中也有着对"娜拉"问题的探讨。此外,新移民文学中更有大量被评论界所诟病的言情类、社会类通俗读物。另外,由于革命文学的熏陶,陈河的《黑白电影里的城市》等作品展现出了"现实主义与浪漫主义的结合"的影响,卢新华则继续着"现实主义的艺术典型论"……

---

① 这方面,夏志清的《中国现代小说史》影响巨大。大陆对张爱玲、沈从文、钱锺书的重新发现也是受海外影响。这股影响甚至成为大陆"重写文学史"的一个契机。

移民写作常常被称为流散写作,对于新移民的写作行为,庄伟杰这样阐释道:"这种流散写作,驱使华人作家们用中国文学传统、尤其是五四以来的新文学传统来唤醒自己的汉语创造力,从而在海外的'旅行'中再造一个和海外(居住国)紧密相连的'文化中国',即再造一个自己心目中向往的精神。"① 新移民对于现代中文作出的个性化的选择和探索正是通过文学的形式来再造一个"文化中国",其写作形式展现了对现代中文本根的坚守。

再来看"西学"为用。

新移民写作在继承中文写作本根的同时,也展开了个性化的探索。固然,海外的华人文化圈打开了新移民作家的视野,但是华人文化毕竟属于边缘文化。新移民日常工作和生活面对的主要还是西方主流文化。此外,相比于大陆作家,新移民作家具有得天独厚的语言优势,由于中文和所在国双语的掌握,他们可以一边不忘关注母国文化动态,一边又能及时掌握西方主流文化动向,将"西学"的写作技巧融入到自己的中文创作中。

以北美为例,20世纪后期美国文学的主流转向了"新现实主义"(Neo-Realism)。因为战后美国经历了一系列的社会和文化动荡,它促使一批作家面对现实,将写作内容和风格超越现代主义和后现代主义,转向了一种新的现实主义。新现实主义作家既擅长运用现代主义和后现代主义的创作手法,又贴近当代社会,表现出作家对美国社会文化以及经济全球化问题的崭新思考。这其中有关注社会问题的奥茨、桑塔格等,有热衷对国内外政治局势发表评论的库弗、菲利普·罗斯等人,有揭露种族问题的艾丽丝·沃克、托尼·莫里森等人,还有擅长战争题材的梅勒、克兰西等人。这批作家囊括了诺贝尔文学奖、普利策小说奖、全国图书奖等各种文学大奖,在一定程度上代表了当代美国文学的发展趋势。② 新移民利用语言优势,可以很方便地将这些美国文学主

---

① 庄伟杰:《互动视界:海外华文文学与中国本土文学》,《文艺报》2011年11月2日。
② 详见罗小云:《超越后现代——美国新现实主义小说研究》,北京大学出版社2012年版。

流动向、西方作家作品的风格技法融进自己的文化构成中,从而实现创造性的转化。

比如近年来成绩颇为出色的新移民作家陈谦。她在多次访谈、随笔、散文中从不掩饰对西方主流作家诸如菲利普·罗斯、爱丽丝·门罗等人的欣赏之情,也坦然承认自己对英文小说技巧的学习经历。比如当陈谦谈论爱丽丝·门罗的作品时,她盛赞门罗善于"充分利用有限的篇幅,通过对作者和读者关系进行有意识的精巧设计,将小说写出了迷宫般的气息",还欣赏门罗"散置在小说中的各种细节线头,将人物性格关系和事件的逻辑纹理拼接出来,才能就故事为什么会发生、又是如何发生的这类问题,推出自己的结论,由此体会阅读现代小说的乐趣"。还有门罗善于"引进时空的转换","使得她的不少作品具有长篇小说的气质"。① 而这些门罗元素恰恰可以在陈谦近几年的中短篇小说中找到对应。比如《残雪》就是一个略显恐怖的侦探小说,而《下楼》《莲露》《特雷莎的流氓犯》等作品的线索铺排十分精细缜密,不读到最后一刻,无法窥尽全貌。《繁枝》《无穷镜》更是以中篇的容量涵盖进几个家族几代人的恩怨纠葛和心灵隐痛。正是因为对西方主流中的顶级作家们的学习和借鉴,陈谦的写作技巧才有了迅速的提升。

再比如哈金。哈金留学美国获得文学博士学位,毕业后一直在美国大学专职从事写作教学,其代表作《等待》获得 1999 年美国"国家图书奖"和 2000 年"美国笔会福克纳小说奖"。这部现实主义题材的小说采用了极简的写作手法,初读之下平淡如水,细读之后方得其妙。小说讲述了军医孔林与原配妻子淑玉和医院同事吴曼娜之间的三角恋情。故事一开始就设置了两条极不合理的逻辑:第一,淑玉是裹小脚的,这与解放后的社会事实严重不符。第二,军婚必须经过 18 年才能自动离婚,这也与社会事实严重不符。但小说就硬是沿着"格里高利一觉醒来变成大甲虫"这样的"错误"逻辑演绎下去,对中国"文革"时期部队医院的生活进行了写实性的还原。当小说主人公孔林历经 18 年的等待终于得以和妻子离婚、与情人结婚后,他并没有体会到婚姻的

---

① 详见陈谦:《当我们谈论门罗的时候》,《北京晚报》2013 年 12 月 14 日。

幸福。在一个恍恍惚惚的瞬间,他进入了一场灵魂的自我对话,彻底解构了爱情、时间、等待、人生的价值和意义。更为独特的是在小说结尾,孔林又在恍惚间答应淑玉,等吴曼娜病逝后他就回到淑玉身边,于是新一轮等待再次上演。整篇小说高度写实,极度克制,《纽约客》书评赞其"把情感的力量隐藏在了最白描的字句中"①。在高度简洁的写实背后,小说的意蕴却是丰富而含蓄的,不妨以"三重等待"来解析之。首先,孔林、淑玉、曼娜三人的爱情故事是一个"等待复等待"的故事。其次,裹小脚的淑玉与热情浪漫的曼娜不妨看作东西方两种文明,孔林在两个女人(两种文明)之间的等待,成为一种耐人寻思的寓言。最后,孔林一生在等待中蹉跎,等待复等待,无限循环,他究竟在等待什么呢?等待戈多吗?《等待》直指人生的荒诞虚无,用最朴实的现实主义手法联通了后现代主义的精神神韵,可谓是"大道至简"的思维及策略运用。

此外还有严歌苓得益于美国的"创意写作",近年来取得了创作水准、读者市场乃至影视改编的多赢局面。陈河受北美非虚构小说和战争题材小说的影响,对域外(中国大陆之外)抗战史进行了不懈追踪,还原了久被遮蔽、鲜少人知的马来亚抗战史。

二、空间写作

新移民是全球化的产物,移民行为就其本质来讲就是通过地理空间的转换来获得更好的生存发展机遇。全球化肇始于"地理大发现",至今仍是方兴未艾、如火如荼。几百年来,人类一直在感受着"空间地理"的巨变。尤其互联网时代的到来,更是创造出一个"超地理的全球性的技术空间",其"前所未有的共时性,自如的跨空间性(任意地穿梭于感觉空间、地域空间、私人空间、身份空间、经济空间、交往空间等各种各样的空间形式之间)以及强大的连通、整合诸空间的能力"②,正极

---

① 详见《等待》封底。哈金:《等待》,金亮译,湖南文艺出版社 2003 年版。
② 冯雷:《当代空间批判理论的四个主题——对后现代空间论的批判性重构》,《中国社会科学》2008 年第 3 期。

大地丰富着人类的空间感,深刻地影响和改变着人类的思维方式与文化视野。

新移民直接受惠于当代空间科技的便利、感受着全球空间文化的变迁,所以在创作中自然而然地流露出敏锐的空间意识。其实仔细体察新移民作品,空间书写早已渗透到新移民文学的各类题材中,比如流散经历、都市生活、异族婚恋、故园回忆、历史钩沉等。可以说,新移民作家都在有意无意间自觉地推崇空间书写。

最明显的就是新移民作家的"宏大叙事"书写。"宏大叙事"一直是中国文学的重要实践,是极为突出的文学传统。从五四开始,建构具有深厚的"大历史意识"和社会担当意识的宏大作品,是每一代有抱负的作家都试图攀登的一座高峰。宏大叙事对历史和现实的广泛关注与深度思考,对道德、理想等价值的维护与弘扬,对人类终极命题的探究与思索,也带给一代又一代读者心灵的震撼。新移民作家们青少年时期的阅读积累,特别是一些西方18、19世纪经典著作(老翻译家的译作)、苏联文学作品的阅读,培养了他们宏阔的精神视野和纯正的伦理旨趣,也奠定了他们对宏大叙事的关注热情。而海外生活的丰厚积累、多样化的文化体验无疑也是新移民们独特的写作资源。因此,迈入创作成熟期的新移民作家们都愿意进行宏大叙事的尝试。

比较而言,大陆本土作家善于在历史(时间)维度展开叙事,其策略往往是将故事场景尽量局限在一个相对稳定的乡镇内,通过人物在漫长历史变迁中的遭遇来探讨人性、伦理、政治等民族文化中深层次的问题。即使是一些反映现实的作品,其触角也大都指向城乡的二元对立,较难在文化地理空间上取得突破。

而新移民的宏大叙事之作,却是以空间作为突破口,将故事场景置于多元文化混杂的全球空间中,通过小说人物在各种异域空间中的频繁流动,在各种异质文化中的碰撞交融,来审视和思考历史、人性、民族性等诸多命题。这种创作手法突破了单一文化视野的局限,使小说的背景渗透了某种全球化的精神视野,将创作版图扩展到了多元文化共存的世界大舞台,这明显弥补了中国本土作家在宏大叙事中空间表达不足的缺憾,也利于小说在思想意蕴与审美表达上取得拓展和提升。

比如张翎就非常善于两个大陆的交互叙事,将情天恨海、家族命运、民族兴衰、百年时空等全部囊括其间,制造一种"大"的境界和美学效果。其转型之作《金山》就以加拿大各地和中国广东开平自勉村为地标,展开了方氏家族几代人艰辛求存、扎根金山、遥望故乡、无法团圆的深沉悲剧。《睡吧,芙洛,睡吧》的一开始更是一个"俯瞰全球"式的宏阔开篇,从1861年这一时间节点全球的政治、经济、文化、军事等各种重大历史事件一路盘旋,最后才落到了加拿大初创时期的淘金小镇巴克维尔。在展开芙洛故事的同时,也不断地穿插进她在故乡的各种遭遇,使前尘旧事与此时此刻有条不紊地铺展开来。即使只是写男女情爱故事,张翎也偏爱这种创作手法,比如她的《望月》《邮购新娘》《交错的彼岸》等均是两个大陆两个时空的无缝对接。对此,莫言也感叹:"像张翎这样能够把中国的故事和外国的故事天衣无缝地缀连在一起的作家并不是很多。我想这也是张翎作为一个作家的价值和她的小说的价值。"①

陈河更是善于对空间场景进行调度与处理。考察其首部长篇小说《红白黑》的时空维度,从时间维度看,小说跨度长达半个世纪。父辈、子辈两代人的际遇,半个世纪社会的发展变化,都在回忆与现实的双线交织中娓娓道来。从空间维度看,故事跨越亚、欧、非三个大陆。回忆与现实中的故乡,偷渡产业链上的地中海沿岸各国,动乱中的阿尔巴尼亚,都在小说的宏大空间中一一展开。其叙事架构纵横捭阖,尤其在地理空间上的频繁跨越与合理调度,使阅读《红白黑》成为一次令人振奋的文学"远行"。稍后,陈河推出的战争题材小说《沙捞越战事》和《米罗山营地》更是将全球空间囊括其间,从加拿大的雪山到东南亚的丛林,从现代化的都市到原始的土著部落,从战争的全景到战事的焦点……种种牵连纠葛、因果关联、牵一发而动全身,显示出作家建构战争史诗的雄心和气魄。

严歌苓近几年的写作从北美故事回归到纯粹大陆故事,对中国地

---

① 见张翎《尘世》封底,《尘世》,广西人民出版社2004年版。

理空间的书写也是五光十色。比如在《陆犯焉识》中,严歌苓就让其人物在中国大陆广袤的大地上奔驰,尽显半个多世纪的历史沧桑。《金陵十三钗》的时空则锁定在1937年的南京,《第九个寡妇》的故事发生在北方农村,《补玉山居》的故事则在北京郊区上演,《妈阁是座城》的地理位置对准了澳门……近年来,严歌苓的写作表现出对祖国大好河山的强烈偏好,其作品几乎把中国的东南西北写了个遍。

虹影也是一边旅行一边写作,从重庆江边《饥饿的女儿》写到泰晤士河畔的《K》,从十里洋场的《上海王》写到恒河浪涛中的《阿难》,表现出流散文学的特质。

尽管新移民由于人生经历的特殊性,对于空间有着格外的敏感,但在对全球空间进行纵横捭阖书写的同时,他们始终有一个恒定的本根——故乡。几乎每一位新移民作家都至少有一部为故乡而作的作品,有的甚至在作品中反复书写他们的故乡。比如张翎的藻溪,陈河的温州,陈谦的广西,哈金的东北,虹影的长江等。

新移民的故乡书写不仅充斥着大量的风景风情回忆,还有的被设置为小说情节最重要的转折点,是人物万里漂泊的精神支撑和皈依。新移民的这种写作现象已不仅仅是为了怀旧和抒情,而是暗含了对当前全球化与地方性问题的思考和反馈。当前,全球化正以其强劲的势头冲击着地方性,地方的面目变得日益模糊。全球化带来了空间景观的相似、文化生活的趋同,富有地方特色的事物及文化正在日渐消亡。所以张翎在创作手记中特别强调:"谨将此书献给我的母亲,我母亲的故乡苍南藻溪,还有我的故乡温州——我指的是在高速公路和摩天大楼尚未盖过青石板路面时的那个温州,你们是我灵感的源头和驿站。"①陈河也在《布偶》中对70年代温州的民间风情进行了精确和繁复的再现,还原了青春记忆中"我的城"。比如城西哥特式教堂的建筑特色,教堂工厂的生产运行,票证时代百姓的各种生活细节诸如排队买鱼、凭票领车、婚俗礼仪、厕所符号、热捧美女照片、观看审判大会等。这些都是极富地方特色且难得再见的民间生活面貌。这些场景、形象、

---

① 张翎:《创作手记:隐忍和匍匐的力量》,《阵痛》,作家出版社2014年版,第339页。

气味、声音、味道和符号,既是作家特殊的个人记忆,也是那一代人的集体记忆。

新移民在全球化时代的自由流动中,越来越感受到同质化、扁平化的威胁。进而,"全球化激发出对于地方性事物的更强烈的依恋。……怀旧:这是对于某种具有集体记忆的共同体的渴求,在一个被分割成的世界中对于延续性的向往"①。因为归根结底,人需要通过空间(家园)的定位来确证自我的归属,肯定自我的存在。所以,新移民的空间写作既是对时代的反应和感受,也是对其本根的追索和确认,空间书写与新移民的文化心态、身份认同之间存在着隐秘的、微妙的共振关系。

三、语言本根

新移民一直在海外坚持中文写作,即使抛开其艺术成就不谈,这种写作行为本身就是一种对文化之根的坚守。因为"一个民族的精神特性和语言形成这两个方面的关系极为密切,不论我们从哪个方面入手,都可以从中推导出另一个方面。这是因为,智能的形成和语言的形式必须相互适合。语言仿佛是民族精神的外在表现;民族的语言即民族的精神,民族的精神即民族的语言,二者的同一程度超过了人们的任何想象"②。即使新移民已然克服了语言障碍,有的甚至获得了英语文学的硕士学位乃至博士学位(比如严歌苓、张翎、卢新华、哈金),但他们还是更愿意选择母语作为自己的创作语言。这种行为选择的背后所蕴含的情感与精神是大陆当代作家和读者们难以体会的。

陈瑞琳在考察新移民文学的创作阵容时曾发出这样的感叹:"这是一个怎样奇特的海外文坛,职业各异,贫富不均,执笔者对写作一往情深,但却很少有人将生存的重担压给心爱的铅字。这样的创作,不为名利,只为灵魂。……只要有华人打拼的地方就有汉字创造的文学!……

---

① 〔美〕斯维特兰娜·博伊姆:《怀旧的未来》,杨德友译,译林出版社2010年版,第2—3页。

② 〔德〕洪堡特:《论人类语言结构的差异及其对人类精神发展的影响》,姚小平译,商务印书馆1997年版,第52页。

这是一种无法割舍的文化的爱,是一种心灵需要的喷发,是一种精神希望的寄托。"①华文网络写作的开拓者少君也自述:"我不能不写作,写作使我在与金钱游戏的压抑中得到释放,写作使我在异域的漂泊中感受到生命的价值所在。"②新移民作家们在没有任何体制保障和报酬所得的情况下仍然坚持对中文写作的不离不弃,也正因为如此,才更为彰显出新移民与中国文化之根的血脉深情。

除却坚持中文写作行为本身,在新移民的作品中,时常会出现有关语言问题的有趣细节,传达出对语言问题的尴尬和两难。比如在名字问题上,"沁园怔了一怔,才明白过来是在叫她——这是她护照上的名字。这个名字在她的护照上已经待了八九年了,可是她总觉得那是别人的名字,有着隔山隔水的疏陌"③。"这斯蒂芬是我难听的英文名字。"④名字不仅是一个人合法身份的重要标识,其中更蕴含着独有的文化意味,是家族血缘的证明。新移民在移民他国后,必然要入乡随俗更改姓名以适应不同语种发音的差异,而这个举动在不经意间就触动了自己的文化本根,甚至引发剧烈的矛盾冲突。在哈金的《孩童如敌》中,爷爷坚信"名字事关祸福和命运",于是为孙子孙女的名字绞尽脑汁,将所有美好希望和祝愿都寄托其中。不料,孙子孙女名字的古怪发音(音译)难倒了班上所有的同学和老师。为此,孙子孙女伙同儿子进行了"名字革命"并取得成功,爷爷的一番苦心付之东流,只能在"断了香火"的大悲痛中独自哭泣。另外,严力的《母语的遭遇》揭示了在"失语"状态下两个成年人的极端愤懑甚至变态行为。《白雪红尘》中高力伟也是由于过不了"语言关"而导致与妻子关系的失衡,由此演绎了一段血泪人生。

在海外,新移民们普遍生活在非母语环境中。然而越是外界条件不利,就越是激发了他们对母语的珍爱和亲近之情。另外,新移民作家

---

① 陈瑞琳:《海外星星数不清:陈瑞琳文学评论选》,九州出版社2013年版,第6页。
② 陈瑞琳:《横看成岭侧成峰——北美新移民文学散论》,成都时代出版社2006年版,第37页。
③ 张翎:《黑暗夜晚》,《女人四十》,中国工人出版社2011年版,第110页。
④ 陈河:《猹》,《人民文学》2013年第7期。

一般都是在生存问题无忧后才开始创作,写作之于他们是一种兴趣爱好,一种精神需要,因此他们会花更多的时间来进行艺术打磨。这在新移民作家中普遍表现为对"炼字遣词造句"的严格要求。比如严歌苓文字的简洁精确、变化多样;张翎语言的流畅清新、优美典雅;陈谦对色彩、声音、物象的精准描摹;李彦对典雅的古典书面语的运用;陈河质朴文字背后蕴藏的精确繁复……

此外,新移民作家中独特的"双语写作"现象对语言本根也作出了有益探索。游走在双语之间,新移民作家能更敏感地察觉到不同语种的差异,从而对创作形成启迪。比如哈金是新移民中少数进入主流英语写作的作家,并且他坚持在英语世界中书写华人的故事,他的作品通常是先有英文版,之后才出中文版。他自述:"我一直坚持可译性是创作的准则,因为文学的价值是普世的。"[1]他的小说集《落地》(英文版)对准纽约法拉盛的中国城,书写各色新移民的喜怒哀乐、坚韧孤独,出版后受到了美国读者的喜爱。之后,他亲自操刀将其翻译成中文,并且"汉译文是一句一句按原文硬译下来的"[2]。哈金以汉语思维入英语写作、英汉硬译的实验对于弥合不同语种之间的障碍作出了有益的尝试。严歌苓也说:"我一直在寻觅一种'语言',是中国的语言,但却能与世界沟通。在美国读书时,我时常拿汉语与英语作比较,每当写下一个非常独特的词时,我都会想如果翻成英文(读者)能否看懂。"应当"试图找寻一种方式让别人懂你,即使这种思考方式不是十分透彻和全面的"[3]。这种从语言与思维的关系切入文学创作的方法,可说是新移民对母语本根独特的拓展和创新。

第五节　发展表象背后的隐忧

近年来,新移民文学不断向当代文坛交出一批好作品,但同时我们

---

[1] 哈金:《落地》,江苏文艺出版社2012年版,第2页。
[2] 同上书,第3页。
[3] 郭佳:《女作家严歌苓:找寻一种方式让别人懂你》,《北京青年报》2004年12月10日。

也不能忽视藏在繁荣发展表象背后的隐忧。新移民文学的问题大致集中在以下几点：

第一，"第三空间"写作的双面效应。

尽管"第三空间"给新移民的写作带来了不一样的视野和情怀，但它同时也是把"双刃剑"，在享受好处的同时，新移民作家们自己都清醒地意识到所处的困境。比如陈河就坦言："长期不在国内生活，势必会对国内的生活陌生，失去感觉，以致写不了国内的当前生活。还有一点就是如果只是想靠国外的奇闻轶事来吸引读者的话，那么你的路子很快会越来越窄。"①其实，这是新移民作家的普遍困境。在新移民写作大军中，有许多人都只是靠着"自述传""回忆录"昙花一现（如《北京人在纽约》），之后便销声匿迹，究其原因是因为一旦自身资源用尽而无法找到新的题材、新的视点、新的内涵，其创作就会自然而然走向枯竭。如何冲出狭窄的华人世界，突破"第三空间"的局限，这是新移民文学需要努力的方向。

另外，"第三空间"的经验固然有其复合多元的特点，但那仅仅只是属于"第三空间"这个特定环境和特定群体的经验，能否将其推而广之放诸四海而皆准呢？这恐怕需要实践的检验了。

比如哈金的《等待》虽然拿到了西方主流的奖项，但在国内却遭到了"冷遇"。被有的学者认为是一部"在西方语境下由东方作者书写的具有'东方主义'色彩的作品"②。《等待》的极简主义手法也难获认同，被认为是"写一场离婚案件之艰难，就非得老实巴交地写上18年才肯罢手"③。当然，文学研究和文学批评是"仁者见仁、智者见智"的一项活动。之所以会出现如此反差有如下几个原因。第一，作家的读者定位导致了对书写方法的选取。由于哈金主要是面向西方读者，所以他必须采用西方读者能够读懂乐于接受的方法来进行叙述。第二，《等待》的审美内涵和审美谱系是在西方体系内的，如前文所分析的，

---

① 陈河：《如何评价海外生活对中文写作的利弊》，《北京文学》2013年第2期。
② 刘俊：《西方语境下的东方呈现：论哈金的〈等待〉》，《世界华文文学论坛》2003年第1期。
③ 郜元宝：《岂敢折断你想象力的翅膀》，上海文艺出版社2011年版，第157页。

它连通的是英语文学的审美谱系和后现代的文化意蕴。第三,东西方世界文学的发展不同步,并且中国文学与外国文学交流的频率和效率亟待提高,所以《等待》的国内外反差才会如此悬殊。

第二,当前新移民文学创作鲜明的代际烙印。

当前,新移民作家群的主体队伍为"50后""60后",所谓"一代有一代之文学",当前新移民文学作品大量流露出的是这两代人的生活经验、生命思考乃至文学趣味。这方面最典型的例子就是90年代初曾引发轰动的《曼哈顿的中国女人》,阿城评价道:"这书里有一种歪打正着的真实,作者将四九年以后中国文化构成的皮毛混杂写出来了,由新文学引进的一点欧洲浪漫遗绪,一点俄国文艺,一点苏联文艺,一点工农兵文艺,近年的一点半商业文化和世俗虚荣,等等等等。狭窄得奇奇怪怪支离破碎却又都派上了用场,道出了五十年代就写东西的一代和当年上山下乡一代的文化样貌。"[①]稍后一批的"60后"固然没有承载那么多的"历史遗产",但毕竟其幼年时也接触到大量革命理想主义熏陶(尽管是处于边缘地带),稍后虽经历多元文化开放形态的影响,但由于海外中国人特殊的族群亲密互动和文化社区活动,他们与"50后"一代形成了温和默契的代际衔接。

然而,更年轻一批的"70后""80后"则显然没有这么沉重的历史负载和温和的代际承接意识了,并且他们本就出生于改革开放年代,可说是与全球化同步成长的一代,移民前后并没有"两世人生"的断裂感。比如《漂流北美》的女主人公就公开宣称自己是"世界公民",《太阳鸟》中的"新新人类"认为自己"生下来就是为了去美国的"。随着新移民队伍的不断壮大,年轻的"70后""80后"的加入,新移民作家内部的代际差别和审美差异将会日益凸显。那么,新移民文学未来将向何方发展,这尚在未知之数。

第三,新移民文学的审美高度有待提升。

新移民文学虽然有着多元文化视角的优势,但文学毕竟是文学,除却思想性之外,文学的艺术性也决不可忽视。艺术性最终落实到审美,

---

① 阿城:《闲话闲说——中国世俗与中国小说》,作家出版社1997年版,第181页。

第十章　新移民文学的境遇与发展

审美最终需要落实到具体的人物形象塑造上。但是,很遗憾,新移民文学的创作至今没有一个能在文学史中立得起来的经典文学形象。迄今为止,新移民的文化寻根写作中也没能出现与《白鹿原》中白嘉轩相比肩的经典人物形象。尽管严歌苓、张翎等人笔下创造了一系列人物形象,但在那些或善良美好、或坚韧隐忍、或灵动如水的女性形象中却始终无法找出一个丰富复杂、独一无二、令人一再品读的"这一个"。同样的情况也出现在新移民所塑造的男性人物形象上。这种状况不能不说是新移民文学创作的遗憾。

此外,新移民写作中有些作品流于惯性滑行。即以人物塑造为例,严歌苓笔下的众多女性形象中时不时出现性格趋同的倾向,比如小渔、扶桑、王葡萄等人有着相似的呆傻善良,多鹤、婉瑜、田苏菲等女性则有着共同的坚韧执着。张翎早期作品中虽塑造了众多上海姊妹和温州女人,可她们骨子里的精明算计、温婉多情乃至追梦意识却是一脉相承,类型化问题突出。

新移民作家中还有的过于迷恋文化,这固然提升了文学的文化水准,但也导致文化意识取代了文学意识,文化取代了文学。在文学创作中,文化与文学相较,我认为还是应当以文学为本位。一批新移民作家从文学走向了文化,甚至干脆放弃了文学创作成为文化学者(比如阿城),这固然是作家的个人选择,但也不得不说是当代文学的损失和遗憾。

(罗玉华)

下 编

第十一章 "金王之争"与金庸、王朔的俗文学写作

第一节 王朔为何"挑战"金庸

1999年11月1日,王朔在《中国青年报》上发表了一篇三千多字题为《我看金庸》的文章,以王朔式的刻薄"叫板"金庸小说,几乎对金庸的武侠小说提出了全盘的否定意见。他认为金庸小说和旧小说毫无差别,金庸武侠小说主题是"以道德的名义杀人,在弘法的幌子下诲淫诲盗";书中人物也大多狭隘粗野,是很不高明的虚构的中国人形象;小说情节重复,行文啰唆,讲求因果报应。王朔还在此文中将金庸小说与四大天王、成龙电影、琼瑶电视剧同列为"四大俗"。

王朔对金庸的小说的批评主要基于以下四点:第一,王朔认为,读完金庸的小说,那些故事和人物想不起来了,只留下一个印象——情节重复、行文啰唆。书中人物永远是一见面就打架,一句话能说清楚的偏不说清楚,而且谁也干不掉谁,一到要出人命的时候,就从天上掉下来一个挡横的,全部人物都有一些胡乱的深仇大恨,整个故事情节就靠这个不明就里的仇恨来推波助澜。在王朔看来,金庸笔下的侠与其说是武术家不如说是罪犯,每一门派即为一伙匪帮。他们为私人恩怨互相仇杀倒也罢了,最不能忍受的是给他们的暴行戴上大帽子,好像私刑杀人这种事也有正义和非正义之分,为了正义哪怕血流成河也在所不惜。王朔同时指出金庸很不高明地虚构了一群中国人的形象,这群人通过金庸小说改编的影视剧的广泛播映,在某种程度上代替了中国人的真实形象,给国外读者一个错觉甚至形成刻板印象,以为这些人就是中国人的集中代表。第二,王朔认为金庸武侠小说从立意到语言都没有脱出旧小说的俗套,是坏小说。他还用自己的话语来解释金庸小说之所

以被追捧的原因:"金庸能卖,全在于大伙儿活得太累,很多人活得还有些窝囊,所以愿意暂时停停脑子,做一把文字头部按摩,能无端生些豪气,跟着感受一道善恶是非终有报这一古老的中国便宜话,第二天去受罪还能怀着点希望。"第三,王朔着重指出,中国的通俗小说确实太不发达,除了金庸的武侠,其他悬疑、科幻、恐怖、言情门类都不值一提。"通俗小说还应该说是小说家族的主食,馒头米饭那一类,顿顿得吃。"他在文末称"这些年来,四大天王,成龙电影,琼瑶电视剧和金庸小说,可说是四大俗。并不是我不俗,只是不是这么个俗法"①。

此文一出,可谓"一石激起千层浪",其冲击立即传递辐射,引起了各大媒体的广泛关注。两天内《中国青年报》等媒体和王朔的个人网站全部爆棚,金庸先生香港寓所的电话也成了"热线"。11月4日金庸致函上海《文汇报》发表《不虞之誉和求全之毁》,对此文引起的轩然大波正式作出回应,并提出了自己的四条想法,表示他经得住批评并不予计较。一是"王朔先生发表在《中国青年报》上《我看金庸》一文,是对我小说的第一篇猛烈攻击。我的第一个反应是佛家的教导:必须'八风不动'……我写小说之后,有过不虞之誉,例如北师大王一川教授他们编《二十世纪小说选》,把我名列第四,那是我万万不敢当的。又如严家炎教授在北京大学中文系开讲《金庸小说研究》,以及美国科罗拉多大学举行《金庸小说与二十世纪中国文学》的国际会议,都令我感到汗颜。王朔先生的批评,或许要求得太多了些,是我能力所做不到的,限于才力,那是无可奈何的了"。二是"'四大俗'之称,闻之深自惭愧。香港歌星四大天王、成龙先生、琼瑶女士,我都认识,不意居然与之并列。不称之为'四大寇'或'四大毒',王朔先生已是笔下留情"。②接下来表示,他"与王朔先生从未见过面"和对王朔的评价是正面的,质疑了王朔购买的七册本到底是什么地方出版的。

与此同一天的《北京青年报》上刊登了陈新对王朔的采访《王朔:

---

① 王朔:《我看金庸》,原载于1999年11月1日《中国青年报》,后收入王朔《无知者无畏》,春风文艺出版社2000年版。

② 1999年11月5日《扬子晚报》。

第十一章 "金王之争"与金庸、王朔的俗文学写作

我无意对金庸人身攻击》,王朔一改戏谑的口吻,从腔调到内容上都严肃了许多,说那篇文字只是个人的读后感,并说"我这人文风的确有问题,一贯恶名,写出来就成了杂文",并说金庸"成了某种势力,好像一说不字,当场就有人色变"。对此金庸没有马上作出反应,只是在一次大学生辩论赛同决赛选手见面会上回答记者问题时公开表明自己的态度:"每个作者都有自己的个性,王朔不喜欢我的作品那没有关系,他可以走他的路我可以走我的路。"接着他在香港《明报月刊》12月号发表了《浙江港台的作家——金庸回应王朔》,以浙江港台出了大量的作家的事实批驳了王朔对浙江港台作家的"瞧不起",并指出王朔对他的"苛刻"攻击,是"由于我们俩人对中国传统文化,文学的观念等看法有根本差异之故"。12月8日,《青年报》上又刊登了王朔接受记者张英采访时的一段对话《王朔:金庸和通俗小说》,王朔认为"金庸的小说很适合通俗小说的特点:他的小说人物类型化,故事模式化,所以我对他的批评针对的是一般意义上的小说,不是通俗小说,在这一点上,我们互相对不上话"。几个月后,金庸在接受《南方周末》记者的访问时表达看法:"王朔的我看过一本《盗主》(记者注:大概指的是《顽主》),它反映北京街头青年的心态,对这些人我没有接触过,不了解也没有这方面的经验,所以我看过也就算了,也没有深入地好好去研究。"至此,二人的正面交锋偃旗息鼓,然而据统计,自《我看金庸》一文发表以后短短一周时间,仅北京新浪网就已经发表网友评论字数上亿,全国各大报刊媒体载文数百,近二十位著名作家纷纷表态发言,来评议这场文坛"官司"。

金庸,原名查良镛,1924年生于浙江海宁。中学期间抗战爆发,随校流亡,辗转求学,后考入中央政治学校外交系。1946年以后在杭州《东南日报》、上海《大公报》任职,并在上海东吴法学院法学系攻读。40年代末移居香港后,在香港《大公报》《新晚报》和长城电影公司任职。后创办香港《明报》、新加坡《新明日报》和马来西亚《新明日报》,后任香港明河集团公司、明河出版公司董事长。金庸从1955年到1972年的17年里,先后推出《射雕英雄传》《天龙八部》等中长篇小说15部26卷,共计1100万字,赢得了"文坛侠圣""武侠宗师"的声誉。

金庸武侠小说在大陆的流行始于七八十年代之交,发展到90年代时,"金庸"已经成为了一个炙手可热的名字,"金大侠"已经明确地占据了文化英雄的位置。他的作品流行于世界华人圈。由于其庞大的人口基数,他也许是世界上读者最多的作家;他的读者不限职业、年龄、阶层,超越政治、意识形态的分歧——邓小平和蒋经国都是他作品的爱好者。①

如果说,作为90年代知识界自我想象与社会再定位的对陈寅恪、顾准文字的重新发现,作为"世纪末自我救赎"的知识界苦难历程书写的"反右"书籍,经历了一个由精英话语到大众流行的过程,那么金庸小说则相反,它经历了一个匿名流行到经典命名的过程。对于金庸小说广受欢迎的原因,众说纷纭。金庸自己总结陈述的观点也得到了不少学人的认同:武侠小说是传统中国的,它用不曾细化的语言、章回小说的形式,讲述传统中国的事,表达传统中国的道义价值;而他个人(以及梁羽生等)的贡献是将武侠小说写成了文学作品。② 钱理群在文学地位上给了金庸极高的评价,他认为这种评价不是单纯对金庸个人的评价,而是对通俗小说在中国现代文学史中的地位的重新评估。钱理群指出,现代文学史上"俗文学"的那一条线索,如果没有金庸这样的"大家"出现,很难立"史",有了金庸,它就可以作为与"雅文学"并行发展的独立线索被提出,而若这种提法成立,将是对现代文学史研究的重大突破。③ 在塑造了一系列行侠仗义且个性迥异的英雄之后,儒雅谦逊的金庸先生本人也被尊称为"金大侠"。这样一个称呼蕴涵了多层深意:对金庸在新派武侠小说家中的至高地位的肯定;对高雅文学、精英文学固有价值高下的叛逆;对金庸个人品格的评价,对以俗为雅的武侠语言中携带的任情使性、潇洒快意的想象……

王朔的小说在80年代中后期最为流行,他选取一些游荡在社会边缘的街头顽主为主人公,以其特有的带有浓重京腔的鲜活口语,以及对当时社会的权威话语和革命套话不和谐的使用带来的一种讥讽,形成

---

① 彦火:《关于金庸》,《中华文摘》2000年第4期。
② 林以亮等:《金庸访问记》,《诸子百家看金庸》,台北远流出版公司1987年版;吴祥珉:《笑傲江湖——访香港明河集团公司董事长查良镛》,《广角镜》1998年第10期。
③ 邵燕君:《中国文化界的金庸热》,《华声月报》1995年第6期。

第十一章 "金王之争"与金庸、王朔的俗文学写作

了其独特的"王朔式"言语风格,以至于在文学批评界一度引起争议——王朔的文学究竟属于纯文学还是通俗文学。很多人迷恋王朔的小说是因为他的骨子里流着的始终是反传统、特别是反对打着中华精髓的旗号到处混饭吃的庸俗文学创作传统的野性血液。在王朔看似卓尔不群的言辞背后,隐藏的是其对文学评论界怒其不争的沧桑和悲凉。所以从某种意义上,我们可以说,王朔不仅是一个成功的小说家,因为他在一定程度上颠覆了小说创作的固有模式,使小说变得可亲、可爱与可恨,同时他也由于完全背离传统的轨道,而达到直捣温情脉脉的文论心窝、成功地毁坏了道貌岸然的吹拍结合的形象的效果。①

两人都是文坛的重要角色,因此此次"金王之争"迅速扩散成为有网络以来中国文坛最大的论争。在这里我们不容忽视的一点是,此次"金王之争"或曰"1999 华山论剑"的主战场是网络。网络在一夜之间似乎取代了传统媒体的作用。一向娴熟驾驭大众传媒为己用的王朔,尽管也不甘落伍地触网,但他在报纸上公然"开骂"金庸的时候,大约也未曾想过会遭到网民的全面攻击。事实上,各大报纸杂志沸沸扬扬发表的文章,也大多来源于网络各大论坛博客的"转载";更有应景者迅速集结众网友评论,推出《我是网虫我怕谁——网民对垒,金王论战》一书。网络力量之迅速和强大已经发展到我们无法忽视的程度。凭借此次"金王之争",网络结束了它在当代社会与大众文化生活中的隐身和匿名地位,对当代文化开始了它直接而可见的介入和互动。"我可能不同意你的看法,但我坚决捍卫你说话的权利。"这句话可谓是民主社会的理想追求之一,也是网络文化的基本表现之一。金庸的支持者和王朔的支持者之间展开了激烈的论战。据某网站对近三千人进行的调查,对于"王朔品评金庸作品"一事的看法,认为王朔"不好""太狂"的占56%,认为他"说得很对"的只占7%,其余的人则不想对此事作出评价。② 网络战场"金王之争"的胜负似乎一目了然。因为活

---

① 李作言:《王朔之刺》,《观察与思考》2000 年第 8 期。
② 文硕、李克编:《我是网虫我怕谁——网民对垒,金王论战》,中国广播电视出版社 1999 年版,第 21 页。

跃于网上的大都是些年轻人,他们成长于八九十年代,是被金庸的小说喂养大的。金庸小说透露出来的崇尚自由的意识形态,不仅适用于网络精神,更使这群年轻人对它产生一种自然的亲和感。相比之下,王朔只能被称为"反历史"的顽主了,他固守的那些历史,那些"北京",似乎在网络横行的社会里过了气。换句话说,与其说王朔在这次挑衅中完全败给了金庸,不如说,他败给了飞扬兴盛、风头正健的网络新生代。

纵观网络等媒体上的读者意见,大致有如下几个方面:第一种是认为王朔又在犯"痞"了,一本作品都没读完就开"骂",只是因为自己江郎才尽,所以借助炒作来骗取轰动效应;第二种是从分析金庸小说入手,认为王朔并没有认识到金庸小说的艺术价值,以其现实主义来对抗浪漫主义,欲取金庸而代之;第三种是从京港两种不同文化的冲突的角度,来寻找王朔对金庸持排斥观点的原因,他们认为王朔一直沉溺于自己标榜的京城文化"四大支柱"——"新时期文学,摇滚,北京电影学院的几代师生和北京电视艺术中心的十年"①。当然也不乏站出来为王朔辩解和喝彩的,他们认为金庸小说低俗,只是一直没有人敢站出来批判;还有人从文化品位角度出发,认为"金王之争"是一种正常的文学争论现象,王朔并非对金庸本人有意见,而是为了扭转读者的文化倾向,改变流行文化的不正常状态,因此他们认为这是一种可贵的抗争,是一种文化更新姿态,因而具有"拯救性"。

在火爆的矛头直指王朔的时候,评论界相对比较冷静,没有就事论事,而更多的是在学理上对金庸作出了客观和理性的评价。金庸研究专家陈墨针对王朔的批评提出了异议——他认为金庸的小说是不断地从武侠幻想走到人生现实,从古典价值观念走向现代人生,而不是王朔所说的脱离生活,"虚构了一群中国人的形象";关于王朔对金庸是"使死文字作文章"的评判,陈墨认为是有失偏颇的,他认为金庸的作品融合了方言和标准语,通俗语言和艺术语言,传统方言和现代白话文。②

---

① 王朔:《我看金庸》,原载于 1999 年 11 月 1 日《中国青年报》,后收入王朔《无知者无畏》,春风文艺出版社 2000 年版。
② 1999 年 11 月 9 日《广州日报》。

第十一章 "金王之争"与金庸、王朔的俗文学写作

他对王朔的"发难"予以还击,认为王朔对金庸"不公平",说他是"民族虚无主义",并断言"当王朔和王朔的作品不存在时,金庸的作品会依然存在"。白烨肯定了文坛应有对金庸批评的声音,也欣赏王朔直言的坦率,但他从文学批评的角度,认为王朔的批评有以偏概全之嫌。他认为对金庸既要现实地看,也要历史地看。金庸小说摆脱了旧武侠小说的奴才思想、复仇主义和神邪迷信思想的消极影响,使一些有情有义、为国为民的英雄侠士跃然纸上,而且作为下层劳动人民的智慧与品德的化身纷纷登堂入室,在主旨内容和表现形式上,都大大地提升了武侠小说的品位。因此金庸作品的意义在于使武侠小说创作有所更新,而王朔以现代社会作为依托,对过去混乱时世文学表现的评判,只能是种错位而难得要领。① 严家炎在北京师范大学的关于金庸的讲座上,并没有对此事作过多评论,但后来在《当代作家评论》上发表文章对金庸进行了高度评价。他认为金庸小说从根本上跳出了传统武侠小说着力编故事的创作路数,把人物创造、性格刻画放在了首位,塑造了一批典型形象;其内在结构是《子夜》《四世同堂》或西方近代小说常用的倒叙、悬念、闪回、反讽等艺术手法;语言通俗而洗练,优美而传神,兼容了传统小说和新文学的长处。总之,金庸运用新闻学和西方文学的经验,对武侠小说从文学观念、小说结构、叙事语言、意境创造到写作态度等方面进行了一系列的改造和创新,从而使武侠小说进入了优秀文学的殿堂。②

批评金庸者以袁良骏、何满子等为代表。他们在《中华读书报》上分别撰文,力陈己见。袁良骏肯定了金庸提高了武侠小说的品位和档次的事实,但认为他难以摆脱旧武侠小说的痼疾,总体构思概念化和公式化,刀光剑影血腥打斗,天马行空,云山雾罩,既浪漫主义得不够彻底,也够不上魔幻现实主义,而且不能避免旧武侠小说固有的打斗、杀人、拉帮结派等情节所造成的坏影响。袁良骏最终将金庸小说归结为低档次和低品位的畅销书,并且认为像武侠小说这种陈腐、落后的文艺

---

① 1999年11月18日《羊城晚报》。
② 严家炎:《金庸的"内功":新文学的根柢》,《当代作家评论》1999年第6期。

形式,早就应该退出新文学的历史舞台。① 何满子也从武侠小说的落后思想和俗套形式等角度予以猛烈的抨击,认为武侠小说的立足点和基本精神同宣扬好皇帝和清官是一样的,是制造一种抚慰旧时代无告的苦难庶民的幻想,不但和"从来就没有救世主……全靠自己救自己"的理想精神背道而驰,也同呼唤人的独立、弘扬人格尊严的人文精神相背离。他对以金庸为代表的"新武侠小说"全面否定。王彬彬则是从社会影响和社会效果的角度对金庸小说提出了批评,认为金庸小说里充满了帮派之争,揭示的只是"武功里面出政权",他觉得宗法组织与江湖社会,是产生包括金庸在内的武侠小说的现实土壤,而近十多年来,宗法组织和黑社会的复兴,很可能同金庸在内的武侠小说的盛行有关。②

第二节 "金王之争"的深层文化内涵

"金王之争"距离我们已逾十年,普通大众或许会把它看成一场闹剧,一笑而过,但是更多的学人却开始思考隐藏在"金王之争"背后更深层次的东西。

对于"金王之争",人人都有自己的看法,仁者见仁,智者见智。就见解来说,是多种多样的:有人认为,王朔与金庸有嫌隙,两人之争是属于私人恩怨;有人认为王朔是江郎才尽,自己写不出好作品,想通过骂名人来引起人们的关注,而金庸先生只是他这一计划的牺牲品;也有人认为是王朔心理不平衡,妒忌金庸小说和电视剧的"上座率",反映了大陆文化与境外文化之间的冲突,如此等等。

然而,不管是上面的哪种看法,都只不过是皮相之论,未能揭示问题的实质。金庸曾表示与王朔之间并无个人恩怨;王朔也表示无意对金庸进行人身攻击;金庸说王朔文章中的某些观点是正确的,王朔也承认自己的文风"确有问题"。这么看来,人们的相关猜测也就不攻自破

---

① 袁良骏:《再说雅俗》,1999年11月10日《中华读书报》。
② 王彬彬:《金庸给我们带来了什么》,1999年11月18日《羊城晚报》。

了。因此,这场争论的焦点并不在于小说文本本身,更不在于作家的为人或者是作家之间的个人恩怨。

王朔在接下来的文章《我看大众文化港台文化及其他》中,明确地把文化冲突提上批评的日程。王朔在批评金庸的背后,更多的不满是针对港台俗文化侵占了大众文化市场。文中他阐述道:"20年前,我们提到香港经常说它是'文化沙漠',这个说法在很长时间内使我们面对那个资本主义城市发达的经济和令人羡慕的生活水平多少能保持一点心理平衡。那时候香港人的形象在我眼里是喧闹和艳俗的。""整个80年代,我们是在目不暇接的文化盛宴中度过的,一个惊喜接一个惊喜,这时的港台文化只是一片曼妙的背景,只有当我们静下来才能听到它们发自角落的袅袅余响。"[①]

当然,不管是金庸还是王朔,他们都是大众文化(通俗文化)的代表,王朔代表的是现代小说;金庸则是传统小说的典范。所以说,王朔与金庸之争,实际上是传统与现代(反传统)之争。

正如中国武侠学会会长宁宗一所说,王朔智商颇高,是个绝顶聪明的人,不是凡夫俗子。因此王朔对金庸的批评不会是毫无意义的,其实是醉翁之意不在酒。作为一个"聪明人",王朔并非没有看到金庸小说的艺术价值,即使是他没有看到,也无须如此高调地口诛笔伐,不留一丝情面。他完全不必用如此激进的话语彻底否定金庸小说去得罪那么多的金庸迷。那么王朔的用意究竟在哪儿? 我们不妨说这是对文化的焦虑。

中国的通俗小说从六朝志怪中走出来,大体分成了两类:一是言情,二是公案武侠;绵延数千年,至今还能在金庸和琼瑶的小说中看见这两个派系。不可否认,金庸的小说可谓集中国传统文化之大成,在他的笔下,从人物、语言、情境到围棋、茶道以及地域风情,都充满了传统文化的韵味。尽管金庸的武侠小说似乎"已臻化境",但他还是按照传统的套路进行模式化创作,虚化了历史,缺少现代感。在金庸的小说受

[①] 王朔:《我看大众文化港台文化及其他》,收入王朔《无知者无畏》,春风文艺出版社2000年版,第46页。

到公众普遍欢迎,并在某种程度上成为中国现时代文化的一个象征的时候,王朔看到了其中的危机。在他看来,金庸的小说已经顺着传统文化的回归被推上了至高的地位,甚至是将传统的某种东西引为范本,而掩盖创作的活力,这必将导致现代文学生命力的减弱。王朔批评的目的就是要破除一切文化迷信,让人看到金庸的小说也并不是完美无缺。笔者认为,王朔本人并不反对传统,也没有全盘推翻传统文化的意思,他是要为当今流行文化中具有现代精神的小说争取一个发展的空间,他无法想象如果文学创作只能按照一种传统模式去进行的话,那将是怎样一种可怕的状态。在王朔看来,这对文学、特别是带有现代文化色彩的小说的发展极为不利,所以他才向金庸挑战,给沉迷于非现代性的不实际的文化追求的读者一个警示。

"金王之争"所暴露出来的是一种文化危机,这种危机来自于文学创作对自己本源的模糊。文学的创作不应该来源于某种固定的传统的范式,传统是文学创作的基石,但不是唯一的标准。在文学创作过程中,作家必须建设拥有独立思想、人格精神和生命力的现代文化,而不应该被传统文学创作范式所束缚。

王朔的作品试图以王朔式的语言实验来思考、探索历史事件与生命意义或者其他,从荒诞的政治岁月走出而发的振聩之音确实有其重大价值,那一代人面临自己执著追求的信仰瞬间崩塌而彷徨失落、无奈痛苦,甚至很多人变得焦虑易怒,产生游戏人生的态度,面对现实的束缚他们没有机会或者缺乏勇气反抗,因此难免产生一批像"顽主"那样的人。王朔的作品在很大意义上揭示了这一现象。

再看金庸,金庸的武侠小说在大陆形成一种风潮始于上世纪七八十年代。金庸与王朔小说在艺术特色上有相近之处,也各有不同。"同"在都具有鲜明的个性,有叛逆性,异在各自的精神追求。王朔作品中的主人公们大多可以"浪子回头",而金庸笔下则多是一以贯之的"笑傲江湖"。很多人阅读了金庸的小说,觉得其最大的特点在于小说集中侠骨柔情、民族精神、伦理观念并很好地融会了金庸的个性、情感与才华。

金庸本人对于王朔提出的批评意见也表示有所认同,认为自己小

第十一章 "金王之争"与金庸、王朔的俗文学写作

说创作中"情节巧合太多;有些内容过于离奇,不很合情理,有些描写或发展落入俗套;人物的对话不够生活化,有些太过文言腔调;人物性格前后太过统一,缺乏变化或发展;对固有文化和旧的传统有过多美化及留恋,现代化的人文精神颇嫌不足;有些情节与人物出于迎合读者的动机,艺术性不够"①。然而尽管金庸作品存在着诸多缺陷,却并不能只是将金庸的武侠小说当成以往的旧武侠小说来读。金庸最大的成功是把民间传说、历史演义和武侠风云糅合在一起,使之超越一般而登武侠小说之巅峰。尤其难得的是金庸常以武侠之事反映现实生活和世态人情。阅读金庸的小说就会发现,虽然是武侠小说,但它里面反映出来的人情世故、世态炎凉却是一直存在于人们身边的,因此那种直抒胸中之块垒的侠肝义胆会激起众多读者的共鸣和喝彩,读者普遍的价值取向和审美认同是金庸武侠小说经久不衰的重要原因之一。

  中国武侠文学有着很悠久的历史传统,先秦时期的史传散文和诸子散文中记载了很多行侠仗义的人和事,如《唐雎不辱使命》中的要离、聂政,《荆轲刺秦王》中的荆轲,等等。西汉司马迁的《史记》中有《刺客列传》和《游侠列传》;魏晋南北朝时有志怪小说《搜神记》,捉鬼的宋定伯和斩蛇的李寄等都是侠义之人;唐传奇中的《昆仑奴》《霍小玉》等都描绘了很多侠义之士的英雄事迹。宋代讲史文学的发展使平话和武侠小说初具形态,《水浒传》的故事模型在此时系统化,也开始具有武侠小说的特质;到了明清之际出现了一大批演义小说和公案小说,比如在公案小说《包公案》基础上产生的武侠小说《七侠五义》等;20世纪上半叶出现了武侠小说创作的一个高峰,出现了平江不肖生、赵焕亭、顾明道、还珠楼主、王度庐、宫白羽和朱贞木等武侠作家;20世纪下半叶出现了港台武侠小说的黄金期,诞生了金庸、古龙、梁羽生等人的所谓新武侠(相对于传统武侠小说而言)作家。以金庸为代表的武侠小说撷取中国武侠小说的因素,抛弃了陈腐的旧武侠的旧式小说语言,从五四新文学和外国文学中学习新式表现手法,形成了综合武

---

① 金庸:《浙江港台的作家》,香港《明报月刊》1999年第12期,廖可斌编《金庸小说论争集》,浙江大学出版社2000年版,第12页。

侠、历史和言情为一体的新武侠。

作为武侠小说的核心部分,"侠义文化、武术文化、江湖文化作为中国文化独特形式与内容的有机组成部分,沉淀在中国文学的独特类型武侠文学中,也流淌在民族文化的精神血脉中"[1]。

正如严家炎所认为的,"金庸事实上是运用中国新文学和西方近代文学的经验去创作武侠小说,改造武侠小说的。中西古今的丰厚学养,使他的作品已突破了一般通俗文学水准而具有高雅文学的一些特质,或者说超乎'雅''俗'之上"[2]。

(邵　颀)

---

[1] 魏家川:《金庸与"武侠热"》,见陶东风主编:《当代文艺思潮与文化热点》,北京大学出版社 2008 年版,第 440 页。

[2] 严家炎:《金庸的"内功":新文学的根柢》,《当代作家评论》1999 年第 6 期。

第十二章 "二余之争"与对文化散文的评价

第一节 "二余之争"及对当代文坛的意义

当我们审视 90 年代以迄于今的文坛时,会发现这里是一片喧嚣热闹的土地。而在这其中,著名散文家余秋雨激起的"秋风秋雨"显得格外引人注目。一位历史学家曾经这样说过:"对可靠资料的批评考证,不偏不倚的理解,客观的叙述,所有这些结合起来,目的是再现全部历史真相。"[①]针对发生在 2000 年的说不清的"二余"之争,凭借史料,我们可以明鉴这场争论的当下意义。

"二余"者何谓?乃余秋雨、余杰者也!

余秋雨,1946 年生,曾担任上海戏剧学院院长、教授。作为艺术理论家,出版过《艺术创造工程》《戏剧理论史稿》等几部学术专著。他还曾担任上海市写作学会会长,80 年代末至 90 年代转入散文创作领域。作为散文作家,余秋雨先后结集出版了《文化苦旅》(1992 年)、《山居笔记》(1998 年)、《霜冷长河》(1999 年)、《千年一叹》(2000 年)、《借我一生》(2004 年)等散文集;千禧年前后开始,余秋雨赴海内外一些大学和文化机构讲学,甚至还参与新闻和电视文化节目,影响越来越大,成为当时的风云人物。

余杰,1973 年生,成都人,本科和研究生皆就读于北京大学,从 13 岁开始发表作品,大学期间成为"抽屉文学"和后新时期杂文作家的代表人物。主要的作品集有《火与冰》《铁屋中的呐喊》《尴尬时代》《说,

---

① 德国历史学家兰克之言,转引自刘昶:《人心中的历史》,四川人民出版社 1987 年版,第 47 页。

还是不说》《想飞的翅膀》,等等。

一位资历不凡的学者、散文作家和一个才华横溢的文学青年为什么而争呢?

争论源于余杰在2000年3月2日的《文论报》上发表标题醒目的文章《余秋雨,你为何不忏悔?》,用犀利笔锋诘问余秋雨为何不反思建国以后的历史,言辞激烈地指责余秋雨的人格。余杰在文章中如此写道:

> 既然是"苦旅",那么在余秋雨的笔下,反复出现了许多悲剧事件与悲剧人物。
>
> 在悲剧人物当中,尤以读书人为其关注的重心。余秋雨在拷问历史和历史人物时,的确显示出"下笔力透纸背"的功夫。然而,正是在这一面表现得太突出了,另一面就显得失衡了——1949年以后的历史在何方?作者自己在何方?
>
> 我在余秋雨的散文中,很少读到他对1949年以来的历史的反思,很少感受到他有直面自身心灵世界的时刻。两个巨大的"空洞"导致了我对余秋雨的怀疑。
>
> 余秋雨在文字中扮演的是一个万能的"神"的角色,对他人指指点点,而自己绝不与读者"同呼吸共命运"。
>
> 一面重,一面轻,结果自然是天平失衡。真正的拷问者,自己也应当同是受拷问者。由于"受拷问者"身份的缺席,使得余秋雨散文本来能够达到的思想力度严重被削弱了。历史出现了断裂,人格出现了断裂。

鉴于余秋雨在"文革"期间的所作所为,尤其是他在此期间写的《胡适传》,余杰斥责他为"文革余孽",文中写道:

> 当年,余秋雨所效力的《学习与批判》杂志,由张春桥、姚文元所控制的"上海写作组"直接管理。这个写作组威震四方,与北京的"北京大学大批判组"和"清华大学大批判组"三足鼎立,一时间,呼风唤雨,指鹿为马,无所不为。上海的御用写作班子以"石一歌"为笔名发表大批判文章,所谓"石一歌"者,意思是11个人。

第十二章 "二余之争"与对文化散文的评价

(当然,由于前前后后人事方面的变动,"石一歌"的人数并非严格意义上的11个人。)这个笔名与北京的"梁效"有异曲同工之妙。("梁效"者,"两校"也,即北京大学和清华大学。)余秋雨少年文章,名动公卿,当然也引起了有关方面的注意。于是,两个巴掌一拍即合,他成为"石一歌"中最年轻的、"立场坚定""有一定理论水平、斗争经验、分析能力和写作技巧的、有培养前途的革命青年"。据若干余秋雨当年的同事透露说,他在写作组中的态度不是消极的,而是积极的;不是被动的,而是主动的。因为他的出色表现和突出成绩,他深受康生、张春桥、姚文元等人的青睐。

  ……所以,我认为,过分地在道德上对逆境中的人的选择苛求,本身就是不道德的。然而,当事情过去以后,自己应当怎样面对自己的历史呢?是忏悔、是反思,还是遮掩和伪饰?我认为,对过去的事情持一种什么样的态度,比事情本身更加重要。

  令我遗憾的是,余秋雨先生断然选择了遮掩和伪饰。……

对于成为新一代青年的"偶像",成为这个时代最有"文化"的学者,成为年轻人的"人生导师"(出自《余秋雨,你为何不忏悔?》一文)的余秋雨,余杰大胆地冠之以"才子加流氓",怀疑其文化操守,指出其行为不利于中国文化生态现状。他在文中讲道:

  具体到余秋雨身上,他在文革中会看准时机向专制主义者们献媚,充当"官"的帮凶、帮忙和帮闲;而在90年代的怀旧热、国学热中,他又横空出世,从幽暗的巷子里杀将出来,再次成为时代的宠儿、传媒的焦点、青年的导师和中国文化的代言人。在这个时代,他则充当了"商"的帮闲,而且干得得心应手。……

  在各地的巡回讲演中,余秋雨装出一副宽容的态度来,胸襟广阔地谈论身边的一切,却不涉及自己。他对文革、对皇权时代的暴力很宽容,却不宽容针对自己的批评;他歌颂皇帝们,歌颂跟自己类似的才子们,却对自己身边老百姓的苦难持冷酷的态度。……

余杰声称:"我的文章不是针对余秋雨本人的,而是想通过他这个个案分析来探讨中国知识分子的局限性……我不是有意要揪住他的那段历史不放……关键在于(那个时代)二十多年后,文化界还有包括他在内的这么多人不反思,我想要的就是一个他们反思的态度。"①

余秋雨在《余秋雨的一封公开信——答余杰先生》②中表明自己并非"石一歌"成员,虽然进了《鲁迅传》教材编写组,但在那样的时代环境下是身不由己,并且在这个写作组中他也不全是抱着积极态度。"连全国的批'邓'狂潮也没有一字一句参与";"在那个以伤害别人为时髦的年代,整整十年没有伤害过现实中任何一个人"。甚至说,"如果就具体经历讲,我和我的家庭在文革中的经历真可以说是悲惨之极,远远超出那些年轻评论家的想象"。余秋雨觉得自己的"文革"历史是清白的,没有必要忏悔。他郑重申明:"我不是'文革余孽'!"他还说道:"再闹下去我就要愤怒了。但这愤怒并不是针对个人,而是,为什么这样一件未经确实的事情会闹到今天这样一种地步?中国人际关系似乎有这样一种力量,只要一个人稍稍有一点名气,他们就会找到任何一个缝隙把他灭了。我们的文化结构怎么会是这样?……法兰克福学派中一位大师要求负责任的批判者要有一个对基本事实的了解,而且是整体了解,而不是未经诠释的'传言真实'和'文本真实'。"③

如同特洛伊之战导致众神分成两派参战一样,"二余"之争也令许多评论者(甚至包括熟悉了解余秋雨和余杰的人)纷纷站成两派撰文加入这场"舌枪唇战"。余秋雨当年的两位同事孙光萱教授和胡锡涛先生分别撰文《正视历史,轻装上阵——读〈余秋雨的一封公开信〉》④《余秋雨要不要忏悔——"文革"中余秋雨及上海写作组真相揭秘》⑤,介绍了余秋雨在"文革"中的情况;俞国华的《余秋雨说假话》⑥、熊元义的《余秋雨的变与不变》⑦都谈到余秋雨存在的问题。祝勇在《如此

---

① 2000年3月2日《文学报》。
② 同上。
③ 同上。
④ 2000年4月20日《文学报》。
⑤ 《今日名流》2000年第6期。
⑥ 2000年5月9日《文化日报》。
⑦ 《中华文学选刊》2000年第3期。

胸襟》①一文中说余杰对余秋雨的批判像老和尚的百衲衣一样到处是破绽;徐林正的《余杰,你为什么不忏悔》②指出余杰的《余秋雨,你为什么不忏悔》是抄袭了重庆作家张育仁发表的《灵魂拷问链条中的一个重要缺环》③。总之,正如2000年3月2日《文学报》的"文件夹"所标示的广而告之内容:"《中华文学选刊》刊出余秋雨争论专辑;新近出版的《中华文学选刊》④'是非之地'专栏刊发了余秋雨争论专辑,收录资料辑录《余秋雨惹着谁了》,转载了张育仁文章《灵魂拷问链条中的一个重要缺环》,同时刊发的还有余秋雨发表在1975年8月《学习与批判》上的旧文《读一篇新发现的鲁迅佚文》第一部分,该专栏还摘录了部分作家评论家对余秋雨其人其文的评价。"另外还有一些重要的文章如郝雨的《余秋雨,别趴下——"余秋雨评判"的里面与后面》⑤……这些评论各执己见地表明自己在"二余"之争的立场与态度。

1992年余秋雨先生的第一本散文集《文化苦旅》由东方出版中心推出,一时引起无数评论家的好评,余秋雨也因此声名鹊起。20世纪90年代中期,他的《山居笔记》出版,批评家们似乎不约而同地发生转向,开始口诛笔伐。由文章批评——指出散文中的学术"硬伤",发展到人格质疑和言行非议。而"二余"之争的焦点便在于:余秋雨在"文革"中作为"御用"写作班子的成员并且在《学习与批判》上发表了一些迎合当时政治的文章,这些行为是否应该忏悔。

一番叙述和分析之后,我们不妨作一个小结,探讨一下"二余"之争这个事件对当代文坛乃至思想界的意义。

首先,"二余"之争终归是余秋雨文化散文评价中的一个戏剧片段而已。20世纪90年代初,余秋雨的《文化苦旅》成为"文化散文""学者散文""大散文"的桂冠,"突破""高峰""里程碑""标志"等赞誉声不绝耳。90年代中期,对于余秋雨的评价默然跌入低谷,先是有批评

---

① 2000年3月1日《北京日报》。
② 《中华文学选刊》2000年第4期。
③ 《四川文学》1999年第10期。
④ 《中华文学选刊》2000年第2期。
⑤ 《中华文学选刊》2000年第5期。

家指出其散文的"硬伤",继而说其散文是"衰败的标本""别一种媚俗"、甚至说他的学问和文章是"文化的悲哀"。1999 年 1 月 7 日,余秋雨在《文论报》上发表《余秋雨教授敬告全国读者》,表明接受"人们的批评"。1999 年 8 月《余秋雨现象批判》一书粉墨登场,紧接着的 2000 年 1 月题名为《秋风秋雨愁煞人》的批"余"专集由中国文联出版社推向市场。2000 年 1 月 21 日,余秋雨在《文学报》发表《余秋雨的一封公开信——答余杰先生》,拉开了回应余杰的序幕。2000 年 2 月 13 日,余秋雨接受《深圳周刊》采访时愤慨地说:"我会比较彻底地离开文坛。"此后,随着在媒体和各地的频频出镜及出场,对余秋雨其人其文的评价更是毁誉参半、歧义迭出。

其次,忏悔意识是一种澄澈的历史理性,一种勇于承担历史责任的人格自觉。作为一个从历史走出来的人,对历史进行一些必要的反思和自省,无疑有利于其灵魂的再造和精神重建。比如巴金先生写《随想录》对自己的灵魂进行拷问;邵燕祥先生在灵魂的自省中写出《人生败笔》;韦君宜先生甚至在临终前写出《思痛录》思国家之痛以及个人之痛。萨特说过,身处黑暗时代,你不说"不"那就是同谋。在上个世纪 90 年代前期的"人文精神大讨论"中,我们一直在追寻文化的反思以及文化人格的重构,新世纪对中国人特别是中国知识分子的期待是——在灵魂拷问中建立起健康人格形象。忏悔是必需的,这不仅仅只是余秋雨先生一个人的事情,应该是全民族都要进行全面理性的反思。

回顾"二余"之争,我们不难看出文学批评的粗暴化倾向——"棒杀""骂风""贬风"盛行,甚至沦为指涉评判作家政治身份、道德准则的人身攻击。比如说余秋雨是"文革余孽"、兼具了"才子气"与"流氓气";说余杰是脸上兼具了奶油小生和奸猾气息的"戏子"。文学批评不是激情演绎下的非理性张扬,更不应该成为市场传媒炒作和商品经济的附庸,它应该是超越功利主义对人生真理和艺术真谛的执著追求,是一种不囿于俗见的独立思考和敏锐胆识。

最后,文学批评本身是一个超越自我、超越作品、超越作家的独特文艺样式,文学与文学批评是相互扶持、相互依存的。"二余"之争作

第十二章 "二余之争"与对文化散文的评价

为一个当代热点文学现象,尽管争论异常激烈,但都是在文化思想和道德人格、文品人品的领域里进行的,完全是评论者的自由言论,没有任何幕后的政治组织参与其中,这不得不说明如今的时代在进步。倘若没有自由的论争,我们也无法真正领略到文学批评的乐趣和激情了。一个国家、一个民族的文学兴旺时期,也是文学批评的活跃期。我们当代文学经历了几十年的积淀,在新时期有了很好的发展势头,产生了一系列思想性、艺术性和观赏性相统一的精品与优秀之作。但是,我们的文学批评建设却还是有很多地方需要"补课"的,比如批评家要在全球化的语境中,吸收丰富的理论资源,增强文学批评的学术性和学理性;作家要打破自我局限,提高自身素质,放下以自我为中心的架子,平等地与批评家进行对话,在宽松自由的语境中完成文学史视野和文学创造精神的共建;媒体在提供论争的阵地时,应该客观公正地对待事实,切不可挖空心思找吸引公众眼球的"噱头"从而混淆视听。鲁迅就曾经说过:"我以为倘要论文,最好是顾及全篇,并且顾及作者的全人,以及他所在的社会状态,这才能确凿,要不然是很容易近于说梦的。"①

第二节 文化散文兴起的历史渊源和现实动因

"文化散文"又常常被称为"大散文"或者"学者散文"甚至"大文化散文"。"文化散文"概念的提出,大约是在1990年,佘树森在《九〇散文琐谈》中运用了这一概念。后来李晓红在她的专著《中国当代散文审美建构》中,则将"文化散文"与"学者散文"两个概念重合来看。新世纪初,武汉大学中文系的於可训教授明确地给"文化散文"下了定义:"'文化散文'是指那种在创作中注重作品的文化含量、往往取材于具有一定历史文化内涵的自然事物和人文景观,或通过一些景物人事探究一种历史文化精神的散文。……作者多为一些学者或具有

---

① 鲁迅:《且介亭杂文二集·"题未定"草》,《鲁迅全集》第6卷,人民文学出版社1981年版,第344页。

较深文化修养的学者型作家。"①有的学者还将它看作充满"文化想象的散文"②。陈剑晖教授也认为"它是连接传统,面对历史的思考的创作。从价值取向和写作取向和写作立场来看,文化散文它基本上是以文化精英为创作主体的产物"。但是他又严格地指出"文化散文"不同于"大散文",也不同于"学者散文",尽管它们三者是有联系的。③王尧教授表达得更犀利:"用'文化大散文'来命名二十世纪八十年代末出现的一种散文文体和随之而来的一种散文创作现象,其实是缺少学理支撑的,因为这一命名无法解释'文化'与'散文'、'散文'与'大散文'的关系。但是,它确实多少揭示了一种散文文体的主要特征。"王尧认为"文化散文"只是一次"简单的命名"。④

中国的散文有着悠久的历史传统。古代散文种类繁多,有精巧的山水游记、轻盈的性灵小品、质朴深厚的笔记,有像《庄子》一样智慧的哲理散文,像《孟子》一样雄辩的论辩散文,还有像《史记》一样恢宏的历史传记散文,以至明清及近代一些文人散文。可以说这些优秀的传统孕育了文化散文的艺术精神。

现代散文诞生于20世纪初,《新青年》在1918年开辟的"随感录"是它第一个响亮的呼声。后来现代散文便日趋成熟。20年代"语丝体"散文的流行,可以说是现当代文学中较早的文化散文的雏形。三四十年代也出现过一些优秀的文化散文,比如钱锺书的《写在人生边上》、梁实秋的《雅舍小品》等。然而,在当时战乱的中国,它们虽曾引起过人们的注意,但最终还是受到了冷落甚至遗忘。建国后以杨朔、刘白羽、秦牧为代表的所谓"散文三大家"成为散文界的主流代表人物。杨朔说他的散文是"当诗一样来写"的,为60年代的诗化散文作出了探索,"杨朔体"散文曾产生了较大的影响。

上世纪五六十年代,散文在强调艺术特质的同时不惜粉饰生活,进行廉价歌颂;70年代似乎成为一个真空地带,目前仍存在"文学史写

---

① 於可训:《近十年"文化散文"创作评述》,《文艺评论》2003年第2期。
② 杨福生:《文化想象与1990年代散文》,《安徽农业大学学报》2006年第5期。
③ 陈剑晖:《论当代散文思潮的发展演变》,《广东社会科学》2005年第1期。
④ 王尧:《走向终结的"大文化散文"》,《出版参考》2004年第29期。

第十二章 "二余之争"与对文化散文的评价

作"与"潜在写作"的分歧论争;80年代,散文在寻找主体性的同时,回归到这种文体的本源要求之一——讲真话。这个时期的代表是巴金先生的《随想录》。文化反思是政治反思的深化,散文创作也随之得到了丰富和拓展。

由上简述可知,文化散文的形成有其历史和文化的渊源。当然这仅仅是问题的一个方面。在讲文化散文产生和出现的同时,我们千万不要忽略了"文变系乎时序"这样一个道理,这就是当代人文状况的客观现实和社会需求。20世纪80年代末、90年代初,市场经济大潮激发了人们的积极性和创造性,推动了我国社会和经济的迅速发展;同时也诱发了一些人片面追逐金钱和物质享受的思想,产生了人生价值观念的错位和迷茫。上个世纪80年代中期的"文化热"让知识分子恢复了独立思考的能力;到了90年代,中国知识分子阶层有了显著的壮大,精英意识整体的诉求开始回归到"倾吐一种文化感受"(余秋雨语)上来。在这样一个文化需求市场中,散文家开始从文化学的角度进行宏观的考察,思索散文本体论的问题,探求散文与人类文明进步的关系。文学思潮的发展是以社会思潮的发展为基础的。社会转型期文化的多元发展,必然促进人们审美趣味的多元化。社会意识形态相对宽松,使多元化文学思想的冲击成为可能,散文界也开始一次新的"语言的转向"[①],最终顺应了这个时代的需求。

文化散文的滥觞,一定意义上说可归功于以下两个文学事件:一从创作实践来说,是余秋雨的散文集《文化苦旅》的出版。正如他在该书的"自序"中所说:"我发现自己特别想去的地方,总是古代文化文人留下较深脚印的所在,说明我心底的山水并不完全是自然山水而是'人文山水'。这是中国历史文化的悠久魅力和它对我的长期熏染造成的。"后来在《文明碎片》的"题叙"中,他还进而表示自己写这些文章"主要是为了倾吐一种文化感受"。这也就是说,他的散文是将人、历史、自然在浓重的文化思考中融成一体,借以揭示中国文化的巨大内涵。这样一种创作初衷自然定格了文化散文的主要特质。二从理论批

---

① 钱中文:《文学理论面向新世纪》,山东人民出版社1997年版,第8—21页。

评来看,它与贾平凹提倡的"大散文"主张不无关系。① 1992年9月,著名作家贾平凹在他主编的散文月刊《美文》的"读稿人语"中率先旗帜鲜明地打出了"大散文"的理论主张:1.鼓呼弃除陈言旧套,鼓呼散文的现实感、史诗感、真情感,鼓呼真正的散文大家,鼓呼真正属于我们身处的这个时代的散文!② 要走向"大散文"则必须"张扬散文的清正之气,写大的境界,追求雄沉,追求博大的感情"。2.扩宽写作范围,让社会生活进来,让历史进来。继承古典散文大而化之的传统,吸收域外散文的哲理和思辨。3.发动和扩大写作队伍,视散文是一切文章,以不专写散文的人和不从事写作的人来写,以野莽生动力,来冲击散文的篱笆,影响其日渐靡弱之风。③ 这样的一种"大散文"理论主张虽然没有多少理论创建和学理支撑,但是它之于传统的散文理论无疑是一种冲击。它的鼓呼,真正意义在于推动了早在80年代后期崭露头角的文化散文的进一步发展,使之成为一种较为自觉的艺术追求。

于是我们看到,自此以后,文化散文在中国文坛渐成弥漫之势,整个大众传媒领域似乎都充斥着它的身影。像《文学报》《中华文学选刊》《读书》《随笔》《文学自由谈》《南风窗》《书屋》等不少报纸杂志都毫不吝啬地为之提供发表创作和评论的版面,以它为名目召开的各种各样的讨论会、征文活动也纷至沓来。仅1999年一年,就有中国作协、散文学会等在周庄、承德、烟台、威海等地举行散文笔会;中央电视台、《人民日报》《散文月刊》也发起过电视散文征文活动;《文艺报》《文学报》《散文》《美文》《文论报》《南方周末》《特区文学》等刊物先后就"新世纪散文展望""大散文的概念""散文的现代意识""随笔热想象""行动散文思考""散文是否可以虚构"等专题进行了广泛深入的讨论。④ 作家、记者、编辑、教授、科学家等各类知识者如张中行、季羡林、金克木、王蒙、林非、雷达、汪曾祺、张承志、贾平凹、史铁生、韩少功、周涛、马丽华等纷纷加盟,发表和出版了为数众多的作品。

---

① 详见陈剑晖《论当代散文思潮的发展演变》,《广东社会科学》2005年第1期。
② 见《美文》杂志创刊号(1992年)贾平凹撰写的《发刊词》。
③ 贾平凹:《走向大散文》,《贾平凹文集》第14卷,陕西人民出版社1998年版。
④ 王剑冰:《编者的话》,《99中国年度最佳散文》,漓江出版社2000年版。

第三节　文化散文的"话语转向"及其当下面临的尴尬

托尔斯泰曾经说过,一个作家或作品的出现,应首先考察的是,它给我们带来了什么新鲜的东西。以此考量余秋雨的文化散文,我们认为其成功和独到之处主要有以下两个方面:

首先是文体革新。散文作为一种主体性很强的文学体裁,在选材立意上历来都崇尚"以小见大"。但余秋雨却更喜欢选取大场景、大题材,表现大的主题,是一种"大气"的散文,是对过去的"小气""小格局"散文的一种反动和超越。他凭借整个中华民族的大文化为背景,以对现实生活的体验为基础,随物赋形,谈古论今,文思如泉涌。作者选择的是严肃而又别具文化含量的内容,写的不是小桥流水、风花雪月或者家长里短之类的题材,而是"人文山水"、历史的进程、知识分子的命运和人类的困境等重大命题。他以人生体验为后盾,并不预设主题,其散文犹如现实的一面镜子,处处都有历史的"弦外之音",闪耀着文化批评的智慧之光。总之,这种体式既自由又丰满。如在《一个王朝的背影》中,他将一个"背影"放在一个统治了中国数百年历史的王朝身上,把一个王朝的背影和一个民族的情感放在一起观照。又如在《西湖梦》中,他在盛赞西湖的盛大的同时,又深深地感叹"秀丽山水间散落着才子、隐士,埋葬着身前的孤傲身后的空名。天才的才华和郁愤,最后都化作供后人游玩的景点",并批判了那种"不能把志向实现于社会,便躲进一个自然小天地自娱自耗",如此"封闭性的道德完善导向了总体的不道德",从而写出了一个"极其复杂的中国文化人格集合体",给人以多方面的感悟。另外像《江南小镇》,作者富有意味地将其定位为"中国文化宁谧的后院",通过一番怀古伤今的抒写,为我们展示了中国文化"既疏淡官场名利又深明人世大义"的另一道风景。这样的跨越时空界限、充满理性思辨色彩的感悟在他的文化散文中比比皆是,随处可见。

其次是文化特质。它的内容一般包括以下三个层面:一是传统的文化精神,从文化古迹或者人文风情中寻求中国文化的内涵和文化人格的构成;二是当代的文化意识,站在时代思想的高度,表现当代人的审美意趣、文化心理,以及对生命、宇宙、人类的文化感悟;三是作者的文化品格,作者把自己的人生体验融入文化思考之中,表现出鲜明的精神个性和文化品格。① 余秋雨以完全开放的姿态对待传统文化。因此在他一系列文化散文中,始终贯穿一个鲜明的主题,即对中国历史文化的追溯、思考和质疑。一方面,他敞开心扉,充分表达对优秀文化的眷恋和向往。如在《笔墨祭》中,作者借祭奠毛笔文化而对传统文化的表现形式进行了吟咏。毛笔书法是一种纯净心灵的外化形式,天地之间恐怕再也找不出比毛笔书法更能够直接而又纯真地与人的生命沟通对话的艺术形式了,毛笔文化的失落,无疑使传统文明失去了一块芳草地。但另一方面,他也以冷峻的理性精神对传统文化中存在的负面和负值进行了揭示。如《道士塔》写莫高窟大门外一座状似葫芦的塔墓,由墓引出了对墓主王道士的介绍,其中蕴涵了作者对愚昧的道士和中国古代灿烂文化被毁的悲哀和激愤心情。作者在痛苦的反思中,由一个封闭无知的小道士,看到了"一个古老民族的伤口在滴血"。又如《贞节牌坊》中通过对传统文化中的"烈女"形象背后真实历史的描绘,表达了女性在传统文化中的不公平待遇,也表现了传统文化中存在戕害本真人性的糟粕。

余秋雨的文化散文适应了当代社会转型时期的文化企盼。② 在上世纪 90 年代乃至如今,在现代意识的审视下,哲学幻化的抽象陷人们于惶惑和迷途;历史据守的冷漠和严肃,给人们以距离和陌生感;散文所钟情的具象和抒情,却阻碍了人们走向深刻和深远。余秋雨曾说道:"与读者在艰辛的人生长途上小憩时的悄声对话和共同思考","想从中国历史非常沉重、枯涩的故纸堆里,寻找一种能够被现代人所接受,足以在海内外广泛普及的历史视点"。③ 所以文化散文所尝试的是理性化的感性、具象性的抽象,这样也有利于现代社会中普通的个体接受

---

① 张振金:《民族文化精神的探求——新时期文化散文素描》,《学术研究》1998 年第 2 期。
② 陈学超认为,中国 20 世纪 90 年代以来散文思潮的主要特质是通俗与闲适。参见陈学超《通俗与闲适:90 年代中国散文潮流》,《西北大学学报》2001 年第 3 期。
③ 转引自张振金:《中国当代散文史(插图本)》,人民文学出版社 2003 年版,第 221 页。

第十二章 "二余之争"与对文化散文的评价

与吸纳。它不仅使人们在提升自己精神境界的同时,避免跌进哲学的迷惘、史学的乏味、散文的煽情之中,相反却可让他们得到哲理的观照点化、历史的借鉴、文思的熏陶,从而真正使阅读者完成内心世界的构建,实现文化召唤精神未来的目的。正像费孝通先生所表述的,"文化转型是当前人类的共同问题,因为现代工业文明已经走上自我毁灭的绝路上,我们对地球上的资源不惜竭泽而渔地消耗下去……后工业时代势必发生一个文化转型,人类能否继续生存下去已经是个现实问题了"。① 现代人在平庸而忙碌的生活之中,难能有前瞻性地去思索人类文化的前途,他们喜欢享受"快餐文化"。而文化散文则是一种思考的记录,它让读者们了解到时代的焦灼状态,引导他们在"悦"读中延伸思想的维度。如《愧抱山西》一文,余秋雨在第一节里所写的对山西的无知,就如绝大多数读者不了解经济史的情况是一样的;接着他将一个经济史学者熟谙的事实描绘和叙说出来,在社会群体中引起了极大的震撼,从而自觉不自觉地引发和促进了人们对晋商的关注。

从主体性角度来讲,余秋雨的文化散文是文化人格和文化理想的体现。正如他在《千年庭院》中说的:"我是个文化人,我生命的主干属于文化,我活在世界上的一项重要使命就是接受文化和传递文化。"进入新世纪以后,他的这种追求更明确,也更自觉了。他借香港凤凰卫视组织的"千禧之旅"和"欧洲之旅",将自己的精神漫游和文化探寻的足迹从中国拓展到中亚、南亚和欧洲各地,陆续出版了《千年一叹》和《行者无疆》等作,在探索了中华文明之后,又相继对伊斯兰文明和基督文明进行了深入的文化探寻。此外,为了提高散文的境界和深化散文的内涵,他也更注重在对象身上融入更多的文化人格和文化理想。如在《柳侯祠》中,余秋雨由文人的文化人格,联想到中国文化的灵魂,指出"唯有在这里,文采华章才从朝报奏折中抽出,重新凝人心灵,并蔚成方圆。它们突然变得清醒,浑然构成张力,生机勃勃,与殿阙对峙,与史官争辩,为普天黄土留下一脉异音。世代文人,由此增添了一成傲气三分自信。华夏文明,才不至于全然黯暗。朝廷万万未曾想到,正是发配

---

① 费孝通:《反思对话文化自觉》,《北京大学学报》1997年第3期。

南荒的御批,点化了民族的精灵"。因此,柳州这样一个荒蛮之地,使"柳宗元成了一个独特的形象"。又如《苏东坡突围》,极力描写了苏东坡所受的千般痛苦、磨难和孤独,目的也是为了突出苏东坡的文化性格,同时概括了整个封建世代中国文人的命运与追求。

20世纪90年代以来,常常被人认为是"散文时代"。大批的余秋雨文化散文的"副本"不断涌现,充斥于文坛、媒体报刊甚至新潮的网络书写。① 当某一种流行文体达到鼎盛的时候,它的困境也会随之而来。当余秋雨的文化散文终结了"杨朔模式"后,他也不得不面对即将"终结"的考验。

有的研究者认为,文化散文一是写法上过于整齐,二是有些作品铺排过甚,三是有"教育家"的职业病。② 还有人认为文化散文的文本结构太单一,是"故事+诗情语言+文化感叹"的生产流水线。③ 有的批评说是感伤的哲学,或说作品的走俏是时代的特殊文化氛围和文化界的哄抬以及作者自我推销的结果。还有人指出文化散文(以余秋雨作品为例)中史实的瑕疵,或者批评其思想内涵的保守与学术素养的缺陷。尽管这些评述不无道理,但是又让人感觉有些片面。在这点上,最重要的我们以为还是文体模式的僵硬和老化问题。这就是文化散文在走出杨朔散文的"诗化"模式,重新确立了散文与世界的关系后,又逐渐陷入了类似杨朔的命运,并且左冲右突,至今没有找到理想的"出口"。

我们在前面曾讲过,散文从来都应该是以个体(主体)的方式表达它对公共领域思想文化的关注。尽管文化散文在90年代进行了"语言的转向",但是到了新世纪,它却没能够再一次完成它的语言方式的转换,仍然停留在它最初的话语策略上。而与此同时,知识分子思考问题的中心与表达方式早就发生了很大的变化——网络时代的到来,使得人人都产生了强烈的参与意识,写作不再是作家的专利,人与人之间

---

① 在前面两节中已阐述过"文化散文"的发展盛况,关于文化散文的学术的以及非学术的论争,甚至对余秋雨的人品、文品的探讨都促使了这种文体的蹿红。此处不赘。
② 刘绪源:《以见识取胜》,1994年11月7日《文学报》。
③ 朱国华:《另一种媚俗》,《当代作家评论》1996年第1期。

的社会关系也在发生着微妙的变化。网络将大众带入"共同狂欢"的场域,人们更容易被新的视听形式所吸引,比如类似于"百家讲坛""人文大讲堂""世纪大讲堂"等形式之类的"新国学"的兴盛正说明了这个不争的事实。

　　文化散文夹叙夹议、夹抒夹议,重视文化的联想,有时候为了叙述与表达的需要,把一些本身并不具备传奇性与戏剧性的材料按照想象的方式进行处理,难免有装腔作势、书写矫情之嫌。这种缺陷在余秋雨的不少散文中都明显存在(如《文化苦旅》中的《风雨天一阁》,《行者无疆》中的《古本江先生》,以及所谓"封笔"散文集《借我一生》中的《旧屋与旗袍》等)。文化散文的模式化是不可避免的。它长篇大论的体式,"往后转"的历史视点,传统文人的内心冲突,自然山水的人文意义,文化分析的手法,知性与感性合一的叙述语言等,面对这样的"集体写作",我们只能无奈地慨叹文化散文已逐渐地走向其滥觞时的反面了。当然在文化转型期,文化散文以独特的方式表达了作者对中国文化的关怀,相对于其局限,它对于汉语写作的贡献还是值得肯定的。文化散文要想再度新生,恐怕只能寄希望于新的时代发展要求和作家们的文化关怀以及生命原创力了。

(杨杰琼　吴秀明)

第十三章 "韩白之争"与文坛的"潜规则"

第一节 "韩白之争"争什么

发生在2006年的"韩白之争",是21世纪初文坛一个不算太小的文学事件。这一事件的当事人——争论双方:一方是韩寒,曾被看作"80后"文学的领军人物;另一方是白烨,中国社会科学院文学研究所研究员、中国当代文学研究会常务副会长,具有多年的文学评论经验,同时也是"韩白之争"前后在主流文坛中对"80后"作家群体关注比较多的一位批评家。他所主编的自2000年以来的《年度文情报告》《年度文坛纪事》等书,曾收入不少关于"80后"作家作品的评论和介绍文字。

"韩白之争"起因于一篇博客日志。2006年2月24日,白烨在新浪博客上贴出《"80后"的现状与未来》。该文评价韩寒的作品"越来越和文学没有关系",并对"80后"提出了批评,称"'80后'作家这样一种姿态坚持下去,成为主流文学的后备作家是完全可能的……从文学的角度来看,'80后'写作从整体上说还不是文学写作,充其量只能算是文学的'票友'写作。所谓'票友'是个借用词,用来说明'80后'这批写手实际上不能看作真正的作家,而主要是文学创作的爱好者……我以前说过'80后'作者和他们的作品,进入了市场,尚未进入文坛;这有感于他们中的'明星作者'很少在文学杂志亮相,文坛对他们只知其名,而不知其人与其文;而他们也似乎满足于已有的成功,并未有走出市场、走向文坛的意向"①。这篇文章最先发于《长城》杂志2005年第6期,并未在学界和文坛引起反响,白烨现在只是将其贴在

---

① 白烨:《"80后"的现状与未来》,《长城》2005年第6期。

自己的博客上。

3月2日,韩寒作出言辞犀利的强烈回应,在自己的博客上贴出《文坛是个屁,谁都别装逼》一文,认为"以时代划分人,明显不科学","文学和电影,都是谁都能做的,没有任何门槛","每个写博客的人,都算是进入了文坛。文坛算个屁,茅盾文学奖算个屁,纯文学期刊算个屁"。对当前文坛及文学期刊的弊病进行了猛烈的抨击。这篇文章被多家网站转载后,受到众多网民的关注,他们纷纷涌入韩寒、白烨两人的博客,留言发表各自的观点。"韩白之争"由此拉开了序幕并开始扩大。

3月4日,白烨在自己的博客上贴出《我的声明——回应韩寒》,表示:"不喜欢我的文章,但不可以用粗暴又粗鄙的字眼骂人……我希望这样一个事件,能为如何为网络立法和建设网络道德提供一个反面的例证。"白烨完全没有想到自己的评论引起韩寒如此迅速、激烈的回应。他在震惊的同时对之采取不屑的态度:不屑于与他探讨文学问题,而是转向了道德的批评。

两小时之后,韩寒又迅速发文作了回应——《有些人,话糙理不糙;有些人,话不糙人糙》。该文称:"作为中国的文学评论家,特点和长项就是:1.不知别人所云。2.自己不知所云。3.不知所云还特能云。这事儿都提升到互联网立法了。"韩寒的态度是,和我不谈文学谈道德也不怕。双方把共同的注意力从文学转向了道德,开始互相给对方扣大盖帽,比谁先找到道德制高点。

我们知道,韩寒作为一个商业化取向的作家,与一位总是处于主流文坛的批评家在大众传媒中的号召力是不同的。在明星效应下,韩寒像有众多歌迷、影迷的歌星、影星那样拥有众多的"书迷"——英文称为FANS,国内俗称"粉丝"。这群数量庞大的"粉丝",涌入论战双方的博客,在韩寒的博客中支持甚至吹捧;在白烨的博客中反对甚至谩骂。3月5日,白烨因受不了大量的韩寒"粉丝"在他的博客上对他进行人身攻击,发表声明宣布将关闭博客。他表示,自己不了解也不适应博客,也对在网上"被人骂,还非得要骂人"很不了解,而"靠这种方式去交流文学或学术,也往往是一厢情愿"。

3月8日,白烨接受记者采访表示,现在"80后"最大的问题不在于文学的造诣上,而是在做人的道德水准上。话题仍旧围绕着道德展开。3月9日,韩寒不依不饶,连发《辞旧迎新》(上中下)3篇博客,表示"既然说到道德,那咱们就说道德"。他追问白烨的个人道德。遗憾的是,将话题偏移至道德问题上的白烨也并没有占到优势。于是不得已,3月10日,白烨在博客上贴出《白烨关闭博客告别辞》,表示自己不适合博客:"韩寒对我的骂式批评和他的拥戴者对我的跟踪谩骂,只是事情的一个诱因……这样一个一明一暗、一实一虚的交流平台,他们可以随便骂你,而你只能正面应对。这种先天的不平等性,无形中就使得恶毒占了上风。即使你不招惹人骂,靠这种方式去交流文学或学术,也往往是一厢情愿。"白烨称,事情发生的这几天,他觉得很受伤,以后虽然还会继续关注这个群体,但可能不会像以前那么热心了。

3月11日,白烨在"最后回应"中指出,"他用这种语言本身,说明了他的学养、修养的亏欠","实在不能作为就是'纯文学'的证明",他最后呼吁"要建立网络道德规范"。

事情并未随着白烨单方面放弃博客上的论争而结束,而是陷入了混战状态。韩东、解玺璋、陆天明、陆川、高晓松等名人纷纷参战。那么"韩白之争"究竟是争什么呢?我们认为主要在争如下两点:

第一是争文学。"韩白之争"(也包括之后高晓松、陆天明等人与韩寒的论争)以网络为平台,其中以博客与论坛为主。这是与以往的文学论争显著的区别之一。这种形式上的不同,从一个侧面反映了论争双方处于不同的文学圈子。而圈子的不同,影响到了双方对于同一问题的不同理解,最终导致了论争内容的偏移。

我国的文学论争,从五四运动开始,一直是以在报纸、杂志等纸质媒体上发表文章进行辩驳的形式展开的。各种主流文学期刊,除了发表新作外,同时还是批评家与作家之间沟通交流的平台。通过这样的平台,从一定程度上保持了文学的纯洁性。因为从现实意义上考虑,这种方式阻止了一大部分非文学类的创作和批评进入这一圈子。因此,白烨将《"80后"的现状与未来》首发于《长城》杂志2005年第6期上时并没有引起多少社会反响,就十分自然。道理很简单,因为订阅纯文学期刊的读者在社会大众中只是少数。作为文学杂志,它的读者主要是研究文学的专家学者、学生以及纯文学爱好者。而博客则不然,它是虚拟网络上的一个个人空间。只要博客主人不设置屏障,任何一位互联网用户都可以通过链接进入,随意浏览,发表留言。白烨使用博客,意味着他从高高在上的围绕纸质媒体而形成的精英圈子,融入到了大众文化的圈子。然而,传统观念和思维惯性的规约,使他似乎很难充分考虑大众的接受程度。白烨将发表于《长城》的那篇文章只字未动地搬到了网上,显然是不了解网络上的情况,高估了大众的文学修养和接受程度。这实际上是两个不同圈子的人对文学的理解。可以说争论的起因是带着文学探讨性质的,但是由于所借助媒体的不同,使得这种探讨走入了歧途。

众所周知,现有的网络不采用实名制,因此言论上比较自由,语言形式也比较随意,反馈速度快。比如说博客中的留言、论坛上的跟帖,与一般的文学杂志类期刊半月或是一月,或是双月才出一期相比,是十分迅速的。但这种自由、迅速也容易导致交流或争论往往凭着一时的热情,而缺乏必要的深思熟虑,显得鱼龙混杂。博客的传播,是将"一对多"的传播发展为"多对多"的传播,所有人参与其中,无障碍地沟通,快速的及时阅读、反馈、创作,在一群人中闪电般地进行。[①] 这种运行方式对于白烨等长期生存在主流文学期刊的学者来说,是陌生和不适应的,他们在网络上只能算是新手,一群"菜鸟"。当他们选择在网络上与韩寒等"80后"进行对话时,无疑将主动权让给了对手们。

韩寒等"80后"一代则不同。韩寒本身的生长环境决定了他对网络是驾轻就熟,再加之他本人一直对社会评论保持着热衷态度。韩寒及其"粉丝"从网络上发展壮大,深知网络的生存法则,知道在网络语言环境中应该说什么话,话应该说到什么份上,以及这话是说给谁听的,大部分人会有怎样的反应。他们的发言往往比较随意和随机,特别是许多看客更是如此。因此网上的论争,对于韩寒的书迷、白烨的好友、文坛中的对手、网络上的看客来说,就极易变成缺乏规范而又充满

[①] 江冰:《论"80"后文学的文化背景》,《文艺评论》2005年第1期。

情绪化的一种论争。大家你一言我一语,彼此愈说愈冲动甚至恶言相加,使得一场严肃的文学辩论始于学术而误入了歧途。

第二是争人气。在这次论战中,论战的一方白烨、韩东、陆天明、王晓玉、解玺璋、李敬泽等人,都是主流文坛圈子里的人,他们的文章在文坛有较大的影响力,但一旦转入大众网络的环境,这种影响力就很有限了。相反,论战的另一方韩寒在网络上却有着很强的影响力。这一点从他参加"新概念作文"大赛,决绝地抨击中国教育制度而赢得同龄人的广泛支持和理解可以看出,因为他表达了他们的心声。的确,韩寒不负众望,在他成名后的近十年中,以批判中国教育体制为己任,并且在"80后"作家群中成为一个醒目的存在。他在作品中表现出来的年龄和思考深度的悬殊,那种超越年龄的冷静和忧伤甚至是愤懑,令人惊异。和其他"80后"作家的过度抒情甚至无病呻吟相比,韩寒在散文和杂文的创作上,风格要硬朗得多,层次也更丰富。尤其是他的幽默,不仅让他在一片阴柔之中特别引人注目,而且显示出他明显比同龄人更深刻,甚至比之于成年作家也不乏独到的思想性;虽然他还达不到收放自如的境界,然而却已表现出了难能可贵的从容反讽的风格雏形。"一个二十来岁的、生活道路从没有过大跌宕的年轻人,不靠故作深沉、掉书袋,也不靠复述生活中浅薄笑料甚至年轻的荒唐,而形成具有讽刺锋芒的幽默风格,不能不说是他文学才华的体现。从整个'80后'创作群体看,韩寒的创作品味出类拔萃,成为不少青年学子模仿的文学偶像。"[①]他笔下的人物通过他真实、真诚、幽默的演绎,保留了现实生活中的丰富性和多样性,显示出一种脱离少年时期的感伤。这样一位作家,无论从商业性还是文学性上来说,受到热捧,特别是在网络上的热捧,都是不难理解的。

当白烨将《"80后"的现状与未来》贴入博客,韩寒的"粉丝"们便纷纷涌入白烨的博客留言,以表达对白烨的抗议。这时,即使韩寒的反驳是冷静的,也不能保证他的"粉丝"们有这样的修为。韩寒的支持者

---

① 杨剑龙、李伟长等:《青春与自恋——关于80后作家的讨论》,《海南师范学院学报》2005年第4期。

大部分是在校的中学生和低年级大学生,他们的人生观还没有完全成型,因此年轻气盛,情急之下,就在网上直接诉诸言语暴力。这种言语暴力对于经常混迹网络的人也许见怪不怪,因为匿名论坛上多的是没有来由、缺乏逻辑、超出规范的语言。但这一切对于"涉网不深",经常与高雅的纯理论、纯学术打交道的学者来说,是很难忍受的。白烨认为"粉丝"们的用语"恶毒",一上来就骂,都是很脏的字,产生一种近乎于秀才遇到兵有理也讲不清的感觉。更何况韩寒的"粉丝"数量众多,博客平台上的白烨在明处而众多韩寒"粉丝"们在暗处。一人开腔骂,后边又有人跟着骂,人多势众,双手难敌众拳,白烨凭一己之力根本无法应对;就算再占理,在这凶猛的攻势下,也不得不关闭自己的博客了事。在这里,人气掩盖了论争本身。"80后"作者及其追随者,借助网络,彻底击败了还在网络上蹒跚学步的文坛中人。

第三是争道德。从一定意义上讲,"韩白之争"不是争文学而是争偏离文学的道德。上面讲过,刚开始讨论时,白烨就在《我的声明——回应韩寒》中把这场论争导入了道德评判的范畴。他认为韩寒的回应不是评论界约定俗成的文明回应,在道德上显示优势。韩寒对此不依不饶,与白烨在有关道德问题上较真。后来,白烨与韩寒几次在博客上的交锋,以及最终白烨退出论战,陆天明、解玺璋等人与韩寒论战,始终围绕着道德问题纠缠不休。白烨认为韩寒不道德,韩寒认为白烨才是虚伪的文学评论家,双方都将最初有关"80后"文学价值的问题给忽视了,导致这场论战不仅在文学上"无果而终",而且拐向了人身攻击上,变成了一起娱乐事件。这对主流文坛和"80后"文学来说,都不是理想的结果,值得我们深思。

第二节 关于文坛、"圈子"和"潜规则"

"韩白之争"表面上看是韩寒与白烨两人之间的一场不乏意气乃至恶气的争论,但深入一层来看,它至少涉及以下三个问题:

第一是什么叫"文坛"。文学论争是文坛常有的事,在历代文化开明时期也都是一件盛事,无论是春秋时期的诸子百家的论争,还是白话文时期文学研究会与创造社的论争,都极大地促进了论争双方的观点发展。但是在这场论争中,性质、结果导向了令人意外的方向。

我们平时经常说的文坛究竟是什么?其实它与其他职场一样,也是职场的一种,因而文坛不是抽象的而是具体的。既然是具体的,那么就不是唯一的。在韩白之争中,白烨和韩寒对于文坛的看法互不相同,白烨认为"80后"的作品进了市场,但是没有进入文坛;而韩寒认为,只要写了文字发表了,那就算是进了文坛。韩寒指称的文坛,是"80后"作家群体所依附的文坛。白烨和韩寒所指称的对象是不同的。

白烨所说的文坛,实际上是既定的文学秩序中的文坛,是传统意义上精英的、小众的文坛,是一个由《收获》《人民文学》《当代作家评论》等期刊,人民文学、上海文艺、长江文艺等出版社,王蒙、王安忆、韩少功等能够载入文学史教材的作家,雷达、李敬泽、陈晓明等影响文学史编写的评论家,中国作协及各省市作协协同运作而形成的文坛。① 这个文坛,是我们在教学和研究中普遍认同的文坛,是体制内写作的典型代表。

第二是什么叫"文学圈子"。韩寒所说的文坛,是"80后"自成的一个文学圈子。他们的文坛更像一个文学的江湖,隔离于体制,是一种体制外的写作。相对于世纪末文坛的"断裂"事件,"80后"比起晚生代作家、"70后"作家等曾经叛逆的前辈,面对传统更为坦然和坚决。随意轻松的创作姿态和新新人类的价值理念,使得他们义无反顾地离开并放弃传统文坛早已形成的成规,重新打造了一个新的文学圈子,一个与"新概念"、《萌芽》、媒体、网络、市场紧密相连,遵循商品经济游戏规则,一个与官方文坛并行不悖的文学江湖。② 这个文学江湖在目前的市场经济条件下运行良好。韩寒认为文学是属于大众的,少数精英分子玩的仅仅是权术、圈子,而真正的文学是在大众身上。他将文坛的外延无限扩大化了。虽然在"韩白之争"中,韩寒并不能代表"80后"作家群体,但是他至少反映了一部分"80后"作家的状态,他们并不想

---

① 昌切:《白烨的文坛与韩寒的文学》,《上海国资》2006年第7期。
② 任南南:《文字盛宴的背后——关于80后的写作思考》,《文艺评论》2006年第4期。

主动融入主流文坛,更热衷于体制外的写作。造成这一现象的原因,也许是主流文坛对他们漠视太久,或是本身就不太赞同,只是想要表达自己的想法而已。韩寒从来都不说自己是作家,郭敬明也声称自己只是喜欢写东西罢了。他们大多都没有怀揣崇高而又缥缈的作家梦,将创作看成实践梦想,将自己当作人类灵魂的工程师。

第三是什么叫"文坛潜规则"。"潜规则"一词多见于报刊新闻,是指没有明确表达出来但大家已心照不宣的某些规矩,不成文、不公开,在各自的领域内得到大多数人的默许和遵守,成为相关法律法规之外的另一套行为准则和规范,是人们私下认可的行为约束,当事人对隐蔽形式本身也有明确的认可。

白烨认为"80后"进了市场而还没有进入文坛,是指"80后"作家们尚未被批评家及主流文学圈认可,他们被轻视或忽视了,沉默也是一种评价,以韩寒为代表的"80后"作家尚未被整合进上文提及的既定文学秩序,韩寒等人的作品不是传统意义上精英的小众的文坛所认可的文学。

在白烨的心目中,或者是在正统文坛心目中,"80后"作家还需要了解他们现在所面对的文坛,即白烨所在的文坛,以及文坛背后的文化建设、文化现状。走上了市场并不意味着走上了文坛。走上市场可能会拥有读者,但不一定被文学界认可。要被认可的话还是要有一个过程的,比如要进入文学圈子,在文学期刊上发表作品,被更多的作家、评论家所了解。而目前"80后"与文学界完全是隔绝的,尽管写手和读者构成了互动,并大量出版,但文坛对他们不了解,他们也跟文坛不打交道,完全是不搭界的两个领域。可见,在白烨看来,之所以会发生两个文坛形成平行线这一情况,主要是"80后"没有积极向他所处的正统的文坛靠拢。白烨上述的这些说法,多少蕴涵着某种自大和自以为是,因此遭到韩寒的抵制也就在所难免了。

白烨所说的文坛也曾经欢迎过"80后"。2004年各大文学期刊纷纷开辟专栏,大力推介"80后"写手:《上海文学》推出"希望"栏目,《芙蓉》有"点击80后",《长城》有"校园新星",《花城》有"花城出发",《人民文学》有"新浪潮",《小说界》有"80后"小说专辑,但是似乎都没有形成一股热潮,"80后"融入主流文坛的尝试并不是十分成功。

第三节　体制内与体制外写作

"韩白之争"的实质是新旧两代所代表的两个文坛的冲突,是体制内写作与体制外写作的一次正面交锋。

1."80后"与主流文坛的冲突

"80后"文学凭借着在图书市场的号召力,敢向体制内写作叫板或唱反调,可见新的文学生产方式已经对体制内写作产生了影响。新的文学生产方式,唯市场是举,主流文坛对其是否认可已经不像以前那么重要了。韩寒对白烨的抨击,实质上是对精英文坛的抨击。这表明在大众文学兴盛的今天,主流文坛若是继续脱离群众,摆弄着一些圈子里的文学,很容易故步自封,最终因缺乏支持者与追随者而衰落。

未来文坛发展需要不同取向的文学同时并存。"80后"作为一种群体力量,起码在低迷的图书市场书写了一个神话。他们为文坛注入了鲜活的青春与个性,打开了一扇认知与理解"80后"的窗口。但是独木不成林,文学的生产还包括评论研究这一重要环节,不管他们愿不愿意,"80后"文学的发展都需要主流文坛的认可、栽培与器重,才能获得更好、更快的发展。

2.传统纸媒文学和"80后"为主导的网络文学

这次论争也是一次纸媒文学和网络文学的较量。白烨代表的是传统的纸媒文学,态度严谨且重视文学的审美价值,韩寒代表的是网络文学,崇尚自由率性且追求文学的娱乐功能。

在这次论争中,一开始白烨尝试将文学评论用于博客这一新兴的传播方式,之后席卷进入论战中的韩东、陆天明、陆川等人也是想到此一试。这反映了在互联网迅猛发展的今天,传统的批评家努力与新媒体对接的意愿。但是论争的结果,是面对韩寒及其粉丝的激烈抨击无话可说,毫无招架之力,这暴露了他们对此的不适。

从文学的角度来说,传统的纸质媒介积累了深厚底蕴,是文学的主要阵地,它集中反映了当代文学创作的总体水平,也是作家的摇篮,是文学创作者走向成功的必经之路。当代绝大多数作家最初都是通过在文学期刊上发表作品而为世人所知的。[①] 但是科技迅猛发展、节奏越来越快的现代社会也越发暴露出其局促不安的一面来,比如发表的不自由——必须经过编辑的审核,出版单位的录用;传播的有限性——针对该纸质文本的购买与借阅对象,也容易受到社会政治经济因素的干扰——该不该发表,若发表之后要承担怎样的后果。因为主流文学杂志更多地承担社会思潮的导向作用,在意识形态上方向性的问题还是十分严谨与慎重的。而网络对此的顾虑就比较少些,它包容性也更大,需要更多的文学批评家介入。传统文坛向来是崇尚文学崇高论的,但这种崇高论因诸多因素,在大众化时代已被冲得七零八落,受到了从未有过的严峻挑战。"80后"作家对文坛特别是批评家有强烈的抱怨和批评,同时又不以为然,很大原因即在于此。因为在观念多元开放的今天,无论就文学自身的含义还是从社会对文学的要求和定义来看,它都不再仅是宣扬某种思想理念的一种形而上的精神产品,同时在某种程度上也是一种娱乐消遣的市场消费品。而在后者,"80后"作家们认为自己有足够的发言权与主流文坛相抗衡。

同时,网络越来越多的功能被开发出来:学习功能(网络课程、视频学习)、娱乐功能(在线电影、网络游戏、聊天)、理财购物功能(网上银行、网购)等不一而足。网络如此强大,使得不少文学爱好者将网络当作他们作品发布、与读者交流的平台。网络文学作品的作者大部分是匿名的,使得很多有此爱好的网民愿意在网上试水,并且根据其他网友的回帖及时知道对自己的评价。越来越多的年轻人把网络当作自己写作水平提高的场所,因此许多文学网站、文学论坛应运而生。

韩寒认为文学有一个很低的门槛,文学永远活在平民之中,与平民为伍。这一价值取向也是当代网络写手们的共同心声。韩寒的众多支持者正是因此才对白烨采取群起而攻之的严厉讨伐和批判态度。这些支持者取代了80年代文学青年的位置,他们在网上占有压倒一切的绝对优势。在他们看来,网络是当下最公平的一个媒体,因为每个人都有

---

① 廖向东:《从"韩白之争"看文学期刊的现状与走向》,《出版发行研究》2006年第12期。

发言的权利,它无须论资排辈,也无法论资排辈,一切靠个人的实力,靠网民的点击量。

有学者认为韩白之争体现的是代沟。这一论断有一定的道理,促使这种代沟形成的是由网络、书商、读书市场共同形成的新的文学生产方式。这种生产方式影响了"80后"的文学观念,使得他们的文学消费品在市场经济条件下实现了充分的、甚至有些过分的价值。在图书消费市场的背景之下,他能够挺起腰板儿,敢于也有实力(主要是经济实力)同强大的主流文坛抗衡。"80后"毫不顾及体制内的文学环境和文坛悠久的传统及各种成规,按照自己的方式写作并形成自己的文学圈子,以韩寒为代表的"80后",似乎没有多少进入现今文学秩序的企图。

3. 主流与非主流的对话失败

在这场辩论中,很难说论辩的导火索——《"80后"的现状和未来》一文有什么大是大非的地方。白烨对于"80后"的判断,在主流的评论界是很有代表性的。如批评家黄发有认为:"'80后'现在还没有进入文学视野,对它进行艺术评判还为时尚早,它还需要用自己的实力来证明。"①对于"80后"文学,并不是白烨特别不能包容,而是传统文坛的潜规则或价值取向使然。

众所周知,主流文坛对大众文学的关注度一般不是太高,他们一向将大众文学看作文学的一股支流。现有的语文教学和大专院校中文专业基本就是持这一态度的,他们往往回避或较少涉及大众文学。"80后"文学评论在文坛的缺失,从一个侧面证实了这一点。从这个角度看,白烨的确有其超逸的一面。相较于主流文坛的批评家,白烨对于"80后"的关注更早也更多。在2006年之前,白烨主编的每个年度的《文情报告》中,就对此有不少评论和介绍。总体上说,白烨本人对"80后"创作的态度是宽容的,他出语谨慎讲究,没有任何的排贬,是一个严肃而又比较温和的包容派。白烨及其所属的主流文坛,有其衡文的

---

① 李瑛、张守刚:《80后作家:我们不是明日黄花》,见 http://news.xihua et. com/book/2004-07/14content.1595887.htm。

标准,这个标准是在长期的大学学习、编辑实践和文学活动中形成的,带有长者扶持后辈的意识。作为文学批评家,他要善于发现文坛的热点和亮点,扶持文学后辈,推进文学创作与评论的繁荣。白烨较好履行了他作为文学评论者的职责。在"韩白之争"中,若是韩寒气量大度一点,措辞谨慎一些,对白烨的批评能够在文学角度上提出针锋相对的意见,那么争论起码还能维持在文学的框架中进行,也许能成为"80后"文学史上一段佳话,一桩佳事!

"80后"文学带有鲜明的大众文学的特点,但它又不同于一般的大众文学,在题材、内容、情感、思维、文体、语言等方面呈现出来的,是明显的青春实验文学的性质。这种双重性,无疑增加了评论的困难。我们认为,"80后"作品在文学价值上与主流作品相比,还是存在着巨大的差距——不管韩寒是否认可,也不管其他"80后"作者是否同意韩寒的观点;但在这场论争中韩寒从一定意义上代表了部分"80后"作家群体的态度,是"80后"对知识精英阶层所制造的文化霸权的不满与挑战。当主流文坛向"80后"递出橄榄枝时,部分"80后"作家群体一口回绝了这地位并不太平等的沟通,导致了此次沟通的失败。

当然,白烨等代表的主流文坛的怯场从另一方面也说明,至少到目前为止,对于"80后"的文学批评基本上都还缺乏真正的有效性——文学批评的标准与具体对象之间,还并未获得真正的沟通,就像两条平行线。这场论争之后,白烨表现得更为宽容,韩寒依旧桀骜,他们之间似乎还没有走向真正的对话,隔阂依然存在。这种隔阂不利于文坛,也不利于"80后"的发展。相信经过一段时间,这种现状会有所改观。到那时,我们再回过头来看,对这场"韩白之争"也许会有一个更加客观公允的评价。

(姚　迪　吴秀明)

第十四章 《国画》与官场小说

第一节 官场小说与官场文化

官场小说的兴起是世纪之交以来的一个重要文学现象,深受文坛和社会公众的关注,对它的研究和批评文章也不时见诸报纸杂志和网站。但是从众多的研究和批评的文章中可以发现,官场小说这个命题是指涉不明的。因此,在进入具体探讨之前,首先有必要对其概念进行一番界定。

许多研究者从反腐小说的角度对一些官场小说文本进行了归类与评述。如有的论者将反腐小说分成两派:主旋律派和官场写实派[①];有的论者则把反腐小说分成为"反腐故事"和"腐败生态"两类[②]。之所以有这样的分类,是因为评论者都意识到了张平的《抉择》、陆天明的《苍天在上》、周梅森的《人间正道》与王跃文的《国画》、阎真的《沧浪之水》等文本的差异性。前者都是高举反腐败的大旗为反腐败的主流意识形态服务与鼓呼的,彰显了反腐败的主旋律;而后者对官场生态环境的方方面面作了精细、惟妙惟肖的描绘,并不以打击腐败分子的故事来构造文本。因此从这些具体小说文本上来看,主旋律派与反腐故事是一致的,官场写实派是与腐败生态类一致的。

也有一些研究者似乎在官场小说和反腐小说这两种命名中摇摆不定。如有的论者说:"20世纪90年代以来,以反腐倡廉现象为审美对象的小说,即'反腐倡廉小说'(有的又叫官场小说或新官场小说)在文

---

① 彭程:《2002年反腐小说:流行热潮的持续涌动》,2002年12月27日《检察日报》。
② 邵国义:《试论新时期反腐败文学的发展与流变》,《理论学刊》2002年第5期。

坛上逐渐风行起来。"①有的论者说:"90年代中期以来出现的'官场小说'或'反腐小说,在这两年中得到进一步发展,取得令人瞩目的成果。"②还有一些论者虽没有明确指出官场小说的定义,但他们在实际上已将它排除在反腐小说之外。如有人给反腐小说这样定义,"它是以揭露和反对腐败为主要创作取向,并以正义战胜邪恶为主调的一类题材的小说",认为它"究竟是以反对腐败还是以反映腐败为创作主调,这一字之差又成为是否成为'反腐小说'的关键区别"③。

当然,还有一些论者或著述仅仅只从"官场"角度来论述。比如张志忠《官场文学成气候》④、沈嘉达《论官场文学》⑤、陈煌言《读者评点官场小说》⑥、王向东《今年官场小说漫评》⑦、赵佃强《世纪之交"官场小说"热潮的历史文化缘由》⑧、唐欣《权力镜像——近二十年官场小说研究》。他们认为官场小说比反腐小说的表现领域更为宽广,甚至可以涵纳后者。因为"'腐败'主要是指为了私人利益而滥用公共权力,其基本表现形式为贪污受贿、侵权渎职等。由于腐败的本质是'公共权力',腐败行为由是必定发生在独具公共权力行使权的官场中"⑨。

由上可见,官场小说和反腐小说仿佛是一对纠结在一起的概念。事实上,这一命名在许多作家那里是不被认同的。比如《国画》的作者王跃文就说:"我曾多次辩解,自己写的并不是什么官场小说。官场只是我小说人物活动的场面而已。写人才是我小说的意义。"⑩《绝对权

---

① 顾凤威:《反腐倡廉小说的社会学、文化学透视——兼论"依法治国""以德治国"方略》,《桂海论丛》2001年第5期。
② 何镇邦:《"长篇热"带来的丰收——1998、1999长篇小说创作漫谈》,《小说评论》2001年第2期。
③ 王大路:《应势而生的时代课题——"反腐小说"出版现象分析》,《中国图书评论》2001年第5期。
④ 详见2002年5月27日《深圳特区报》。
⑤ 详见《芳草》2002年第7期。
⑥ 详见《出版参考》2002年第1期。
⑦ 详见《扬州大学学报》2002年第5期。
⑧ 详见《临沂师范学院学报》2004年第4期。
⑨ 唐欣:《权力镜像——近二十年官场小说研究》,社会科学文献出版社2006年版,第18页。
⑩ 王跃文:《自序》,《官场无故事》,中国电影出版社1999年版。

力》的作者周梅森也一直强调自己的小说是"政治小说",他说道:"我对小说中的政治特别关注,好像'官场小说''反腐小说'此类说法都不能尽意,还是'政治小说'比较合适。"①《省委书记》的作者陆天明也曾这样说道:"一部真正的小说应该是多侧面。倘若一定要做个概括的话,那么我的小说是写社会题材的现实主义小说。"②尽管这些作家所说的不无道理,但深入一层来看,这是否表现了他们对官场小说这个带有政治敏感性名称的一个回避呢?

本章认同并采用官场小说这个概念。我们认为这个概念尽管不那么尽如人意,但它倒是相当准确地概括了以较大笔墨描写当下官员(体制内工作人员)的生活,揭露官场(体制内)的贪污腐败、权力斗争、生存状态、心灵轨迹,通过官场这一视角来反映社会生活和表现人性的一批小说。

官场与民间一样,在中国文学中历来都是备受关注的重要话语场域。自古以来,中国的官本位思想源远流长,因此,"官场"蕴涵着巨大的言说价值和丰富的言说能力。且不说魏晋南北朝的志怪小说、唐传奇、宋话本、明清小说,光晚清近代的四大"谴责小说"(李宝嘉的《官场现形记》、吴沃尧的《二十年目睹之怪现状》、刘鹗的《老残游记》、曾朴的《孽海花》)就都是以官场为主要题材写作的。即便我们在《红楼梦》中对大观园中的女子的诗作才情产生共鸣、为宝黛的爱情悲剧扼腕叹息的时候,也可从中看到官场的生活缩影:以贾、史、王、薛四大官宦人家的"一荣俱荣,一损俱损",揭露了封建社会的衰败气象的显现;其中的"护官符"尤具典型意义,贾雨村的徇私枉法、王熙凤的仗势弄权、薛蟠强抢民女打死人毫不当回事等,都说明了封建官场的倾轧与腐败黑暗。

中国官场小说在新世纪之交的兴起,首先归因于中国自古以来的官本位体制(文化或者意识)。20世纪90年代以来,官场小说滥觞于刘震云的《单位》《官场》《官人》等作品。刘震云较早洞察到了个人生

---

① 陆梅:《〈绝对权力〉全力反腐败》,2002年1月3日《文学报》。
② 陆梅:《〈省委书记〉备受瞩目》,2002年4月25日《文学报》。

第十四章 《国画》与官场小说

活与中国官本位文化之间的紧密关系,着重书写了转型期中国的体制文化、政治生活尤其是权力对于个人生存处境和精神状态的影响,展开了他对当下官场与权力的反思及批判。1995 年,陆天明出版了《苍天在上》,开始了以反腐败为主题的官场小说创作,得到了主流意识形态的认可和大众的广泛接受,后来促成了诸多反腐作品相继出现。1999 年,王跃文《国画》的出版在文坛上引起了轰动。2001 年,阎真出版《沧浪之水》,受到了文学、媒体、大众、官方的极大好评。这些小说都以一个主要的官场人物为中心,通过他的仕途经历和宦海沉浮来展开故事,揭示了官场的权力之争和游戏规则,完成对官场文化、权力、人性的反思与批判。这些小说的表现空间都集中在单位、办公室或者政治圈,在这里,一切的秩序都是官本位体制下约定俗成的。比如刘震云《单位》中写到一张普通办公桌的安放位置,都可以引起人们无限的遐想,它可以暗示着个人在官场中的荣辱升迁,领导(官员)可以通过自己所在的空间位置的感知来确认自己的身份地位。

转型期的社会现实为作家的创作提供了基础和契机。进入 90 年代以后,中国逐渐向市场经济转型,转型期的特征日益明显,国家的政治生活、社会价值观念、人们的思维方式无不发生着重大的变化。这种转变从积极的方面来看,是人们的功利意识、效益意识、自主意识、竞争意识大大增强,给社会带来一种生机和活力;但与此同时,由于各种精神文化力量的相互摩擦、碰撞,也使得一些人心灵上容易丧失共识、秩序与意义,社会生活也会出现物欲化、浮躁、虚假、无序等负面现象。物质主义潮流使得公共权力成为介入资源配置的便捷手段,同时也更加剧了人们对公共权力的追逐,使得中国的官本位思想得到进一步的强化。总之,这样的现实对人们的生存处境和精神状态产生了剧烈的影响。官场小说的兴起正是对这一社会现实的有力回应。它继承和发展了中国文学的批判现实主义传统,参与了对中国转型期社会的书写。正如法国新派小说家罗布·葛利叶曾指出的:"每个社会、每个时代都盛行一种小说形式,这种小说形式实际说明了一种秩序,即一种思考和在世界上生活的特殊方式。"①在自由的言说氛围下,主流意识形态、读者的阅读(猎奇)诉求与大众传媒的互动无疑促进了官场小说的写作、发行出版与阅读消费。文学是社会情绪的晴雨表,社会现实对文学提出了艰巨而光荣的使命,在党和国家领导人高度重视、警惕官场腐败问题的时候,作家要敢于直面现实中的尖锐矛盾和突出问题。"对于公共权力而言,在其'集散地'——官场,一旦缺乏必要有力的公共权力监督机制,腐败行为极易发生。而反腐败则是一种政府行为,并体现出了民意归向。"②由于官场小说触及了时代神经,作者又采取了一种世俗的写作态度,契合了读者的心理,所以官场小说的读者量很大。他们的需求给官场小说的发行带来极大的商业利润。众多出版社又编辑出版大量官场小说,进一步扩大了这些小说的影响。大众评论也起到了引导阅读和作者创作倾向的作用。当然,还有一个重要的媒介便是影视。我们知道不少官场小说作家都有"触电"的经历,比如《省委书记》《抉择》《大雪无痕》都先后被改编成电视剧在各电视台播放,提高了知名度,扩大了传播范围。甚至有的官场小说在写作之前就已经酝酿好了要改编成影视。比如周梅森的《绝对权力》出版时,出版者就直接在该书的封底宣传道:"该小说出版之际,同名电视连续剧25集正在摄制当中,一千万元巨资的倾力打造,唐国强、斯琴高娃、高明等影坛巨星领衔主演,必将引发强烈的轰动效应,震撼中国文坛。"(周梅森《绝对权力》,作家出版社,2002年版,封底)"这似乎成了许多官场小说与文化工业的互动格局。"③同时,我们也不难看出其中不乏主流话语的肯定和强势推介。总之,官场小说既受制于现实的文化政策,又服从于艺术市场和书刊市场,这也就使其呈现出双重属性——大众文化的双簧,即官场文化与消费文化的合流。

---

① 柳鸣九编选:《新小说派研究》,中国社会科学出版社1986年出版,第55页。
② 唐欣:《权力镜像——近二十年官场小说研究》,社会科学文献出版社2006年版,第20页。
③ 同上书,第232页。

第二节　浮华背后的隐喻与知识分子的岗位意识

　　有人曾将官场小说的繁荣归因于两个方面：一是权力的异化导致的官僚腐败，它真实地存在于我们的生活中，文学有义务对此作出必要的反映；一是商业文化的驱使，商业文化可以消费一切，当官场腐败以文学的形式出现在文化市场的时候，事实上，它就成为一种消费品。这样两方面原因导致了两种不同的官场小说：一种是以文化批判为目标诉求的，它在揭示权力腐败的同时，进一步揭示了滋生这种现象的文化土壤；一种是以"正剧"或"闹剧"的形式搭乘了商业霸权主义的快车，在展示、观赏官场腐败并以劝谕面貌出现的同时，实现了市场价值的目标诉求。[①] 这是从官场小说发生学角度对作品所作的一种分类。从上述"官场小说"的概念内涵来看，我们不妨将它分成两种主要的类型：90年代中期开始兴起的一批直面官场腐败的"二元对立型"小说作品，和90年代末开始兴起的一批展现世俗化的官场生态图景的"多侧面立体"小说作品。

　　就第一种类型的官场小说来看，它的早期的代表作当推陆天明的《苍天在上》。这部1995年出版的长篇小说大胆揭露省部级高层官员触目惊心的腐败现象，曾一度引起人们的广泛关注。近年来相继出版的同类作品还有陆天明的《大雪无痕》《省委书记》，张平的《法撼汾西》《天网》《抉择》，周梅森的《人间正道》《中国制造》《至高利益》《绝对权力》，毕四海的《财富与人性》等。此类官场小说与当前我国主流意识形态倡导的"反腐倡廉"遥相呼应。它通过反腐败英雄与腐败分子即道与魔、正义与邪恶的斗争，将笔墨锁定在社会普遍存在的腐败现象的揭露上，以此来展示反腐败的艰巨性和尖锐性。这些小说里包含着对社会严峻现实的深切审视与时代诉求，故既得主流意识形态的青睐又迎合文化消费市场。它不仅畅销，而且大都被改编成电视连续剧等影视作品，在政府与市场两头都十分讨好。

---

① 孟繁华：《政治文化与"官场小说"》，《粤海风》2002年第6期。

官场小说的第二种类型的发轫之作当属王跃文出版于 1999 年的《国画》。它不同于陆天明的《苍天在上》,致力于对官场权力运作进行深入而细致的描摹,通过权力叙事来揭示官场中人的生存状态乃至心灵的焦灼与变化。类似的作品还有王跃文的《梅次故事》《朝夕之间》、中篇小说集《官场春秋》,李佩甫的《羊的门》《败节草》,阎真的《沧浪之水》,李唯的《腐败分子潘长水》《坏分子张守信和李朴》,田东照的《跑官》《卖官》《D 城无雪》,肖仁福的《一票否决》等,到目前为止,创作还在呈不断扩充和延伸态势。这些官场小说将反腐败隐退到背后,而将重点放在对腐败过程和生存在权力中心或边缘地带的一群官员特别是腐败官员的揭露上面,写出了他们在权力支配下的异化和挣扎。

那么,官场小说到底何为呢?它在描写官场这个特定的空间时,尽情地向读者展现了无数个浮华的世界,其浮华背后是否存在某种隐喻?这是一个很有意思的话题。在此,我们不妨以王跃文的《国画》为例,对此作一番解读,藉以窥斑见豹吧。

在近年的官场小说创作中,王跃文的实绩不菲,精巧细致的行文风格更是独树一帜。他的小说通常不宣扬主旋律的官场书写,而是超越了传统的"二元对立"的思维模式。他熟悉官场生活,对不同层次的官员心理把握准确,以非道德化的价值立场致力于展现官场世态人心,在细微处表现人物和体现题材特征,流溢出小说家的才华与想象力。

《国画》以知识分子出身的主人公朱怀镜的宦海浮沉的坎坷仕途、心灵深处的扭曲挣扎、个人情感变化为主线,生动地刻画了一幅生存于权力中心或者边缘地带的众生浮世绘:城府深沉的荆都市市长皮德求、笑里藏刀的司马副市长、圆滑世故的乌县县委书记张天奇、暴富发达的"奇人"袁小奇、东山再起的流氓黄达洪、歪作家鲁夫、谦恭圆滑的酒店老总雷拂尘、"位卑不忘忧国"的小编辑曾俚、不媚流俗的画家李明溪、愤世嫉俗的贺教授、超然物外的艺术家卜未知、精于世故却不乏真情的酒店女经理梅玉琴等。正如有论者所言:"《国画》描绘了当代社会光怪陆离的种种世相及其背后起主宰作用的权势法则,从而全面深刻地显现了当代社会的官本位性质和它的独特表现形式。而且,小说还以'内幕观形记'式的写法,揭露了权势的华贵雍容中怎样地隐藏着卑劣猥琐因而只不过是道貌岸然,高雅时髦是怎样地伴随着堕落肮脏因而实质上庸俗不堪。这样,《国画》就艺术地剥去了官本位生态神圣庄严的面纱,而还其以虚伪、滑稽、丑陋的俗气本相。"①由此可见,王跃文小说中不再具有陆天明小说中英雄救世的豪迈情怀和对英雄人物的渲染书写,而是多了一份现实的沧桑与世俗的无奈。

《国画》于无声处细腻地刻画了官场与人性的角逐,以及人性在官场生态圈里的多重性特征。作为知识分子的主人公朱怀镜起初在基层工作十多年,凭着自己的敬业和时运当上了副县长,后来又被调入荆都市政府办公厅任副处长,却坐了三年"冷板凳"。现实境遇促使他分析形势:"这三年中我越看越清楚,再也不能抱着自己过去认定的那一套处世方法了,那样只能毁掉自己的一生。我也想过,不是自己没有本事,而是没人在乎你的本事;我不去同领导套近乎也不是我目无官长,而是官长无目。"痛下决心后,凭着以前的老部下需要朱怀镜引荐送礼的机会,借机攀爬,从而成为荆都官场的核心圈内人物。然而,尽管朱怀镜官场得意,小说中却一再提及其心中的"悲凉"之感,例如:

> 一阵悲凉又袭过心头,令他的鼻子酸酸的。他脑海里萌生小时候独自走夜路的感觉,背脊发凉发麻,却又不敢回头去看。怎么会有这种感觉?他不知道官场上那些志得意满的人,成天趾高气扬,是不是有时也会陷入他这样的心境?

这是朱怀镜作为一个知识分子,用"尊严"与"人格"去兑换"权力"后残存的一丝良心。小说接近结尾时,皮德求市长倒台,朱怀镜因为情场东窗事发,仕途陷入困境;但后来昔日部下张天奇的帮忙,使其最终得了个梅次市地委副书记的实缺,从而"命运出现了转机"。小说中这样写道:

> 可他的心情仍然复杂得像这个纷乱的世界。有时独自面对漫漫长夜,他会突然发现自己的灵魂其实早就沉沦了,可是在世人眼里,他依然体体面面、风风光光。他只能把自己的灵魂包裹在保养

---

① 刘起林:《官本位生态的世俗化长卷》,《理论与创作》1999 年第 5 期。

极好的皮囊里,很儒雅、很涵养地在各种场合登堂入室。

在朱怀镜的坎坷仕途中,其灵魂的变迁轨迹可谓触目惊心,但是他的人性又是复杂多重的。比如《国画》的起始部分,打破朱怀镜命运初始情境的是娼妓这一社会毒瘤,它成为一种现实欲望的象征,朱怀镜在一番欲拒还迎的挣扎后慌乱就范。这一隐喻性的情节,预示着道德藩篱的偶尔坍塌,人格立场的瞬时失范,也在接下来的很长篇幅中释放着主人公性格的多层意蕴:他一方面自视清高,责己甚深,另一方面又律己欠严,"自己知道自己不是东西",但是转念又自怜自辩,"有一种被伤害、被强暴的感觉";他一方面无力抵御现实欲望的冲动,另一方面又唯恐毁灭政治前途,即意识层面拒斥逃避,潜意识却向往追逐之。如他与酒店女经理梅玉琴的婚外恋,两人可谓一见钟情,虽不乏官场延伸外的商界情场的逢场作戏之嫌,但是,两人在一起的时候似乎还是很真性情的,甚至有点文学青年的罗曼蒂克情调。又如朱怀镜和朋友曾俚、李明溪的交往,还有与卜未知老先生的忘年之交,这些都让他感到真正的轻松,这暗示了传统文人的精神品格成为官场权力欲望的制衡点。总之,朱怀镜的政治奋斗生涯代表着广大知识分子官员在官场伦理道德和书生意气、人文情怀中博弈的经历。

《国画》中知识分子官员人性的多重性,既为观察官场提供了可信的视角,又内在地呼应了作者作为人文知识分子的社会政治理想。它表现了作者所代表的当代知识分子的历史理性和人文关怀,明确了当代知识分子的岗位意识。

知识分子作为官场的主角,有其深远的历史传统和现实原因。古代知识分子追求"学而优则仕"的人生理念,怀抱"学成文武艺,货与帝王家"的政治理想,努力实现"齐家治国平天下"的人生价值。在他们看来,积极入仕是实现人生价值的唯一途径,当这样一种价值取向由历史文化积淀成为我们民族的某种集体无意识时,知识分子与政治(官场)就形成了一种胶着而微妙的关系,这也就是知识分子的政治(官场)情结。他们对于社会政治进程有着超乎寻常的敏感和强烈的参与意识以及使命感。当下知识分子官员正面对着一个缺乏内在激情和活力的平面化世界,其作为知识分子的敏感、价值与现实社会形成鲜明的对比。由此,他们产生的困惑和内心矛盾的挣扎,正好为广大官场小说家们提供了丰富的书写空间。从朱怀镜的官场嬗变过程不难看出,中国知识分子对文化根基的坚守本身就是危机四伏、充满诱惑的。总之,市场化的实现自我的"个人主义"已经对知识分子主体的精神世界全面入侵。对当下知识分子官员而言,应该积极建立一种能够自我约束的"道"或"德",可是很遗憾,我们在小说人物身上发现这种"道德"仍是羸弱或者缺失的。

从创作主体来看,作者构造小说文本实际也是一种自我表达和"抒愤"的途径,表现了他们"启蒙救亡"的知识分子的岗位意识。在现代性视野下,中国的改革进程在取得伟大成绩的同时,也导致了社会的多元化发展,藏污纳垢在所难免。转型时期的社会使得知识分子从文化、哲学、现实等诸多方面来思考社会的现状。知识分子开始反思现状,也学会表达他们的现代性焦虑和寻求出路的愿望,他们需要寻找新的精神范式来启蒙民众。正如官场小说作家阎真所说:"知识分子的历史处境有了根本性的改变,我们在精神中遭遇了严峻的挑战,这种挑战动摇了我们生存的根基,使我们在不自觉中失去了身份。"[①]知识分子意识到自身角色的重要性,他们既有发言的能力,也迫切需要发言,于是官场小说的作者们通过对官场的刻画和描绘,揭示官场权力给当下社会每个人生活境遇和精神状态造成的影响,向大众提出警醒和鞭策。

作家王跃文既不是一个冷眼旁观的看客,也不是一个投其所好向市场和消费者献媚的"黑幕"写手。他在《国画》中有对官场权力斗争的无情揭露与批判,也有对人性异化的深切悲悯和同情——调侃中深怀忧患,议论处多显悲凉。王跃文曾说道:"我自信我的灵魂见得天日,所以我作小说。如果有一天,我的血管里流淌的已是腐臭的淤血,我的灵魂已被淤血污染,我就不再写小说了","理想似乎永远是在彼岸,而此岸充斥着虚伪、不公、欺骗、暴虐、痛苦等等。颓废自然不是好

---

① 阎真:《为当代知识分子写心——〈沧浪之水〉写作随想》,2001年12月11日《文艺报》。

事,但颓废到底还是理想干瘪之后留下的皮囊。可现在很多人虽不至于颓废,却选择了麻木,而且是连理想的泡沫都从未拥有就直接走向了麻木。我既不想颓废,也不愿麻木,就只有批判"。① 但是,作家的批判归批判,仅仅只是代表知识分子的一种岗位意识,只是一种"呐喊"以"引起疗救的注意"而已,至于其他的"拯救社会"之说恐怕只能用王跃文自己的话作答了:"我想曹雪芹作《红楼梦》时,一定没有想到借此拯救大清朝,作家大可不必去抢政治家和思想家的饭碗。自从作家想当医生以来,一直力不从心,诊断的责任还是留给人民和历史吧!"②

第三节 官场小说现状及其面临的困境

从上文一些官场小说代表作家的自叙当中,我们不难看出这种小说类型是具有批判现实主义色彩的。官场小说是继河北"三驾马车"的现实主义冲击波以来又一次弘扬传统现实主义的文学创作高潮,它真实地揭露了现实社会中的官场腐败问题,对道德价值失范、人性异化等社会现实进行了深刻反思,在批判中表现了当代知识分子对现代性的焦虑。

王跃文的官场小说能被众多的读者和评论家所欣赏,很大程度上在于他作品反映的真实性。有过官场经历的王跃文1984年大学毕业,怀揣着"学而优则仕"的理想,从一个乡村教师一步步走上仕途,渐渐成为一个熟谙官场的小科长、一个敬业勤勉的"机关秀才",从湖南的小县溆浦县到怀化市行署,最后到达省政府。使他的仕途发生改变的是1999年出版的长篇小说《国画》。这部小说对他所熟悉的官场人际关系有一种深入骨髓般的分析与写照,老百姓叹为观止,官场中人竞相购买传阅。这位官场出身的作家以现实主义为原则,塑造了一批"典型环境中的典型人物",对官场中的人情世故作了细致入微的展现,将

---

① 王跃文:《后记》,《国画》,人民文学出版社1999年版。
② 阎真:《为当代知识分子写心——〈沧浪之水〉写作随想》,2001年12月11日《文艺报》。

官场百态描绘得淋漓尽致。

尽管官场小说对当今政治生活的真实反映和对政治权力的尖锐批判有其特殊的研究价值,为对当前社会转型时期的政治价值观以及政治权力的合法性研究提供了有益的思考,但是,面对官场小说的持续升温,我们不能不作出认真的思考和分析。大众的认可只能证明官场小说的畅销或者某一方面的成功,却并不能证明它在艺术表现等诸多方面的成功。

鲁迅先生在《清末之谴责小说》中说道:"其在小说,则揭发伏藏,显其弊恶,而于时政,严加纠弹,或更扩充,并及风俗。虽命意在于匡世,似与讽刺小说同伦,而辞气浮露,笔无藏锋,甚且过甚其辞,以合时人嗜好,则其度量技术之相去亦远矣。""故凡所述,皆迎合、钻营、朦混、罗掘、倾轧等故事,兼及士人之热心于作吏,及官吏闺中之隐情。头绪既繁,脚色复夥,其记事遂率与一人俱起,亦即与其人俱讫","狂所搜罗,又仅'话柄',连缀此等,以成类书;官场伎俩,本小异大同,汇为长编,即千篇一律"。① 官场小说同样也难逃"千篇一律"的命运。

首先是艺术手法的单一。大多数官场小说故事情节雷同,故事发展模式单一,表现手法缺乏创新。如在我们所讲的官场小说的第一种类型中可以看到,好人坏人泾渭分明,孰是孰非一目了然。这一类的文本似乎都隐藏着一个固定的结构模式。小说一开始总是强烈渲染邪恶势力的强大,而正义的力量与之相比极为薄弱,主人公在这样的环境中屡次受挫。接着着重描述主人公临危不惧,迎难而上,在更高一级的领导的支持下展开与邪恶势力的斗争,并且开始扭转局势。最后正义终于战胜了邪恶,人民的利益得到了保护,善有善报,恶有恶报,赢得一个大团圆的结局。比如《抉择》中的李高成就是一个与腐败坚持作斗争的铁腕人物,但是这个人物给人的感觉不免过于脸谱化。有的作品为了突出正面人物的形象,不惜任意拔高人物,将丰富复杂的生活作理想化的处理。比如在《良心作证》中主人公龚钢铁是反腐英雄,他被塑造成一个立场坚定、忠心耿耿、两袖清风的"高大全"式的人物。对于官

---

① 鲁迅:《中国小说史略》,江苏文艺出版社2007年版,第168页。

场小说的第二种类型，它们通常用以下几个核心元素来构造叙事：官场人物、升迁受挫、特殊机缘、成功升官、介入到各种权力关系网、精神反思等。这种官场小说中的主人公可以看作"成长型的人物"，他们在官场生态环境中寻求"适者生存"的生活法则，但是内心又极度挣扎，精神痛苦之后仍然找不到出路，只能无奈地再次回到官场中。比如《国画》中朱怀镜两次在且坐亭中的所见所感，还有《沧浪之水》中的池大为在父亲坟前进行的灵魂告白，都让我们看到了小说中主人公心灵的挣扎，可惜缺乏真正使人信服的感情冲击力。

其次，创作观念的滞后。官场小说大部分都体现出了陈腐的人治思想和青天意识，在消解权力和剖析官场的同时，却不知不觉流露出权力至上和权力崇拜意识，从而出现了令人费解的悖反叙述。在很多官场小说中，我们可以看到一个清官和一群贪官在作斗争，或者当清官能力有限时，他的更高一级领导或者中纪委则会出面干涉，查出真相。比如在《羊的门》中，作者描绘了40年来呼家堡这个独立王国的形成过程，村长呼天成经过吸取各种传统的官场文化，使得自己由人变成了"神"，成为村民的领袖。在《沧浪之水》中，池大为怀着从先辈文化名人继承来的对人格尊严的坚守和"天下兴亡，匹夫有责"的责任意识步入社会，希望以自己的知识和能力得到上级的赏识，抱着"救世济民"的美好愿望给卫生厅提意见。但是这种忠心耿耿的表现不仅毫无收获，反倒使他被打入"冷宫"。他本想"穷则独善其身"，可是现实生活之中的诸多问题容不下他心中的闲云野鹤。看到毫无能力的同事丁小槐以奉承巴结的本领得到了提升，他意识到自己若不主动适应现实的话，可能结局将会和晏之鹤一样——做一辈子的老科员，被排斥在权力中心之外。后来他下定决心改变个性，逐步向权力中心靠拢。

再次，由大众化叙事转为庸俗化叙事。官场小说创作往往直接诉诸普通老百姓，正像陆天明在《省委书记》一书的封底表达的心声："写作就是要让中国老百姓认可、喜欢，就是要参与当下时代的变迁。"大多数官场小说中的"青天模式"和铁腕人物的"人治意识"成为了"离大众近一点的小说形式"。这其实迎合了大众的一种"乌托邦情结"，遮蔽了底层百姓的真实窘境，作家们制造的某种文化幻想虚假地满足了百姓朴素的期待视野——扬善惩恶。但是更多的官场小说在接近大众的同时，不免也有讨好大众之嫌，使得作品的思想性大打折扣。比如很多官场小说中总免不了掺杂着三角恋或者婚外恋的男女关系描写，有的甚至赤裸裸地呈现出来，不免有海淫海盗之嫌。在《国画》中，作者对主人公和妻子香妹以及情人玉琴不同的性事的描写，看似是罗曼蒂克，其实是一种庸俗化的噱头。作者将女性物化，实质是对极端男权观念的美化，朱怀镜与女性发生关系的时候，总是通过朱怀镜的视角说出其所见、所做、所知、所感，然而一旦性活动结束，叙述视角就会从朱怀镜的视界越入到女性的内心，开始代替"她"说出内心的感受。我们从朱怀镜和梅玉琴彼此对他们关系的反思中，很难看到真正意义上的爱情，玉琴之于朱怀镜，实际上是传统仕人爱情观在小说中的潜性书写。以梅玉琴为代表的官场小说中的女性，只不过是作家用男性欲望的眼光来塑造的"红袖添香"式的爱情形象，实际上这些女性已经成为"一个男性公开展示的性感形象，一个男性情欲对象的化身"[1]。

总之，以上总结的一些官场小说中的不足和缺陷是值得我们大家反思的。但愿官场小说不要重蹈近现代文学史上谴责小说的覆辙——从开始的社会批判，继而谴责，逐渐滑落到编造娱情、粗制滥造为商机服务，最终止于黑幕谤书。

（杨杰琼）

---

[1] 张存凯：《20世纪90年代官场小说三题》，《晋中学院学报》2005年第4期。

第十五章 《狼图腾》与生态文学

第一节 文学反思之路与生态文学的兴起

20世纪90年代后,当代中国文学为探寻新的超越突破之道,对以往文学进行了全面反思。这种反思大致可分为两路:

一是对文学自身的理论和实践进行清理,侧重于文学内部的反思,并在此基础上提出对文学版图的不同理解和再度构想。如重写文学史、重排文学大师座次、"断裂"事件、人文精神大讨论、现实主义冲击波、"红色经典"写作与改编、"80后"创作等。这些纷呈迭现的热潮显示了新时期文学自身发展积累到一定阶段的震荡和重整。二是努力在文学外部寻求新的资源和结合的可能性,凭借新的理论和方法寻找新的表现形态,构建新的阐释空间,如历史文学、传记文学、报告文学以及80年代中期以"三论"(即系统论、信息论和控制论)为代表的新方法论一样。借鉴的结果,是有效地拓宽了文学的内涵和外延,给创作和研究增加了不少新领域新热点。近十几年来,随着经济发展和社会文化转型的加快,许多新现象新问题猛烈冲击着文学。尤其是科技的发展,极大地改变了人类的生活,文学创作从思想观念、思维模式到叙事话语、文体形式都发生了革命性变化。玄幻文学、网络文学、手机文学等文学新样态跨越了人学范畴,借助于全新的创作资源、理论基点和传输载体重新审视人类与世界的关系,重新设定各种存在物的构架、排序及相互间关系。这种内外不同路向的反思和探寻,不能不对文学的发展产生潜在而深刻的影响。

生态文学属于后者,它承应着科学主义,并对传统人文精神进行了强有力浸渗。在人类的伦理道德规范面临新的挑战、信息技术和网络技术改写了人的空间距离,生物学、遗传学的新发展对传统人伦秩序产

第十五章 《狼图腾》与生态文学

生强烈冲击的历史背景下,人类不得不直面地球生存环境的恶化、生物品种减少或濒危及人类可持续发展巨大受限等重重生态危机。受此状况的催化和影响,文学也开始关注生活在周边的生命种类,拓展人性疆域,将人类伦理关系扩展为生态伦理,逐步具备了更为宽广博大的兼济天下的胸怀。由此,生态文学成为当下文学面对自然科学新领域和人类发展新问题而产生的一种新的表现形态。

具有"天人合一"文化理念的中华民族素有关注自然、探究天人关系的传统。过去,在大自然中静默冥想,体验生命存在的美好状态,曾造就了中国传统艺术的丰硕成就——山水诗画。新时期以来,工业文明扩张和商品经济发展带来的环境恶化强烈地刺激着人们的感受,回应着世界环境问题和生存困境。于是在世纪之交,中国当代生态文学应运而生,因势而发。

中国当代生态文学创作有别于传统的自然写作。在生态文学中,自然界中的其他物种和它们的生存空间不再只被视为人类的生存环境,而是相反,它抛弃了"人类中心主义"的理性准则,确立了人类与其他物种及环境间的平等交流关系。新时期以来的中国当代生态文学发展经历了两个阶段:20世纪八九十年代为生态文学的预演阶段,环境问题、生态危机开始成为当代文学创作的新领域,生态观念逐渐被人们所熟悉。其具体内容,主要集中在对传统农业文明破坏以及与之俱来的自然生存空间的污染等问题上,以此来警示地球的生态危机,呼唤人类的生态安全。代表作有徐刚的《伐木者,醒来!》《倾听大地》《地球传》《长江传》,陈桂棣的《淮河的警告》,哲夫的《长江生态报告》《淮河生态报告》《黄河生态报告》,方敏的《熊猫史诗》等。这些作品大多以激烈的情绪抨击人类无度的欲求和各种恶劣行径,揭露环境恶化后的严重后果和深重灾难,以沉重口吻表达对生态的忧患意识。这一阶段的生态文学虽痛心于与自身息息相关并赖以生存的自然资源的破坏,逐步开始人性的反思,但由于这些自然静物于人而言是人类生存获取的资源,依然作为外物而存在,所以"人类中心主义"视角和人伦观念并未受到冲击和挑战。从表现的对象上看,它主要描述非生命的自然资源被人类肆意攫取破坏,与人类相关的环境空间的改变,人类在作品中往往被描述成恶势力的代名词而遭受谴责。从表达方式上看,主要是对人类活动强烈的情绪化的质问,揭露各种生态危机。在文学体裁上,主要是以对自然环境恶化的陈述为主的纪实性散文和报告文学等。

随着生态文学创作的进展,生命平等意识和生物种群共存等生态思想日益蔓延开来,传统的"人类中心主义"受到广泛质疑。生态伦理开始以更为宽广的生命平等观念挑战人类社会的伦理道德范畴,探寻人与自然关系的生态文学热潮得以深入,动物形象大量出现。特别是对一直作为丑恶、残忍、狡诈的反面形象的凶猛动物的重写,更是成为此阶段生态文学的一道亮丽的新景观。王凤麟的《野狼出没的山谷》、沈石溪的《残狼灰满》、雪漠的《猎原》、贾平凹的《怀念狼》、姜戎的《狼图腾》、杨志军的《藏獒》等一批作品集中推出,对人们的价值观念产生了强烈冲击,昭示了文学创作在生态观念的影响下产生了结构性的变化:从表现的对象上看,它开始从对自然环境的描写推进到对动物形象的塑造,文学作品中开始出现非人类的主体形象如狼、羊、狗等;从表达方式上,由简单地全盘质疑否定人类开始进入理性的阐释,客观分析生态环境恶化的具体原因,并试图找到解决生态危机的途径;在文学体裁上,大量出现深入探讨生态问题的中长篇小说。这表明生态文学开始进入一个新的发展阶段,一个由"人类中心主义"向"非人类中心主义"转换的新的发展阶段。

《狼图腾》就是此阶段的一部代表作。它不仅完全改写了人们对狼的认知,赋予了狼性以坚忍不屈、英雄无畏、团结协作的独特禀性,而且在其影响和带动下,文坛刮起了一股强劲的"狼风"。如今,这股"狼风"的高潮已过,作为一部作品,《狼图腾》也不像刚出来那样炙手可热,但它因涉及文学的伦理道德、价值取向以及未来发展的一系列重大问题,故仍引起学界的关注,争议和质疑的声音似乎一直没有中断。如《人性与生态的悖论——从〈狼图腾〉看乡土小说转型中的文化伦理蜕变》[1]一文,就从一个侧面证实了这一点。

---

[1] 丁帆、施龙:《人性与生态的悖论——从〈狼图腾〉看乡土小说转型中的文化伦理蜕变》,《文艺研究》2008年第8期。

第二节 《狼图腾》的主体形象与理性探询

与当下大多数被冷落的文学作品相比,《狼图腾》也许可称得上一个"奇迹"。这部煌煌50万余言的长篇小说自2004年出版以来,围绕着如何评价的问题,雷达、孟繁华、陈晓明、李建军、丁帆、李小江、周涛,包括德国的顾彬等,都曾发文或发言作过毁誉不一甚至截然对立的意见。肯定者认为,它是"一部因狼而起的关于游牧民族生存哲学重新认识的奇书"(周涛),有学者提炼书中隐含的自然生态、社会生态、人类生态和生命生态四大系统,认为作者以文学形象的方式推崇整个生命系统中的野性特征和进取精神,"一方面,它有意突出表现所有野生动物身上顽强的生命力;另一方面,它也试图表现这一生命力是如何丧失或如何被剥夺的"[①]。否定者认为,它"具有侵略性质和法西斯主义倾向的文化情绪和价值主张"仅"是一堆干瘪、朽烂的豌豆"[②],"《狼图腾》的误区,就在于它宣扬的生存哲学不过是赤裸裸的动物求生法则,完全排斥人类文明发展进程中产生的道德约束和价值准则,而将'自我保存'的本能扩张到了极致,似乎为了存活下去,任何事都可以去做。这就是一种公然的反文明话语"[③]。综合诸多影响广泛且争议激烈的评论来看,赞肯的声音主要侧重于其题材的新奇和思维方式的别具一格,通过草原狼这一动物形象来解读它们对草原生态环境的特殊功能,以生态学视角重新考察人狼关系和狼对于自然环境的价值意义,强调狼在草原环境中的生态功能。而批评的声音则立足于传统的人学或人论的立场,针对《狼图腾》中狼的精神价值和文化意义,认为它宣扬了"兽性""丛林法则"和暴力血腥、弱肉强食的"强盗逻辑",完全背离了人道主义精神,是反人性和反文明的,等等。

---

① 李小江:《从生态学看〈狼图腾〉的后现代叙事结构——兼谈人类还有多少选择空间》,《渤海大学学报》2008年第1期。
② 李建军:《是珍珠,还是豌豆——评〈狼图腾〉》,《海南师范学院学报》2006年第6期。
③ 丁帆、施龙:《人性与生态的悖论——从〈狼图腾〉看乡土小说转型中的文化伦理蜕变》,《文艺研究》2008年第8期。

如何看待上述讨论？我们认为除了论者观念、立场、视角等因素外，《狼图腾》文本自身的复杂和观念混杂，恐怕也是一个不可忽略的重要缘由。首先，在表现的题材上，《狼图腾》既直接描述草原生态中的人与狼的关系，又试图通过狼这一形象来表达人类世界、民族、种群的关系；既记叙了知青陈阵的经历及狼在蒙古草原生息和灭亡的过程，同时又试图通过"后记"来挖掘草原狼的积极进取的"狼性精神"的民族推广价值。其次，在写作立场上，《狼图腾》以狼的生态价值来消解"人类中心主义"，但同时又确立了狼在草原生态中的核心作用，甚至为了突出狼的作用而牺牲其他生命种群。《狼图腾》在价值取向上反对"人类中心主义"，又沿袭了传统的二元对立的思维模式；在消解人类至尊的同时又确立了狼性至纯的论调，似乎游离在以人类为中心的道德伦理与更为宽广的生态伦理之间。当然，无论如何，它已开始深层次地触涉生态的本体理论，并努力通过神奇惨烈的宏大叙事，将这一切转换成惊心动魄的场面，给人以血脉贲张的阅读感受。这是值得称道的，也是它吸引读者的亮点所在。

特别需要指出的是《狼图腾》的"后记"。在这篇洋洋洒洒近二万字的文章中，作者将草原狼的自然生态功能提升至民族精神特性，借此批判农耕民族的懦弱的"羊性性格"而推崇游牧民族积极进取的"狼性性格"，拿它来作为治理"中国病"的良方。然而这部分名曰"理性挖掘"的文字，不仅脱离主体形象而且逻辑混乱，它反倒成了作品的累赘和负值，所以理所当然地受到所有论者的批评。作者在"后记"中的思考也暴露了作者对文明史的偏执理解和自己灵魂资源的不足。众所周知，中国社会进入近代以来，对汉民族族性的忧思一直绵延不绝。人类文明发展带来的自然本性的遮蔽和丧失，促使我们在面对外族和他者文化时进行深刻自我反省。社会制度的规整和社会活动程式化的禁锢，日常生活方式的精致和雅趣，导致人类生命活力和精神原创性不断弱化，这一切已成为当代文学创作的一大动因。莫言、张炜、张承志、迟子建、韩少功等作家都不同程度地表达了对中华民族种族的忧思。上世纪80年代具有广泛影响的《红高粱家族》就通过野地情感、野路生存、野味性格来寻找渐被遮蔽、洒落民间的野性力量，表达对中华民族

第十五章 《狼图腾》与生态文学

种族生命之源和文化原质的挖掘;之后,莫言在《檀香刑》和《四十一炮》等多部作品中通过艺术形象的塑造,揭露各种过度压抑、过度规约造成的禁忌、隔绝,剖析原始生命力的逐步流失而形成的人性窒息状态,努力追寻我们民族被蒙蔽的原始力量,呈现出对民族种族优质探寻的积极向上、乐观进取的心态。

与之相较,《狼图腾》通过对蒙古狼嗜血性格的宣扬,表达的却是对汉民族礼仪之邦、文明人性的绝望心态。作者不仅将自然法则简单挪移至人类社会,而且还进而将狼与羊的自然角色直接套搬到不同的民族关系中,用自然生态观来替代人类社会中的民族文化观。将自然界中的动物种群关系直接比拟为人类社会中的民族关系,这样的类比有点可笑。它与同时期出现、同样通过狼文化来反思人类生态责任的《怀念狼》全然不同。在《怀念狼》那里,尽管也写狼颂狼,但贾平凹认识到了人狼关系的复杂,人类面对狼有难以抉择的痛苦。当人类对狼获得绝对制胜权而对狼进行保护时,不仅不能使狼明白人类的良苦用心,反而加速了仅存的狼的消亡。在此,作家在透露人类面对自然的艰难的同时,也通过艺术的方式质疑了生态理论和生态原则操作的可行性与可能性。生态理论作为人类自身提出的一种限制人类的理论,其本身似乎就是一个悖论。贾平凹不仅表达了对人类在战胜自然过程中造成的傲慢、自大心理及相应的人性的肆意、酷虐等非人道的忧虑,而且还深刻揭示出人类如果违背自然生态原则而随意加以趋奉,那么它不仅不能达到保护自然和实现生态理想的目的,相反会招致灾难性的后果而使自己陷入无所适从的境地。

那么,为什么《狼图腾》会出现如上的失误呢?国内工业文明和商品经济的发展、竞争激烈、生存压力加剧、因殖民主义倾轧而产生的反弹、民族意识的增强等,显然都是其中的重要原因。这种内外互动互渗的共同作用,使得趋奉强者、强权的"狼道哲学"得以张扬。当一大批凶猛动物在文坛上大发"兽性"时,其背后宣扬的其实是弱者对强者的无条件服从。富有讽刺意味的是,就在《狼图腾》中"狼道"广受质疑之时,另一部小说《藏獒》则在另一凶猛动物藏獒身上发掘出对人类的无限"忠诚"。这是否意味着凶猛动物的残忍本性只要于人类无益,就值得推崇呢?我们认为,这种创作倾向同样未能摆脱"人类中心主义"的价值观念,它与真正的生态文学貌合神离。

以上,我们用较多篇幅分析了《狼图腾》特别是"后记"存在的问题。不过话又要说回来,所有这些只是《狼图腾》的一部分而不是它的全部,甚至不是它的主体部分。在这点上,我们比较赞赏雷达的判断,他认为:"狼才是《狼图腾》这本书的精神主载体,狼的狡猾,狼的智慧,狼的生命强力,狼的团队精神,以及狼性、狼眼、狼嗥、狼烟、狼旗等等,才是全书的看点所在。对此我想,我们应该更多以审美的、充满匪夷所思的想象力的眼光,而不是充满道德义愤的实用眼光来看待这部作品。狼固然凶残,但在文学王国里,未必就不能构成一种复杂的审美意象;狼肯定吃人,但通过狼性未必就不能更深邃地揭示人性。艺术是艺术,生活是生活,有时是需要分开的。在人类生活中狼是可诅咒的,在艺术世界里狼完全有可能成观赏的对象,就看置于什么样的语境了。"①正是基于这样的事实和道理,我们不大赞成对《狼图腾》持过于激烈的完全否定的批评态度,尤其是不大赞成用道德义愤的眼光来看待这部作品。不因问题的存在而忽略其所取得的成就,也不因成就的取得而忽略其问题的存在,这就比较客观公允。实事求是地讲,作者偏激的思想的确在相当程度上窒扼了该书形象体系的创造,但同时我们也应该知道,形象体系毕竟具有一定的自洁的能力。对其"后记",也应作如是观。正因此,我们在评价时应立足于全书的整体形象体系,不能以偏概全,不及其余。

第三节 生态文学的学科定位与诗意表达

《狼图腾》及其生态文学自身的矛盾复杂看似偶然,实则带有深刻的必然性。对于中国来说,经济文化发展的不平衡这一客观事实,使任何一种需要统一背景的理论在面对各种具体问题时都不可避免地遭遇尴尬。目下中国正在经历由传统向现代转型的过程,社会文化的演进

---

① 雷达:《〈狼图腾〉的再评价与文化分析》,2005年8月12日《光明日报》。

第十五章 《狼图腾》与生态文学

使人们获得较大的自由,人性尊严和人的独立意识问题被提到了前所未有的重要地位。人们普遍认识到个体存在的价值和意义,五四新文化运动中提出的启蒙任务今天并未完成。面对现实社会中不断出现的各种不人道的现象,强调尊重人、把人当作人依然是当下文化思考中无可避讳又亟待解决的问题。与此同时,中国社会又切实地面临着世界性的许多共同难题,在改革开放和发展的过程中也有一个对现代性的反思问题。进入上世纪下半叶,西方发达国家张扬个性、以人为中心的理性原则日益暴露其弊端。其中,人类战胜自然后造成的环境恶化、生物品种减少等各种生态危机尤为突出。于是,如何在更为广阔的生命世界中反思人性、善待生命、关爱自然万物的生态理念,就成为启蒙反思的有力武器。

一方面要继续"立人",完成五四的未竟事业;另一方面又要对"人"的命题进行反思,赋予时代以新内涵,以避免重蹈西方发达国家的覆辙,这就是中国当代生态文学面临的一个尴尬,一种纵向时间链(古今关系)与横向空间坐标系(中西关系)严重"错位"的尴尬。它也是中国当代生态文学真实的生存状态。为什么在《狼图腾》评论过程中"人类中心主义"观点颇有市场,公开表明不赞成生态理念、坚守"人类中心主义"的大有人在,很重要的原因就在于此。这也告诉我们:《狼图腾》刮起的狼风和争议,既显示了生态文学作为一种新的文学形态的意义和价值,同时也表明它在中国的艰难复杂以及极易产生的弊端,那就是有意无意地用"人"的问题遮蔽或取代生态问题。

生态文学是基于生态学的一种写作。它打破传统的以人类为中心的思维方式,强调人与自然的相互协调和动态平衡,其基本的理论基点不妨用"生态意识""生态场""生态位""主体间性"尤其是"非人类中心主义"几个关键词来概括。而"非人类中心主义",尽管"是有局限的,不少观点甚至是可以质疑的,如只认定自然万物具有独立于人类的内在价值、内在精神,而看不到人类与之进行物质能量交换并进行能动改造和实践的合理性、合法性;只看到现代化和现代科技给生态环境带来的严重破坏,而看不到它同时也对社会的前进发展起了巨大的推动作用,有人甚至主张抛弃科技,回到原始时代去,造成生态情感的迷失。

但它提出的人与自然万物和谐相处的主张,无疑是值得推崇的。这一主张能付诸实践,对人类、对地球生态将都是极大的福音。而对于文学生态来讲,整体的和谐和协调更是需要人为的积极创建。当然,文学作为一种精神活动,与自然生态不同,不能依靠限制或排斥人来解决自身的生态平衡问题,但如果对人学不加规约,为了突出人,像怀特说的那样,用专制的'统治者的态度对待自然',就会导致狭隘的人道主义,使整个文学生态失衡乃至畸化。因此,同样有必要在创作和研究中借鉴生态学的合理因素,对人类中心主义进行批判和扬弃"[1]。

  遗憾的是,上述有关生态的思想并未在实践中得到很好的贯彻实施。不少作品只是浅层次地对环境破坏及其肇事者进行讨伐,最终将责任归为人性的丑陋与丑陋的人性。这看似尖锐激烈,其实并没有真正道出中国生态问题的深层本质。《狼图腾》也有类似的问题,在作品中,作者将人与狼的关系设立为完全对立的关系:要么人长狼消,要么狼长人消,两者必居其一,只能作非此即彼的选择。而实际上,真正要获得人或狼的价值,只有将它们返回到整个生态链中进行考察,情况还相当复杂,这是一个系统工程。至于"后记"将原本属于自然生态的问题硬生生地转化为人类社会问题的表达,更是说明了作者生态观念的淡薄和思维的混杂。他没有认识到生态理论不是万能的,它不仅有自己的局限,而且还有一定的适应域。如果不加规约地滥用,那么就有可能推导出荒谬的结论。

  与上述简单化的做法相似而又有所区别的,是有的作者在进行创作和批评时有意无意地忽略或取消对生态文学的审美评价。他们赞肯或贬责一部作品仅凭其生态理念的确当与否,至于文本本身的形象体系如何似乎无关紧要,或很少涉及,更遑论内在的生态理念与艺术描写之间是否存在着矛盾以及复杂的隐显关系。对《狼图腾》的批评似乎就存在这样的问题,超离具体文本而用一般社会学、文化学方法进行批评的也不是没有;而实际上,它自身的矛盾复杂是很难用单一的观念来

---

[1] 吴秀明:《文学如何面对生态——关于生态文学理论基点和生存境遇的思考》,《社会科学战线》2008年第5期。

第十五章 《狼图腾》与生态文学

统率和涵盖的。还是雷达,他在评论《狼图腾》时指出:"我们应该把对其文学文本的评价与对其文化宏论的评价分开来。在我看来,作为文学文本,《狼图腾》集聚了大量原创因素,属于不可多得的具有史诗品相的宏大叙事;作为一种文化观的宣扬,它仅凭一个'狼性性格'就好像找到了一把开启世界文明史的钥匙似的,企图浪漫地,情绪化地,激昂地解读和改写整个人类史、文明史、中国史。尽管作者动机可嘉,不乏睿智,深思多年,固执己见,但漏洞毕竟太多。"①我们赞同雷达的意见,并在一篇文章中就此作了较为详细的分析,这里就不重复了。②

从《狼图腾》批评引申开去,由此及彼,就涉及生态文学学科的定位问题。生态文学当然需要循守生态学的基本原则,但它毕竟是文学,是文学中的一种。中国当下生态文学处于初级阶段,我们大多作家思考的重心和侧重点在"生态学"而非"文学",而少有对生态学的批判、反思和超越。事实上,正如上面那段引文所说,以"非人类中心主义"为理论支点的生态学是有局限的。生态学属于自然科学,文学属于人文科学,它们在人类社会生活中角色不同,彼此功能也有差异。文学的目标是探讨人的精神状态,而生态学解决的是自然科学问题。因此,生态文学在创作和批评时,仅仅站在维护生态平衡的立场是不够的,它也不能生硬地搬用生态学理论,将复杂的精神问题简单化。

文学是需要温情和关爱的,满足人类的基本生存利益和生存权利毋庸置疑是它创作的基本前提。我们不能为了保护动物而置其于不顾,这有悖于人文精神的底线。人类生存在生态系统中生物链的顶端,对维护生态平衡承担着不可推卸的责任,同时也应该享受相应的权利。同时,文学也需要审美,在它那里,生态理念的植入和引进不是生硬地被嵌入,而是化为艺术整体中的有机组成部分,自然而又富有诗意地表现出来。用科学论证的方法,通过大量的数据来叙述,毕竟不是生态文学的正常之道。早期生态文学的最大缺陷即在于此。这样的写作,从

---

① 雷达:《〈狼图腾〉的再评价与文化分析》,2005年8月12日《光明日报》。
② 参见吴秀明、陈力君:《论生态文学视野中的狼文化现象》,《中山大学学报》2008年第1期。

某种意义上说只是生态学的通俗读物甚至是形象的白皮书。这在今天显然是很不够的,也不能停留于此。应该说,我们现在是到了重视生态文学艺术性的时候了。审美转化能力和形象建构能力的缺乏,是制约当前及将来生态文学发展的一个关键。

尽管生态文学创作不尽如人意,存在着诸多的问题与不足,但生态观念的引入还是为文学超越固有的思维视野和写作模式,打开了新的思路,提供了有益的借鉴和启迪。

首先,生态文学拓展了伦理叙事的空间,它使文学创作从原有单一的文化伦理走向兼及生命伦理的多元伦理书写。文化伦理是建构人类文明的秩序法则,它的适用范畴在人类世界。在"人类中心主义"的法则中,其他非人的生命种类是被排除在人性秩序之外的。在人类尚未获得充分和足够的生存条件的情况下,这种伦理有它的合理性。但是,当下人类已经在自然中占据主动,并从中获得相对充裕的生存资源,赢得相对充分的生存权利时,过分乃至无度地获取自然资源,不仅会戕害其他的生命种群,甚至也将危及人类自身的生存和发展。在此条件下,人类要将人与人的关系拓展为人与土地或人与生活在土地上的动植物之间的关系,伦理道德范畴应该有所扩展:从原来限定在人类社会内部的文化伦理转变为尊重生命、注重各种生命间的平等和谐的生命伦理。无论如何,作为万物灵长的人类放弃自己在自然中的傲慢姿态,转而尊重自然、敬重生命,将人类与自然万物之间的对立关系变为平等交流的关系,是社会文明进步的标志和象征。它也由此给以伦理为基础的文学提供了前所未有的新的精神资源,这对文学来讲有百利而无一害。我们没有理由加以拒绝。

其次,生态文学丰富了形象谱系,它使文学创作从原有单一的人学形象走向兼及生命形象的立体形象书写。生态文学立足于"主体间性"理论,既写人也写非人,它通过对各种生命种群的描写丰富和拓宽了形象的主体,使自然万物特别是动物作为带"引号"的人进入文本中心。自此,人类与动物的关系多了一个维度,人类与其他生命物种之间的界限也被打破,动物从人学文本的修饰衬托变为被赋予人类情感和人道关怀的主体对象。于是,动物形象也因此获得相对独立的审美价

第十五章 《狼图腾》与生态文学

值。一方面，动物身上不断地体现"人性"特征，表现出与人类相当的能力、尊严和意志，不断地呈现出人类的灵性气质和情感特征，如《怀念狼》中老狼的感恩行为、《藏獒》中藏獒的忠诚气质等；另一方面，动物身上曾经被遮蔽的动物性得以恢复乃至"平反"，作品中的动物特性往往得到与人性同等的尊重和理解，动物的"非动物性"被视为动物的"异化"，由此动物驯化被视为动物特征的逆流。许多生态文学都悲叹在人的驯养过程中动物野性不断被剥夺的反生态行为，《怀念狼》中提出大熊猫的蜕化是逐渐丧失动物野性的结果；《守望家园》中"海洋篇"也提出海洋凶猛动物的消失使得下级生物链的鱼类失去生存危机开始蜕化，从而深层次地影响了海洋生态；《狼图腾》中的知青陈阵也为拔去小狼利牙使小狼丧失野性而痛苦不已。这些作品都在努力刻画被各种人的意识遮蔽了的动物本性，从人的观念中解放动物本性并使之得以复原，确立动物在生态世界中的"性格"和"气质"。人类的独立、平等和自由观念能够在动物界适用，说明人类已经将"兼爱"扩展到生态系统中，动物具备与人类平等的可能，并成为人类进行自我反思的参照物。这对现实和未来的文学也将会产生影响。

生态观念被引入文学，是文学对固有观念和思维模式的冲击，是文学试图走出封闭和狭隘而进行的一次艰难突围。生态观念是对自然、文化和自我及其彼此关系的一次深刻反思，也是对未来生存状况的一种理性预设。生态文学代表了人类对永恒的一次探询，也是人类寻求理想的又一次尝试。中国当代生态文学目前的问题和弊端不是简单的生态观念在文学写作领域的映射，而是文学与生态学深层次对接的结果。相信生态理念的潮涌在暴露问题的同时，也会为未来生态文学的发展提供有益的经验。

（吴秀明　陈力君）

第十六章 "毛泽东文化热"

第一节 纪实文学历时发展与"毛泽东文化热"的特征

文学中的"毛泽东文化热"可作多样的解读,但从文体演变的角度看,则大体可视作当代纪实文学发展的第三个阶段。它是中国在20世纪60年代世界性纪实文学思潮影响下的一次富有意味的深化和拓展,这就是:文学不仅虚构、超越、荒诞、变形,同时也要贴近生活,还原生活,像胡塞尔现象学所说的那样尽可能回到"事物本身",以便从那里获取更多的生活信息和对现实问题的思考。这也从一个侧面反映了人们对社会生活和社会心理的关注。大量事实也表明:现实生活本身所蕴涵的表现力,有时候比作家的想象更丰富;在实际生活面前,虚构往往显得苍白无力。

上述种种,构成了中国当代主要是近二十年来纪实文学创作的基本背景和主要理论资源。当然,这是就总体而言,至于具体发展,大致经历了以下这样几个阶段:最先是1984—1985年间的报告小说,如刘亚洲、郑义的作品,口述实录文学,如张辛欣、桑晔的《北京人》,特别是刘心武的纪实小说《"5.19"长镜头》《公共汽车咏叹调》《王府井万花筒》等。接着是1986—1987年间的一批社会大特写、全景式报告文学或曰问题报告文学,如《唐山大地震》《志愿军战俘纪事》《中国:一九六七年七十八天》(即《二月逆流纪实》)《红卫兵大串联》《强国梦》《阴阳大裂变》《中国的"小皇帝"》《神圣忧思录》《中国农民大趋势》等。再就是80年代末至90年代初的"毛泽东文化热",代表作如权延赤的《走下神坛的毛泽东》《领袖泪》《红墙内外》,赵蔚的《长征风云》,黎汝清的《湘江之战》,魏巍的《地球上的红飘带》,石永言的《遵义会议纪实》,黑雁男的《十年动乱》,陈敦德的《毛泽东、尼克松在1972》,以及电影《周恩

第十六章 "毛泽东文化热"

来》《巍巍昆仑》《开国大典》《大决战》等。

当然,这是一种很粗疏的归纳。其实纪实文学并非如此简单,它在90年代呈现出多样多向的发展态势,包括报告小说、纪实小说、社会大特写,也包括领袖传记文学。这里限于题旨,我们主要选择上世纪八九十年代之交的一批书写毛泽东的有关作品进行解读。此处所谓的"毛泽东",主体是毛泽东,同时也包括与他同时代的其他革命领袖。也就是说,是一个广义的"毛泽东"概念。

这批为数众多的作品(总数有上百种之多)与上世纪五六十年代描写毛泽东及其他领袖的作品相比,特色是相当鲜明的。它们的艺术成就总体来讲也许不高,远未达到我们所期待的理想之境,但在对待和把握历史的审美精神方面却有着某种惊人的一致,这就是从日常生活的角度透视毛泽东,努力将其人化、生活化。读过权延赤的《红墙内外》的读者可能记得该书开篇的那段作者与被采访者的对话:"你看银幕上的'毛主席'表演得像吗?""貌合神离,少了血肉和性格。"这个被采访者是毛泽东当年的贴身卫士长李银桥。作为长期工作在毛泽东身边、对毛泽东有特殊了解的人,他的批评无疑是权威的。这向我们提出了文学中的毛泽东形象如何从神坛彻底解放出来,向"人"的层次"还原"的问题。

"人"的还原核心就是"人学"的回归。怎么个还原法?还原到哪里去?在向度、价值等问题上一直没有得到圆满的解决。"毛泽东文化热"处在这样的大背景中自然也不例外。所不同的是,由于题材对象的高度政治性,文化心理上的崇拜情结以及对传主生活情状的隔膜无知,它显得更加举步维艰。在从"神坛"向"人学"回归的道路上虽起步不晚,但却很快被其他现实题材追赶上来,处于胶结不前的状态;塑造的毛泽东形象往往只有共性而无个性,概念化、模式化的倾向颇为严重。面对这样一种情景,下一步到底怎么走,这是人们普遍关心和苦恼的难题所在。

在表现领袖向"人"的层次"还原"的问题上,权延赤是颇具成就和特色的。他的《走下神坛的毛泽东》等一批数量可观的作品,其最大的特征,是一反过去政治化或泛政治化、单从社会变革或阶级性角度写人的叙事模式,首先把毛泽东还原为一个具体的"人",当作一个活生生的生命个体来塑造;着重表现他在日常生活中的精神情感世界,从"人"的基点上透视、寻找内在的审美价值。这个特色在作品中是如此鲜明突出,它的大量引进、执著的强化式渲染,其功能作用已经远远超出了一般教科书所谓的艺术细节,成为小说从政治大事记向人化、生活化转变,凝聚整体审美情趣、审美价值的枢机所在。

例如《领袖泪》中有关毛泽东在观看《白蛇传》以及在得知农民还在吃窝窝头时的"三哭"描写,有关他在天津正阳春饭店和武汉黄鹤楼被沸腾的群众包围时的激动而又苦涩的心情,以及为不能游长江而发脾气、面对七级大风而执意向大海挑战的描写,甚至有关他的吃喝拉撒之类的生活偏嗜,如爱吃红烧肉、脱光身子睡觉、习惯性便秘,乃至跟身边工作人员就"放屁"问题幽默风趣的调侃,都毫无忌讳地被呈现于笔端,编串成一个个生动感人的小故事。权氏的这种写法,客观地讲,艺术上不无粗糙,手法也嫌单一,但因它的材料直接来自领袖身边工作人员,"保存了原始材料和传记作者亲身经历的事实,并常常保存了传主的私人文件",属于根据第一手材料写成的"来源性传记"①,有时甚至以这些被采访者的"第一人称"叙述形式来写。因此,较之以前我们见到的以第二手资料研究写成的毛泽东形象,自别有一番血肉真情的诱人魅力。它也许少了一些形而上的理性、理想的依傍,但却具有一般平民百姓喜闻乐见的形而下的东西,因而更朴素更本真,更有一种生活的鲜灵性、可感性和情感的湿润性,更带有浓烈的人民性思想,在艺术传播和接受上更易得到人民群众的广泛认同。

同样是人化、生活化的书写,黎汝清的《皖南事变》不同于权延赤,他主要侧重从生命个体的丰富复杂,从相当广阔立体的全人格的角度展开。如果说权延赤采用的是"凝聚式"的写法,他竭尽全力将人物的某一特点凸现出来,"攻其一点不及其余",那么黎汝清则网开多面,更多凭借"散点透视",致力写出人物性格的多种因素组成的矛盾复杂的有机体,并同时向人生的多侧面扩展。显而易见,后者的"还原",似乎

---

① 《新大英百科全书》"传记文学"条目,《传记文学》1984年第1期。

第十六章 "毛泽东文化热"

更有利于作者在艺术上创造出更立体丰满的领袖形象来——就像福斯特早就指出的,"因为她像月亮那样盈亏互易,宛如真人那般复杂多面",所以它更能显示人生的真相,无疑在成效方面具有"圆形人物"的优势和特长。① 当然,它也由此对作家的史料积累、思想胆识和艺术功力提出了更高的要求,并不可避免地涉及作家对领袖功过是非的评价,涉及美学上的一与多关系的处理,涉及作家把握历史、重构历史的能力等。

《皖南事变》的作者为此付出的艰辛的艺术劳动以及显现的卓识,只要翻读他的那篇极具考据味、充满理性思辨色彩、篇幅竟有二万字左右的"代后记",就不难体察。他对当时新四军的缔造者、也是当时共产党领袖集团中的重要成员之一的项英以及叶挺的思想性格有多侧面、全方位的精深激活,既写了他们那种英毅果敢、处变不惊的超常气概,又写了项英的强烈的权力崇拜、家长制的领导作风以及妒贤嫉能等封建思想杂念;一个忠勇英武,具有报国壮志和经纬之才,不失为威震一代的名将之花,但在受命于危难、可以充分施展才华之时,竟为名将意识所驱,拒绝率部突围,酿成了一场惨绝人寰的历史大悲剧。项英与叶挺这种融涵着是与非、伟大与渺小、恢宏与褊狭的矛盾性格和性格的矛盾,积蓄了深不见底的巨大容量。它既是历史文化的沉淀,又是现实生活的折射;既是人的生命个体全面的曝光,又是作家哲学思考和审美追求的结晶。诚如马克思所说,人的还原就是"把人的世界和人的关系还给人自己",就是承认"人不仅仅是自然存在物,而且是人的自然存在物……是为自身而存在着的存在物,因而是类存在物"②。于是,当作者的笔触从政治反思向文化反思挺进时,人的类性的全部丰富性、广阔性和可能性就自然地进入了领袖形象书写的艺术视野之中了。

尽管"人的还原"使文学中的毛泽东书写实现了从神化到人化、从共性到个性的历史性转折,但是有必要指出,这种"还原"只是问题的一个方面,而不是我们理论和实践的理想模式。道理很简单,生活中的毛泽东及其他领袖,从"社会人"甚至从"自然人"角度来讲都具有某种

---

① 〔英〕福斯特:《小说面面观》,苏炳文译,花城出版社1984年版,第61—63页。
② 《马克思恩格斯全集》第42卷,人民出版社1982年版,第169页。

超常性,他们并非简单的人的普遍类性可以概括。作为一种独特的崇高艺术,毛泽东形象应该具有康德所说的高山般的体积和暴风雨的气势,他们的原型对象本身就存在着这种内涵。所以,这就决定了我们作家的"还原"除了要揭示领袖身上人的类本性或曰类的生命个体的普遍共性外,还要十分注意对他们高于一般类性的超常特质的把握。所谓领袖形象的"人的还原",正确的、完整的理解应该是这样,也只能是这样。只有准确地契合这一点并予以形象的显现,"毛泽东热"中的人化、生活化才能有效地避免俗化乃至庸俗化的误区,真正显示出自己的个性和价值。

电影《周恩来》和传记《霜重色愈浓》之所以引人瞩目,主要也在于不仅表现了领袖的平凡普通,而且还揭示了他们那种"人所固有的,我必固有","人所没有的,我亦所有"的伟岸博大的情怀和人格力量,如周恩来在批陈大会上挺身而出;在西花厅劝陈毅作检查、相忍为国;在邢台与灾区人民共进晚餐;果断地处理"九·一三"事件;抱病赴长沙安排四届人大人选;和"四人帮"作斗争;临终前嘱咐罗青长勿忘朋友。如陈毅在外语学院会上公开表态支持工作组;在所谓的"二月逆流"会上与林彪、江青一伙针锋相对进行斗争;在老帅座谈会上对中美建交和珍宝岛事件所持的精辟见解;在遭受所谓的"二陈合流"诬陷时的坦荡磊落的胸襟;在身患癌症、饱受痛苦的情况下不仅自己毫不气馁反而真诚抚慰蒙受委屈的吴院长……《周恩来》的导演丁荫楠和《霜重色愈浓》的作者铁竹伟说得好:他们正是感触到这两位历史伟人"光辉灿烂令人目眩的人格魅力"①以及"博大胸怀和思想感情的脉搏"并"有意识地克服自我感情的替代,力求避免'以小人之心度君子之腹'"②,所以写成的人物不仅具有历史的真,而且具有崇高的美。

所谓的"克服自我感情替代"和"避免以小人之心度君子之腹",意思就是不能完全用常人的思想、常人的感情去看待领袖人物,在进行"人的还原"时要正视他们与常人之间实际存在的差距,不能将其超常

---

① 丁荫楠:《制作电影〈周恩来〉的几点想法》,《文艺研究》1992年第1期。
② 铁竹伟:《代后记》,《霜重色愈浓》,解放军文艺出版社1986年版。

的一面抹灭掉。类似的例子、见解在刘白羽的《大海》、范硕的《叶剑英在1976》、陈敦德的《毛泽东、尼克松在1972》中也不难找到。这些作品中的朱德、叶剑英、毛泽东形象以及作者的有关创作谈的文字,都清楚地向我们昭示领袖之为领袖的特质和魅力所在;把握住了这种特质也就把握住了生活辩证法和艺术辩证法的真谛。列宁在谈到决定论和道德、历史必然性和个人作用关系时曾指出:"决定论思想确定人类行为的必然性,推翻意志自由的荒唐的神话,但丝毫不消灭人的理性、人的良心以及对人的行为的评价……同样,历史必然性的思想也丝毫不损害个人在历史上的作用,因为全部历史正是由那些无疑是活动家的个人的行动构成的。在评价个人的社会活动时会发生的真正问题是:在什么条件下可以保证这种活动得到成功呢?有什么东西能担保这种活动不致成为孤立的行动而沉没于相反行动的汪洋大海中呢?"[①]我们认为,从宏观的历史高度看,上述描写是和这样一种精神思想相吻合的,它激扬出的正是当代作家对历史发展中个人作用和偶然性因素所合力申导出的自觉的艺术哲学的认识。它对领袖特质的重视和把握,既是一种艺术进步,同时也是一种深刻的哲学嬗变。它反映了20世纪八九十年代,我们作家变得愈来愈理性而富于思辨,他们不再把历史必然性当作一种形而上学的、宿命的东西来强调,而是将它与个人意志作用、历史偶然性因素,视为双向能动演绎的存在方式。

可以这样说,对领袖特质的把握,其意义不限于纪实文学,它实质上触及哲学认识论上长期以来被简单化、庸俗化了的包括毛泽东等领袖人物在内的个体能动作用。因此,我们没有理由不予以高度的重视。

第二节 历史局限与三个向度的拓展

"毛泽东文化热"的出现有其深刻的必然性,但站在今天的时代高度看,其历史局限和不足也是显而易见的。为了在原有基础上总结经验,探寻未来的发展方向和可能性,下面,我们试就它今后如何进一步

[①] 《列宁选集》第1卷,人民出版社1972年版,第26页。

拓展谈三点看法：

　　首先，最重要的也许是对带有永恒性因素的历史哲学内涵的进一步开发。与其他所有历史人物一样，毛泽东等革命领袖的生命本体中无不充满各种历史文化的因子。诚如西方新史学的奠基人鲁滨孙所说，作为一种历史存在，它"可以娱乐我们的幻想，满足我们急切的或随便的好奇心……但是历史还有一件应做而未切实去做的事，就是帮助我们明白我们自己和同胞以及人类的问题同希望。这就是历史的最大效用，也就是普通人最不注意的一件事"①。这里所说的"永恒性因素"包含两层意义：一是指作品的思想深度和深层价值，一是指"人类心灵中所共有的东西，是真正长存而且有力量的东西"②。用美学的语言讲，这就叫作美的深刻性和延续性。因为作为一种艺术，领袖传记影响和作用于我们的，主要并不是传主们创造的那段辉煌历史，而是他们创造辉煌历史时所体现的那种不朽的精神美、人格美。这种精神人格，既是推动历史前进的内在深层动因，也是贯通古今、撩拨现代读者忘情参与文本结构的审美中介。影片《开国大典》之所以具有强烈的震撼力，备受人们称道，根本原因之一就在于它没有单纯地把艺术描写停留在对新中国缔造者丰功伟绩的礼赞上，而是在影像层面和叙事层面为我们精心构造了"新中国来之不易""国共两党兴衰胜败原因的思考"以及"共产党在执政后即将面临的问题的预示"这样的多层意义结构网。这样的多层意义既有强烈的历史兴亡感和哲学沉思色彩，又有诗学意义上的新意和深度，所以它不能不在思想情感上深深打动我们并引起由此及彼的连绵遐思。同样的道理，《皖南事变》等作品之所以在思想艺术上有不同方面、不同程度的突破，追究其因，往往也可以从中找到类似答案。遗憾的是，具有这样意向的作品在我们的领袖传记中非常难得。不少作者似难抵御领袖表层秘闻的诱惑，他们专注于对传主常人化、个体化生活故事的讲述，虽使作品因此有血肉真情而颇令人耳目一新，但无扎实内容的支撑，其最终的结果实际上还是僵化了作品

---

① 〔美〕鲁滨孙：《新史学》，何炳松译，广西师范大学出版社2005年版，第9页。
② 〔德〕黑格尔：《美学》第1卷，朱光潜译，商务印书馆1979年版。

的血肉真情,时间一长,容易引起读者的心理厌倦。此种倾向,在回忆性的文学类作品中尤为明显。如《毛泽东生活录》《毛泽东人际交往录》《紫云轩主人》,甚至包括权延赤的某些作品,如对毛泽东"拉屎的时候正好想事情"的描写(《走向神坛的毛泽东》),都程度不同地存在这个问题。

黑格尔在《〈历史哲学〉导论》中曾有言,用从私人生活角度对伟人所作的道德评价代替从历史角度所作的文化评价是不适当的,因为"世界历史的地位高于私道德的地位"。可见私生活道德的描写也有个如何深化历史内涵、发掘"永恒性因素"的问题,不是任何的私生活私道德描写都足资称道。这里正确的做法应该是"以小见大",容涵深邃的历史内容。归结到作家创造主体层面上,很重要的就是要解决和处理好"出"与"入"的关系,不能因为自己对传主的特殊情感或掌握的第一手材料的丰富而陷于情绪化、材料化不能自拔;而应该跳出来,用富有理性的眼光进行审视。今天,当这些或直接由领袖身边工作人员撰写或根据对这些工作人员的采访创作而成的回忆性传记(《新大英百科全书》称之为"来源性传记")数量剧增,并且在今后一段时间内恐怕还要剧增时,这个问题的提出就有了更重要而迫切的现实意义。否则,他们弥足珍贵的材料优势不但不能得以发挥,反而会成为制造平庸和浮浅的催化剂。

其次,是致力向历史和艺术的双重空间开拓。纪实文学既然是熔历史与艺术于一炉的一个特殊品种,那么对作家来讲,就很自然地有个向历史和艺术双重空间开拓的问题。这既是纪实文学之所以为纪实文学的个性使然,也是纪实文学求得独特功能价值的基本前提条件。关于这方面,中外许多作家如歌德、罗曼·罗兰、莫洛亚、茨威格、郭沫若、吴晗等,早就发表过精论高见,并用他们的《诗与真》《伟人列传》《雪莱传》《巴尔扎克传》《创造十年》《朱元璋传》等著作雄辩地予以证实。可惜的是为数不少的作家,对此往往缺乏应有的认识和辩证的把握。他们在向历史和艺术空间开拓时,往往笔墨拘谨浮泛,停留在一般浅显的层面,远未将历史固有的丰富内涵和艺术应有的个性之美揭示出来。这种情况相当普遍,以致连《遵义会议纪实》《周恩来》这样较为优秀之作也不能幸免。前者，我们只要将它与索尔兹伯里的《长征——前所未闻的故事》、威尔逊的《周恩来传》对照阅读，就不难感知它对遵义会议前后毛泽东的"担架上的阴谋"和他虎气猴气兼得的性格的描写，对周恩来在关键时刻"把自己置于毛的支配之下"和他的忠诚睿智品性的描写，在面向历史的价值取向和面向艺术的价值取向上都尚有一定的距离。后者在表现周恩来鞠躬尽瘁、死而后已的卓越品格时，将其内心世界的矛盾痛苦一面回避忽略，就很能说明问题。凡此，当然不能不影响到作品的真实程度和艺术审美价值，它跟作家的史胆史识、思想观念及艺术功力等不无关系。像《皖南事变》那样大胆而又富有意味的描写，在整体创作中恐怕只是一个特例。

　　由此看来，阻遏当前"毛泽东文化热"创作双重空间开拓的，主要还是因袭思维观念的禁锢，包括价值观和艺术观诸方面。随着创作的深入，旧的思维习惯和旧的价值尺度的桎梏日见明显和突出。所以，这也预示着我们现在及将来关于毛泽东等领袖题材的创作较之早先较单纯的政治是非评判，无疑将会更艰难、更严峻。它需要在深层的思维观念上来一场革命。因为我们知道，无论就历史还是就艺术，作者的双重空间开拓，他的每一次成功实践，都意味着对旧有传统思想观念的突破和超越。这对作家来讲，就不单是跟社会流行习俗的抗争，同时也是与自身惯有的封闭狭隘旧我的诀别，这是很不容易的。

　　再次，是强化美，注重按美的规律造型。关于毛泽东等领袖题材的创作是一种崇高美的创造事业，究其实质它是按照美的规律将无序的历史转换成一种有机有序的艺术整体，所以时序安排得当与否对它来说就具有非同寻常的意义。因为作为文学的一个门类，诚如《新大英百科全书》有关传记文学条目所说的那样："一方面，作者力图通过描写传主多样的兴趣、感情的不断变化和事件的发生，来展示传主的生活，但是为了避免产生实际日常生活中的混乱，作者必须打乱每天的时间顺序，并把材料归类，以便揭示出生活的重大主题、人物的个性特点，和导向重大决定的行动和态度。作者作为一个传记艺术家的成就，在很大程度上将取决于他的以下两个能力：他所能够表现出的年代的范围和岁月的跨度；他所能够显著地表现一个人的外貌和内心的主要行为方式。"①用这样一种创作原则来衡量,应该说,在这场"毛泽东文化热"中是不乏成功或较成功之作的。如刘白羽的《大海》以大海为主题旋律和象征物表现朱德光辉的一生,《长征风云》《毛泽东、尼克松在1972》用大时空、复调式的叙述方式展示长征前夕和1972年中美建交这一非常事件等,都颇鲜明地表现了作者在时序安排处理上对美的规律造型的重视和追求。

不过从总体来看,这样的作品毕竟极为有限。与之相异,我们看到颇多作者因缺乏这两种能力,不是将其写成大事记、年表图,满足于罗列事件,介绍生平经历,就是把它当作轶闻趣事的汇编、生活实录,过分黏滞于细碎琐事的拾撷,致使作品的结构形式至少在以下两个方面出现了不应有的错位:一是只重外部客观世界叙述顺序,而忽视了作家的心理对位、异质同构;一是只顾文本外在结构形式的匀称和可读,而疏忽了读者阅读心理的丰富复杂以及必有的历史嬗变(艺术接受是一个不断有所补充、有所提高的动态过程)。斯诺的《西行漫记》和史沫莱特的《伟大的道路》为什么魅力不减,其中重要原因之一就在于他们打破了时间的直线延续,摒弃了对外在琐细表象的过多关注,通过灵活自由、亲切自然的现场采访的格式,将生活结构审美物化(审美心理化)为波澜叠起、摇曳多变的艺术结构。他们的经验做法,至今仍值得我们学习借鉴。

(吴秀明)

---

① 《新大英百科全书》"传记文学"条目,《传记文学》1984年第1期。

第十七章 "大话"文学潮

第一节 "大话"文学的兴起及其文体溯源

从20世纪90年代中期开始,中国文坛刮起了一股以消费、消解经典为取向的"大话"文学潮。这股"大话"潮几乎横扫古今中外各种文化和文学经典,包括中国古典文学名著《红楼梦》《三国演义》《西游记》《水浒传》等,也包括"红色革命经典"《林海雪原》《红色娘子军》《白毛女》《沙家浜》等,还包括传统教科书中的所谓范文如《孔乙己》《荷塘月色》《愚公移山》《卖火柴的小女孩》(参见林长治的《Q版语文》)等。从形式上讲,这些"大话"文学有的属"无中生有"的原创,如王小波的《万寿寺》《红拂夜奔》《寻找无双》、刘震云的《故乡相处流传》等;但更多的似乎是对元典历史和文化的一种戏说或改写,如香港电影《大话西游》、网络小说《悟空传》《沙僧日记》、李冯的《孔子》《牛郎》《我作为英雄武松的生活片段》、潘军的《重瞳——霸王自述》、朱文颖的《重瞳》、张想的《孟姜女突围》等。它们的作者以七八十年代出生的为主,年龄大多在三四十岁左右;其中不少为先锋派或晚生代。

也许这股"大话"文学潮太另类、太怪异了,从它刮起的那天起,就备受人们的关注。肯定者认为它给大众带来快感,具有颠覆正统意识形态和解放思想的作用,甚至认为它具有重建人文价值的重大意义。有的从中学语文教学的角度,指出它的新鲜活泼的传授方式,使孩子们摆脱了一种近似"思想改造"的痛苦和熬煎,可让孩子感受到传统语文教学中无法感受到的学习语言文字的乐趣。有的从心理学角度解释它的流行,认为其调侃的方式和故意"童稚化"的行为,有助于缓解当代人的生活与心理压力,使之重温自己幼时无忧无虑的时光,获得愉快轻松的心态。① 诘难者则从七八十年代出生的这代作者的小资文化姿态入手，批评他们从经典主义走向了市民主义，显示出非专业化、非知识分子化、平民化和幼齿化的各种表征；而这些表征之后的社会现实则是权威主义和真理探索机制被破坏后的动荡和混乱，文学神殿的崩塌以及创造性时代降临的遥遥无期。也有的将它与犬儒主义相联系，认为它在消解权威的同时也消解了理想；而失去了价值支撑的"大话"很容易走向批判和颠覆的反面，于是就会在玩世不恭之后走向委曲求全，甚至主动迎合以保护个人利益，这就必然导致人生态度上的犬儒主义。②

迄今为止，评论界都倾向于将这股"大话"文学潮归因于以解构名著《西游记》为中心的香港的"无厘头"电影《大话西游》(香港彩星公司，1995年出品)。的确，无论从思想还是艺术角度看，当下大陆的"大话"文学都深受这部影片的影响，有的甚至还不乏模仿的痕迹。这部电影刚放映的头两年遭到冷遇，并未取得理想的票房收入。如果从文学史角度特别是从精神源流角度来看，我们以为其可追溯到清末民初吴趼人的《新石头记》、陆士谔的《新三国》那里，可谓渊源不短。

吴、陆这两部带有浓厚翻案性质的作品，虽然成就不高，但却为文学如何进行超验写作作出了探索，不妨可视为"大话"文学的滥觞。前者通过传统小说中杜撰的人物——宝玉在现实境遇下的种种奇异游历，包括宝玉坐着潜艇探访海底隧道、收集海洋奇宝等，用古今交融这种独特的语体形式，对古事或经典旧作进行了改造。后者则采取"蹈空"的虚拟手法，描写东吴最先变法，但只办事业，不振国体，因而国势日衰；魏国的变法毁于内部人事倾轧和不团结；只有蜀国，因为先改政体，再兴实业，而最终歼吴灭魏，统一全国。这样的古人与今人相杂，古事和今事相间，可让读者从中得到幽默轻松的新奇快感。与《新三国》在内容上相互呼应，陆士谔还有一部《新水浒》也有类似的描写。该作中的梁山众好汉不仅响应朝廷变法的号召，成立了梁山会，而且还派会

---

① 参见陶东风：《大话文学·犬儒主义》，《花城》2005年第5期。
② 参见徐艳蕊、王军伟：《大话文艺的多重性格与大话一代的精神维度——从〈大话西游〉到〈Q版语文〉》，《江西社会科学》2007年第10期。

众下山经营各种新事业。

  需要指出,《新石头记》《新三国》与传统意义上的翻案之作《反三国》《反水浒》不同。后者是对旧作情节的续写,或圆旧作那令人抱憾的结局,或杜撰历史人物于情节之外的人生轶事,总之,它是旧作框架中的故事演绎。而《新石头记》《新三国》则是对旧作的根本改造或重新书写,它已融入了20世纪的时代新精神。汤哲声对此有个很好的总结。他认为这些标有"新××"的文体将西方的政治小说、科幻小说和中国的传统小说模式相杂糅,具有强烈的社会批判色彩,可以归纳为"古今融合体";在叙事上,它们把古时今时、古事今事交融在一起,构成了一种"未来完成式"的结构。① 当然,这些作品并不完美,也留下了明显的缺憾,如流于政治理念化,大量的政治议论和治国治民方案虽然勾画了美好的"强国境界",但究竟主观色彩过浓;在作家灵动飞扬的描写中,小说固然纵横驰骋,艺术表现的天地很开阔,但对社会痼疾的批判与认识,对民族精神的反思与提升,毕竟比较浅显。因此作品往往显得激情有余而理性不足,有的近乎一般的科幻小说。它有"大话"的元素,但在强烈的理念理性的窒扼下,话语表达未免显得过于直露。

  到了二三十年代,情况有所改观。郭沫若的《马克思进文庙》《漆园吏游梁》《柱下史入关》等作,尝试以荒诞不经的故事,来阐释作者的社会观和文化观;徐卓呆的长篇小说《万能术》,将世俗故事、科幻小说和政治小说结合在一起,批判军阀政府治国无方;老舍的长篇小说《猫城记》,用神话的笔法描绘了火星上猫国的生活状况,借以表达作者的政治价值观。当然这一时期最为重要的是鲁迅的《故事新编》,他不仅高度发挥了自己的杂文之长,将其杂文的独特个性和优势都充分吸纳到这种新文体的创造之中,同时还敏锐地将其与20世纪现代主义的荒诞、调侃、反讽的手法沟通连接,通过象征和寓意来实施极富深度的文化批判。

---

  ① 参见汤哲声:《故事新编:中国现代小说的一种文体存在——兼论陆士谔〈新水浒〉、〈新三国〉、〈新野叟曝言〉》,《明清小说研究》2001年第1期。本文有关清末民初"新××"文体论述,颇多借鉴了汤文,谨此向作者致谢。

第十七章 "大话"文学潮

在鲁迅的影响下,当时有些作家也有意识地对此作了尝试,并取得了一定的成就。如聂绀弩为纪念鲁迅逝世五周年而创作的《第一把火》,将普罗米修斯为人类盗火受难的故事加以现代的点染,伴随在主人公身边的,始终不乏类似鲁迅笔下的"小东西"的那种腐朽、卑劣和无耻之徒,这显然是对鲁迅《故事新编》的承接。另外两篇《鬼谷子》《一个残废人和他的梦》,分别描写主人公在幻觉和梦境中游历另一个世界,在这里,真实的历史成了过往的情节,而虚幻的梦境却成了现实的生活细节。作者所描绘的文本世界没有纯粹的过去时,历史成为现在完成时的表述,它总是与当下特别是当代人的强烈情绪和价值判断紧紧地联系在一起,其内在的讽喻性与鲁迅如出一辙。难怪聂绀弩自言是"从鲁迅先生的《故事新编》学来的"①。秦牧的《囚秦记》《死海》《火种》《诗圣的晚餐》等,也是在亦真亦幻的交织中描写世态人心,与《故事新编》有某种异曲同工之妙。类似的作家还可以举出刘圣旦、郑振铎、巴金、张天翼、孟超、曹聚仁、蔡仪、施蛰存、陈子展、吴调公、包文棣、杨刚、唐弢、冯至、许钦文,以及香港的刘以鬯、陶然、李碧华等一大批。

有些作者对鲁迅的学习甚至还达到了刻意模仿的地步。如谭正璧把自己的历史小说集取名为《拟故事新编》,廖沫沙将他的《东窗之下》标上"故事新编试作",端木蕻良的《步飞烟》则标上"故事新编之一"。这说明以上作家在文体的考虑上,都是以鲁迅的《故事新编》为楷模的。另一方面,晚清时期出现的将政治、讽刺、科幻小说三者融为一体的"新××"文体(即汤哲声所说的"古今融合体"),在此时也有发展。如耿小的《新云山雾沼》,对《西游记》进行了重写,孙悟空成了救国治民的英雄,人类解放了地狱,攻占了火星,宇宙因此而得太平。还有张恨水的《八十一梦》,将上下几千年和天堂、人间、地狱等的各类人物聚集在一起,作者通过对他们品行的描述,对现实进行了辛辣的讽刺。

不过,总的来看,此时的这种"新××"较之五四时期,呈下滑态势。它们较多模仿鲁迅而又没有鲁迅那样的文化判断力和创造才情。

---

① 《序》,《聂绀弩小说集》,湖南人民出版社1980年版。

有的看似上天入地、溯古述今,荒诞得可以,但其整体的内涵和格局都显得较为平面和肤浅,与晚清之际的有关作品相比并无多大推进。这种情况一直延续到 20 世纪 80 年代。由于对现实主义理解的偏至,也由于受"从属论"思想的制约,这种"新××"文体的写作几近绝迹。

  从以上不无冗长的梳理中可知,"大话"文学虽盛行于今天,但追根究底,可从清末民初那里找到它的源头,并且经过近百年的探索,逐然演变成一种独特的文体。只不过到了今天,由于种种原因,在内涵和外延方面产生了变化而已:从原来的基于建构的消解,慢慢变成了现在的消解多于建构、甚至为消解而消解的消解;至于在远离日常经验、寻求想象和创造方面,则走得更远,做得更大胆更出格。这样的结果,不可避免地导致如陶东风所批评的异变为"思想解放的一枚畸形的果实":"它一方面消解了人为树立偶像、权威之类的现代迷信、现代愚民的可能性;另一方面,这种叛逆精神或怀疑精神由于采取了后现代式的自我解构方式,由于没有正面的价值与理想的支撑,因而很容易转向批判与颠覆的反面,一种虚无主义与犬儒主义式的人生态度。"①与此同时,它也给当下文坛带来了一股奇诡的清风,无意中推动了又一轮的叙事革命。这大概与后现代消费语境不无关系。

  当然,这只是"大话"文学的一个方面。除此之外,还有不少作品并非一味地持游戏或戏说的态度。它们采用的是"有正面的价值与理想的支撑"的后现代式的自我解构方式,如开头列举的王小波的《万寿寺》《红拂夜奔》《寻找无双》,特别是李冯、潘军、朱文颖、徐坤等先锋作家创作的《孔子》《牛郎》《重瞳》《另一种声音》等一批小说。它们与传统的文学相比,虽然有些另类,但却有明显的精神指向,其创作态度也相当严肃。

  正是基于上述事实和道理,我们不大赞成用完全否定的态度看待"大话"文学,而主张以中性乃至宽容的态度和方式评价之。这样做,比较合乎"大话"文学的实际,也有利于文学朝着更加多样的方向发展。

---

① 陶东风:《大话文学与消费文化语境中经典的命运》,《天津社会科学》2005 年第 3 期。

第二节 "大话"文学的叙事策略

"大话"文学显著的特征之一,是用戏拟、拼贴、混杂等方式颠覆传统或现存的经典,将其与其他文化和当下生活经验组合在一起。"这个组装的新文本从其构件上看不是全新的,而是拼贴的、凑合的、杂取的;但从文本的组合方式、从意义的生产方式上看,却是属于生产者自己的。"①由此,它不仅反映了在精神血脉上与传统文化谱系的割裂,而且也表现出相当明显的游戏历史的艺术旨趣。

最早运用这种叙事策略的香港电影《大话西游》,尽情地戏仿古典文学名著《西游记》,把庄严的佛学神曲改写成了面目全非的搞笑爱情话本:唐僧变成了婆婆妈妈的傻瓜,孙悟空成了伟大的"情圣",甚至连白骨精都变成爱情至上主义的化身。② 在影片中,编导者不仅赋予唐僧师徒以现代人的思维方式、现代人的言语习惯以及现代人的生活方式,而且还广泛采用后现代惯用的互文性的拼贴手法。以下面一段内容为例:

"Only you,能伴我取西经,only you,能杀妖和除魔,Only you,能保护我,叫螃蟹和蚌精无法吃我;你本领最大,就是 Only you!别怪师父啰咕,戴上金箍儿,别怕死别颤抖;背黑锅我来,送死你去,拼全力为众生,牺牲也值得,南无阿弥陀佛!"

至尊宝忍住呕吐感,将唐僧一拳打倒:"On 你妈个头啊! 你有完没完啊! 我已经跟你说过我不行了,你还要 On On On On,完全不理人家受得了受不了,你再 On 我一刀捅死你!"

"悟空,你尽管捅死我吧,生又何哀,死又何苦,等你明白了舍生取义,你自然会回来跟我唱这首歌的:南无阿弥陀佛、南无阿弥陀佛、南无阿弥陀佛……"唐僧执着地说。

---

① 参见陶东风:《大话文学·犬儒主义》,《花城》2005 年第 5 期。
② 具体文本分析可参见朱大可:《零年代:大话革命与小资复兴》,《二十一世纪》2001 年第 12 期。

至尊宝掩耳逃走,唐僧的佛号却让他无从逃遁。

在这里,编导者将佛家禅理、电视广告、流行歌曲、行为艺术、经文祷告、俗话俚语等毫不相干的片断都组合在一起,甚至把 50 年代 Platters 演唱的英文金曲《Only You》拼贴在唐僧的台词中,从而不仅造成滑稽反讽的效果,而且也使唐僧啰哩啰唆、苦口婆心而又百折不挠的说教形象溢于言表。拼贴是"一种关于观念或意识的自由流动的、由碎片构成的、毫不相干的大杂烩似的拼凑物。它包容了诸如新与旧之类的对应环节。它否认整体性、条理性或对称性;它以矛盾和混乱而沾沾自喜"①。拼贴作为一种互文性手法,无疑是后现代文本改编的重要叙事策略。它的优越之处是于荒诞之中实施艺术嫁接和组合。

与《大话西游》相似而又不尽相同,在商略的《子贡出马》中,作者在叙述历史圣贤人物时,也采用戏拟和拼贴的手法,赋予其古今双重的身份标识:孔子是私立学校的校长,开的必修课是《礼》《乐》《诗》《书》《易》《春秋》,七十二弟子修不到学分要补考;子贡出使各国,住在五星级宾馆,在包厢里吃海鲜;勾践"卧薪尝胆",睡的是云丝被,尝的是绿豆糕。而在李冯的《另一种声音》里,《西游记》则变成了真正的"戏游记"或"嬉游记",一路上,师徒们享受桑拿浴、芭蕾舞、通宵狂欢和蒙面大聚会,处理离婚、复婚、图书包销任务等。

上述作品与鲁迅的《故事新编》有很大的不同。鲁迅在"再叙述"时对传统文化进行了严厉的批判,他的解构性是很强的,但解构的同时也有建构。因为在鲁迅看来,文学创作不是依附于史书或复述史实,而是要将古人和今人共同面对的人生智慧和斗争策略用艺术的隧道加以沟通。因此鲁迅设计了象征模式,他采用超越旧历史和重组文化框架的方式,小心地绕开了中国历史上各种政治集团的斗争和大量有趣的故事(即解构过程),正面描写了造人补天的女娲、射落九日的后羿、治理洪水的大禹和维护和平的墨子等。这些被高度幻化了的历史人物的三棱镜,向我们折射了人类美好的人道主义目标。当然作者也写各种

---

① 〔美〕波林·玛丽·罗斯诺:《后现代主义与社会科学》,张国清译,上海译文出版社 1998 年版,第 4 页。

形式的复仇,但展现的是惩罚人类罪恶的方式,并将其提到很高的文化精神层面(即建构过程)。① 所以,鲁迅作品中描写的历史,可能在事实层面上子虚乌有,但在精神层面上却是很实在很充沛的。文本也有内在的张力,并因彼此的紧张对立,构成了自己独特的美学力量。显而易见,这与鲁迅的启蒙文学立场是十分一致的。

相比之下,当下的不少"大话"文学作者则更多用一种游戏心理,他们在激烈解构历史和文化的同时却将建构悬置起来,并以此来遮掩自己对世界和人生的狐疑感与荒谬感。因而文本自然就没有也不会选择"象征体"加以提升和转化。它呈现在我们面前的,更多的是形而下的生存方面的内容。于是,我们看到,在一些"大话"文学中,不要说一般的下层民众,就连孔孟圣人、孙大圣等,也纸醉金迷,夜夜笙歌,极尽吃喝玩乐之能事。历史的美与丑、善与恶之间的界限被抹平了,鲁迅的人道主义、启蒙主义的写作立场也相当程度地被模糊了

正是从这个意义上,我们可将这批"大话"文学归入后现代主义文学的范畴。也正是从这个意义上,我们认为将王小波的《万寿寺》《红拂夜奔》《寻找无双》以及李冯、潘军、朱文颖、徐坤等不少先锋作家的创作等说成是"大话",似乎不大合适。王小波在其作品中以性为切入点,将历史人物与现代人物进行一种奇特的拼接,现代的生活场景很不协调地穿插在古人古事中,形成一种怪诞的氛围。在这种怪诞氛围的掩护之下,他以传统文学中从未有过的坦然自信,无所顾忌地表现人的欲望。作者自如地穿行驰骋于古今中外的广阔天空,将古代才子佳人的奇闻逸事与现代人的性观念以及个体意识组合在一起,向中国文化的性禁忌和压制个体意识的传统因袭思想发起了一次强有力冲击。更可贵的是,他没有像 30 年代的施蛰存(如《将军底头》等)那样单纯以性的学说来统领一切,而是站在一个凌驾于古人与今人之上的高度,重新对中国人的性和人本观念进行审视。以《红拂夜奔》为例,叙事者王二,是一个在高校里以证明费马大定律为生的郁郁不得志的小教员,所叙述的故事却发生在遥远的唐代。在故事里,李靖是数学天才,早已证

---

① 王富仁、柳凤九:《中国现代历史小说论(三)》,《鲁迅研究月刊》1998 年第 5 期。

出了费马大定律却挨了朝廷的大棒,只得与红拂逃出城去。直到学会装神弄鬼,才官运亨通,成了编写礼仪教材和道德规范的"李卫公",在限制和禁忌中过着自以为洒脱的"伪自由生活"。而红拂女呢,因为厌倦了这样的生活,想以自杀来寻找绝对的自由,结果自杀却成了一场充满黑色幽默的现代仪式。站在两人对立面的虬髯客是个遵从禁忌和约束的扶桑国王,他对规矩的无条件的恪守已经化为了内在的一种自觉。所以作品中的他成了一个"变形人"和潜在的怪物,谁不小心踩上他,就会犯下大不敬的罪名。这一滑稽可笑的存在预示着人们置身于一种恐怖的境遇:面对无处不在的条框和无所不能的禁忌,人们必须时时伪装压抑自己,生命的自由自在已毫无可能。所以王小波在全文的最后不无无奈和痛苦地写道:"我只能强忍绝望活在世界上。"这个结论与故事叙述者王二有关"活着成为一只猪和死掉,也不知哪个更可怕"的感叹在精神实质上是不谋而合的。

当然,王小波的创作比较个别,我们看到较普遍的是对历史生活特别是对经典的戏仿、拼贴、反讽。这种戏仿、拼贴、反讽犹如一把双刃剑,在给叙事带来解放的同时,也使其背后隐藏的大众与经典之间的权力关系产生了根本的变化:经典不再是大众仰视的神圣范本,同时它也可以随意篡改、添加和消费。这种篡改、添加和消费可以是全方位的,指向文本的所有方面。于是,我们看到司马光砸缸后可以流出来七个小矮人、圣诞老人、兔巴哥、机器猫、刘老根、西瓜太郎、流氓兔以及李亚鹏;范进不能中举不是因为封建科举制度问题,而是因为自己长得不帅,拥有常人所没有的三把山羊胡子;贾宝玉为了自由自在,竟对贾政的丫环说出"你别跟着我,我要去上网"这样的话;《孔乙己》中的孔乙己并没有被打断腿,而是假装残疾以行骗乞;《背影》中的老爸会唱"快快使用双截棍,哼哼哈嘿!飞檐走壁莫奇怪,去去就来";《悟空传》中唐僧师徒四人一点正经都没有,甚至与妖精也相互调情;而《沙僧日记》中的唐僧师徒更是个个又好色又贪图酒肉,充满了世俗世界的颓废和快乐……

有必要说明,所谓的戏仿、拼贴、反讽其实有两种,一种是有意义为依托的戏仿、拼贴、反讽,所以它在对讽刺对象进行大嘲大谑之时,依然保留着强烈的主体精神;另一种戏仿、拼贴、反讽是无意义为依托的戏仿、拼贴、反讽,故它的讽喻往往带有浓重的虚无主义色彩,甚至造成生存失落、自我分裂的极端状态。不少"大话"文学属于后者。因此其戏仿、拼贴、反讽的频繁使用虽收到了很好的娱乐消遣乃至喜剧的效果,但却难以给人以心灵的震撼。

第三节 "大话"文学的超验写作

探讨"大话"文学,关于它对时空结构的有关处理,也不容忽视。就文本内部构成来看,"大话"文学大多采用古今杂陈的超验写作,将不同历史时期的人事放在同一空间中,或让叙述人穿行于不同的历史时期,这几乎成了它最基本、最普遍的一种手法。这些作品虽然不少都有经典的前文本或元典的历史事实的支撑,但由于作者打破时空界限,创造了古今交融、幻实相映的独特的第二自然,因此,便给人以一般现实主义等传统写作所没有的另类和荒诞奇幻之感。为什么"大话"文学吸引了那么多人,特别是大批的青少年,一个重要原因即在于此。

作为"大话"文学的经典之作,《大话西游》自然也具有这样的特点。在影片中,导演分别设置了"500年前"与"500年后"两个时间点,从两个不同的时空层面展开故事叙述,借以表达"爱"与"救赎"这样两个题旨。这样"整个故事结构,便不再是一个倒果为因的圆形结构,而变成了一种时间空间化的产物,即故事成为了一个可以在两个时空层面上互动、渗透、并置的结合体"。如500年前孙悟空对白晶晶悔婚,500年后孙悟空转世为至尊宝,与白晶晶产生了感情。而这一切,围绕着时空的不断转换,在包括孙悟空在内的各个人物的不断转世和重生中,"不但500年这个时间段被模糊了,而且整个故事的空间也模糊了。不但现代人的思维方式和言谈举止,被戏仿性地拼贴在了古代神话人物身上,而且在五行山,水帘洞,牛魔王的巢穴,人群拥挤的市镇等等特殊的时空位所之中,我们也看不到具体的历史标志"。如此这般,就实现了对原有因果关系逻辑链的超越和突破,它有意无意地告诉我们:世界的事情是复杂的,它并不是简单的因果关系所能解释得了的。

而在这复杂的关系过程中,佛家对时空的幻灭感,却成了救赎的起点。① 从这个意义上,《大话西游》的超验写作似乎并不是古今的简单拼贴,而是寓含了一定的人生乃至哲学的况味。

  类似的时空处理,在潘军的《重瞳——霸王自述》、刘震云的《故乡相处流传》中也程度不同地存在。这两部小说融古今于一体,视野越千年。前者,不但作者、隐含作者"我"及"潘军"直接介入文本,与项羽进行对话,而且还借助于项羽具备的重瞳禀赋(即神奇的特异功能),对嗣后发生乃至以迄于今的有关重要事情作了未卜先知的揭示;同时还叫项羽在往返古今的间隙不时地对传统历史定论表示质疑。后者,叙述人"我"挣脱了物理时空的羁绊,一上来就给曹操捏脚,过了几段,"我"突然变成了20世纪的"刘震云";曹操"睁开眼睛又兴致好时,知道我是当代中国一个写字的,便也与我聊天,谈古说今"。这种转换事先未有任何叙述上的准备、铺垫和承接,我们在阅读过程中看不到任何对这种情况的解释,也看不到叙述人对这种不合理状况的任何不安。"我"及"潘军""刘震云"坦然地来回于古今之间,穿梭于两个相隔千年的不同世界。这与通常的先锋文学不一样。先锋文学一般是通过一种复式的叙述结构来完成时空的跳跃和变换,也就是说在历史事件发生和发展的大背景下,它还有另一个视角。或者说,它是借助于代表现时状态的叙述者(通常以"我"为主体),通过"我"在历史与现实之间不停地跳进跳出,来沟通现实与历史的联系。而"大话"文学则一般取消这样一个作为时空中介的第三人称叙述视角,它直接把不同的历史特征拼贴在一起,故事的行为主体直接存在于一个没有古今差异的超时空之中。

  说到古今直接拼贴的超验写作,还不能不提及尹丽川的短篇小说《十三不靠》。"十三不靠"原本是麻将术语,十三张牌毫无关联并按一定的牌面要求组合而形成和牌的局势是为"十三不靠"。这个短篇正是在形式上套用了"十三不靠"的要求。全文分成十三节,前十二节作

---

  ① 房伟:《文化悖论时空与后现代主义——电影〈大话西游〉的时空文化研究》,《山东师范大学学报》2007年第1期。

为故事的主体是对现代生活的描写。但是文章写到第十三节,突然插入了一段毫不相干的古代故事,描写袁崇焕在刑场上被凌迟处死的片断。这一插入,与前十二节的叙述没有任何情节上的关联,抽去它,全文照样成立。这说明这个短篇的古今之间,不仅未形成对话,而且各自独立存在,它全然是作者一种刻意的拼贴。通过这种完全超逸于小说既有故事逻辑和割离于现实的独立历史场景的拼贴,小说不仅调动和激发了读者的想象以及情绪,而且也使在前面十二节的现实性文本中无法表达清楚的思想理念,得到弥补和说明。

  当然,也有一些作品不是这样或不完全是这样。他们的古今交错有拼贴的成分,但也比较注意衔接。更为主要的是,它不仅仅是单纯的技术操作,而是融入了作者自己的生存体验和感受,带有颇明显的个人化写作的意味。如朱文颖取材于南唐后主李煜囚禁生涯的《重瞳》。这个短篇历史小说的文本就像一张精致的网,在密集的古典意象里,多重对应了一些精神问题的探讨:卑弱与壮烈、屈辱与欢乐、现实与梦想、天上与人间等。在文中,"重瞳"不仅是一个历史细节,也是一种途径。借助它,李煜得以挣脱而去成为项羽,在卑弱的生命之外,游历了英雄的精神世界。又如刚才提到的潘军的《重瞳——霸王自述》、商略的新作《子胥出奔》,也都不是以戏谑为主的叙事风格,但它们同样表达了人们一种共同的感受,那就是别无选择的历史使命与自由理想的冲突。在《重瞳——霸王自述》中,项羽是一个血管里流着贵族血液且具有诗人气质的军人,一个对世界富有天真烂漫情怀的男人,一个厌倦了连年征战的性情中人。这些特征中矛盾的部分是作家着力刻画的内容。我们看到,项羽厌倦战争,而秦国已亡,天下大乱,他必须担负起家族的责任;他不愿意杀人,而在权力和人性之间,他又必须作出有悖于自己本性的选择;他想和心爱的女人去草原过幸福的游牧生活,但历史、家族赋予他的使命却永远是战争和杀戮。这一辈子,项羽只做过一件完全服从于自己个人意志的决定,那就是在乌江边像个真正的军人那样优美地死去。"每个人对自我有其个人的概念,而这个概念却可悲地(或可笑地)同现实中的他并不相符",米兰·昆德拉曾这样概括人的现代性悲剧。从这个意义上说,潘军笔下的项羽不是死去两千多年的古人,也不是史书上那个力拔山兮气盖世的霸王,而是我们中间的一个,他昨天才刚刚告别人间。重瞳就是中介,因为有重瞳,项羽亡灵的视界是无限的。这使他能够站在你我之间,用他一生的故事述说着我们共同的命运。

还要值得一提的是李冯的《孔子》。它写孔子师徒在诸侯割据、生灵涂炭的可怕的混乱时代,周游列国,试图去做和平的使者。但经过几年的迁徙、饥饿、放逐,终于意识到自己的壮举,实际上只不过是堂吉诃德式的疯狂可笑、毫无意义而又发人深省的一次济世旅行,与那些无恶不作的流窜犯并没有什么差别。于是,在陈蔡边境,困窘潦倒而又百无聊赖的师徒引出了《诗经·小雅·何草不黄》中那个著名的诘问:"匪兕,匪虎,率彼旷野。"作家在这里询问的是人活着到底为了什么?是一种表达?一个象征?还是一次精神漂泊?他通过超越时空的描写告诉我们:人既然已经在路上,那么无论是慢行还是奔跑抑或伤痕累累,只要还坚持寻找,就都会在心灵上得到启示,或有所启发和觉悟。有人在对比鲁迅的《故事新编》与潘军的《重瞳——霸王自述》时指出,尽管"前者仍然在意义再生产的构画上技高一筹,鲁迅非常深刻又巧妙地营造了独特的三重世界",但另一方面,我们也应看到,后者"在以当下重写的时候,它(却)走向了一种别致的成熟本土韵味。在历经种种实验和尝试以后(无论是中国现代小说还是潘军),《重瞳》固然可以让人感知后现代因素、先锋手法的渗入,但更多的却是一种本土融会后创造的洗尽铅华的自然"①。应该说,这样的评价是比较客观的。当然不必讳言,由于悲凉颓废之情过甚,也由于弃置了作为"大话"语体的重要艺术表征的反讽,它使该作相互交融成趣的艺术特质难以得到有效开发,虽幻犹真的诗性之美不能得以充分舒展,多少显得有些沉闷压抑。

总之,"大话"作为一种独特的文体,尽管不可能在当下文坛占据主流地位,只能以"另类"或"边缘"的身份存在,但无论如何,它的出现丰富和充实了当代文学创作,其逸出常规的思维方式和超验的艺术想

---

① 朱崇科:《自我叙事话语与意义再生产——以潘军的〈重瞳——霸王自述〉为中心》,《海南师范大学学报》2007 年第 6 期。

象,对文学如何创新有重要的参考价值。

从文学史角度看,经过近百年的演变,这种文体与中国现当代诸多文学思潮缠绕在一起,事实上已日趋多样复杂。在这里,既有精英式的"大话",也有大众式的"大话",还有介于这两者之间的"大话",彼此的思想和艺术取向存在着明显的差异。毫无疑问,今天对传统文本和典籍的解构自然要慎重,不能一味地戏谑化、空壳化,但也没有必要抱持盲目的、病态膜拜的态度。问题的关键不在于解构了经典,而是在于站在什么样的立场进行解构,解构了什么,是怎样解构的。

(吴秀明)

第十八章 底层文学写作

第一节 底层与底层文学

"底层文学"是近些年来的一个热点话题,无论是出于商业炒作,还是缘于艺术创作,它都逐渐发酵并成为一股引人注目的文学潮流。若要厘清这一潮流的来路与归途,似有必要对"底层"作一番梳理。

"底层"一词最早出现在意大利马克思主义思想家安东尼奥·葛兰西的《狱中札记》中,指的是被排除在欧洲主流社会之外、处于从属地位的社会群体。20世纪80年代初,印度一批优秀的历史学家开始了关于南亚农民社会问题的研究,并于1982年底以总题《底层研究》发表。它的发表对欧美、东亚乃至拉丁美洲的底层研究产生了广泛的影响,"底层"这一概念也随即引入中国,一开始"底层"作为社会学概念被介绍、使用,陆学艺主编的《当代中国社会阶层研究报告》一书中对此有较为系统的阐述。此后,学者们也就何为底层展开过热烈的探讨。学者刘旭从社会学角度出发,认为底层就是很少或基本不占有组织资源、经济资源和文化资源的群体,其主体构成为工人和农民。① 他进一步指出,底层的主体构成实际上就是工人和农民,他们的主要特征就是:"政治上基本无行政权力;经济上一般仅能维持生存,至多保持温饱;文化上受教育机会少,文化水平低,缺乏表达自己的能力。"② 王晓华则从三个层面阐释"底层"概念:"(1)政治学层面——处于权利阶梯的最下端,难以依靠尚不完善的体制性力量保护自己的利益,缺乏行使权利的自觉性和有效路径;(2)经济层面——生产资料和生活资料

---

① 刘旭:《底层能否摆脱被表述的命运》,《天涯》2004年第2期。
② 刘旭:《近现代底层形象的变迁》,《中文自学指导》2004年第1期。

匮乏,没有在市场经济体系中进行博弈的资本,只能维系最低限度的生存;(3)文化层面——既无充分的话语权,又普遍不具备完整表达自身的能力,因而需要他人代言。"①以上表述虽观点不一,但其中如"处于社会阶层的最低端""游离于主流之外的弱势群体""沉默的大多数""不具备任何竞争优势"等表述,已渐为学界所接纳。

张未民认为"底层"是一个社会学意义上的概念,它是一种基于社会学有关社会分层理论的表述。②的确,"底层"概念的提出与中国社会转型、阶层分化有着极为密切的关系。进入 90 年代后,在市场经济的巨大冲击下,中国的社会结构发生了翻天覆地的变化。陆学艺等主编的《中国社会发展报告》就指出:"近十几年来,尽管我们改革主要是经济改革,但社会已经步入一个全面的、整体性的转型过程。中国社会正在从自给半自给的产品经济社会向有计划的商品经济社会转化;从农业社会向工业社会转型;从乡村社会向城镇社会转化;从封闭半封闭社会向开放社会转化;从同质单一的社会向异质的多样化的社会转化;从伦理型社会向法理型社会转化。"③社会的巨大转型使得原来单一的社会结构被多元化社会结构所取代,社会关系的重组导致中国社会急剧分化、贫富差距日益加大,社会阶层的分化也随即浮出水面。《当代中国社会阶层研究报告》一书以职业分类为基础,以组织资源、经济资源和文化资源的占有状况为根据,把当代中国社会划分为十个阶层:"(1)国家与社会管理者阶层;(2)经理人员阶层;(3)私营企业主阶层;(4)专业技术人员阶层;(5)办事人员阶层;(6)个体工商户阶层;(7)商业服务人员阶层;(8)产业工人阶层;(9)农业劳动者阶层;(10)城乡无业、失业、半失业人员阶层。"④城乡无业、失业、半失业人员阶层处于社会阶层的最低端,因对经济资源、文化资源和组织资源(政治权

---

① 王晓华:《当代文学如何表述底层——从底层写作的立场之争说起》,《文艺争鸣》2006 年第 4 期。
② 张未民:《"底层文学"引发思考》(访谈),《文艺报》2006 年 1 月 23 日。
③ 陆学艺、李培林主编:《中国社会发展报告》,社会科学文献出版社 2007 年版,第 8 页。
④ 陆学艺主编:《当代中国社会阶层研究报告》,社会科学文献出版社 2002 年版,第 8 页。

利)的占有程度极低而被划为底层。

　　作为文学概念的"底层",文学评论家蔡翔在 1996 年《钟山》第 5 期上发表的《底层》一文中首次提到。文中所谓的底层,主要是指在苏州河边棚户区生活的体力劳动者。作者用满怀深情的笔墨叙述了自己当年在上海以及下乡时的生活,他对底层的关怀与赞美饱含着知识分子感时忧民的情感。进入新世纪以来,《天涯》杂志率先发起有关底层的讨论。《天涯》2004 年第 2 期在"底层与关于底层表述"的栏目下,发表了刘旭的《底层能否摆脱被表述的命运》等文章,对 90 年代以来在中国社会转型过程中出现的底层现象进行探讨。接下来的几期,在这一栏目下,连续发表了蔡翔和刘旭的《底层问题与知识分子的使命》、高强的《我们在怎样表述底层?》、顾铮的《为底层的视觉代言与社会进步》、吴志峰的《故乡、底层、知识分子及其他》、摩罗的《我是农民的儿子》等文。同时,陈晓明的《在"底层"眺望纯文学》、张韧的《从新写实走进底层文学》、段崇轩的《文学:距离底层民众有多远》、罗岗的《"主奴结构"与"底层"发声———从保罗·弗莱雷到鲁迅》、李云雷的《近期"三农题材"小说述评》、王文初的《新世纪底层写作的三种人文关照》等大批集中关注底层问题的文章出现,使底层开始成为一种重要的书写对象。2006 年 1 月,《小说选刊》开设了"底层与底层表述"栏目,封面也打上了"底层文学"的旗号,之后一段时间里,每期都选了最有创作力度和深度的作品,并在开篇都给予一定的指引和阐释。2006 年 4 月,《北京文学·中篇小说月报》组织了"底层与文学"的研讨会。2004 到 2006 年,《小说选刊》《人民文学》《北京文学》《上海文学》《文艺争鸣》《当代作家评论》《当代文坛》《文学评论》《长江文艺》《长江学术》《南方文坛》等先后发起组织了十多次关于底层文学的对话和争鸣,与此同时《人民文学》《收获》《清明》《当代》《小说选刊》《十月》《钟山》《上海文学》等都有意识地刊登底层文学作品,有力地推动了底层文学的发展。

　　随着"底层"概念的廓清,"底层文学"之定义也渐趋明朗,即底层文学是由底层作者或其他阶层作者撰写的以底层人物为叙述对象,表现其生存境遇和精神世界的一种写作。底层文学或写凋敝农村农民生活的贫苦,或写进城务工农民的艰辛,或写下岗工人生存的无奈、打工妹不幸的人生遭遇等。用孟繁华的话说:"他们或者是普通的农民、工人,或者是生活在城乡交界处的淘金梦幻者。他们有的对现代生活连起码的想象都没有,有的出于对城市现代生活的追求,在城乡交界处奋力挣扎。"①文学对底层的关注,并非在"底层文学"这一概念提出之后,其实中国文学一直就有关注底层的传统,上至《诗经》《楚辞》,下至20年代的乡土文学、三四十年代的左翼文学、建国后的十七年文学和90年代的新写实文学中,都有底层叙述的烙印。只不过本文所说的底层文学具有某种时代新质性,它是中国社会阶层分化的产物,主要指的是农民工和下岗工人。

不可否认,90年代的社会变革,直接催生了新世纪底层文学创作潮流。2004年有批评者在研究这一思潮时,自觉地从20世纪中国文化中寻找思想和文学资源,较早发掘出的是30年代的左翼文学,以此来论述新世纪底层文学的合法性、革命性。李云雷认为:"底层文学是左翼文学传统失败的产物,但同时也是其复苏的迹象。"②刘继明、旷新年、季亚娅、刘勇、何言宏等评论家,从新世纪底层文学所具有的批评精神及文学与现实的关系,上溯其文学渊源,也认为底层文学是30年代左翼文学思想在当下的复兴。左翼文学发轫于二三十年代,它与20年代鲁迅开创的乡土文学都有关注底层、为弱势群体呼吁的一面。左翼文学控诉与批判旧社会,揭露旧社会腐朽与黑暗,对戕害人性的社会制度进行挞伐,批判强权,呼吁社会公平和正义,涌现出如鲁迅、茅盾、巴金、丁玲、萧红、萧军、张天翼、沙汀、艾芜、柔石、胡也频等优秀的作家,作家们在为弱者呼吁、向强权挑战的道德崇高感与社会责任感的驱使下创作出了一大批具有批判现实主义成分的作品。可以说,左翼文学延续和发展了五四新文学中积极战斗的革命精神,为后世留下了丰富的文学遗产。左翼文学的出现,促进了广大知识分子对底层的关注,从

---

① 孟繁华:《新人民性的文学—当代中国文学经验的一个视角》,中国作家网:http://www.chinawriter.com.cn/bk/2007-12-15/30523.html。

② 李云雷:《新世纪文学中的"底层文学"论纲》,《文艺争鸣》2010年第6期。

五四过于注重知识分子生活题材转移到农民、工人等底层生活的题材中,体现了知识分子心忧天下的写作态度。底层作家对底层群体的关注,可以说在精神上接续了左翼关注底层的传统。底层在当下处境尴尬,无论是组织资源、经济资源还是文化资源都没有任何优势,遭受不公,忍受折磨,为了生活苦苦挣扎。他们的生存问题也演变成日益突出的社会问题,底层作家针对这一阶层面临的问题,以笔为武器进行战斗,对不合理现象进行追问,对不合理的社会制度进行批判和反思,以引起疗救的注意。底层文学创作继承了左翼文学的理论遗产,发展了积极战斗的文学精神,饱含着强烈的谋公平、求正义的当代情绪诉求。因为:"底层写作并不是新世纪才出现的新事物,这一股写作热潮是一种文学的'回归'和'继承',它要回归、继承、张扬和延伸的是'左翼文学'中最有价值的平民意识、批判意识、启蒙意识、人文关怀意识、责任意识等优秀的文学精神。"①也有论者指出:"底层文学借鉴左翼文学资源,应发扬左翼文学的政治性写作传统,继承及发扬左翼文学在文艺形式探索上的多样性。"②将底层文学与左翼文学精神联系的相关论述,一定程度上拓宽了底层文学创作和研究的空间,也为底层文学在当下的叙述找到了理论的支点。

底层文学发展至今不过十多年的时间,但在其发展过程中也呈现出阶段性的特征,打工群体的生存状态是底层文学的最初关注点,可以说底层文学的兴起是从打工文学开始的。90年代,率先关注底层生存状态的是《特区文学》《佛山文艺》《打工族》《天涯》《三月风》《中国贫困地区》等刊物,它们开始登载打工族的文学创作和生活实录。柳冬妩的《我在广东打工》、林坚的《深夜,海边有一个人》《别人的城市》《下一站》、安子的《青春驿站——特区打工妹写真》、郭建勋的《打工》、周崇贤的《异客》《盲流部落》《我流浪,因为我悲伤》《都市盲流》、王十月的《无碑》、郑小琼的《打工,一个沧桑的词》、谢湘南的《农民问题》《零点的搬运工》、张守刚的《我在工业区想着稻田》、张绍民的《比

---

① 白亮:《"左翼"文学精神与底层写作》,《江汉大学学报》2007年第4期。
② 刘勇、杨志:《底层写作与左翼文化传统》,《文艺报》2006年8月22日。

第十八章 底层文学写作

较》等写的都是打工生活。作家们大多以自身的打工经历,叙述底层的苦与痛,他们对底层的生活和情感有着深切的体验。这种体验促使他们细心捕捉底层生存的艰难,细心观察乡村和城市,抱着对底层生存艰难处境的深刻体悟,用饱含心酸的笔触,记录流水线上的屈辱与呻吟,传达底层的真实处境,揭露底层的苦与乐。

"打工文学"的流行在一定程度上促进了底层文学的发展,一些知名作家视点下移,着力书写底层的艰难与苦难,表现出强烈的忧患意识,创作了一大批描写"底层"的作品。如果说底层文学在最初阶段主要是展示打工群体艰辛的生存状态,那么在第二阶段则走进了底层更为广阔的世界,从写作对象上说,通常是农民、下岗失业工人、进城务工人员,通过塑造这些人物形象,反映底层民众的真实生活,具有强烈的时代性和真实性。对生存问题的探讨,作家不是简单记录不合理现象,而是流露出批判精神和对人物命运的关切,以及对现实的理性思考。曹征路的《那儿》《霓虹》及后来发表的《豆选事件》;陈应松的《马嘶岭血案》《太平狗》《狂犬事件》《猎人山峰》;刘继明的《放声歌唱》《我们夫妇之间》;罗伟章的《大嫂谣》《我们的路》《变脸》;王祥夫的《五张梨》《狂奔》;贾平凹的《高兴》;毕淑敏的《女工》;方方的《出门寻死》;迟子建的《牛牤子的春天》《起舞》;方格子的《锦衣玉食的生活》;范小青的《父亲》;李佩甫的《学习微笑》;马秋芬的《朱大琴,请与本台联系》;刘庆邦的煤矿题材系列《卧底》《福利》《鸽子》《车信儿》等。综观他们的创作,都以一种底层心态和底层意识,在良知的感召下触发创作冲动,近乎本能地流露出对底层的同情。作者站在不幸者的角度,对小人物的生存遭际、人生状态、命运历程、精神心理以及情感世界进行深入描绘,饱含真情地叙述作品。底层作家们抒写底层的生存状况和命运,力图真实反映不合理的社会现象,深刻揭示底层的痛苦,以引起"疗救的注意"。在经历了如火如荼的第二阶段之后,底层文学进入了较为沉寂的第三阶段,在叙述上底层文学作家们倾向于在关注底层的生存之疼痛的基础上深入挖掘其内心世界的痛苦,体察其心灵,探究其生存和生命真相的本真,体悟其在生存压力之下的苦与乐。代表作如邵丽的《明惠的圣诞》、迟子建的《世界上所有的夜晚》、蒋韵的《麦穗金黄》等。

蔡翔在新书出版时曾这样追问:"我们今天为什么要重新叙述底层,是为了唤起道德的同情和怜悯?当然不是。是为了重新接续某种苦难叙事?也不完全是。对于这个问题,每个人都会有自己的回答,就我个人而言,在非文学的意义上,重新叙述底层,只是为了确立一种公正、平等和正义的社会原则。"①底层肩负着物质和精神的双重痛苦,一方面要忍受着物质匮乏带来的阵痛,另一方面也要忍受精神困顿之下的疼痛。底层作家对底层人物的精神世界进行追寻和审视,也是对现代化进行个人化的反思,作者笔下的底层人物,满怀孤独,在物质和精神的双重焦虑下,受生存欲望的驱使,即使忍受百般疼痛仍要坚强地寻求生活。纵观底层文学各阶段发展,我们可以看到"痛"与"乐"是底层文学作家诠释底层的两个关键词,也是通向底层广阔世界的两扇窗户。

第二节 底层之痛与底层之乐

一、物质匮乏下的底层之痛

萨特在《辩证理性批判》中,把匮乏定义为一种人的生存处境。萨特认为:"匮乏就是在一定的社会范围内,居民或集团数量一定的情况下,某种具体的自然物(或产品)的数量上的不足。"②在萨特看来,从人存在的那一刻起就面临着匮乏,并指出物质资料的有限性:"事实上,匮乏一开始就是这种情况:欲求、意愿……有时使得需求成为无限制的,而所需要的物体在一个地区或地球上数量有限。"③人为了获取需要的物质资料(包括政治资料、经济资料以及文化资料),就必须在其生存的环境中竞争,但是物质资料的有限性决定了环境无法提供满足所有人的生活资料,物质资料匮乏使人与人之间相互威胁,相互斗争。

---

① 蔡翔:《自序:相关的几点说明》,春风文艺出版社2006年版。
② [法]萨特:《辩证理性批判》,林骧华等译,安徽文艺出版社1998年版,第128页。
③ [法]萨特:《萨特自述》,黄晶忠等译,郑州人民出版社2000年版,第136页。

第十八章 底层文学写作

这也就意味即便是面对一种物质资料也不可能人人同等享有,以至于最后必然导致一部分人得享美羹而另一部分人却要忍受因匮乏带来的苦痛。

商品经济的高速增长和现代化的快速推进极大地改变着中国的一切,科学技术日新月异,人们的生活水平也逐年提高。当社会发展的巨轮滚滚向前推进,有的人享受着现代化带来的累累硕果,有的人却忍受着现代化带来的疼痛,而底层往往成为最易受到阵痛侵袭的群体。身处社会底层的他们,无论在政治资源、经济资源还是文化资源上都处于尴尬匮乏的境地。由于缺乏竞争优势,获取自身所需的物质资料对他们而言就显得异常艰难,为了生存他们就必须忍受更多的苦与痛,这些现实问题自然成为他们生存的最大考验。物质的匮乏是底层文学最为直接的表达,底层巨大的物质匮乏,成为底层生存"不能承受之轻"。

曹征路的《那儿》《霓虹》、陈应松的《松鸦为什么鸣叫》《到天边收割》《望粮山》《吼秋》《狂犬事件》《猎人峰》《太平狗》、刘继明的《放声歌唱》、王祥夫的《狂奔》《五张犁》、胡学文的《行走在路上的鱼》《命案高悬》《飞翔的女人》《淋湿的雨》《婚姻穴位》《向阳坡》、龙凤伟的《泥鳅》、孙惠芬的《民工》《歇马山庄的两个女人》、李铁的《工厂的大门》、吴玄的《发廊》、巴乔的《阿瑶》、荆永鸣的《创可贴》《北京候鸟》《外地人》《大声呼吸》、王安忆的《民工刘建华》《遍地枭雄》、徐则成的《把脸拉下》、夏天敏的《好大一对羊》、迟子建的《踏着月光的行板》等,都给我们展现了底层在物质匮乏之下经历的痛。在这些小说里,作家注意到了物质匮乏下底层所经受的疼痛,这些痛有的来自生活的贫瘠、有的来自不公与拒绝、有的来自遗忘。作家们对底层物质匮乏的书写,让我们看到的是一个个血泪的生存现场;作家们对底层物质匮乏下疼痛的表达,展现了底层人物在面对苦难时的无助、软弱和无奈。物质匮乏的利刃将他们弄得伤痕累累,矛盾的冲突、人性的残酷、命运的悲怆,其惨烈残酷的生活场景和生存场景,让人沉重窒息、疼痛难忍。

(一)生活的贫瘠

一提到物质匮乏,我们很容易想到60年代三年自然灾害期间在物质资料极其匮乏的情况下发生的不堪回首的情形。中国改革开放后一步步迈向现代化,人们的生活发生了翻天覆地的变化,那种因极度饥饿导致的死亡现象已不复存在,但物质匮乏仍然存在。当国家经济高速增长,越来越多的人不断追求高质量的现代化生活,举国上下满怀豪情地追逐着中国梦时,还有人在为如何生存下去而挣扎。底层文学作家笔下的底层人物大都处在水深火热之中,他们忍受着物质生活的贫穷,生活极其悲惨。

夏天敏在《好大一对羊》中细致地描写了高原大山深处的黑凹村极端恶劣的自然环境,那里干旱、冷凉又多霜,德山老汉一家生活在那样一个土地贫瘠、寸草不生、连生存所需要的最基本的物资几乎都没有的地方,人只能处在饥饿的状态。陈应松在《望粮山》中描写了鄂西北一个自然环境和气候条件极其恶劣的山区,这里土地贫瘠、天灾不断、农民处于极端的苦难之中。望粮山的村民为了生存,种麦子、栽苦荞、挖独活,甚至不惜违法,冒着跳崖、断脖子、断胯的危险去盗伐国家的原始森林,即使这样望粮山的人们还是填不饱肚子,依然受到饥饿的折磨。以至于当人们发现冰雹里面有虫子时,这群想麦子想得发疯的人们纷纷从家里拿出篮子、背篓,到田地里去抢虫子;为了填饱肚子张口就嚼,甚至出现了人鸟争食的现象,让人读来倍感凄惨。陈应松《马嘶岭血案》中的九财叔在老婆去世后带着三个女儿与八十多岁的老母亲相依为命,生活也是每况愈下,人牛同处一室,屋里弥漫着牲畜粪便的气味,被子越来越薄、成了渔网,到后来连两块钱的特产税也交不起了。正是这样一位穷困的农民和"我"为了区区20元钱杀掉了勘察队所有的人,最后杀红眼的九财叔连"我"也不放过。九财叔是被贫困逼到绝望的边缘而走上了一条不归路。罗伟章的《我们的路》中的大宝和春妹,家里贫困到连头牛都买不起,进城打工五年没回过家。当他以放弃两个月的工钱为代价回来时,看到的是自家凌乱不堪的灶房,老君山的乡亲依然处于贫穷与落后的生活中。这与自己五年前离家时的情景一样,没有一点点的变化。他虽然对打工感到厌倦,不堪忍受在外飘荡的痛苦与折磨,可为生计所迫,回家不到十天就又一次踏上了背井离乡的打工路。飞花的《卖米》中,为了给有病卧床的爹爹买药,娘和"我"担米翻山去赶场,结果因价格太低而没有出售,每公斤仅差二分钱,"我"

和母亲重新又把米翻山担回来,白白地走了几十里的山路。上述小说中的底层人物是一群苦苦挣扎于土地上的贫困农民,即使在农业进入科技产业化的今天,农民的生活处境也并没有发生多大改变,温饱依然是他们面临的最大问题,也是他们的切肤之痛。

(二)不公与拒绝

由于乡村物质资料的匮乏,生活艰难的人们便一心想逃离土地,城市成为他们向往的世界。越来越多的农民已经不愿忍受物质匮乏的乡村生活,更不愿面对日复一日的贫穷与落后。大量的乡下人涌入城市来寻求物质的丰富和生活的改善,来城市实现他们的"淘金梦"。理想虽美好,但现实很骨感,这些人进城原以为可以大展宏图,但是在新的环境中他们面临着更大的匮乏。

《我们的路》中的大宝与春妹、《民工》中的鞠广大父子、《太平狗》中的程大种、《乡下姑娘李美凤》中的李美凤,还有《麻钱》中的关二生、刘干、王民家,都是不堪忍受乡村的贫穷,抱着改变农村的生活状况才外出打工的。而等待他们的又是什么呢?罗伟章的《我们的路》中,大宝和春妹为了改善家里的经济状况外出打工,但他们遭受着"我出来要是挣不到钱,不要说下跪,死了也活该"[①]的痛苦,大宝肯给石料厂老板下跪,春妹一个16岁的女娃进城务工换回来的却是一个没爹的吃奶娃;靠自己劳动力挣钱的农民们,换回来的是"跪了一次,你的脊梁就再也直不起来了,你就只能爬着走路了,你就真的不是人了"[②]的生存境遇。在残酷的生存困境中,他们丧失了做人的基本权利,只能屈服、卑微地生活着。孙惠芬《民工》中的鞠广大迫于生计和尊严,进城当建筑工,但钢筋水泥和脚手架并没有支撑起他的尊严,相反,他备受歧视和侮辱。荆永鸣的《北京的候鸟》中,到北京谋生的来泰充满希望地以为在首都很快就能过上好日子,至少也可以填饱肚子;他拉三轮车,却被保安无辜殴打;用东拼西凑的钱好不容易盘了一间小饭馆,结果却是一次次地被欺负和坑骗;这只候鸟始终无法在这座城市里生活下去。

---

① 罗伟章:《我们的路》,《长城》2005年第3期。
② 同上。

《卧底》中，工人们来到小煤窑就失去了人身自由，没有工资没有期限地为老板挖煤，稍有不慎还要遭受毒打。老毕企图逃跑没有成功，老板要用在炉火中烧红的煤铲在他的脸上烙印以示惩罚。这种场面不禁使人想到古代牢狱中的酷刑。老毕不愿在脸上留下烙印，他走到炉台边，把左手垫在炉台上，用煤铲的刃子向自己的小手指切去。连切带烫，小手指冒着青烟，一会儿就切断了，断掉的手指像一只活着的蚂蚱一样，一下蹦在地上，屋里弥漫着烧人肉的味儿，自残后的他跪地哀求老板允许他回家，可得到的结果是继续挖煤。《麻钱》中关二生、刘干家、王民三对夫妇同住在一个没有门窗的土窑的大炕上，每天在高强度劳动下所得到的报酬是不能流通的麻钱，每个麻钱抵200元人民币，可老板一再推脱不予兑换，每天晚上他们还要拖着疲惫的身体去出砖，因为晚上的劳动给的是现钱。最后，关二生夫妇回家时除了残损的身体就只有13个麻钱。不合理的劳工关系使农民工的基本生活与权利得不到保障，在工作中途如果请假，前面的工资就往往成为泡影。尽管工地上的活又累又苦且收入微薄，可他们也不愿意回乡下去。在这里还有赚到一点钱的希望，回到家就什么也没了。如瘦谷的《一天》，讲述了一家四口人受豪强势力的威胁离开乡村，到城市拾垃圾维持生计，老婆以肉体换来美餐，结果全家人中毒的悲剧故事，最终，孩子发出"我要回家"的呼声，表现了作者的悲悯情怀。赵光鸣的《穴居在城市》中的王绳组，原是一位代课老师，为了挣更多的钱供儿女读大学，偷偷辞职来到向往已久的城市里当搬运工，但持续的寒冷让他一无所获。

一个健全而和谐的社会是建立在社会公平的基础上的。每个公民同等享有经济、民主、政治、法制、生命上的公平，但在我们的社会转型过程中，却有很多是不公平的。不公平的社会体制，让底层变得无奈、无助而又艰辛。在一个追求法制与公平的文明国度，底层却享受不到应有的待遇，处于社会边缘的他们被拒绝、被排挤、被遗忘，苦苦挣扎却无权自我辩护。面对这些匮乏，底层只能默默地忍受疼痛。曹征路、胡学文、陈应松、王祥夫、毕亮、孙惠芬、郑小琼、王十月等人的作品，都注意到了底层在这方面所承受的痛，都企图用文学来庇护那些不幸的人，对权利失衡的社会进行批判和反思。

第十八章　底层文学写作

打工作家郑小琼、王十月、于怀岸、毕亮、邬霞等人是一群远离家园去都市寻梦的草根。为了在钢筋水泥一样冷漠的城市里打拼，他们遭受的不公正和屈辱苦难，是我们局外人根本无法体会到的。他们的境遇，是暗无天日的工作环境，是少到可怜的报酬，是城市人鄙夷的眼神，是权力者无止尽的剥削。他们在城市中所遭受的物质与精神的双重折磨和苦难，是挖心剜骨一样的疼。诚如郑小琼在《打工，一个沧桑的词》中所描写的："写出打工这个词很艰难/说出来　流着泪/在村庄的时候/我把它当着可以让生命再次腾飞的阶梯　但我抵达/我把它　读着陷阱　当着伤残的食指/高烧的感冒药　或者苦咖啡。"①她以在场者的身份书写了那些渺小、卑微、无助的底层所经受的疼痛。又如《女工记·周阳春》中所写："电子厂每天十二小时的劳动　累/成为唯一表达的词　流水线上/她的身体生硬而笨拙　关节在疼痛/剩下手指像机械一样重复　背部/腿部　腰部　她已无法控制　莫名的痛。"被劳作折磨的"沉默的女工/身体饱含的压抑"，只有在梦中才会面对的孤独和"无所依靠"，使她发出犀利的叫喊，"她的尖叫穿越/这个局促的工业时代"。②　毕亮《回家的路有多远》中的农民工赵卫国，因为没有路费好几年没回家过年了，他把打工得来的 3000 元钱缝在了贴身的内裤里，然而在充满陷阱的大都市，他还是被骗走了所有的钱，没有了回家的路费，不得不去乞讨。人家看他身强力壮的，以为他好吃懒做，没人施舍他。他灵机一动，学电视上的行为艺术家，做"饥饿表演"，以挣钱回家。人们真以为他是行为艺术家，上了新闻，还有很多年轻的艺术崇拜者与他签名合影。而只有饿得奄奄一息的赵卫国知道，他是在以另一种方式乞讨，他要回家。可是，当他想张嘴说他不是行为艺术家，他要回家时，已经饥饿得喊不出来了，没有人听得见他心底的哭泣和呐喊，没有人看得到他内心的痛苦与挣扎——他也许一辈子都回不了家。作者借赵卫国的遭遇，表达了对怪诞社会的控诉。

---

①　郑小琼：《打工，一个沧桑的词》，龙源期刊网：http://www.qikan.com.cn/article/dohu20060132.html。
②　郑小琼：《女工记·周阳春》，郑小琼新浪博客：http://blog.sina.com.cn/s/blog_45a57d300102uzp0.html。

(三)遗忘与欺骗

曹征路《霓虹》中的倪红梅是一名下岗工人。父亲和丈夫先后死于工伤,婆婆瘫痪在床,毫无经济来源的她,还要照顾患病的女儿。为了生计她也试图寻找一个可以依靠的男人,但好不容易爱上的那个人又偏偏是个无赖。为了能够继续生活下去,倪红梅最终选择出卖身体,每晚在霓虹灯下接客,一边养家糊口一边慨叹命运的多舛。她说"白天黑夜也都一样,我不需要知道这些,我只要能看清楚钱就行。我是黑夜动物,没有黑色的眼睛,更不用寻找光明,两只大眼睛只能看见钱"①。这样一个柔弱女子,生活把她逼到了绝境,但更为不幸的是做了暗娼后,收到嫖客的假币并为此送了性命。《那儿》中杜月梅的丈夫早早死掉,杜月梅下岗后试图卖早餐自食其力,可由于女儿患病住院需要大量的钱,无奈做了暗娼,工会主席朱卫国在国企改革中,为了防止国有资产流失,发动下岗工人与企图空手套白狼的企业家斗争,没想到却被他们栽赃陷害,最终以死明志。朱卫国以死抗恶、舍生取义的命运,不仅仅是在揭示他一个人的悲苦,更是在控诉社会没有恩待这样的人。工人们用自己的青春和汗水参与工厂建设,但是由强权和利益结盟的社会集团却反过来欺骗他们,朱卫国自杀时响起的那首《国际歌》及身边摆放着的镰刀斧头,都极具悲剧色彩和象征意义。这不仅是为朱卫国的理想所写的挽歌,更是在赞美朱卫国对理想执著的追求和眷恋,同时也是对官僚腐败以及社会黑暗的巨大讽刺。王学忠在《三轮车夫》中写道:"家人的企盼揣在心口/女儿流泪的学费/妻子叹息的药瓶/每天不蹬十块的/躺在床上/三轮车在梦中也不安地转动……当城市冻得发抖/屋檐下的冰棱柱眨着狡黠的眼睛/三轮车在风雪中冒着汗飞转。"②一个下岗工人为维持家计在寒冷的冬天拼命蹬车挣钱,为的仅仅是生活下去。

《在路上行走的鱼》中的农民杨把子把牛卖给了镇政府食堂,为了

---

① 曹征路:《霓虹》,《当代》2005 年第 5 期。
② 王学忠:《三轮车夫》,http://www.360doc.com/content/09/0514/19/37874_3503346.shtml。

要回4200元的牛钱,常年奔波在去镇政府的路上,但镇政府却屡次推诿、欺骗他。杨把子即使赊账买礼物、请客吃饭,也还是无法得到钱。欠债还钱天经地义,但权力的匮乏使得杨把子只能默默承受官场的蚕食和侵害,面对不公和冷漠,杨把子最终在无奈之下选择自杀,在路上行走的这条鱼最终干渴而死。迟子建《世界上所有的夜晚》中,蒋百嫂的丈夫死于一次矿难,却不能被认定为第十位死亡者,原因是隐瞒了死亡人数,事故就可以不上报,从而大事化小、小事化了,矿主和政府有关部门就都可以不受相应的制裁。蒋百嫂只能把丈夫藏在冰柜里,谎称失踪,并以这种特殊的方式换取了官员们的升官晋爵,而她自己却要在停电的夜晚忍受无尽的痛苦,政治权利的缺失成了蒋百嫂不能诉求公平之痛。曹征路在《豆选事件》中,通过描写菊子、继仁子、继武子与村长方国栋的恩怨情仇,和方家嘴子村第一次试行基层民主的豆选事件,以及方家嘴子村的村主任选举中方继仁妻子的被迫自杀、方家武的被迫出走,揭示出家族势力下的权力运作,以宗法血缘人情为纽带的乡村社会伦理秩序,村民的忍气吞声、安于现状、利诱后的动摇、本性的自私与怯弱,使得乡村基层民主的落实举步维艰。在如此复杂的社会现实面前,个人的命运往往只是一种可怜的牺牲品。文章饱含了作者对底层人民的深切同情。

底层文学作家力图表达的是在物质匮乏下底层人物的艰难和苦痛,试图以此揭开底层物质匮乏的真正原因,及其和他们人生困境的密切联系,让我们意识到当今社会在谋求快速发展的同时也应该关注底层的生存状态,对于他们的遭遇我们应给予更多的同情和关爱。

二、精神困顿下的底层之痛

物质匮乏是个体产生精神困顿的根源之一。底层文学作品中作为个体存在的社会底层人群,在面对自身的生存困境时,不仅要面对物质匮乏带来的疼痛和伤害,还要抵御在忍受疼痛和伤害的过程中精神上的困顿。在现实生活中身处底层的人们既得不到物质上的保障,也得不到精神上的慰藉和认同,经常遭受蔑视和欺辱,在这个荒诞的世界他们成了心灵没有归宿的漂泊者。城市化改变了农民和工人的命运,但他们都需要在急剧变化的环境中寻找新的生存空间,他们无法再按照原来的轨道生活,这一空间转变的背后是身份的转变、文化的转变、命运的转变,由此带来一系列的困惑与疑虑:身份的焦虑、文化的焦虑以及生存的焦虑,他们要忍受被歧视、被遮蔽的痛苦。他们为社会发展作出贡献和牺牲,却被现代化抛在身后,在城市化进程中,承受着现代化带来的痛楚。

(一)自我的丧失

《好大一对羊》中刘副专员为扶贫而送了德山老汉一对进口羊,德山老汉不惜血本炒燕麦面、做红糖水、买从来没吃过的鸡蛋和着催情的龙胆草喂羊,为的只是乡长的一句话:"羊只能喂好不能喂坏,只能喂壮不能喂瘦,只能喂多不能喂少,这是命令,是纪律。"这让德山老汉的女儿因为生病喝了一大碗鸡蛋花之后有了一种负罪感。德山老汉把羊看得比自己还重要,即使被逼到山穷水尽,也没意识到自己已成为被羊奴役的工具,在自家人忍受着极度饥饿的情况下还一心想着喂羊,精神的麻木和无意识的结果是幼女丧命、家破人亡。《太平狗》中程大种与他的太平狗来到城市时,狗被驱逐,人被排斥,他为了证明狗没有狂犬病,将自己的手指伸进狗嘴里,紧挤狗的牙齿让它咬破自己的手。当狗嘴里流出人血时,他高兴地告诉周围人狗是健康的,没有狂犬病,他以自我的折磨换得别人对他和狗的暂时宽容。谢湘南在《我醒来时……》中说:"火车并非停在想象的旷野/我下车在所有下车者的后面/行李磕绊着前行的脚步/阳光显得陌生//我醒来时/天空已经凌乱/我的声音传不出更远/我的心房堆积着焦虑/我四目张望/小心翼翼走过城市的隧道……"打工诗人被裹在喧嚣的城市里,并没有在城市中找到自己的价值感。

周崇贤的《漫无依泊》、林坚的《别人的城市》表现的也是打工者在城市中的迷惘和彷徨。郑小琼《女工记·手记:黄华》中被制砖机轧断了手臂的四川女工黄华因为老板给她付了医药费并赔偿了4万块钱,逢人便说"老板是好人",她庆幸被轧断手臂的不是自己的男人,要是那样的话她都不知道该怎么办了;在另一家制砖厂一位河南民工也被轧断了手臂,老板只出了一半医药费,没有赔偿,她也说老板心眼好,

第十八章 底层文学写作

"理由很简单,她跟老板做事,老板付了工资,老板没有叫你轧断手臂,是你自己不小心,应当与老板无关"。对于现实她们不是麻木而是无奈,对现实的无奈。王祥夫的《狂奔》,讲述的是一个孩子随着父母进城读书,最后一路狂奔、跳河自杀的故事。这个孩子之所以自杀,是因为同学们发现了他父母在城里承包厕所、他随父母住在厕所,并因此嘲笑挖苦他。孩子的夺路狂奔,是要逃避这个社会的歧视和不公。孩子自杀是因无法承受来自精神的压力,他和他父母虽然进入了城市,但却处在城市的边缘,无法被城市接纳,同时又离不开城市;追求城市人的身份,却总是被拒绝以致陷入迷惘。

(二)身份的失落

当今的社会是一个充满竞争的社会,在群雄角逐的丛林里,底层已经成为一个最缺乏竞争力的群体。下岗工人是底层中的特殊群体,我们这个社会很难注意到他们的生存困境,底层作家抱着知识分子的良知和同情心,完成了对下岗工人的"去遮蔽",让我们听到了他们的哀叹和呻吟,看到了他们身份失落后承受的精神之痛。

50年代,工人阶级铸就了自身的辉煌,"工人"曾是荣誉和地位的象征,代表着一种崇高的职业。进入90年代后,随着城市改革的开始,产业结构调整、体制变迁、国企改革,工人阶级失去了原来的光芒。生活的轨迹在此拐弯了,意气风发的工人们黯然离开工厂,重新寻找自己的位置,不能再以主人翁身份自居,感受到的只有失去生存基础的恐惧与前途无着的迷惘。《那儿》中"小舅"在工人中失去信任,为了阻止国有资产的流失、证明自己的清白,他用气锤砸掉了自己的脑袋。"小舅"是矿机厂里的技术能手,能操作难度极高的腰锤,也因此成了厂里的工会主席。他亲历了50年代矿机厂的辉煌、工厂雄厚的生产能力和工人们齐心协力干事业的劲头,那时候生活、生命和内心都很丰富、很完美;也亲历了80年代工厂因为体制的原因而错失大好发展机遇。90年代国企改革,工人们从全力为工厂付出到集资买岗位,几乎变得一无所有,最后到了拿仅剩的住房来买回本属于自己的工厂、买回本属于自己的劳动权利的地步。他以产业工人的主人翁意识,一直在为工厂和工人的前途命运奔走呼号,但最后的一搏还是败给了某些人为了个人利益炮制出来的文件。在这个过程中,他内心的完美也在一点一点地消逝。《那儿》显然不仅仅着力于底层劳动者在苦难中孤独承受和默默煎熬的叙述,更是将工人曾经的被解放阶级的历史身份,置于正在面临的生活困境,并且直接表达了他们对某些不合理现实的怀疑、愤怒和抗争,写出了体制变革之下人们遭遇暂时困难而又无力把握自己前途的悲哀,从而凸显悲剧感。榛子的小说《且看满城灯火》通过某些国有企业的工人在企业衰落过程中对自己身份的焦虑和质疑,揭示了当前部分工人的生存状态、身份转移和出路艰难的问题。国企工人叶国权一家有着浓厚的工人阶级情结,他把四个儿女分别命名为"大生、大产、大模、大范",但国有工厂在市场浪潮冲击下,由于管理和市场定位的缺失日渐走向衰败,四兄妹相继失去了国有工人的身份。有技术、有名气的老大大生在工厂坚持了许久,但最终也难挡"民营企业家"可以赚大钱的诱惑,离开工厂,办起了私人工厂;老二大产早就看穿现实,跳出工厂,承包了酒店;老三大模下岗后只能靠卖馒头、摆书摊过日子;老四大范为人擦鞋,最后沦落到被人包养的境地。小说通过大生的回想对如今的工人身份进行了质疑。过去四兄妹刚参加工作时,父母领着他们去饭店聚餐庆贺,来到大桥上看城市景观,四兄妹相继喊出:"啊,且看满城灯火/敢问谁家天下/看我工人阶级。"那时的工人是何等自豪和被人羡慕,如今的不少产业工人却在丧失身份,没有了昔日的光荣感与归属感。小说写得很苍凉,透露出了国有企业的衰败和对工人身份失落的无奈,小说表现出来的质疑与追问是令人警醒的,也反映出了底层人物对自我身份的焦虑与探求。

(三)人性的异化

底层普遍面临物质的匮乏这一现状,这驱使个体为改变自己的劣势地位,为了能够生存下去,想尽一切办法为自己谋取利益,有时是以牺牲他者的利益来实现自己的需求,在有意或无意中,人性的阴暗面也逐渐显露。

《卧底》中的记者周水明,去煤矿卧底以求有所建树,能够转正。不料却过早暴露,被煤窑老板关了两个多月,遭遇了比"包身工"还悲惨的奴隶生活。他向记者站求救,记者站却解聘了他。他寄希望于窑

第十八章 底层文学写作

工们的起义反抗,窑工们却出卖了他。而他为了老板开的5000元空头支票,也把别人和自己都卖了。老板的阴险狡诈、记者站站长的市井势利、窑工的背信弃义、记者的见利忘义,都充分体现了人性的阴暗。刘庆邦的中篇小说《神木》讲述了两个农民工宋金明和唐朝阳办"点子"赚钱的故事,他们在路上结识了老实巴交的打工者元清平(唐朝霞),骗其同去某矿打工,对矿长谎称和被骗者是亲戚。他们将元清平骗到煤矿上之后,在暗无天日的煤窑深处害死了他,谎称发生矿难,然后以"点子"(被害人)亲人的身份向窑主索取抚恤金。在谋害了元清平之后,他们又搭识了少年元凤鸣,而元凤鸣就是元清平的儿子,结果打算杀害元凤鸣的两个人,却起了内讧,死在了矿井下面,元凤鸣得以逃脱。小说着重表现在那个黑暗的矿井下面所进行的人性拷问,两个谋财害命的恶魔一步步走向害人害己的深渊,暗喻传统伦理道德和惩戒力量双重缺失下,底层社会精神上的挣扎与痛苦,也揭示了底层人物在面对匮乏时活在虚妄的自我麻痹中。《到城里去》中的宋家银之所以和老实巴交的杨成方相亲之后勉强点了头,原因是她听媒人说杨成方是个工人。尽管是个临时工,但毕竟是个领工资的人。成为工人家属使宋家银觉得自己高出乡亲们一头,处处要强,当杨成方因厂子效益不好被辞退的时候,她教唆杨成方如果有人问起就说是休假在家。她宁肯自己一个人在家种地、忍受孤独与寂寞,也要丈夫到城里去。一是她要维护自己"工人家属"的地位,二是她坚信在城里能赚到更多的钱,为了"面子"她最后几乎是将丈夫赶出了家门。鬼子《瓦城上空的麦田》中的父亲李四含辛茹苦地把几个儿女抚养成人,儿女们学成归来后在瓦城有了各自的工作,但变成瓦城人后的四个孩子整天忙着自己的事情,从不过问他的冷暖。即便他六十大寿,孩子们也没有一个记得。李四进城跟孩子们讨公道,可孩子们依然各忙各的。伤心的李四选择四处游荡。在游荡的日子里,他遇到的流浪汉胡一红被车撞死了。李四在料理胡的丧事时,把自己的身份证和胡的骨灰盒一起送到孩子们家,想看看他们对自己的死是什么反应,结果四个孩子真以为他死了。当胡一红的儿子把真相告诉李四的四个孩子时,四个孩子却把李四当作冒名顶替者多次痛打。李四由失望到绝望,由绝望到最后在流浪中含恨而死,人性情感的缺失在鬼子如诉如泣的讲述里,显得异常悲凉。

三、底层之乐

底层文学并不都是宣泄苦难和疼痛,也并不都是展现生存的艰难。其实底层也有底层的快乐,在庞大的底层世界中,在他们平凡的生活中,也有爱和温暖,他们的勤劳勇敢、坚韧乐观、朴实善良都是底层人物身上显现出的耀眼光芒,让我们看到底层在忍受苦痛之时也有温馨、动人的一面。作家们通过对底层之乐的探寻和描述,试图挖出一条通往底层本真世界的大道,走进底层人物的精神与灵魂,但是我们也能发现两类不同的作家对底层之乐的阐述不尽相同。一类作家习惯以知识分子的悲悯情怀言说底层之乐,他们所谓的底层之乐往往是基于底层人物完满的人格道德;另一类作家则从自身经验的实际出发,他们所呈现的底层之乐少了道德色彩,以更真实的情感述说着底层的本真之乐。

(一)基于道德的底层之乐

曹征路《霓虹》中的倪红梅、迟子建《踏着月光的行板》中的王锐和林秀珊夫妇、刘涛《最后的细致》中的李皓、蒋韵《心爱的树》中的教书先生、方方《万箭穿心》中的李想以及于怀岸《台风之夜》、刘醒龙《天行者》、贾平凹《高兴》等作品中的底层人物,身处中国高速城市化的历史洪流中,面对日益残酷而充满竞争的社会现实,虽然生活贫困且经常遭遇不幸,但被作者寄予了高尚的情操和完美的道德。

曹征路《霓虹》中的下岗女工倪红梅,在丈夫因公死去后完全可以获得经济赔偿,但善良的她听从领导"共渡难关"的号召,放弃了经济赔偿;结果工厂的头头们都渡过了难关,她自己却陷入生存的困境。为了照顾患病的婆婆以及供养孩子上学而沦落为暗娼。尽管如此,作者却赋予她以相当脱俗的品格,描写她用纯真与善良对抗生活中的种种磨难,让我们看到底层人物即使身处绝境生活仍有希望。贾平凹《高兴》中的刘高兴本是一个从农村来到城市捡破烂的农民工,可作者在他的身上却赋予了更多的道德想象。他有一定的文化知识,能够说出一些让人惊讶的富有哲理性的话,而且有较好的艺术修养——吹得一手好箫,让城里人也刮目相看。虽然自己生活得很艰辛,但他对于弱小者能伸出援助之手,不仅经常帮助五富、黄八,而且对萍水相逢的孟夷纯也进行无私的帮助。五富死后他能够履行诺言,背五富的尸体回家,这些都充分体现了他对理想、友情、爱情的纯真而质朴的坚守。然而这个人物身上更多的是知识分子思想意识的体现,作者将自己美好的理想道德附加到主人公身上,试图用传统的乡村文明的质朴善良来凸显城市的丑恶。刘涛《最后的细致》中的主人公李皓是一个濒临死亡的癌症患者,正值壮年的他,眼睁睁地看着自己强壮的身体一天天被病魔耗尽,身后留下的是即将上高中的儿子、月工资只有780块的妻子和两万多块钱的外债。不过,作者把这个悲惨的故事叙述得非常温暖,小说既没有描述李皓肉体上的痛苦,也没有强调他内心的挣扎与恐惧,更没有刻意展示这一家人的艰辛与困顿。作者用朴素的文字、细腻的笔触、平缓的节奏、放大的细节,展示了一个普通工人直面死亡时对家的无限眷恋、对亲人细致入微的关爱和作为"一家之主"的沉重责任。李皓为了让儿子和妻子在没有他的日子里过得好一些,每天都对家里的"琐碎"修修补补——衣橱挂钩、高压锅盖、百叶窗滑道,这对儿子和妻子即将到来的不幸生活有多大改观呢?残缺的家庭、沉重的学费、微薄的工资、几万块钱的债……都无法改变,但这些都不重要了。李皓在死亡面前的"细致"冲淡了物质层面的困境,他把作为丈夫和父亲的爱与责任延续到死后,温暖着困境中的妻子和儿子,也深深打动了读者的心灵。小说的叙事从李皓修高压锅盖开始,到他完成计划疲倦而满意地睡去结束。也许在不久的将来,李皓就会疲倦而满意地永远睡去,但小说留给读者的是一个温暖的、充满希望的结局。读罢小说掩卷回味,我们获得的是久违的宁静与感动。小说全篇都在絮絮叨叨地描写李皓的心理和行为,但他没有抱怨命运,没有恐惧死亡,甚至没有时间仔细体会病痛,儿子、妻子和温馨的家占据了他整个心灵,在这个辛酸的故事中,我们读到的是坚韧的生命、朴素的爱和至深的亲情,它就像寒夜中的灯光,照亮人的心灵,给人温暖和希望。

方方《万箭穿心》中的李宝莉是一个平凡的女人,但性格粗鲁强悍,以至于丈夫在家庭中长期受压抑而出轨,李宝莉捉到老公马学武与别的女人偷情时,悲愤报警。马学武在得知报警人就是李宝莉并且自己已经下岗后,投江自尽。在经历丈夫背叛、自杀等沉重打击之后,李宝莉用一根扁担挑起家庭的重担,独自赡养公婆,抚养儿子。可儿子和公婆却恩将仇报,算计走她唯一的房子,并将她赶出家门,把她逼入绝境。她并没有倒下,而是继续乐观顽强地用一根扁担挑起自己的未来和生活。

哲贵《决不饶恕》中的周蕙芪是一名普普通通的裁缝,离婚后爱上了浪荡游子刘科,但所遇非人,刘科欺骗了她的感情,带着周蕙芪为他东凑西借的55万元远走高飞,一去不回。周蕙芪为了还这笔钱历尽了艰辛和屈辱,债务还清时,她也形容枯槁,身罹重病,无钱医治,行将就木。而当刘科在外面发了大财,想把这笔钱还给周蕙芪并用更大的回报来补偿她时,周蕙芪却毅然决然地拒绝了刘科的恩赐,躲到了刘科永远也找不到的角落。她对刘科背信弃义的"决不饶恕",是对自我尊严的维护。

于怀岸的《台风之夜》讲的是四个在广州打工的湘西人被鞋厂开除后,乘车去汕头找工作。在中途,他们不但一路被城市的地头蛇欺骗、抢劫、追杀,还在逃亡中遭遇了台风。表面上看,主人公只是在与自然界的风雨搏斗,其实他们更是与人世间的凄风冷雨搏斗。那个风雨交加的台风之夜,不但是大自然的台风之夜,也是他们心灵的台风之夜。在精疲力竭的生死线上,他们也想到了偷盗,想到了抢劫,想到了以恶还恶,但是,最终没有这么做,相反,他们在逃亡的过程中,把自己敲诈来的40元钱给了一位来广东寻找儿子的江西老人。在一次次善与恶的交锋中,道德战胜了邪恶,他们的灵魂得到了彻底的洗礼,在努力保护自己性命的同时,还保全了自己体内的美好品性。在黎明之前,他们体内的邪恶终于遁逃得无影无踪,纯朴和善良像即将来临的阳光,暖洋洋地烘烤着他们的心灵。"当台风退去,几个人手牵手地走在黎明下时,我们看到的是平民百姓和小人物的心灵的黎明、人性的黎明,那黎明下的光辉,是平民百姓和小人物心灵的光辉、人性的光辉。"①

以上作家对底层那种淳朴与善良、爱与责任、顽强与勇气的书写,

---

① 彭学明:《底层文学的高处与低处》,《小说评论》2007年第3期。

第十八章　底层文学写作

使底层民众的生活在困顿中获得了诗意,而且让我们相信这种诗意不是浪漫的幻想,不是对生活的有意美化,它朴实无华却踏实可靠,充实了底层平凡而艰辛的人生,使芸芸众生的普通生命增添了光彩和意义。作家对底层之乐的书写试图以此为身心疼痛的底层送去一束人性之光,这种经过想象和粉饰的快乐恰恰暴露了作家与底层之间存在的巨大鸿沟,基于道德的快乐并不是底层真正的乐。

(二) 基于人性的底层之乐

如果说知识分子型作家笔下的底层之乐被赋予了浓厚的道德意味,那么以周崇贤、刘伟章、孙惠芬等为代表的作家对底层之乐的描述则更具朴实本真的人性味道。他们也用笔墨和着泪水,记录和表述底层的艰辛与不易,以及在谋生过程中遭遇的痛楚与无奈,但这些作家们并不是站在道德制高点来颂赞底层人物在苦难中所凸显的道德的美好,而是以更真实的情感呈现底层生活的快乐。

周崇贤笔下的打工妹孤身来到城市,忍受工厂管理者的残酷盘剥,艰难生存;传明笔下的打工仔生活也异常艰苦;安子笔下的女工们外出艰难谋生,最终找到了自己"心中的太阳"。这些打工者并不认为自己的处境无法忍受,相反他们仍然对生活怀有信念,对世界有一份坚定和乐观的抱负。他们相信凭自己的艰苦劳作和争取,完全有可能开创一个美丽的未来。他们并不想绝望地走向社会的反面,也并不激烈地抨击当下的生活,而是在困难中互相慰勉,在挑战中从容面对。①

孙惠芬《踏着月光的行板》中的王锐和林秀珊是一对进城打工的夫妻,他们不得已分居在两个城市,只有在周末丈夫会乘坐火车从自己打工的建筑工地到妻子所在的城市,租一个便宜的地下旅馆过甜蜜的夫妻生活。而平时他们都靠附近的电话亭与对方联系,即便如此妻子也很幸福:"明明知道见到的是电话,而不是王锐,可她每次来总要梳洗打扮一番,好像王锐传过来的声音长着眼睛一样。"②一个中秋节,两

---

① 张颐武:《在"中国梦"的面前回应挑战——"底层文学"和"打工文学"再思考》,《中关村》2006 年第 8 期。
② 迟子建:《踏着月光的行板》,《收获》2003 年第 6 期。

个人都得到了难得的假期,为了给对方一个惊喜,在没有通知对方的情况下各自踏上了开往对方城市的列车,到了对方城市后才得知自己的爱人去找自己了,于是赶紧买票折回,这样就在忙碌的奔波中花掉了一天宝贵的时间,最后,两人相约在他们乘坐的慢车交错时相见。他们用自己微薄的力量贡献出对对方悠长的爱意,读来让人倍感甜蜜和温馨。刘醒龙的《天行者》写的是几位在偏远山区执教的民办老师,他们用心灵守护着农村的教育,当城里开始在宽敞整洁的教室使用多媒体教学时,他们却在破旧的村小学里一边上课,一边在下课后到自己家的责任田里耕作,甚至在周末的唯一一天假期里去做小买卖,为自己清贫的家挣几个油盐钱。生活和教学的压力让他们活得艰辛而沉重,但他们拿着每月几十块钱的工资却觉得很满足,因为这可以让农村的小孩多学到一些知识。他们每个人都渴望转成公办教师,却把转正指标都让给了他们眼中对未来和孩子更有用的人。当全体民办老师都可以转正时,他们却都交不起买断工龄的钱,面临着下岗和解聘。而他们依然兢兢业业地教书育人,并不觉得痛苦,直到一纸公文让他们回家。作品中的邓有米不忍心眼睁睁看着被病妻拖得一贫如洗的余校长交不起买断工龄的钱,向维修教室的老板要了2万元回扣替余校长悄悄交上,而自己逃亡他乡躲避追查,读到这里时,读者很容易被他们朴实的行为所打动,也被他们乐观的心态所感染。吴玄的《发廊》以一个中学教师的口吻叙述了妹妹及西地其他一些女子怎样走上了做发廊女的道路:她们血脉里对城市的向往和无条件认同,使她们糊里糊涂地从乡村来到城市,糊里糊涂地选择了发廊的职业。但是妹妹和她的伙伴们对自己所从事的行业并不感到羞耻,而是欣然接受,就如作者所说:"做妓女对妹妹来说也是很不错的选择。"

虽然孙惠芬、罗伟章、周崇贤、吴玄等作家对底层本真的快乐进行了有意识的探索,也取得了一定的成绩,但是我们也不难看到这些作品在叙述上的扭捏与牵强。真正的快乐不是依附于道德、依附于环境,而是建立在个体对生活的满足上。在叙述底层之乐时,作家们很容易陷入道德的窠臼,以至于不能理解也不能诠释真正的底层之乐。所以,我们很难看到真正有分量、有深度的呈现丰富多彩的底层之乐的作品。

第三节　历史局限及需要拓展的两个向度

底层文学在叙述底层民众生活、刻画底层民众形象、表达底层民众心声等方面确实填补了不少空白,具有不同寻常的意义,但我们也不能忽视其存在的问题,对于底层文学创作出现的问题与困境,有学者对此已有清醒的认识:"大量的底层写作还没有脱去自然主义的生态,大多停留在社会转型期农民与工人的暂时性困难,书写对乡土的依恋,对城市的迷惘,入城者的流浪感与孤独感,被城市文化遮蔽的心灵痛苦,被城市拒绝的彷徨与悲哀,身份失落后的焦虑等等。真正有人性与思想深度的力作、有文化认同感的标志性创作还没有出现。"[①]就近年来的底层文学创作来说,其局限主要体现在以下三个方面。

首先,对苦难的过度迷恋、对苦难的大书特书是近年来底层写作的一个重要趋向,许多作品沉溺于苦难叙事而不可自拔,甚至将苦难叙事视为底层写作最高的审美追求和艺术法则。不可否认,底层生活中总有一些不幸的遭遇,这一幕幕苦难使他们的生活永远处于绝望中,作家这种追求快意的放纵式苦难书写,将苦难的细节夸大,必然是对底层人民生活的扭曲。同时,这也把底层世界的丰富性和复杂性给遮蔽了。就当前底层的苦难书写,李建军也指出:"在小说的字里行间,我们看到了弱势群体的令人难以置信的生活境况,也看到了作者对社会不公和罪恶现象的难以遏抑的不满和愤怒。但是,愤怒的情绪也扭曲了作者的感受和叙述,使他的伦理态度和叙述方式显示出一种片面和简单的倾向,而缺乏在复杂的视境中,平衡地处理多种对立关系和冲突性情感的能力,作者不仅没有写出坏人性格和情感的复杂性,而且还过多地渲染了那些受凌辱与受损害者的粗俗和动物性的一面。"[②]文学和现实世界本来有着许多复杂的联系,底层文学的这种苦难叙事明显窄化了

---

① 肖向东:《论底层创作的文化误区与理论缺失》,王肇基、肖向东主编:《底层文学论集——中国新文学学会第23届年会暨"底层创作与和谐社会"学术研讨会论文集》,人民日报出版社2008年版,第55页。

② 李建军:《被任性与仇恨奴役的单向度写作》,《小说评论》2005年第1期。

两者之间的关系,文学和现实之间的许多通道被关闭,仅留下了一道苦难之门。罗伟章的《我们的路》、荆永鸣的《北京候鸟》《外地人》、曹征路的《那儿》、孙惠芬的《民工》、陈应松的《马嘶岭血案》、杨映川的《不能掉头》、鬼子的《大年夜》等作品都极力渲染底层民众的生活苦难。作家笔下的底层生活,除了苦难似乎别无他物,这种纯粹为了苦难而书写苦难的姿态,毫无疑问会严重伤害底层文学的生命力。

  其次,在底层文学中,由于底层作家自身条件的限制,他们的创作视野往往比较狭窄,很少看到更为广阔而丰富的世界,他们的创作常常局限于自己的生活经验,叙写自己的人生经历、艰难谋生的痛苦以及日常的所见所闻,不能将底层人民的不幸和艰难放到更广阔的社会空间中去表现。虽然充满了对底层的人文关怀,但仅靠走马观花地"深入生活"所获取的一鳞半爪的平民生活,很难对底层百姓的生存状态和精神世界有切实的理解与把握。作家们在发出自己的批判声音时,其声势是巨大的,情感是强烈的,并且在叙事伦理上占据一定的优势地位,颇具震撼人心的力量,极易激起人们的同情与共鸣。特别是在当下的社会语境中,底层的声音在解读和接受过程中往往被赋予了某种政治的意味。然而情感宣泄只是文学的功能之一,文学在反映社会现实的同时,在呐喊的同时,还应该加强思想的力量,强化作品的精神内涵,以大义与大爱给这个时代失去精神依托和心灵归宿的人们以某种精神的抚慰。正如有论者批评说:"作家有必要将'农民问题'或者别的具有现实性、紧迫性的问题转换成'人的问题'。作家既要关注他的主人公的外在遭遇,更应当关注他们的精神和灵魂。"[①]

  再次,底层文学关注现实,直面当前的社会矛盾和各种利益冲突,这是值得肯定的,但是由于对问题的认识所限,这些矛盾和利益冲突极易被简单化为统治阶级与被统治阶级、权贵与平民之间的二元对立关系。在底层文学中,我们可以听到对于腐败和不公的强烈谴责,对于欺压百姓的当权者的大声呵斥,可以看到对于权贵们无耻和奢侈的暴露

[①] 曹文轩、邵燕君:《导言》,《2006 年中国小说·北大选本》,北京大学出版社 2007 年版,第 3 页。

第十八章 底层文学写作

与抨击,底层文学对社会转型中官员严重腐败导致工厂的倒闭与国有资产流失进行了批判,却忽略了底层自身存在着某些不适应现代社会激烈竞争的因素,下岗工人在留恋国有企业的职业保障的同时却忽略了这些企业自身存在的某些积重难返的问题,特别是其因管理体制僵化而不适应市场经济激烈竞争的问题。来自下岗工人的写作很容易沉湎于对过去美好生活的回味中,流露出对过去国企某种优越感的怀念和依赖,并且很容易将当前的困境归咎为现实的社会转型。另外,在城市想象中,有的作者可能过分夸大了城市的排外,而忽视了城市的包容,底层作者应该对此进行深刻的思考。在当今时代,社会结构已趋于复杂化,各种矛盾和冲突接连不断,我们所要做的是探究通过什么途径才能疗治这嬗变了的社会,这是一个全新的课题。对于我们来讲,也许有必要摆脱和超越乌托邦式的思维,进一步思考社会缺乏公平、公正、公道的根源,任何的简单化或道德愤怒,都不可能解决问题。

通过上文的分析,可知底层文学创作的困境有其复杂的因由,那么出路在哪里呢?我想首先有必要申明,这里所讲的底层问题属于文学问题,要纳入到审美范围来对之进行审美观照,而不是对其作简单的社会学和政治学评判。也就是说,它是作为审美对象化问题来讨论的。正如陈晓明所指出的:"我以为,在文学的层面上,更重要的在于,作家们开始给予'审美期望'。这些苦难兮兮的生活状态,这些艰辛的生存事相,并不只是作为控诉社会,作为批判的意识形态的佐证,而是在文学上真正写出底层人的生活的整体性状况。也就是说,不是居高临下的同情和呼吁,不是'通过'对他们的生活的表现而阐明某些知识分子的立场,而是把文学性的表现真正落实在底层民众的人物形象上面,在美学的意义上面重建他们的生活。在苦难中写出他们的坚强,写出他们丰富而复杂的内心世界,给予他们的存在以完整性的审美特质。"① 底层文学应该是来源于社会底层但决不局限于这个阶层,特别是作家对于底层社会的认识与审视决不能局限于此,底层文学应该加强对自身阶层的审视和反思,努力发现和克服自身存在的种种问题。这些问

---

① 陈晓明:《在"底层"眺望纯文学》,《长城》2004 年第 1 期。

题有些可能是人类普遍存在的劣根性问题,有些可能是长期生活于社会底层遭受强大压力所导致的精神变异。

要改变这种创作困境,我认为底层文学应该跳出狭隘的现实视野,在更加宽广的文学场域中来审视和思考当前底层文学的创作现状、问题和出路。其实,底层文学跟其他所有文学一样,都有其发展的常态,并且这种常态也是世界文学地图上的共同存在,许多文学问题在艺术上是相通的。底层文学不仅可以从中国现代文学所开创的以现代启蒙精神为核心的现实主义文学创作中汲取丰富的精神营养,也可以从异彩纷呈的世界文学创作中吸收宝贵经验。以鲁迅为代表的五四现实主义作家,无论是面对城市与乡村,还是面对知识分子与平民,都是站在历史、文化和民族的角度作整体性的透视和批判,并且坚持启蒙主义的立场。鲁迅在叙述阿Q、孔乙己、祥林嫂、华老栓以及麻木的农民的不幸命运时,并不是简单地对他们寄予深切的同情,而是将其遭遇与批判国民劣根性结合在一起,鲁迅的国民性批判不仅针对黑暗势力和社会权贵,同时也把锋芒对准了"麻木的群众"。他们都成为作者一视同仁批判的对象,且寄寓了深厚的文化意蕴。同样,茅盾的《春蚕》、曹禺的《日出》、王鲁彦的《柚子》《菊英的出嫁》《黄金》等,并不是简单地叙述底层所遭受的各种不幸与磨难,而是将他们的不幸放到大的社会历史背景下加以考察,在错综复杂的关系中来展现他们内在的精神世界。除此之外,世界文学史上也有很多宝贵的范例可供参照,如司汤达的《红与黑》、狄更斯的《雾都孤儿》、福克纳的《喧哗与骚动》《熊》、屠格涅夫的《猎人笔记》、契诃夫的《草原》、哈代的《远离尘嚣》《德伯家的苔丝》、马尔克斯的《百年孤独》等作品,无论是对人类精神的追寻,还是对城市文明与乡村文明的现代性冲突的探讨,都是在整个人类历史发展的进程中来审视人性,揭示出人类普遍遭遇的生存困境,在世界文学史上留下了浓墨重彩的一笔。所有这些都给我们提供了丰富的经验。我们的底层文学创作应学人之长、补己之短,跳出狭隘、功利的价值视阈,以一种普世性的价值理念来引领我们的小说创作,只有这样,才能超越善良与邪恶、城市和乡村二元对立的思维模式,才能由外部进入到内部,由表层突入到深层,在更为广阔、深邃的层面上叙写变化中的现实社会。正如丁帆所说:"必须破除城乡间简单粗暴的二元对立和非正常错位,追寻乡土中国的自然生命和精神生命的融合,饱蕴感性、灵魂和血泪,从现代性的立场重构人类生命永恒的家园。"①作家应该跳出狭隘的乡土本位意识,从现代性的立场来审视城市在其发展过程中所显露出来的善与恶,只有这样才能探究其文化本质,认识其丰富面貌,发现其对生命的影响。我想,这样的文学创作也许更具有持久的艺术生命力。因此,底层文学创作不能局限于外部层面,而应深入到人物的内心世界,在农业文明和城市文明的激烈碰撞中叙写出现代化给人物心灵造成的裂变和冲击。

　　与此同时,底层作家还必须加强自身的文学修养和审美创造力。总体而言,底层作家的写作还比较粗糙,他们的作品文化底蕴显得不足,思想深度还有待提高。我们固然不能以精英的水准来要求他们,但是也不能因为他们特殊的身份而忽略这些问题。从整个文学史来说,底层创作向来就是整个文学创作的重要组成部分,是不可缺少的,但是底层文学要想在新世纪的文学史上继续展现其风采、显示其存在的意义和价值,就必须通过不断努力冲破创作的瓶颈。当然,面对底层文学创作所显现出来的缺陷和不足,大批作家进行着新的艺术实践与探索。刘庆邦的《家园何处》就是一个成功范例,小说讲述了被迫进城务工的停渴求富裕,在欲望的驱使下最终沦为风尘女子。作者写尽了欲望都市摧残女性的丑恶现实,但并没有到此为止,他相信乡土女儿。尊严不复存在的停因为未婚夫方建忠的意外到来而开始感到内疚,她的羞耻之心突然被唤醒。但是未婚夫并没有因停的堕落而抛弃她,反而以爱接纳了这个受过伤害的女子,两个孤独的人最终又走到一起。这一亮色的结尾让读者的内心升腾起希望,获得了安慰。他们虽然身处社会底层,也经历了难以启齿的苦与痛,但始终对生活充满希望和梦想。这样的底层故事既让人心痛,也让人感到慰藉。心痛是因为他们有着心酸的过往、坎坷的人生经历,感到慰藉是因为即便生活有诸多无奈,他们仍然怀揣梦想。对美好生活的向往促使他们去勇敢地寻求属于他们

---

① 丁帆:《中国乡土小说史》,北京大学出版社2007年版,第369页。

的幸福,那份质朴的爱和执著的等待显示出人性的光辉与美好。作品没有写底层生活的艰难、困苦、绝望、无奈,而是从他们积极、乐观、勇敢、爱的生活哲学中让人看到了希望,感受到了温暖。此外,像迟子建的《世界上所有的夜晚》、孙惠芬的《歇马山庄》对作品深层意蕴的营造,范小青的《父亲还在渔隐街》、王十月的《国家订单》、贾平凹的《高兴》对城乡关系的重新思考,邵丽的《明惠的圣诞》、马秋芬的《朱大琴,请与本台联系》、巴乔的《阿瑶》对人物心灵的关注,都是当下底层文学的范本。这些作品的成功之处在于为底层写作提供了另一种经验或道路,将底层写作从苦难的泥潭中解放出来,超越了城市与乡村、统治阶级与被统治阶级、权贵与平民二元对立的思维模式,由底层想象转向真实地展现底层民众真正的生活状貌。由苦难叙事转向精神描摹,代表着底层写作新的艺术探索与实践。我们期待着有更多这样能够真正触动灵魂、引发人生反思的文学作品出现,使底层文学提升到更高的艺术境界。

(李浩昌)

后 记

　　本书的写作,最早可追溯到上世纪90年代初。那时在讲授中国现当代文学史及作家作品的过程中,曾不止一次地为不能很好地展开对当下文学热点问题的探讨而感到苦恼;听课的学生呢,他们也对只关注恒定的文学经典而不关注当前鲜活的文学现状的教学感到不满。这样的教与学之间的共同诉求,就不期而然地激发了我编写本书的强烈欲望。于是,我就开始动手编写讲义,并很快地增开了这门新课。如今,一晃十几年过去了,期间,这门课程随着高校整体课程体系翻来覆去的不断调整,也经历了从选修课、研究生学位课,到通识课等多次的调整,并在内容和体例上有不少变化;但有一点始终没有变化我们也不大主张变化,那就是强调关心现实,参与当下,努力拓宽原有课程体系的内涵和外延,使之充分地凸显现当代文学的独特优势和个性魅力。

　　本书不同于一般的文学史或文学思潮史,它不是铺开一个广阔的"面",而是选择若干个具体的"点"。通过以"点"带"面"的形式,让读者了解当下文学在发展过程中呈现出来的新质和产生的新变;在此基础上培养他们独立思考的精神和分析、把握问题的能力,并以积极主动的姿态参加当下文学和文化的建设。这里所谓的"点",情况当然各不相同,其内在的思想艺术取向也大相径庭,但都与近一二十年来中国思想文化的脉动纠缠在一起,并成为这种思想文化的一个折光反映。从学科或专业的角度讲,它是现当代文学的一个有机组成部分,毫无疑问应进入我们中文教学和研究工作者的视野。现当代文学是一个只有起点没有终点的学科,也是一个不断"往后撤"的学科,这样一个学科属性特点,决定了我们的教学和研究不能几十年一贯制地把目光锁定于永恒不变的时空范围。"点""面"结合,经典解读与现象透视会通,知识传授与能力培养兼顾,这是近年来我所追求的。我也正是立足于此从事本书编写的。如果说以上所说还有道理的话,我希望读者将它与通常的文学史和经典的作家作品学习结合起来，将其视为系统工程的一个环节。

本书由笔者拟定细纲，在具体写作时借鉴和吸纳了以往不少的研究成果。当然，为了契合论旨的需要，也是为了更好地体现现当代文学的"当代性"特点，亦适时补充进了不少富有时代特质的"热点"话题，如新概念作文大赛、国学热与于丹现象、"韩白之争"、《狼图腾》与生态文学、"大话"文学潮等。这些"热点"文学与文学"热点"，有的是笔者曾经历或参与过的；作为"过来人"，当今天重叙这些话题时，心头的确涌动起一股别有滋味的感觉，它们无疑融入了我切身的生命体验。研究主体与研究客体之间的"近距离"乃至"同构性"，是现当代文学教学与研究的独特之所在。只要不过分放纵自己的主观性，与研究对象保持一种理性的清醒，我以为这种"近距离"或"同构性"不仅不是缺点，处理得当，它反倒可给我们的教学和研究带来其他学科所没有的鲜灵性和真切感。所以，我们大可不必去避讳。当然鉴于自身的学识和能力，有些分寸可能没有把握好，不当或错误在所难免。我期待着方家的批评指正。

最后，值此机会对参与本书编写的董雪、马西超、王芳、姚迪、杨杰琼、顾栩颖、邵顿、罗玉华、李浩昌、史婷婷、王倩倩等研究生表示感谢。没有他们的倾心投入和不厌其烦的修改，我也无法为这本书稿画上差强人意的句号。

本书自2011年在北京大学出版社出版以来，产生了一定的影响。2015年5月被韩国学古房出版社翻译成在韩文，在韩国出版发行。此次修订，采纳各方面意见，也是为了更好地反映和概括中国"当前文化现象与文学热点"，在保持原书稿上下两编基本框架不变的前提下，新增了一篇前言和四章内容：即第七章"莫言小说创作与诺贝尔文学奖"，第九章"网络文学的现状与问题"，第十章"新移民文学的境遇与发展"，第十八章"底层文学写作"。原第七章"《灵山》与诺贝尔奖情结"，因莫言2012年获诺奖，实际情况已发生变化，作了修改和压缩，作为"附录"置于新版第七章之后。另，考虑内容方面的因素，删去原第十六章"'梨花诗'与现代汉诗"。

后　记

　　在前版"后记"的结尾,我曾经有这么一段文字:"教学与研究是我的职业,也是我的一种难以舍弃的爱好。我相信,当前文学研究对我而言,它不会是结束,而是还要继续。"尽管这几年自己的研究及其兴趣多少发生一些嬗变,但这里表达的念想,迄今为止似乎没有太大的变化。

吴秀明

2015 年 10 月 20 日